Rudolf Schlösser

Rameaus Neffe
Studien und Untersuchungen zur Einführung in Goethes
Übersetzung des Diderotschen Dialogs

Schlösser, Rudolf: Rameaus Neffe. Studien und Untersuchungen zur Einführung in Goethes Übersetzung des Diderotschen Dialogs
Hamburg, SEVERUS Verlag 2011.
Nachdruck der Originalausgabe von 1900

ISBN: 978-3-86347-027-2
Druck: SEVERUS Verlag, Hamburg 2011

Der SEVERUS Verlag ist ein Imprint der Diplomica Verlag GmbH.

Bibliografische Information der Deutschen Nationalbibliothek:
Die Deutsche Nationalbibliothek verzeichnet diese Publikation in der Deutschen Nationalbibliografie; detaillierte bibliografische Daten sind im Internet über http://dnb.d-nb.de abrufbar.

© **SEVERUS Verlag**
http://www.severus-verlag.de, Hamburg 2011
Printed in Germany
Alle Rechte vorbehalten.

Der SEVERUS Verlag übernimmt keine juristische Verantwortung oder irgendeine Haftung für evtl. fehlerhafte Angaben und deren Folgen.

Herrn Geh. Medizinalrat

Professor Dr. Bernhard Riedel

in Verehrung und Dankbarkeit

der Verfasser.

Vorwort.

Wie die folgenden Studien und Untersuchungen im engsten Zusammenhang stehen mit des Verfassers Herausgeberthätigkeit am 45. Bande der weimarischen Goethe-Ausgabe, so möchten sie auch gern als Einleitung zu eben diesem Bande gelten. Allerdings sind sie über den Umfang einer solchen im Laufe der Zeit nicht unwesentlich hinausgewachsen, was sich aber leicht daraus erklärt, dafs neben Goethes Übersetzung des „Neveu de Rameau" auch Diderots Original eine eingehende Würdigung verlangte. Zu viel hoffe ich nicht geboten zu haben: ein Werk, zu dessen Verfasser Goethe in einem so eigenartigen Verhältnis stand, an dessen Verdeutschung und Erklärung er nach seinem eigenen Ausspruch mit ganzer Seele beteiligt war, darf wohl auf sorgsame Beachtung von seiten der Nachwelt Anspruch erheben, und nur um so mehr, wenn die Zeitgenossenschaft Goethes ohne tieferes Verständnis daran vorübergegangen ist.

Von deutschen Arbeiten zur Würdigung des Goetheschen „Rameau" lagen zwei vor, die ich mit Dank benutzen konnte: erstens eine kleine Skizze Geigers über Goethes Übersetzung im dritten Bande des Goethe-Jahrbuchs, und zweitens Düntzers Ausgabe des Werkes in Kürschners deutscher Nationallitteratur, welche freilich in Einleitung und Anmerkungen neben Gutem und Förderlichem auch manches Veraltete und Schiefe enthält. In stärkerem Mafse bin ich der französischen Forschung verpflichtet, namentlich den neueren Herausgebern von Diderots Dialog, Isambert, Tourneux und Monval, sowie dessen Helfer Thoinan; konnte ich auch in den Ergebnissen nicht allerwärts mit ihnen übereinstimmen, so war doch das Material, das sie mir an die Hand gaben, unschätzbar. Auch denen, die meine Arbeit unmittelbar gefördert haben, sei hier mein herzlichster Dank ausgesprochen. Das Material zur ersten Hälfte von Kapitel VI (Fehler und Irrtümer Goethes) hat vor der endgültigen Ausarbeitung meinem Bruder Dr. Paul Schlösser in Elberfeld zur Begutachtung vorgelegen, dem ich für mehrfache Winke verpflichtet bin; eine Anzahl von Einzelheiten verschiedener Art verdanke ich der Liebenswürdigkeit von Prof. Albert Leitzmann hierselbst, der mir auch, gleich dem Herausgeber dieser Sammlung, bei Lesung der Korrekturen behilflich gewesen ist. Durch bereitwillige Auskünfte haben mich ferner die Herren Geh. Hofrat Ruland in Weimar und Prof. Georges in Gotha unterstützt; den Einblick in die Ausleihbücher der Weimarer Bibliothek verdanke ich Herrn Geh. Hofrat von Bojanowski, wie mich denn auch sonst die Weimarer und nicht minder die Gothaer Bibliothek aufs freundlichste gefördert haben. Das Gleiche gilt vom Goethe- und Schiller-Archiv und seinem Leiter Herrn Geh. Hofrat Suphan. Vielfach verpflichtet bin ich auch den beiden Helfern an meiner Rameau-Ausgabe, Professor Bernhard Seuffert in Graz und Dr. Julius Wahle in Weimar.

Auf einen kleinen Mifsstand in meinem Buche bin ich leider erst im letzten Augenblicke aufmerksam geworden: die Ausgabe des „Neveu de Rameau" von Tourneux (1884), die ich meinen Citaten glaubte zu Grunde legen zu müssen, ist nur in 500 Exemplaren gedruckt; davon sind 150 Luxusexemplare und die übrigen so gut wie vergriffen, denn das von mir 1899 erworbene trägt die Nummer 475. Da das Buch auf deutschen Bibliotheken selten ist, kann es also wohl als schwer zugänglich bezeichnet werden, und meine Angaben würden kaum einer Kontrolle unterstehen, wenn nicht ein glücklicher Zufall es gewollt hätte, dafs die Seitenzahlen der Monvalschen Ausgabe (1891) wenigstens ungefähr zu den Tourneuxschen stimmten. Ich möchte daher nicht versäumen, auf diesen Umstand hinzuweisen. — Von ärgerlichen Druckfehlern ist mir nur aufgefallen S. 19, Z. 12, wo statt „je suis" zu lesen ist: „je sais"; kleinere Versehen, als ungenaue Accentuierungen oder leichte Verschreibungen von Namen, wird der Leser leicht selbst verbessern können. Zu beachten bitte ich ferner noch, dafs die Anmerkungen neben Quellennachweisen öfters auch Ergänzungen und Berichtigungen bieten.

Einen Anhang über Brachvogels Trauerspiel „Narcifs" und Jules Janins Fortsetzung des „Neveu de Rameau", die den Titel „La fin d'un monde et du Neveu de Rameau" führt, habe ich geglaubt unterdrücken zu sollen, um den Rahmen meines Buches nicht weiter als notwendig zu ziehen.

Jena, im August 1900.

Rudolf Schlösser.

Inhalt.

	Seite
I. Die Textgeschichte des Diderotschen Dialogs	1
II. Die Datierung des Diderotschen Dialogs	11
III. Die Bedeutung des Diderotschen Dialogs	30
IV. Goethe und Diderot bis 1804	75
V. Die Entstehung der Goetheschen Übersetzung	107
VI. Goethes Übersetzung	125
1. Die Abweichungen der Übersetzung vom Original	128
A. Fehler und Unrichtigkeiten	128
B. Lücken	145
2. Die Kunstmittel der Übersetzung	152
VII. Goethes Anmerkungen	184
VIII. Die Aufnahme der Übersetzung	215
IX. „Nachträgliches zu Rameaus Neffe"	235
X. Anhang: Fortlaufende Erläuterungen zu Goethes Übersetzung	259
Anmerkungen	275

I.
Die Textgeschichte des Diderotschen Dialogs.

Es wäre wohl keine leichte Aufgabe, ein zweites hervorragendes Schriftwerk aus neuerer Zeit aufzutreiben, an dem der alte, fast abgedroschene Spruch „Habent sua fata libelli" in gleichem Mafse zur Wahrheit geworden wäre wie an Diderots dialogischer Satire „Le Neveu de Rameau". Das eigenartige Werk wurde, wie wir unten des näheren nachzuweisen gedenken, 1761 verfafst, mit frischer Lust und Liebe zur Sache wie alles, was Diderot schrieb, und dafs diese Neigung des Verfassers zu seinem geistvollen Produkte keine blofs vorübergehende war, bezeugt der Umstand, dafs er es aller Wahrscheinlichkeit nach mehrmals wieder vornahm, das letzte Mal 14 oder 15 Jahre nach seiner Entstehung, bei Diderots unmittelbarer, im Banne des Augenblicks stehender Schaffensweise ein seltener Fall. Aber wir mögen in Diderots Briefen oder in den Mitteilungen seiner nächsten Freunde forschen, so viel wir wollen, den „Neveu de Rameau" finden wir nirgends erwähnt. Der Schleier des tiefsten Geheimnisses ruhte über seiner Existenz, und man möchte fast fragen, ob ihn zu Lebzeiten des Verfassers überhaupt jemand gekannt habe. Dafs Diderot seine hervorragendsten Werke jahrelang zurückhielt und nur handschriftlich im engsten Freundeskreise umgehen liefs, war zwar nichts Ungewöhnliches; so ängstlich aber wie der „Rameau" wurde doch kein anderes seiner Manuskripte gehütet. Allerdings hatte Diderot zu solcher Vorsicht allen Anlafs: die Satire strotzte von den schärfsten persönlichen Angriffen, die sich zum Teil gegen einflufsreiche Männer richteten, und mit tötlicher Sicherheit hätte sie, sobald sie bekannt wurde, dem Verfasser zu einem unfreiwilligen Logis in der Bastille verholfen; war doch Diderots Freund und Verbündeter, der Abbé Morellet, dessen „Préface de la Comédie des Philosophes" 1760 ihre satirischen Pfeile auf die gleichen Ziele gerichtet hatte wie der „Neveu de Rameau", diesem Schicksal nicht entgangen. Zudem hätte es nur thörichter oder böswilliger Auslegung bedurft, um Diderot noch ganz andrer Dinge als der blofsen Beleidigung zu bezichtigen, und an Anklägern gegen den verhafsten Hauptverfasser der Encyklopädie hätte es gewifs nicht gefehlt. Wenigstens für die ersten zehn Jahre nach der Abfassung des Dialogs kommt endlich noch in Betracht, dafs Diderot sich scheuen mochte, ein nicht gerade schmeichelhaftes Porträt an die Öffentlichkeit zu stellen, solange der Unglückliche, der ihm zum Modell gedient, noch unter den Lebenden weilte. So blieb denn der „Neffe Rameaus" still in Diderots Pult liegen und erwartete seine Zeit.

Wohin nach des Verfassers Tode, 1784, die Originalhandschrift geriet, läfst sich nicht ermitteln. Dagegen steht fest, dafs damals mehrere Abschriften vorhanden waren. Eine davon gelangte mit Diderots Bibliothek und seinem handschriftlichen Nachlafs nach St. Petersburg in die Eremitage, eine andere verblieb im Besitze seiner Tochter, Frau Vandeul, eine dritte besafs Naigeon, des Verfassers treu ergebener jüngerer Freund. Dieser ist auch der Einzige, der noch im Verlauf des 18. Jahrhunderts wenigstens den Titel des Werkes nennt; es geschieht dies in seinen Erinnerungen an Diderot, welche 1795 beendet, aber allerdings erst 1821 gedruckt worden sind. Trotzdem Naigeon hier die Vortrefflichkeit und Eigenart der Satire zu rühmen weifs, hat er sie in seine fünfzehnbändige Diderot-Ausgabe von 1798 nicht aufgenommen; auch unter den Diderot-Manuskripten seines Nachlasses, die seine Schwester 1816 der Frau Vandeul anbot, wird der „Neveu de Rameau" merkwürdigerweise nicht erwähnt.

Auf eigentümlichen Umwegen, die wir später im einzelnen zu verfolgen haben werden, kam um Ende 1804 eine Abschrift des Petersburger Manuskripts nach Weimar und in Goethes Hände, der darnach seine bekannte Übersetzung anfertigte.

Sie erschien 1805 bei Göschen in Leipzig, fand aber weder in Deutschland noch in Frankreich besondere Beachtung. Die Handschrift des Urtextes verblieb nicht in Goethes Besitz, der von Göschen geplante Abdruck unterblieb, und vom „Rameau" war für lange Zeit die Rede nicht mehr.

Erst 1819 wurde er wieder erwähnt, als ein Deutscher namens Depping im Supplementband zu der sechsbändigen Belinschen Ausgabe von Diderots Werken (Paris 1818) eine biographische und kritische Studie über den Verfasser veröffentlichte. Der Schlufs dieser Arbeit kam auf den Dialog zu sprechen, der nur aus Goethes Übersetzung bekannt sei und dessen Original man vergebens gesucht habe. Depping gab eine Inhaltsangabe und versuchte mit eben so viel Gewissenhaftigkeit wie Glück zwei kleinere Stellen ins Französische zurückzuübersetzen.

In seine Fufsspuren traten 1821 zwei junge französische Edelleute, der Vicomte Xavier de Saur und der Comte Léonce de Saint-Geniès. Ohne ihre Quelle anzugeben, also mit der offenkundigen Absicht, ihr Werk für Diderots Original auszugeben, veröffentlichten sie im November dieses Jahres bei Delaunay in Paris eine höchst unsaubere und gänzlich willkürliche Rückübersetzung des Goetheschen Textes unter dem Titel: „Le Neveu de Rameau, Dialogue. Ouvrage posthume et inédit par Diderot." Die kecke Täuschung schien gelingen zu wollen: Merville zeigte das Buch in der „Abeille" (1822, S. 18) mit grofser Anerkennung an, und nicht minder günstig urteilte der „Miroir" vom 5. Februar 1822, der in der Saur-Genièsschen Arbeit nicht nur Diderots Geist, sondern auch seinen Stil wiederzuerkennen glaubte.

Kurz vor Erscheinen des Buches, im Oktober 1821, hatte inzwischen der Buchhändler Brière den Prospekt einer neuen, vollständigen Ausgabe von Diderots Werken veröffentlicht. Nach seiner späteren Angabe hätte er schon damals darauf hingewiesen, dafs die Handschrift des „Neveu de Rameau" in seinen Händen sei, aber die Durchsicht des Prospektes bestätigt diese seine Behauptung nicht. Nach Aufzählung der Werke, welche die zwanzig Bände der neuen Ausgabe füllen sollen, folgt daselbst zwar eine „Liste des manuscrits de

Diderot", die an erster Stelle den „Neveu de Rameau" nennt; aber es wird bei diesem Titel nur bemerkt: „roman célèbre en Allemagne, où il a été traduit par Goethe, et dont le manuscrit n'a point encore été publié en français." Wir dürfen daraus um so weniger schliefsen, dafs Brière die Handschrift damals wirklich schon zur Verfügung hatte und abzudrucken beabsichtigte, als er auch andere Werke seiner Liste weder besafs noch je zum Abdruck gebracht hat. Dazu stimmt, dafs Brière mit Diderots Tochter, Madame Vandeul, durch die er ohne Zweifel den „Rameau" erst aus eigener Anschauung kennen lernte, aller Wahrscheinlichkeit nach erst im Sommer 1822 in Verbindung trat. Ihre Abschrift war es, nach welcher er unter Mitwirkung seines litterarischen Beirats Hippolyte Walferdin den Dialog 1823 in einem Ergänzungsbande zu seiner Ausgabe mit der falschen Jahreszahl 1821 herausgab.

Dieser Veröffentlichung sahen die Herren Saur und Saint-Geniès begreiflicherweise nicht ohne Besorgnis entgegen. Nach Brières' späterer Behauptung hätte Saur ihn schon kurz nach Erscheinen seines Prospektes von 1821 gebeten, die Veröffentlichung des „Rameau" auf den Schlufs seiner Ausgabe zu verschieben, um die Saur-Genièssche Rückübersetzung nicht zu entwerten; das ist nach dem soeben über diesen Prospekt Bemerkten nicht wohl möglich, irgend etwas Wahres mufs aber doch dahinterstecken, da Saur die Behauptung schweigend hingenommen hat. Sicher ist jedenfalls, dafs Saur 1823, unmittelbar vor Erscheinen der Brièreschen Ausgabe, sich gegen den Verleger wenig schön benahm. Er erbat sich die Bogen des „Rameau" unter dem Vorwande, sie mit seinem Texte vergleichen zu wollen, noch während des Druckes, benutzte aber die so gewonnene Kenntnis dazu, um gemeinsam mit seinem Freunde Saint-Geniès im „Courrier des Spectacles" vom 13. und der „Sphinx" vom 26. Juni eine Erklärung zu veröffentlichen, die darauf ausging, Brières Text noch vor seinem Erscheinen in Mifskredit zu bringen. Unfähig, ihren eigenen Betrug länger zu verhehlen, behaupteten die beiden jungen Leute leichtfertig und böswillig, auch Brières Text sei nichts anderes als eine obenein minderwertige Rückübersetzung des Goetheschen, jeden Beweis für die Originalität sei der Herausgeber schuldig geblieben. Diderots Urtext sei überhaupt nicht mehr vorhanden: nachdem Goethe ihn übersetzt, habe ihn vor einigen Jahren eine bigotte Dame in Deutschland den Flammen übergeben. Diese frech erlogene Behauptung zeigt so recht, was man von der Aufrichtigkeit der Herren Saur und Saint-Geniès zu halten hat. Aber wenigstens in einem Punkte behielten sie doch gegen Brière Recht: ihr Vorwurf, dafs dieser die 32 Seiten seiner Einleitung aus ihrer Übersetzung von Goethes Anmerkungen zum „Rameau" (Des hommes célèbres de France, 1823) einfach entlehnt habe, war nicht zu widerlegen.

Brières Antwort auf diesen Angriff liefs nicht lange auf sich warten: sie erschien am 28. Juni in der „Sphinx", am 29. in anderer Fassung im „Courrier des Spectacles". Obwohl Brière in einer Note zu seiner Einleitung die Rückübersetzung der beiden jungen Edelleute gelobt hatte, erklärte er jetzt in der „Sphinx" ihre Arbeit für grundschlecht; sein Plagiat suchte er damit zu entschuldigen, dafs seine Einleitung nicht so sehr Saur und Saint-Geniès als vielmehr Goethe entlehnt sei. Im übrigen berief er sich auf seinen zweifelhaften Prospekt von 1821 und wies auf den merkwürdigen Unterschied zwischen den Umfang seines und des Saurschen Textes hin, nicht mit Unrecht, denn die Rückübersetzung der beiden Edelleute strotzt von willkürlichen Erweiterungen. Schliefslich gab er die bestimmte Erklärung ab, dafs er das Manuskript des Diderotschen „Rameau", der 1760 verfafst sei, von Frau Vandeul erhalten habe; es sei ein Quartheft in blauem Karton. Die Erklärung im „Courrier des Spectacles" lief in der Hauptsache auf das Gleiche hinaus, nur dafs sie noch Saurs Versuch, die Brièresche Ausgabe hintanzuhalten, und sein unsauberes Verfahren mit den entliehenen Druckbogen erwähnte.

Am 3. August erwiderten Saur und Saint-Geniès hierauf in einem Blatte, das den ominösen Namen „Le Corsaire" führte. So vage Angaben, behaupteten sie, vermöchten ihre Zweifel nicht zu beseitigen. Wie leicht sei es möglich, dafs Frau Vandeul selbst einer Täuschung zum Opfer gefallen sei! Soviel stehe jedenfalls fest: der Text Brières sei die Übersetzung eines Stümpers, der die landläufigsten französischen Sprachregeln nicht inne habe und sich die greulichsten Stilfehler zu Schulden kommen lasse. Es werden auch einige Beispiele hierfür angeführt — schade nur, dafs nicht ein einziges darunter ist, dessen Herkunft von Diderot heute auch nur dem geringsten Zweifel unterläge!

Hierdurch gereizt, äufserte sich Brière am 10., ebenfalls im „Corsaire", noch heftiger und bestimmter als zuvor. Um die Echtheit seiner Handschrift darzuthun, behauptete er jetzt, auf dem Manuskript befinde sich eine eigenhändige Note Diderots vom 20. Januar 1760. Die Angabe ist ohne Frage unrichtig, denn die Vandeulsche Abschrift giebt, wie alle übrigen, einen Text wieder, der nicht vor 1775 abgeschlossen sein kann; man hat also nur die Wahl zwischen einer groben Unwahrheit Brières oder einer nicht minder groben Verlesung — 1760 statt 1780. Geschickter wies Brière die albernen Einwände der Gegner gegen seinen Text zurück; ob es freilich taktvoll von ihm war, dabei auf die lächerliche Rolle anzuspielen, die Saur 1816 in einem Ehescheidungs-Prozefs gespielt hatte, steht auf einem andern Blatt.

Am Schlusse seiner Erklärung drohte Brière seinen Feinden mit einem „coup de foudre", der sie über kurz oder lang treffen werde; er hatte thatsächlich bereits den Jupiter angefleht, der ihn schleudern sollte: am 27. Juli war ein Brief von ihm an Goethe abgegangen, dem als Belegstücke nicht nur Brières inzwischen erschienene Ausgabe samt derjenigen von Saur beigegeben war, sondern auch die Nummer der „Sphinx" oder des „Courrier des Spectacles", in welcher die Rückübersetzer den Originaltext so leichtfertig für ein minderwertiges Machwerk erklärt hatten; ja, sogar der berühmte Prospekt von 1821 fehlte nicht. Mit sehr beweglichen und nicht minder gewandten Worten rief Brière das Urteil des einzig zuständigen Richters an, und er that keine Fehlbitte: ein Schreiben Goethes vom 16. Oktober 1823 bestätigte nachdrücklich die Echtheit seines Textes. In seiner Siegesfreude liefs Brière den versprochenen „coup de foudre" gleich dreimal hintereinander los: am 29. Oktober in der „Pandore", am 3. November im „Corsaire" und am 8. November in der „Bibliographie de la France". Saur und Saint-Geniès blieb nichts übrig als zu verstummen; der erstere erkannte im November 1825 dem Grafen Reinhard gegenüber ausdrücklich an, dafs die Ausgabe des „Neveu de Rameau", für welche, wie er sich ausdrückt, Brière Goethes Zeugnis erschlichen habe, dem Original gemäfs sei.

Goethes günstiges Urteil war jedenfalls insofern berechtigt, als der Brièresche Text in der That auf einer recht guten Handschrift beruht. Es wäre wohl der Mühe wert, zu wissen, wie diese beschaffen war und wo sie geblieben ist; leider läfst sich aber darüber nur wenig ermitteln. Brière ist in hohem Alter, 1875, von Motheau deswegen befragt worden; er behauptete, die Handschrift habe an zahlreichen Stellen Besserungen von Diderots Hand aufgewiesen; erhalten sei sie nicht, da man sie zum Zwecke des Druckes zerstückelt habe. Beides ist unwahrscheinlich, das eine, weil Brière in seinem Kampfe gegen Saur und Saint-Geniès gewifs nicht versäumt haben würde, sich auf eigenhändige Verbesserungen Diderots zu berufen, das andere, weil Brière selbst am 29. Juni 1823, also zu einer Zeit, wo der Druck seiner Ausgabe so gut wie beendet war, im „Courrier des Spectacles" erklärt hat, die Handschrift befinde sich in den Händen der Frau Vandeul. Diese ist 7 oder 8 Monate später gestorben, und was aus ihren Manuskripten geworden ist, ist unbekannt.

Leider sind die beiden Herausgeber der Handschrift, Brière und Walferdin, mit der Überlieferung nicht gerade säuberlich umgegangen, was um so mehr zu bedauern ist, als man länger als vierzig Jahre einzig auf ihre Ausgabe angewiesen war. Eine beträchtliche Anzahl nicht ganz anständiger Stellen sind in ihrem Texte unterdrückt worden, gewifs nicht nur der amtlichen Zensur zu liebe, die sie bei Saur und Saint-Geniès hatte durchschlüpfen lassen, sondern in erster Linie zweifellos dank der einfältigen Prüderie Brières und Walferdins. Auch wollte es den beiden nicht in den Sinn, dafs der Held des Dialogs wirklich ein Neffe Rameaus gewesen sei: sie haben infolgedessen die Worte „oncle" und „neveu" nach Möglichkeit durch „maître" und „élève" ersetzt oder doch durch besonderen Druck als verdächtig gekennzeichnet. Auch an Verlesungen der Handschrift und Druckfehlern ist kein Mangel. Das Merkwürdigste ist aber, dafs sie öfters an schwierigen Stellen nicht etwa Goethes Übersetzung, sondern deren fragwürdige Rückübertragung durch Saur und Saint-Geniès zu Rate zogen. Diese waren unter anderem mit Citaten und Eigennamen auf das willkürlichste umgesprungen; Brière aber und Walferdin müssen in schwer begreiflicher Überschätzung ihrer Gegner diese Abweichungen für besonders tief begründet gehalten haben, denn sie haben sie mehrfach angenommen und dadurch ihrerseits wieder Goethe verleitet, in der letzten eigenhändigen Ausgabe seiner Übersetzung (1830) auf Grund der betreffenden Stellen ärgerliche Schlimmbesserungen vorzunehmen.

Den späteren Herausgebern des „Neveu de Rameau" blieb nichts anderes übrig, als ihren Ausgaben immer wieder den entstellten Text Brières zu Grunde zu legen, zu dessen Verbesserung es kein anderes Mittel gab als das sehr unsichere einer Vergleichung mit Goethe. Erst 1875 wurde dem anders. Der „Neveu de Rameau" war im fünften Bande von Assézats vorzüglicher Diderot-Ausgabe bereits im Druck begriffen, als der Herausgeber bei einem Antiquar eine Abschrift der Satire erstand, die anscheinend aus dem Nachlasse der Strafsburger Buchhändlerfirma Treuttel und Würtz stammte. Es handelt sich um ein Manuskript aus dem Ende des achtzehnten oder Anfang des neunzehnten Jahrhunderts, dessen Schriftzüge deutschen Ursprung verraten; mit demjenigen, welches Goethe vorlag, ist es jedoch nicht identisch, da seine Lücken denen des deutschen Textes nicht entsprechen, wohl aber geht auch Assézats Abschrift ohne Zweifel mittelbar oder unmittelbar auf den Petersburger Text zurück. Leider konnte die Handschrift für den Druck Assézats nicht mehr so gründlich benutzt werden, wie es wünschenswert gewesen wäre, sodafs noch mancherlei Fehler stehen geblieben sind.

So war es denn ein dankenswertes Unternehmen, dafs Gustave Isambert 1883 auf Grund dieser Handschrift, die inzwischen in Maurice Tourneux' Besitz übergegangen war, eine neue Ausgabe veranstaltete. Tourneux nahm dazu in Petersburg eine Vergleichung mit dem dortigen Manuskript vor, das die auf Grund des Assézatschen angebrachten Verbesserungen durchaus bestätigte. Der „Rameau" der Eremitage, jetzt in der kaiserlichen Bibliothek zu St. Petersburg aufbewahrt, ist von einer schönen Pariser Hand des 18. Jahrhunderts geschrieben, wahrscheinlich von derjenigen Roland Girbals, des Lieblingskopisten Grimms und der Madame d'Epinay, der gelegentlich auch Diderot bediente. Dafs eine vom Verfasser selbst veranlafste Kopie vorliegt, geht daraus hervor, dafs Diderot ein einzelnes ausgelassenes Wörtchen eigenhändig eingefügt hat. Der Band führt den Titel „Satire II"; als erste Satire betrachtet die Petersburger Sammlung die minder bedeutende Arbeit „A mon ami Naigeon, sur les mots de caractère". Auf dem Rücken des Einbands steht von verhältnismäfsig neuerer Hand: „Satire de Rameau".

Auf Grund des Isambertschen Textes und unter nochmaliger Heranziehung der Assézatschen Handschrift veröffentlichte Tourneux 1884 eine eigene Ausgabe. Da diese wohl unter den bisher gedruckten dem Petersburger Text am nächsten kommt, werden wir sie bei Vergleichung Goethes mit seinem Original in erster Linie zu benutzen haben.

Eine dritte Handschrift, weitaus die wertvollste von allen, wurde 1891 von Georges Monval aufgefunden und veröffentlicht. Der Herausgeber entdeckte bei einem Antiquar am Ex-quai des Théatins eine Sammlung von etwa 300 Bänden verschiedensten Formats voll Tragödien aller Art. Im 126. dieser Bände[1]) fand sich zwischen einer handschriftlichen lyrischen Tragödie „Alcide et Dejanire" (1785) und einer gedruckten englischen Abhandlung über Amerika (etwa 1793) ein sauberes, feines Manuskript des „Neveu de Rameau", das nach Angabe des Herausgebers von Diderot selbst herrührt und der Handschrift nach zwischen 1774 und 1777 niedergeschrieben sein mufs. Der Titel des Quartheftes — 34 Bogen zu 4 Seiten — lautet lediglich: „Satyre 2de". Es handelt sich um eine Reinschrift, die zum Zweck gröfserer Deutlichkeit und besserer Rechtschreibung von fremder Hand durchgegangen ist. Am Rande des ersten Blattes steht „Copié"; wir haben es also wohl mit der Grundlage der Petersburger und vielleicht

---

[1]) Der Band kann erst verhältnismäfsig spät zusammengestellt sein, da er an letzter Stelle einen Sitzungsbericht von 1847 und ein Programm von 1848 enthält.

auch der Vandeulschen Handschrift zu thun. Ob die Hand wirklich diejenige Diderots ist, vermag ich nicht zu entscheiden; daſs wir aber hier weitaus den besten und klarsten Text vor uns haben, leidet keinen Zweifel und spricht entschieden für die Echtheit und Ursprünglichkeit des Manuskripts. Dankenswerterweise hat der Herausgeber seine Vorlage buchstabengetreu abgedruckt. Die Lesarten des Tourneuxschen, teilweise auch des Brièreschen Druckes begleiten seinen Text und erhöhen noch den Wert der musterhaften Ausgabe. Erst seit sie vorliegt, können wir behaupten, einen ganz unzweifelhaft echten Text des Diderotschen Dialogs zu besitzen.

II.
Die Datierung des Diderotschen Dialogs.

Um Zweck und Bedeutung des Diderotschen Dialogs völlig zu verstehen, ist es notwendig, dafs wir uns zunächst darüber klar werden, in welche Zeit von Diderots Lebens- und Entwicklungsgang seine Entstehung fällt; mit dieser Frage aufs innigste verknüpft ist die zweite, noch wichtigere, ob der „Neveu de Rameau" in der Fassung, in der er uns überliefert ist, überhaupt für ein einheitliches Werk gelten kann.

Schon Goethe richtete auf diese beiden Punkte seine Aufmerksamkeit. Gleich in dem ersten seiner Briefe an Schiller, der sich eingehender mit dem französischen Werke und seiner Übersetzung beschäftigte, am 21. Dezember 1804, schrieb er: „Auch ist manche kritische Bestimmung innerhalb des Dialogs schwerer, als ich anfangs dachte. Das Stück „Die Philosophen"[1]) erscheint darin als ein erst kurz gegebenes, und es ward den 20. (lies: 2.) Mai 1760 zum erstenmal in Paris gespielt. Der alte Rameau lebte noch. Dies setzt die Epoche also wenigstens vor 1764, wo er starb. Nun wird aber der trois siècles de la littérature française[2]) gedacht, die erst 1772 herausgekommen sind. Man müfste also annehmen, dafs der Dialog früher geschrieben und nachher wieder aufgefrischt worden sei, wodurch solche Anachronismen wohl entstehen können. Bis man aber in solchen Dingen etwas ausspricht, mufs man sich überall umsehen." Das endgiltige Urteil Goethes über die Entstehungszeit fiel trotz solcher Bedenken zu Gunsten des Jahres 1760 aus. In seinen Anmerkungen zu „Rameaus Neffe" lesen

---
[1]) Von Palissot.
[2]) Vom Abbé Sabatier des Castres.

wir: „Von dem Lustspiel Palissots „Die Philosophen" wird als von einem erst erschienenen oder erscheinenden Werke gesprochen. Dieses Stück wurde zum erstenmal den 2. Mai 1760 in Paris aufgeführt. Die Wirkung einer solchen öffentlichen, persönlichen Satire mag auf Freunde und Feinde in der so lebhaften Stadt grofs genug gewesen sein." Dementsprechend, heifst es dann weiterhin, wende Diderot alles an, um den Verfasser dieses gegen ihn und seine Freunde gerichteten Stückes im schlechten Lichte erscheinen zu lassen. „Die Lebhaftigkeit, womit dieses geschieht, würde vermuten lassen, dafs der Dialog in der ersten Hitze nicht lange nach der Erscheinung des Lustspiels der Philosophen geschrieben worden, um so mehr, als noch von dem alten Rameau darin als von einem lebenden, wirkenden Manne gesprochen wird, welcher 1764 gestorben ist. Hiermit trifft überein, dafs der Faux généreux des Le Bret, dessen als eines mifsratenen Stückes gedacht wird, im Jahre 1758 herausgekommen." Von dem Anachronismus, der in der Erwähnung der „Trois siècles" liegt, ist nicht mehr die Rede.

Ebenso wie Goethe haben auch die verdienstvollen neueren Herausgeber des „Neveu de Rameau" sich mit der Datierung und den chronologischen Widersprüchen des eigenartigen Werkes beschäftigt; aber obwohl ihnen eine viel reichere Sachkenntnis zu Gebote stand als Goethe, sind ihre Untersuchungen zu sehr schwankenden Ergebnissen gelangt. Isambert sucht die ersten Tage des Jahres 1763 als eigentliche Entstehungszeit nachzuweisen; etwa 15 Jahre später sei dann eine, nicht besonders eingreifende Durchsicht erfolgt, durch welche die Anspielungen auf spätere Ereignisse in den Text geraten seien. Anderer Meinung ist Tourneux: in Bezug auf das Verhältnis von Urtext und Revision stimmt er zwar mit seinem Vorgänger überein, aber er läfst die Entstehung des Dialogs in die zweite Hälfte des Jahres 1761 fallen und setzt die Durchsicht etwa ins Jahr 1775. Wieder anders urteilt Monval: er meint, unbestreitbar sei der „Neveu de Rameau" „écrit ab irato le lendemain des Philosophes (1760) et de l'insuccès du Père de famille" (Februar 1761). Revisionen hätten nach ihm nicht weniger als dreimal stattgefunden: wahrscheinlich 1765, und sicher 1772 und 1774. Leider überläfst es Monval dem Leser, sich die Gründe für diese Auffassung aus den Anmerkungen seiner Ausgabe zusammenzusuchen, wobei mancher zu mehr oder minder abweichenden Ergebnissen gelangen wird. Übrigens begründen auch Isambert und Tourneux ihre Ansichten nicht so eingehend, wie es bei der Wichtigkeit der Frage wünschenswert wäre.

Läfst sich bei diesen französischen Forschern wenigstens in den Grundzügen eine gewisse Übereinstimmung feststellen, so giebt dagegen Düntzer in seiner Einleitung zu Goethes Übersetzung im 110. Bande von Kürschners National-Litteratur eine ganz neue Auffassung. Er erhebt zunächst Einspruch dagegen, dafs man die Zeit, in welcher der Dialog spiele, unbesehens mit der Abfassungszeit gleichsetze. Trotzdem nimmt auch er, wenn anders ich ihn recht verstehe, für den Hauptteil des Dialogs ähnlich wie die Franzosen einen in die sechziger Jahre fallenden Urtext und eine spätere Durchsicht an. Dagegen behauptet er, das letzte Drittel des Werkes, ungefähr von der Stelle an, wo sich das Gespräch auf musikalische Fragen lenkt (T. 125 ff., G. 109 ff.),[1] müsse späteren Ursprungs sein, denn zwei gröfsere Partien darin, die frühestens 1771, bezw. 1773 geschrieben sein könnten, seien ohne Gewalt nicht aus dem Zusammenhange zu lösen.

Bei so bewandten Umständen wird es gewifs nicht überflüssig sein, die Frage nach der Entstehungszeit des Dialogs nochmals genauer zu untersuchen. Die notwendigen Materialien dazu lieferten mir die französischen Herausgeber, deren Angaben ich nach Möglichkeit nachprüfte. Bei der Verwertung des Gegebenen mufste ich dagegen meine eigenen Wege gehen, die mich in manchem zu anderen und, wie ich hoffe, genaueren Ergebnissen geführt haben.

Von Daten, die weiter zurückliegen als das Jahr 1760, können wir füglich absehen, da der Dialog Diderots, wie schon Goethe richtig erkannte, keinesfalls älter sein kann als Palissots „Philosophen", gegen die er zum grofsen Teil gerichtet ist;[2] aber auch diesem Stücke darf man, trotz seiner Wichtigkeit,

---

[1] T. bedeutet Diderots Text in der Ausgabe von Tourneux, G. Goethes Übersetzung, Band 45 der Weimarer Ausgabe.

[2] Siehe darüber das folgende Kapitel.

keine übertriebene Bedeutung für die Datierung beilegen, denn es steht als Hinweis auf 1760 ziemlich vereinzelt da. Nur zwei Stellen des Dialogs weisen noch auf das gleiche Jahr, zunächst die Geschichte von dem wackern Sohne, der, obwohl er eine harte Erziehung genossen, in späteren Jahren Eltern und Geschwistern edelmütig aus der Not hilft (T. 68 f., G. 61): Diderot erzählt sie seiner Geliebten Sophie Volland in einem Briefe vom 13. Oktober 1760 als ein Erlebnis seines Freundes, des Schotten Hoop. Aber um jene Zeit kann der „Rameau" ihn unmöglich schon beschäftigt haben, denn 14 Tage später, am 28. Oktober, bezeichnet er, ebenfalls in einem Briefe an Sophie, Palissots „Philosophen" als ein bereits halb verschollenes Werk; solange er sich aber über die Wirkung dieses gegen ihn geführten Schlages einer so argen Täuschung hingab, konnte er nicht daran denken, ihn zu erwidern. Nicht bestimmt, aber doch mit grofser Wahrscheinlichkeit, läfst sich dann noch das Gerücht vom Tode Voltaires (T. 53, G. 47) ins Jahr 1760 verweisen; der grofse Aufklärer wurde dreimal totgesagt: Ende 1753, November 1760 und endlich Frühjahr 1762.

Dagegen läfst sich eine beträchtliche Anzahl von Zeugnissen dafür beibringen, dafs die Handlung des Dialogs als im Jahre 1761 spielend gedacht und das Werk nicht wesentlich später verfafst ist. Auf die Frage Rameaus nach dem Alter seiner Tochter erwidert Diderot (T. 46, G. 42): „Supposez-lui huit ans". Das einzige Kind Diderots nun, welches am Leben blieb, Marie-Angélique, die spätere Madame Vandeul, war am 2. September 1753 geboren. Man beachte, dafs es sich bei Diderots Antwort um eine nur ungefähre Altersangabe handelt, wie man sie zu geben pflegt, wenn ein Kind von dem Eintritte in ein neues Lebensjahr nicht mehr weit entfernt ist, dieses aber noch nicht erreicht hat. Wir müssen demnach auf eine Zeit nicht allzu lange vor September 1761 schliefsen. Ins gleiche Jahr scheinen uns Rameaus Familienverhältnisse zu verweisen: seine Frau ist bereits gestorben und sein Schmerz über ihren Tod noch sehr lebhaft (T. 176 ff., G. 154 ff.), dagegen lebt sein kleiner Sohn noch (T. 145 ff., G. 127 ff.). Dürften wir den Angaben des vortrefflich unterrichteten Thoinan trauen, der der Ausgabe Monvals eine ausführliche Biographie des Neffen beigegeben hat, so hätte dieser schon nach vierjähriger Ehe kurz nach einander Weib und Kind verloren; das würde uns mit Sicherheit auf das Jahr 1761 führen, da als Zeitpunkt von Rameaus Hochzeit der 3. Februar 1757 urkundlich feststeht. Auch Isambert, der den Dialog doch 1763 spielen läfst, bezeichnet 1761 wenigstens vermutungsweise als Todesjahr von Rameaus Frau. Ich weifs nicht, auf welchem Wege die französischen Forscher zu diesem Ergebnisse gelangt sind, da meine Quellen mir nur das Datum der Eheschliefsung und die nahe Aufeinanderfolge des Todes von Mutter und Kind, nicht aber die Dauer der Ehe verraten, glaube aber auf Grund folgender Erwägung der Meinung meiner Vorgänger beitreten zu können. Der Dichter Cazotte, Rameaus bester Freund, legt diesem die Worte in den Mund, er habe in einem Jahre ein Buch und ein Kind gemacht; eine durchaus glaubwürdige Angabe, da Rameaus Hochzeit und die Veröffentlichung seines einzigen Werkes, eines Heftes Klavierkompositionen, nahe zusammen fielen. Sein Knabe war demnach etwa im letzten Drittel des Jahres 1757 geboren, 1761 also drei bis vier Jahre alt. Dazu stimmt das Bild, das uns der Dialog von ihm giebt, vortrefflich: der kleine Bursch ist schon reif genug, um zum Gegenstande der Erziehung werden zu können; seine unerfreulichen Charakterzüge, als Zudringlichkeit, Schelmerei, Faulheit, Verlogenheit, lassen sich schon erkennen; dagegen erscheinen die Verstandeskräfte noch sehr in der Entwicklung begriffen zu sein, denn den Wert des Geldes bringt der Vater ihm nicht durch mündliche Belehrung, sondern durch pantomimische Künste bei, die gerade bei einem Kinde dieses Alters nicht leicht ihre Wirkung verfehlen werden.

Als Hauptzielscheibe dienen der Diderotschen Satire neben Palissot der Financier Bertin und seine Geliebte, die Schauspielerin Hus. Das langjährige Liebesverhältnis beider ging nun am 3. September 1761 in die Brüche, als Bertin die Hus mit Mr. Viellard, dem Sohne des Brunnendirektors zu Passy, überraschte. Diderot erfuhr die unsaubere Geschichte bald genug durch den Abbé La Porte und konnte seiner Freundin Sophie Volland schon am 12. September darüber berichten.

Bertin entschädigte sich für seinen Verlust bald darauf durch den Besitz der Schauspielerin Arnould, die ihrem Liebhaber, dem Grafen Lauraguais, im Oktober 1761 vorübergehend untreu wurde. Auch hiervon war Diderot nach seinen Briefen an die Volland bald unterrichtet. Nun wird zwar in dem Dialoge auf beide Ereignisse angespielt (T. 30, G. 28; T. 52, G. 47), ihre Erwähnung entspricht aber den sonstigen Voraussetzungen nicht. Vielmehr sind sonst allerwärts Bertin und die Hus noch ein Herz und eine Seele, noch „vor wenigen Tagen" haben sie davon ein mehr drastisches als schönes Zeugnis abgelegt (T. 114 f.; G. 101 ist die obscöne Geschichte gestrichen). Es ist wohl keine Frage, dafs dies das Ursprüngliche ist; hätte Diderot bei Abfassung des Grundtextes schon das Ereignis des 3. Septembers gekannt, so hätte er es gewifs mit demselben boshaften Behagen breitgetreten wie in seinem Briefe an Sophie vom 12. September. Es kommt noch hinzu, dafs beide Anspielungen, wie wir unten sehen werden, auch sonst in Bezug auf ihre Ursprünglichkeit nicht unverdächtig sind. Wir würden also auch hier wieder auf die Zeit vor dem September 1761 hingewiesen.

Es werden ferner (T. 100, G. 88 f.) verschiedene Journale als noch erscheinend aufgeführt, von denen zwei das Jahr 1761 nicht überlebt haben: La Portes „Observateur littéraire" (1758 bis 1761) und Chaumeix' „Censeur hebdomadaire" (1760 bis 1761).

Auch die im Dialog erwähnten theatralischen Vorgänge weisen uns vorwiegend in das Jahr 1761. So hatte die erste Aufführung der Dunischen Oper „L'Ile des fous" erst ganz am Ende des voraufgehenden Jahres, am 29. Dezember 1760, stattgefunden; Rameau singt (T. 134 f, G. 118) mehrere Arien daraus. Anderes führt uns wiederum in den Hochsommer: Pergoleses berühmte Oper „La Serva padrona" (T. 130, G. 114), den Parisern seit 1746 als „La Servante maîtresse" bekannt, wurde im Juni 1761 wieder aufgenommen, und zwar fanden die Aufführungen im Gegensatze zu früher jetzt in italienischer Sprache statt; da ist es denn doch wohl kein Zufall, wenn Rameau (T. 135, G. 118) ein Stückchen aus dieser Oper mit italienischem Texte singt. Von den Werken des Onkels Rameau wird keines so oft genannt, wie „Les Indes galantes" (T. 21, 22, 130, 144; G. 21 [zweimal], 114, 126); gerade dieses Stück wurde am 14. Juli 1761 wieder auf die Bühne gebracht. Am 11. des gleichen Monats gab die Comédie Italienne zum erstenmale den „Fils d'Arlequin perdu et retrouvé" von Goldoni; eine Aufführung dieser Posse wird im Dialog (T. 160, G. 141) als zu den Tagesereignissen gehörig erwähnt. Ferner fand am 22. August 1761 die erste Aufführung der Oper „Le Maréchal ferrant" von Philidor statt; auf dieses Werk spielt Rameau in einer Weise an, die darauf schliefsen läfst, es sei noch neu, jedenfalls aber augenblicklich auf dem Spielplan: „Geht! geht!", ruft er Diderot zu, „die Arie zu hören — mon cœur s'en va" (T. 128, G. 112). Freilich darf nicht verkannt werden, dafs uns dieses letzte Datum in etwas bedenkliche Nähe unseres zuvor gewonnenen terminus ad quem — September 1761 — bringt. Endlich wird eben an dem Tage, an welchem der Dialog spielt, in der Oper ein Werk von Dauvergne gegeben (T. 178, G. 156); es liegt kein Anlafs vor, hierbei mit Isambert an die „Polyxène" zu denken, die erst am 11. Januar 1763 auf der Bühne erschien, vielmehr wird der „Hercule mourant" gemeint sein, der am 3. April 1761 zum erstenmale aufgeführt wurde und dessen 19 Wiederholungen sich sehr wohl bis in den Hochsommer können erstreckt haben.

Einige andere Stellen weisen zwar nicht mit der gleichen Bestimmtheit auf das Jahr 1761, lassen sich aber sehr wohl mit ihm in Einklang bringen. Wenn z. B. Rameau versichert, des Komponisten Duni Weissagung werde in Erfüllung gehen, dafs in vier oder fünf Jahren, von seinem „Peintre amoureux de son modèle" an gerechnet, die französische Oper auf dem Trocknen sein werde (T. 131, G. 114 f.), so stimmt das vortrefflich: der „Peintre" war 1757 erschienen, die Erfüllung der Weissagung stand also 1761 unmittelbar bevor, und ihr Eintreffen liefs sich in der That damals bereits absehen. Die Zeugnisse, die Isambert für den tiefen Niedergang der Oper in jener Zeit anführt (47 ff.), setzen allerdings erst mit Ende Januar 1762 ein; es ist aber doch wohl gewifs, dafs ein derartiger Verfall nicht von heut auf morgen eintritt und dafs Rameau den Bankerott der französischen Musik im Hochsommer 1761 mit eben dem Rechte feststellen konnte wie Favart oder Bachaumont ein halbes Jahr später. An anderer Stelle wird auf ein volkstümliches Lied mit dem Refrain „Viens dans ma cellule" angespielt (T. 33, G. 31); dieses ist 1762 in der 16. Sammlung des „Chansonnier français" gedruckt erschienen, was wohl eher dafür als dagegen spricht, dafs es schon im Jahre zuvor bekannt war. Anderswo (T. 55, G. 49) wird der Tanzmeister Javillier erwähnt; von einem der zahlreichen Angehörigen dieser Tänzerfamilie versichern Isambert und Tourneux, dafs er um 1762, also doch auch wohl schon 1761, „le maître à danser en renom" gewesen sei. Noch weniger verbindlich, aber doch auch mit der Datierung auf 1761 wohl zu vereinigen sind noch folgende Angaben: an der Spitze der Komischen Oper stehen Corbie und Moette (T. 100, G. 88), in deren Händen die Direktion 1757 bis 1762 lag; die Schauspielerin Dangeville (T. 87, G. 77), die 1763 die Bühne verliefs, ist noch in Thätigkeit; Marivaux (T. 6, G. 8), gestorben am 12. Februar 1763, scheint noch unter den Lebenden zu weilen, und ganz sicher ist dies bei Rameau dem Onkel der Fall (T. 9, G. 10 u. ö.), der am 12. September 1764 starb.

Aus alledem dürfen wir wohl vorläufig den Schlufs ziehen, dafs die Handlung des Dialogs im Hochsommer 1761 spielt und dafs das Werk, da Diderot anscheinend mit den Ereignissen des Septembers und Oktobers ursprünglich noch nicht vertraut war, in seiner ersten Fassung kaum wesentlich später entstanden sein wird. Wer sich dieser Annahme gegenüber mit Isambert auf Diderots Worte berufen sollte, dafs er nur bei kaltem oder regnerischem Wetter das Café de la Régence aufsuche (T. 2, G. 3), wäre darauf zu verweisen, dafs es sich hier um eine ganz allgemeine, für alle Jahreszeiten giltige Bemerkung handelt, aus der man um so weniger zu folgern braucht, es sei am Tage des Dialogs thatsächlich kalt gewesen, als anderswo ausdrücklich betont wird, in dem Café habe eine „Hitze zum Umkommen" geherrscht (T. 137, G. 120).

Es fehlt nun in dem Dialog allerdings auch nicht an Stellen, die über den von uns für Handlung und Abfassung angesetzten Zeitpunkt mehr oder weniger weit hinausweisen; es kann aber kaum ein Zweifel sein, dafs sie erst infolge späterer Überarbeitungen in den Text geraten sind, wie sie sich denn auch bei genauerem Zusehen zum grofsen Teil leicht als Einschiebungen erkennen lassen. Immerhin wird es sich empfehlen, sie sorgsam zu mustern, um über Zeitpunkt und Charakter der vorgenommenen Revisionen zu sicheren Vorstellungen zu gelangen.

Als verdächtig glaube ich zunächst die beiden kleinen Anspielungen auf die zuvor erwähnten Vorgänge des Septembers und Oktobers 1761 bezeichnen zu können. Zunächst den kurzen Hinweis auf das galante Abenteuer des Mr. Viellard mit Mlle Hus. „Elle est bonne", sagt Rameau höhnisch von der letzteren, „M. Viellard dit qu'elle est si bonne! Moi je suis un peu qu'elle l'est" (T. 30, G. 28, in der Übersetzung lückenhaft). Dabei fällt zweierlei auf: einmal die Zartheit und Flüchtigkeit der boshaften Anspielung, die zu der Grobheit des sonstigen Tons, zu dem offenkundigen Behagen, mit dem anderwärts auf derartigen Dingen herumgeritten wird, in merkwürdigem Gegensatz steht, und zweitens die auffallende Leichtigkeit, mit welcher sich von den drei angeführten kleinen Sätzen der entscheidende mittlere ohne jede Störung aus dem Zusammenhange auslösen läfst; die Annahme einer Einschiebung würde dies alles gewifs am leichtesten erklären. Verwickelter liegen die Dinge an der Stelle, wo auf die Liebesabenteuer der Mlle Arnould angespielt wird (T. 52, G. 47); soviel ist aber sicher, dafs auch hier keinesfalls ein ursprünglicher Text vorliegt: Rameau erzählt seinem Partner, wie er in früheren Zeiten seine Klavierschülerin vor Beginn der Stunde mit Tagesneuigkeiten unterhalten habe. Gerade hier, wo man doch Ereignisse anzutreffen glauben sollte, die mit der übrigen Handlung zum mindesten gleichzeitig wären,[1]) gerade hier beginnt Rameau seine Aufzählung mit vier aufeinander folgenden Anspielungen auf spätere Vorgänge, und die Zeiten gehen obenein bunt durcheinander: Mlle Le Mierre ist zum zweitenmale schwanger — sie hatte erst 1762 geheiratet und hinterliefs 1786 bei ihrem Tode zwei unmündige Töchter; Mlle Arnould hat soeben mit ihrem kleinen Grafen gebrochen und verhandelt mit Bertin — Oktober 1761;

---

[1]) Vortrefflich pafst daher der etwas später folgende Hinweis auf das Gerücht vom Tode Voltaires, November 1760.

der kleine Graf Lauraguais berühmt sich der Porzellanerfindung, die Herrn von Montamys Verdienst ist — das Interesse des Grafen an dieser Erfindung bezeugt zwar schon die Widmung von Voltaires „Ecossaise" (1760), aber erst 1764 legte er Stücke seiner Erfindung der Akademie der Wissenschaften vor, erst 1765 gab Diderot Montamys Abhandlung über Porzellanmalerei heraus; im letzten Concert des amateurs hat eine Italienerin wie ein Engel gesungen — diese Konzerte sind erst seit 1775 nachweisbar. Man wird gestehen müssen, dafs ein Datum, welches sich in so zweifelhafter Umgebung findet, nicht für ganz unverdächtig gelten kann, wenn auch nicht gesagt sein soll, dafs es erst gleichzeitig mit den drei andern in den Text geraten sei.

Eine andere Stelle verweist uns mit grofser Bestimmtheit ins Jahr 1762 (T. 134, G. 117 f.): Rameau murmelt einige Arien aus Dunis „Ile des fous" (erste Aufführung 29. Dezember 1760), desselben „Peintre amoureux de son modèle" (1757), Philidors „Maréchal ferrant" (22. August 1761) und endlich Dunis „Plaideuse" (19. Mai 1762). Nun war diese „Plaideuse" eine gänzlich ephemere Erscheinung: nach nur vier Aufführungen verschwand sie von der Bildfläche und wurde, soviel bekannt, nicht einmal gedruckt; schwerlich wird sich Diderot noch nach Jahren an sie erinnert haben, vielmehr mufs ihr Name zu einer Zeit in den Text gedrungen sein, wo das Stück noch Bedeutung hatte, also wohl noch im Sommer 1762. Übrigens genügt es, an der betreffenden Stelle seinen Titel zu tilgen, um sogleich den ursprünglichen Text wiederherzustellen: unter den gleich darauf angeführten Arien, die Rameau singt, findet sich keine aus der „Plaideuse".

Sind wir hierdurch einmal auf den Sommer 1762 hingewiesen worden, so wird ein anderer Umstand, der an und für sich vielleicht keine besondere Aufmerksamkeit verdienen würde, an Bedeutung gewinnen: zu Beginn des Dialogs ist von dem Werte genialer Menschen die Rede, und Diderot meint, man dürfe die moralischen Ansprüche an sie nicht allzu hoch schrauben; als Beispiel dafür führt er Racine an (T. 15 ff., G. 15 ff.). Der ganze Gedankengang dieses Passus kehrt nun in etwas verkürzter, aber überraschend ähnlicher Form wieder in einem Briefe Diderots an Sophie Volland vom 31. Juli 1762: „S'il faut opter entre Racine méchant époux, méchant père, ami faux et poète sublime, et Racine bon père, bon époux, bon ami et plat honnête homme, je m'en tiens au premier. De Racine méchant que reste-t-il? rien. De Racine homme de génie l'ouvrage est éternel." Ist damit nun auch noch nicht gesagt, dafs die Stelle des Briefes älter sein müsse als die betreffende im „Rameau", so wird sie doch, auch wenn wir sie als blofse Reminiscenz betrachten, den Gedanken nahelegen, dafs der Briefschreiber in jenen Tagen mit dem Dialog beschäftigt gewesen sei. Ob man der hierdurch wahrscheinlich gewordenen Durchsicht des Sommers 1762 auch die beiden Hinweise auf die Ereignisse des Septembers und Oktobers 1761 wird zuweisen dürfen, sei dahingestellt. Dafür würde sich jedenfalls anführen lassen, dafs das Interesse an derartigen Klatschgeschichten nicht lange anzuhalten pflegt.[1])

Ein sehr merkwürdiger, bis jetzt meines Wissens noch nicht genügend beachteter chronologischer Widerspruch begegnet ferner am Schlusse der Rede T. 21, G. 21, wo von Rameau dem Onkel, der sonst allerwärts als lebend erscheint, wie von einem Toten die Rede ist: „s'il y avait eu à sa mort", sagt sein Neffe von ihm, „quelques belles pièces de clavecin dans son portefeuille, je n'aurais pas balancé à rester moi et à être lui." Goethe hat den Widerspruch wohl erkannt und durch Änderung des Tempus zu beseitigen versucht. Meinem Gefühl nach mufs dieser Zusatz — denn ein solcher liegt doch jedenfalls vor — zu einer Zeit in den Text ge-

---

[1]) Noch eine Stelle des Textes ist mit einem Vorgange des Jahres 1762 in Verbindung gebracht worden, nämlich diejenige, an welcher Mlle Hus sich über den Beifall beklagt, den das Publikum an ihre Rivalinnen Dangeville und Clairon verschwendet (T. 87, G. 77 f.). Tourneux verweist bei dieser Gelegenheit auf eine Essex-Auffthrung des genannten Jahres, in welcher, anschliefsend an einen Rollenstreit zwischen der Clairon und der Hus, jene als Vertraute jubelnd beklatscht, diese in der Hauptrolle ausgepfiffen worden sei. Diese Thatsache hat indefs, wie wohl auch Tourneux selbst annimmt, nur als Illustration des Textes, nicht als Mittel zur Datierung Wert. Denn abgesehen davon, dafs in der angeführten Geschichte die Dangeville garnicht vorkommt, wird sich der Rollenneid und die Eifersucht der Hus nicht nur bei dieser einen Gelegenheit gezeigt haben.

drungen sein, wo Diderot seinem eigenen Werke bereits so fern stand, dafs er über dessen einfachste Voraussetzungen im Unklaren war, also doch wahrscheinlich wesentlich nach dem terminus a quo 1764.

Des Seitenblickes auf den Grafen Lauraguais und seine vermeintlichen Verdienste um die Porzellanmalerei ist oben bereits gedacht worden; bei der chronologischen Unsicherheit der ganzen Stelle verzichten wir darauf, die Frage zu erörtern, ob diese Anspielung wirklich erst 1764 oder 1765, oder gar noch später eingeschoben sei.

Ein andrer Hinweis zielt auf eine Reihe von Thatsachen, die erst Anfang 1765 ihren Abschlufs fand: als eine hervorragend schöne sittliche That wird es (T. 68, G. 61) gerühmt, dafs Voltaire das Andenken des Calas wiederhergestellt habe. Des grofsen Schriftstellers mutiges Auftreten gegen den 1762 an Jean Calas aus Toulouse unter konfessionellen Einflüssen begangenen Justizmord ist bekannt; seine hierher gehörige Hauptschrift, der „Traité sur la tolérance, à l'occasion de la mort de Jean Calas" fällt ins Jahr 1763: Voltaire bewirkte eine Revision des Prozesses, in deren Folge Calas am 9. März 1765 für unschuldig erklärt wurde, sodafs Diderots Anspielung in keine frühere Zeit fallen kann. Dafs eine Einschiebung vorliegt, leidet wiederum nicht den geringsten Zweifel: der kleine Satz, der die betreffende Bemerkung enthält, läfst sich nicht nur auffallend leicht aus dem Text lösen, sondern seine Tilgung erscheint geradezu geboten, da er den Zusammenhang empfindlich stört. Wann diese Stelle eingeschoben worden ist, wird sich sehr schwer entscheiden lassen: der Fall Calas war eine Sache, welche die Gemüter aufserordentlich tief bewegte und einem Manne wie Diderot wohl noch nach langen Jahren im Sinne liegen konnte.

Dagegen verdient eine Beziehung, die uns ins Jahr 1766 führt, grofse Aufmerksamkeit. In diesem Jahre nämlich veröffentlichte Cazotte seine — unten näher zu besprechende — „Nouvelle Raméide", ein Gedicht, das sich für eine Selbstbiographie Rameaus des Neffen ausgab. Grimm zeigte das Werkchen am 15. September in seiner „Correspondance littéraire" an und hob dabei hauptsächlich hervor, dafs Rameau darin fordere, man solle für ihn das Amt eines Hofnarren wiederherstellen, das heutzutage so mancher ohne Narrenkleid und Narrentitel ausübe. „Rameau der Narr hat, wie man sieht" — so fügt Grimm hinzu — „manchmal spafshafte und eigenartige Einfälle. Man fand eines Tages in seiner Tasche einen Molière und fragte ihn, was er damit mache. „Ich lerne daraus", erwiderte er, „was man nicht sagen darf, aber thun mufs." Es ist nun zunächst höchst auffallend, dafs Diderot, der sich sonst von der „Nouvelle Raméide" in keiner Weise beeinflufst zeigt, seinen Titelhelden ebenfalls auf das entlegene Thema von der eingegangenen Würde eines königlichen Narren kommen läfst (T. 99, G. 87 f.), wenn auch in etwas anderem Zusammenhang; noch auffallender aber ist, dafs ganz kurz vorher (T. 96 ff., G. 85 ff.) Rameau das Thema, wie man Molière am besten lese, zwar wesentlich breiter, aber genau in dem Sinn behandelt wie in Grimms Anekdote. Dazu kommt drittens, dafs durch die ganze Partie, welche beide Stellen enthält, die Aufzählung der fragwürdigen Existenzen, die sich in Bertins Hause versammeln, in fast störender Weise unterbrochen wird. Ein kräftiger Strich[1]) würde hier den Text entschieden verbessern. Ich zweifle bei dieser Sachlage nicht, dafs Diderot durch das betreffende Heft von seines Freundes Grimm „Correspondance" angeregt worden ist, eine Einschiebung in den Dialog zu machen. Diese dürfte wohl noch 1766 selbst erfolgt sein, denn schwerlich hat Diderot in späterer Zeit Gelegenheit gehabt, das flüchtig vorübergehende und nur handschriftlich verbreitete Journal Grimms noch einmal einzusehen, und dafs dieses ganz unmittelbar eingewirkt hat, steht für mich aufser Frage. Merkwürdig, dafs auf die Stelle bei Grimm schon öfters hingewiesen worden ist, ohne dafs Diderots Einschiebung als solche erkannt worden wäre.

Nicht weniger Interesse bietet eine Stelle des Dialogs, die sich in auffallender Weise mit einem Briefe Diderots aus dem Jahre 1767 berührt: ziemlich zu Anfang des Gesprächs nämlich weifs Rameau von einem königlichen Minister zu er-

---

[1]) Von T. 95: „je n'en ai presque pas vu un seul qui n'y donnât" bis 100: „Nous avons aussi les auteurs" (= G. 85,3 bis 88,22).

zählen, der einmal bei Tische geäufsert habe, nichts sei den Völkern nützlicher als die Lüge, nichts schädlicher als die Wahrheit; man könne deshalb nichts Besseres thun, als ein Kind, das ein Kennzeichen des Genies an der Stirne trüge, gleich bei der Geburt zu ersticken (T. 11, G. 12). Über eine ganz ähnliche Äufserung von ministerieller Seite berichtet nun Diderot in heller Entrüstung seinem Freunde, dem Bildhauer Falconet, im Juli 1767: „Un freluquet sans lumière et sans pudeur dit intrépidement à sa table que l'ignorance fait le bonheur des peuples, et que si l'on eût jeté Marmontel dans un cachot, lorsqu'il nous fit rire aux dépens de d'Argental et de d'Aumont, il n'avait pas fait Bélisaire;[1] et cela s'appelle un ministre!" Trotzdem die beiden Stellen ganz offenbar den gleichen Vorgang berichten, trage ich Bedenken, die Einschiebung der Geschichte in den Dialog unbedingt ins Jahr 1767 zu setzen; würde es doch kaum etwas Auffallendes haben, wenn Diderot eine Äufserung so unerhörter Art dauernd in Erinnerung behalten und noch ein paar Jahre später verwertet hätte. Dafür liefse sich vielleicht auch anführen, dafs Rameau die Anekdote ausdrücklich in die Vergangenheit verlegt und ihr eine Gestalt giebt, die von der ursprünglichen nicht unerheblich abweicht. Nicht leicht ist es, die Stelle aus dem Zusammenhange zu lösen; sie ist sorgsamer eingefügt als die meisten anderen, was aber an ihrer Unursprünglichkeit nichts ändern kann.

Weniger Gewicht möchte ich zwei anderen Stellen beimessen, die sich in einer Schrift des Jahres 1767 wiederfinden. Wenn Diderot im „Salon" von diesem Jahre den Ausspruch Capellas „Musices seminarium accentus" (T. 128, G. 112) wiederholt, so hat das bei seiner ausgesprochenen Neigung zu lateinischen Citaten nicht das Geringste auf sich. Interessant ist es, dafs eben dieser „Salon" auch die Stelle Vergils „Quisque suos patimur manes" (T. 179, G. 156) anführt, und zwar ausdrücklich mit dem Zusatz: „dit Rameau le fou". Es sind hierfür zwei Erklärungen denkbar: man kann diese Stelle

---

[1] Marmontels „Bélisaire" erschien 1767, Diderots Worte können sich also nicht etwa auf eine frühere Äufserung des Ministers beziehen.

entweder als Selbstcitat Diderots fassen, was mir aber unwahrscheinlich vorkommt, da die Leser des „Salons" ein solches doch nicht verstanden hätten — oder man kann, was mir besser gefällt, annehmen, daſs Rameau wirklich dieses Wort anzubringen geliebt habe; in jenem Falle findet die Annahme, daſs die Stelle im „Salon" älter sei als die im „Rameau", überhaupt keinen Platz, in diesem fehlt ihr zum wenigsten jede positive Stütze. Ich bin also nicht geneigt, ihr für die Datierung irgendwelche Bedeutung zuzusprechen.

Anderes verweist uns in die erste Hälfte der siebziger Jahre. Zunächst einige kleinere Zusätze. So muſs sich Palissot (T. 111 f., G. 98) unter anderen Vorwürfen auch den gefallen lassen, er habe sich selbst auf dem Theater als einen der gefährlichsten Schelme dargestellt: damit zielt Diderot zweifellos auf Palissots Komödie „L'homme dangereux", die erst 1770 erschienen ist; es macht dementsprechend nur wenig Schwierigkeit, die anachronistische Anspielung aus dem Texte zu entfernen. Ein andermal (T. 21, G. 21) wird Voltaire angezapft, dessen entschiedenes Eintreten für den Kanzler Meaupou, 1771, sehr wenig nach dem Sinne Diderots und seiner Freunde war; auch diese Stelle löst sich auffallend leicht aus dem Zusammenhang. Noch deutlicher ist die schon von Goethe mit kritischen Augen betrachtete Erwähnung von Sabatier des Castres' „Trois siècles de la littérature française", erschienen 1772 (T. 23, G. 22), als Einschiebung zu erkennen: ihre Tilgung kommt geradezu einer Verbesserung des Zusammenhangs gleich. Ohne jede Frage unursprünglich ist es auch, wenn (T. 23, G. 22) neben Fréron dem Vater gelegentlich auch einmal der Sohn genannt wird; war doch der jüngere Fréron, der freilich früh in die litterarische Laufbahn eintrat, erst 1754 getauft! Statt „les Frérons, père et fils" stand ursprünglich gewiſs nur „Fréron", und nur die Lust, auch den Sohn seines alten Feindes, der nicht aus der Art schlug, unter das Lumpengesindel zu setzen, wird Diderot verführt haben, die Zeitumstände hier so gröblich zu verletzen. Als äuſsersten Termin hierfür glaube ich das Jahr 1775 annehmen zu dürfen, auf welches uns zuvor die Erwähnung der „Concerts des amateurs" führte und über welches hinaus in unserm Dialog keine Daten nachweisbar sind. Dazu stimmt es, dafs der alte Fréron, der hier noch mit dem Sohne zusammen genannt wird, 1776 starb.

Gröfsere Aufmerksamkeit als diese kleinen Zusätze verdienen die beiden umfangreicheren Abschnitte im letzten Drittel, von denen Düntzer behauptet, sie seien unmöglich aus dem Zusammenhange zu lösen. Die erste Geschichte, diejenige von dem jungen Manne, dem von allen seinen Befähigungen nur die musikalische ein Fortkommen verschafft (T. 147 f., G. 129 f.), findet sich fast wörtlich in einem Aufsatze Diderots über die „Leçons de clavecin et d'harmonie" von Bemetzrieder, dem Lehrer seiner Tochter, wieder, und verweist uns so allerdings ins Jahr 1771. Nichts kann aber handgreiflicher sein, als dafs sie in den Dialog erst nachträglich eingeschoben ist. Nimmt doch der Text unmittelbar nach Beendigung der Erzählung die Beziehung auf Rameaus Söhnchen, von dem gut anderthalb Seiten lang nicht die Rede war, mit einfachem „lui" wieder auf; es ist dies derartig befremdlich und störend, dafs Goethe kaum daran denken konnte, das französische Pronomen durch das deutsche wiederzugeben, vielmehr mit vollem Recht übersetzte: „meinem Knaben" (G. 130,25). Dafs hier eine schlecht verborgene Naht vorliegt, ist gar kein Zweifel. Beachtenswert ist auch, dafs die ganze Episode in Brières Text einfach fehlt[1]): möglich genug freilich, dafs der unzuverlässige Herausgeber auch hier willkürlich verfuhr und die Stelle, die ihm schon anderwärts begegnet war, kurzer Hand tilgte, möglich aber doch wohl auch, dafs die ihm vorliegende Handschrift hier thatsächlich eine ältere Textgestalt bot.

Ganz ähnlich verhält es sich mit der Anekdote vom Juden, der den Kuppler um den Preis seiner Bemühungen zu prellen versucht (T. 163 ff., G. 143 ff.). Die ganze Geschichte steht auch in Diderots „Voyage de Hollande"; er hatte sie 1774 gelegentlich seines Aufenthalts in den Niederlanden kennen gelernt. In den Dialog gehört auch sie ursprünglich nicht: nachdem Rameau sie erzählt und die üblen Folgen, die sie für

---

[1]) Brière springt von T. 147 „de la fortune" sogleich auf 149 „Lui: Sans doute" (G. 129,10 „auf dem Wege des Glückes fördern" bis 130,22 „Er: Freilich!").

ihn hatte, auseinandergesetzt hat, nimmt er den Zusammenhang wieder auf mit den Worten: „De cascade en cascade, j'étais tombé là; j'y étais comme un coq en pâte" (T. 167). Diesem „là" fehlt so vollständig jede vernünftige Beziehung, daſs Goethe sich genötigt sah, ganz willkürlich zu übersetzen „in ein gutes Haus" (G. 146,18 f.). Wer genauer zusieht, wird bald entdecken, daſs dieses „là" auf das „Danaidenfaſs" verweist, von dem es vier Seiten zuvor (T. 163) hieſs: „Trop heureux encore celui qui peut s'y placer." Was zwischen diesen Worten und ihrer Wiederaufnahme durch das „là" steht, ist offenkundiger Zusatz.[1])

Vielleicht könnte man versucht sein, noch eine Stelle des Dialogs als Beweis für die von Düntzer angenommene spätere Entstehung des letzten Teils ins Feld zu führen: Grétry weiſs nämlich in seinen „Essais sur la musique" zu erzählen, daſs ihm bei Komposition der Oper „Zemire und Azor", erschienen 1771, die würdige musikalische Wiedergabe der Hauptsituation seiner Heldin groſse Verlegenheit bereitet habe. Diderot, den er zu Rate zog, riet ihm, recht in die Empfindung Zemirens einzudringen und sich den Accent ihrer leidenschaftlichen Worte möglichst lebendig zu vergegenwärtigen; denn, sagte er, „le modèle du musicien, c'est le cri de l'homme passioné". Den gleichen Grundsatz verficht nun auch Rameau mit groſser Entschiedenheit (besonders T. 141, G. 124); aber man ist wohl nicht berechtigt, daraus irgendwelche Folgerungen für die Datierung des Dialogs zu ziehen: der Satz gehörte eben zu Diderots ästhetischen Axiomen, und da hat es doch wohl kaum etwas Befremdliches, wenn er uns 1761 und 1771 in fast gleicher Gestalt entgegentritt.[2])

---

[1]) Bei Goethe wäre demnach zu springen von 143,16 „der seinen Platz findet" bis 146,18 „Von Stufe zu Stufe"; statt „in ein gutes Haus" müſste 146,18 „dorthin" gelesen werden.

[2]) Daſs Grétry den Satz wirklich aus Diderots Munde vernommen, unterliegt für mich keinem Zweifel; unsicher ist dagegen, ob er sich nicht über den Anlaſs dieses Ausspruchs getäuscht hat, da es nach einer Erzählung Grimms vom Februar 1772 (Correspondance littéraire, 1. Februar 1772, Bd. IX, S. 441) so scheint, als habe Grétry die betreffende Stelle der „Zemire" nicht auf Diderots, sondern auf Grimms Anlaſs umgearbeitet. Wäre dem wirklich so, so verlöre unsere Stelle erst recht jede chronologische Bedeutung. (Vgl. Tourneux' Anmerkung auf S. 202.)

Nach Musterung dieser mehr oder minder bestimmbaren Daten bleiben noch zwei Stellen übrig, die zwar über die Entstehungszeit des Dialogs hinaus-, aber nicht auf ein bestimmtes Jahr verweisen. Zunächst handelt es sich hier um die zweite Schwangerschaft der Mlle Le Mierre (T. 52, G. 47), auf die schon oben hingewiesen wurde; aus dem dort Beigebrachten läfst sich nicht viel andres folgern, als dafs sie mit einiger Wahrscheinlichkeit in die zweite Hälfte der sechziger Jahre zu setzen ist. Noch weniger kann man über die andere Stelle (T. 60, G. 54) etwas Sicheres sagen. Es werden dort als üppige Verschwenderinnen zwei Tänzerinnen genannt: „La Deschamps autrefois, aujourd'hui la Guimard". Ursprünglich stand hier nur der Name der ersteren, der denn auch zwei Zeilen darauf, wo beide Namen wiederkehren sollten, allein genannt wird, ebenso wie das zu den beiden Namen gehörige Verb im Singular steht. Die Deschamps verschwand 1762 aus Paris, zu einer Zeit, wo die jugendliche Guimard schon mehrere Jahre in Thätigkeit war; wann aber deren Name in den Dialog eindrang, steht dahin, es fehlt sogar ein sicherer terminus a quo, da das „autrefois" anzeigt, die Einschiebung sei unbedingt später als 1762 erfolgt. Hingewiesen sei wenigstens auf einen Brief Diderots an Sophie Volland vom 22. November 1768, in welchem er sich über seine Bekanntschaft mit der Guimard ausspricht.

Im Anschlufs hieran möchte ich noch auf eine bisher nicht angezweifelte Partie verweisen, gegen deren Ursprünglichkeit ich einige leise Bedenken habe: es ist der Abschnitt (T. 82 ff., G. 73 ff.), der von dem Financier Bouret handelt. Es fragt sich doch wohl, ob Bourets „Livre de la félicité" (oder richtiger: „du vrai bonheur"), in welches der Generalpächter seit 1759 die fast alljährlichen Besuche des Königs auf seinem Pavillon im Walde von Rougeaux eintrug, 1761 schon in weiteren Kreisen bekannt war; auch die Fackelbeleuchtung des Weges von Versailles nach Croix-Fontaines, die Bouret bei einem nächtlichen Besuche des Königs veranstaltete, braucht nicht gerade in die Anfangszeit seiner Beziehungen zu Ludwig XV. zu fallen (auf beides wird T. 82, G. 73 angespielt). Ob deshalb freilich auch die Geschichte von Bourets Hunde, die Rameau zum besten giebt, unursprünglich sein müfste, ist noch weniger zu entscheiden.

Es wird sich nun endlich die Frage erheben, auf wie viele Revisionen sich die späteren Einschiebungen Diderots verteilen. Man wird wohl daran thun, bei ihrer Beantwortung möglichst vorsichtig zu Werke zu gehen. Wir haben bereits wahrscheinlich gemacht, dafs eine solche Durchsicht zunächst im Sommer 1762 stattgefunden habe; sie kann aber, bei den sehr geringen Spuren, die sie hinterlassen hat, nicht sehr tief gegangen sein. Eine vereinzelte gröfsere Einschiebung war mit einiger Bestimmtheit in den Herbst 1766 zu verweisen. Darüber hinaus läfst sich unbedingt sicher nur noch feststellen, dafs Diderot den „Rameau" nach seiner russischen Reise, etwa 1775, noch einmal vornahm; die Versuchung liegt nahe, dieser letzten Revision alle auf die siebziger Jahre und wenigstens einen Teil der auf die sechziger weisenden Stellen zuzuschieben, ein Beweis dafür läfst sich jedoch nicht erbringen. Besonders gründlich ist jedenfalls keine Durchsicht gewesen: die neuen Partien sind zwar geschickt und stets am rechten Platze, aber ohne besondere Sorgfalt in den alten Text eingeschoben worden, woraus man wohl den Schlufs ziehen darf, dafs dieser seine ursprüngliche Gestalt ziemlich bewahrt hat. Offen bleibt nur die Frage nach Einfügungen, die nicht durch chronologische Anhaltspunkte als solche kenntlich sind; meine Bemühungen, solche festzustellen, sind vergeblich gewesen, und bei der geschlossenen, abgerundeten Komposition des Dialogs ist es auch unwahrscheinlich, dafs sie besonders zahlreich oder umfangreich sind. Stärker als die nachweisbaren sind sie keinesfalls, und was diese anbetrifft, so ist es gewifs, dafs keine einzige von ihnen dem Geiste und dem inneren Entwicklungsgange des Dialogs ernstlich entgegenläuft. Zudem sind gerade die wichtigsten Partien, so vor allem das ganze zweite und der weitaus gröfste Teil des ersten und letzten Drittels, durch sichere Daten als ursprünglich beglaubigt, sodafs wir das Werk in allen Hauptsachen als ein einheitliches Produkt des Jahres 1761 betrachten können, dessen Wesen von den späteren Überarbeitungen unberührt geblieben ist.

III.
Die Bedeutung des Diderotschen Dialogs.

So viele Forscher sich mit Diderots „Neveu de Rameau" beschäftigt haben, so viele Ansichten giebt es auch über Zweck und Bedeutung des eigenartigen Werkes. Die Porträtähnlichkeit des Diderotschen Helden mit seinem Original, so meint der Eine, ist freilich unbestreitbar, aber die Hauptsache bleibt, dafs Diderot ihn zu einem Typus erhoben, dafs er die charakteristischen Eigenschaften des zeitgenössischen Parasitentums in ihm zu einer Einheit verschmolzen hat; durch den ganzen Dialog ziehen sich ferner sittliche Fragen, die den Charakter des Werkes entscheidend bestimmen, insonderheit die nach der Erziehung des Menschen zur Moralität. Eine Satire, versichert der Zweite, nennt sich der Dialog, und eine Satire ist er: gegen alle Parasiten, Müfsiggänger und Sykophanten ist er gerichtet, und der Ärgste aus dieser ganzen Zunft sitzt über seine sauberen Gesellen zu Gericht. Wahrscheinlich genug ist es, dafs dabei der wirkliche Rameau Modell gesessen hat, aber es ist gleichgiltig; auf den Höhen, auf welchen Diderot sich bewegt, haben wir es nicht mehr mit den Plattheiten und Gemeinheiten des verbummelten Musikanten, sondern mit dem gewaltigen Kampfe der Philosophen gegen die Bosheit ihrer rückständigen Widersacher zu thun. Eine dritte Auffassung drückt gar Rameau zur völligen Puppe herab: es ist kaum noch dieser selbst, der spricht, sondern mindestens ebenso gut Diderot; der Verfasser benutzt seinen Dialog, um den Widerstreit, der ihn in Bezug auf moralische Fragen bewegt, zum Austrag zu bringen, ohne dafs ihm dies recht gelingen will.

Andrerseits fehlt es der Gestalt des Neffen aber auch nicht an entschiedenen Verteidigern. Gewiss, so meint einer der gewandtesten von ihnen, Satire zeitgenössischer Sitten, Bekämpfung einer eigennützigen Moral, Rache für Palissots „Philosophen", Beurteilung der italienischen und französischen Musik — alles das spielt keine kleine Rolle. Aber alles dient doch nur dem lebendigen Gemälde und Porträt, das ein genialer Beobachter und Denker vor unsern Augen entwirft, alles verfolgt den einen Zweck, die Hauptfigur, den Erzschmarutzer, recht ins vollste Licht zu setzen. Ja, wollen wir einem der neuesten Biographen Diderots glauben, so müfsten wir wohl selbst die Bezeichnung „Erzschmarutzer" als allzu typisch fallen lassen: wir stünden vor einem ganz reinen Porträt, dem jeder tiefere symbolische Hintergedanke fehlte, und gerade in dieser schlichten Treue des Bildnisses läge die unwiderstehliche Kraft der Diderotschen Satire.

Der Grundunterschied dieser Auffassungen beruht, wie man sieht, auf der verschiedenen Beurteilung von Diderots Verhältnis zu seinem Modell. Wir müssen also zunächst zusehen, was sich hierüber Sicheres ermitteln läfst.

Dafs Rameaus Neffe wirklich existiert habe, ist längst keine Frage mehr. Wenn noch 1823 Brière an der geschichtlichen Wirklichkeit dieser Gestalt zweifeln konnte, so brachten seine Rivalen de Saur und de Saint-Geniès in ihrer Übersetzung von Goethes Anmerkungen fast gleichzeitig eine Stelle aus Merciers „Tableau de Paris" bei, welche die Existenz des Neffen aufser Zweifel setzte. Im Laufe der Jahre hat sich dann das Material zu seiner Lebensbeschreibung beträchtlich vermehrt. Eine unschätzbare Quelle ist die seit Isambert (1883) wieder bekannt gewordene „Raméide", eine wunderliche Reimerei, in der Jean-François, der Neffe Rameaus, von sich selbst und seinen Umständen Rechenschaft giebt; auch eine Nachahmung dieses seltsamen Produkts, die „Nouvelle Raméide" von Cazotte, verdient sorgsame Beachtung.[1] Einiges urkundliche Material

---

[1] Anspruch darauf, sowohl die Stelle bei Mercier wie die „Nouvelle Raméide" zuerst wieder entdeckt zu haben, erhebt Varnhagen, wenn er dem Aufsatze „Rameau" in seinen „Vermischten Schriften" (2. Aufl. Bd. III S. 14ff.) die Jahreszahl 1811 zufügt. Dafs Varnhagen diese Arbeit schon damals ver-

sowie litterarische und briefliche Äufserungen von Zeitgenossen, wie Fréron, Palissot, Piron, Grimm, treten hinzu, um das Bild zu vervollständigen. Alles dies hat zuerst Isambert 1883 in der Einleitung seiner Ausgabe zu einer kleinen Biographie zusammengesucht; ihm ist 1891 der noch etwas eingehender unterrichtete Thoinan gefolgt, dessen verdienstliche Arbeit hinter dem Texte Monvals abgedruckt ist. Ich bin beiden zu vielem Dank verpflichtet, wennschon ich bei Nachprüfung der Quellen nicht immer zu den gleichen Ergebnissen gelangt bin wie sie.

Die Heimat der Rameaus ist Dijon. Dort bekleidete gegen Ende des 17. Jahrhunderts Jean Rameau, wie ihn das Taufzeugnis seines berühmten Sohnes, oder Maurice Rameau, wie ihn die Selbstbiographie seines Enkels nennt, die Stelle eines Organisten an der Kathedrale. Er selbst hatte sich erst in verhältnismäfsig vorgeschrittenen Jahren der Musik gewidmet, bemühte sich aber umso eifriger, seine beiden Söhne schon früh der Kunst, die ihm das Brot gab, in die Arme zu führen; auch von den drei Töchtern widmete sich eine der Musik. Den älteren Sohn, Jean-Philippe, 1683 geboren, duldeten das ungezügelte Temperament und die Neigung zum Absonderlichen, die als Erbteil aller Rameaus gelten können, nicht lange auf der Jesuitenschule seiner Vaterstadt: mit siebzehn Jahren zog er als wandernder Musikus hinaus in die Welt, bis er endlich in Paris, wo er schon früher einmal festen Fufs gefafst hatte, sefshaft wurde und als der „grofse Rameau" durch seine künstlerischen und kunsttheoretischen Leistungen die Bewunderung der Zeitgenossen auf sich lenkte. Ein bescheidneres Los fiel seinem jüngeren Bruder Claude zu, der etwa 1689 geboren war. Zwar, wollten wir der Erzählung seines Sohnes Glauben schenken, die Mercier mitteilt, so hätte er eine noch stürmischere Jugend verlebt als Jean-Philippe: als marodierender Soldat nur mit knapper Not dem Tod durch den Strick ent-

---

öffentlicht, kommt mir freilich nicht ganz unzweifelhaft vor, da er doch sonst nicht verfehlt haben würde, Goethe, mit dem er grade zu jener Zeit in Fühlung trat, darauf hinzuweisen. Auf Kenntnis Cazottes 1808/9, bez. 1811 weisen allerdings die Stellen Denkwürdigkeiten 2. Aufl. Bd. II S. 65 und Briefwechsel mit Rahel Bd. II S. 171.

ronnen, hätte er eine Zeit lang als wandernder Puppenspieler sein Leben gefristet. Aber abgesehen von der etwas zweifelhaften Glaubwürdigkeit des Sohnes fragt es sich, wie Thoinan mit Recht bemerkt, ob sich Mercier nicht von seiner Erinnerung hat täuschen lassen, ob er nicht irrtümlich eine Geschichte auf den Vater überträgt, die der Sohn von sich selbst erzählt hatte. Soviel ist aber gewifs, dafs auch Claude Rameau sein Brot zunächst als Organist und Klavierspieler in fremden Städten suchte und fand. In seine Vaterstadt zurückgekehrt, traf er dort vorübergehend wieder mit seinem Bruder zusammen. Beide bewarben sich um die Hand eines und desselben Mädchens, Marguerite Rondelet; aber Claude, der jüngere der Brüder, erhielt den Vorzug und führte im Januar oder Februar 1715 Marguerite als seine Gattin heim. Aus dieser Ehe entsprofs Jean-François, der Held unseres Dialogs, geboren zu Dijon am 30. Januar 1716, dem später noch eine Tochter folgte. Kurz nach seiner Heirat hatte Claude sein Amt als Organist in Dijon niedergelegt und die gleiche Stellung zu Clermont in der Auvergne übernommen; aber er räumte diesen Platz bald seinem Bruder, kehrte wieder heim und regierte die Orgel der vaterstädtischen Kathedrale. Seine ausgezeichneten künstlerischen Talente sicherten ihm einen vorzüglichen Ruf und eine geachtete Stellung, die Zahl seiner Schüler wuchs von Tag zu Tag. 1724 bewilligte ihm seine Vaterstadt Steuerfreiheit, drei Jahre später fügte sie auf Fürsprache des Prinzen Condé eine Rente von dreifsig Livres hinzu. Gegen 1736 verlor Claude Rameau seine wackere und brave Gattin und verheiratete sich nun von neuem.

Claude war im Grunde gutartig von Charakter und im Gegensatz zu seinem Bruder heiteren und jovialen Temperaments. Aber er verleugnete seine Angehörigkeit zur Familie der Rameau nicht: wie seine Verwandten, war auch er reizbar und jähzornig, dazu ein sonderbarer Kauz. Etwa 1754 geriet er mit seiner vorgesetzten Behörde in Konflikt; der Magistrat entzog ihm seine Rente und seine Steuerfreiheit und verurteilte ihn obenein zu einer Geldstrafe von 50 Livres, wenn wir Rameau selbst glauben wollten, aus dem absonderlichen Grunde, weil er durch den Vortrag eines Liedes auf seiner Geige einen unteren Magistratsbeamten beleidigt habe. Zwei Aktenstücke, die Claude Rameaus Einspruch gegen diese Maſsregelung enthalten, sind uns erhalten, aber seine Beschwerden kommen darin in so ungewöhnlicher Form zum Ausdruck, daſs Thoinan alles Ernstes bezweifelt hat, ob ihnen urkundlicher Wert beizumessen sei und es sich nicht vielmehr um den Ausfluſs irgendwelcher spaſshaften Laune handle. Ich vermag mich dieser Auffassung nicht anzuschlieſsen, für mich spricht aus Claudes Worten in überzeugendster Weise der ganze Groll gekränkter Künstlerehre. Allerdings braucht man nicht weit zu lesen, um sich aufs deutlichste zu überzeugen: „Anders als sonst in Menschenköpfen malt sich in diesem Kopf die Welt." Claude beklagt sich aufs bitterste über die geringe Achtung, die seine Kunst in diesen bösen Tagen genieſse. Schon ein trefflicher Poet sei eine seltene Gabe der Natur, seit den Tagen Homers bis auf die Gegenwart habe es ihrer kaum zehn gegeben; um wieviel mehr müsse man einen hervorragenden Musikus schätzen! Ein solcher sei sein Bruder, von dessen wohlverdientem Ruhme ganz Europa wiederhalle und von dessen Wissen auch er sein Teil habe. Was ihn selbst anbetreffe, so diene er seit Jahren dem Ergötzen, dem Ruhme seiner Vaterstadt. Athen hätte ihm im gleichen Falle Statuen errichtet, Dijon lohne ihn mit Undank, ein jämmerlicher Feuerwerker solle von nun an die Vorteile genieſsen, die man ihm entziehe. Er vergleicht sich mit Pindar, mit Scipio Africanus, mit Amphion, der doch gewiſs auch in Theben keine Steuern habe zu bezahlen brauchen, und posaunt mit vollen Backen sein eigenes Lob aus. „Hätte ich auch", so ruft er, „eine Dummheit gemacht — was weiter? Sind nicht Narrheit und Musik Geschwister? Als der Stadtmagistrat mich in Dijon anstellte, hat er mich keineswegs auf Catonischen Ernst verpflichtet und keinen Versuch gemacht, das edle Feuer, das den groſsen Musikus kennzeichnet, in mir zu dämpfen." Man könnte bei der Lektüre des eigenartigen Schriftstückes fast glauben, eine Stelle aus Diderots Dialog vor sich zu haben und nicht den Vater, sondern den Sohn sprechen zu hören.

In so närrischer Form Claude Rameau auch seine Beschwerden anbringen mochte, so waren sie doch von Erfolg begleitet: die Cour municipale entschied, wie Isambert sich witzig ausdrückt, dafs Amphion keine Steuern zu bezahlen habe und in seine vorigen Rechte wieder einzusetzen sei. Aber Claude scheint in Dijon doch nicht mehr recht warm geworden zu sein: noch am Abend seines Lebens wandte er seiner Heimat den Rücken und liefs sich in Autun nieder, wo er 1761, etwa zweiundsiebzigjährig, starb.

Sein Sohn, Jean-François, war durch die Überlieferungen der Familie zum Musikus voraufbestimmt, was seinen äufseren Ausdruck gleich darin fand, dafs der Knabe statt in eine Wiege in ein Bafsgeigen-Futteral gebettet wurde; so wenigstens berichtet Cazotte, für dessen Glaubwürdigkeit ich in diesem Falle allerdings nicht die Hand ins Feuer legen möchte. Früh schon liefs der junge Rameau in Haus und Hof, auf Treppe und Flur die Klänge seiner minderwertigen Geige ertönen, und gern spielte er den Leuten zum Tanze auf. Aber auch der musikalische Schaffensdrang regte sich bei Zeiten in ihm: er komponierte kleine Melodien im landesüblichen Stil, sogenannte Sauteusen, deren eine, die er mit zwölf Jahren verfafst hatte, sich nach seiner eigenen Versicherung lange Zeit hindurch im Volksmunde erhielt; man sang danach noch in den sechziger Jahren den Favartschen Text „La petite Lise". Als Kind soll Jean-François sehr hübsch gewesen sein, aber die Pocken entstellten sein Gesicht schon in der Jugend zu geradezu grotesker Häfslichkeit.

Seine wissenschaftliche Bildung erhielt der junge Rameau auf der Jesuitenschule seiner Vaterstadt, und zwar gemeinsam mit dem etwas jüngeren Jacques Cazotte, dem späteren Dichter, mit dem ihn zeitlebens eine aufrichtige Freundschaft verband; auch der Molière-Herausgeber Bret und der Pariser Franziskanerbibliothekar Bonhomme, einer der Feinde der Encyklopädie, waren seine Mitschüler. Von besonderem Erfolg war dieser Schulbesuch nicht begleitet: Jean-François scheint am Lateinischen und Griechischen ebenso wenig Geschmack gefunden zu haben wie sein grofser Onkel.

Einem müfsigen Leben im Elternhause machte der Tod der Mutter ein Ende; mit zwanzig Jahren — so giebt er selbst an, Cazotte meint schon mit siebzehn — entzog er sich der strengen väterlichen Zucht und wurde Soldat. „J'ai sous l'habit du roi paru six fois en lice", berichtet die „Raméide" in ihrer orakelhaften Weise, und man könnte versucht sein, daraus auf eine sechsjährige Dienstzeit zu schliefsen, wenn nicht eine prosaische Anmerkung zu dieser Stelle angäbe, Rameau sei 1736 ins Regiment Poitou eingetreten und habe ihm unter dem Befehl des Comte de Bonneval zwei Jahre angehört; möglich allerdings, dafs diese zwei Jahre nur einen Teil seiner Dienstzeit ausmachten und er später in eine andere Truppe übertrat. Wenig Glauben wird Cazotte verdienen, der zwar auch das Regiment Poitou nennt, aber behauptet, Rameau sei des Kriegshandwerks schon nach ganz kurzer Zeit überdrüssig geworden. Wir wissen von dieser militärischen Laufbahn unseres Helden sonst nichts, als dafs er einmal ein ziemlich harmloses Duell auszufechten hatte, dessen die „Raméide" nicht ohne Ruhmredigkeit gedenkt; darüber aber, ob vielleicht nicht sein Vater, sondern er selbst es war, der am Ende seiner Soldatenzeit unfreiwillige Bekanntschaft mit dem Baumeln machte, schweigt sich seine Selbstbiographie aus. Merkwürdig genug ist es, dafs er sich nach Ablauf seiner Dienstzeit rüstete, in die Reihen der Ecclesia militans einzutreten: er verbrachte ein Jahr — man weifs nicht wo — im Seminar und erhielt die Tonsur. Aber der „nie zufriedene Geist, der stets auf Neues sinnt", trieb ihn bald wieder ins Säculum zurück. Cazotte meint, Rameaus Abschied aus dem geistlichen Institut sei kein ganz freiwilliger gewesen: der gestrenge Rektor habe an dem allzu spafshaften Temperament des sonderbaren Zöglings kein Wohlgefallen gefunden und ihm die Thüre gewiesen; Mangel an innerer Wahrscheinlichkeit wenigstens wird man diesem Berichte nicht vorwerfen können. Nach demselben Gewährsmann hätte sich Rameau alsbald nach Paris gewandt: unmittelbar aus der Postkutsche wäre er zu dem Minister gegangen, der die Pfründen auszuteilen hatte, und um ein Kanonikat eingekommen. Der Erfolg dieser Dreistigkeit war freilich niederschmetternd: „je fus éconduit sans autre compliment", heifst es in der „Nouvelle Raméide".

In dieser Not erinnerte sich Jean-François seines berühmten Onkels und ging ihn um Hilfe an, die ihm auch zuteil geworden zu sein scheint. Cazotte läfst freilich den Neffen klagen, dafs der grofse Rameau ihn mit geistiger Nahrung sehr viel reichlicher versehen habe als mit leiblicher, doch will das bei dem bekannten Appetit des Neffen nicht viel besagen; der Rat des Onkels, es durch angestrengten Fleifs als Musiklehrer und Komponist zu etwas zu bringen und sich auf eigene Füfse zu stellen, war jedenfalls so übel nicht. Übrigens scheint sich seine Unterstützung nicht hierauf beschränkt zu haben: nach dem Briefe eines Ungenannten an den Onkel vom November 1748, den Monval beibringt, hätte Rameau seinem Neffen eine gute Erziehung — doch wohl künstlerischer Art — gegeben, die dieser aber nicht zu nutzen verstanden hätte.

Läfst sich der Lebensgang des Neffen bis zu seinem Eintritt in Paris, den wir in den Anfang der vierziger Jahre werden setzen dürfen, mit einiger Sicherheit verfolgen, so sind wir dagegen von jetzt ab für lange Jahre auf vereinzelte, zum Teil obenein chronologisch unsichere Notizen und auf Vermutungen angewiesen. Cazotte, der bisher die Ereignisse säuberlich der Reihe nach vortrug, läfst uns im Stich, indem er nach wenigen Zeilen plötzlich auf Vorgänge des Jahres 1757 überspringt. Als mindestens wahrscheinlich dürfen wir wohl annehmen, dafs Rameau zunächst dem Rate seines Onkels folgte und als Musiklehrer sein Brot zu verdienen suchte. Weniger glaubwürdig scheint mir Isamberts Vermutung, dafs er sich auch in der bildenden Kunst versucht habe und ein Schüler des bekannten Kupferstechers Johann Georg Wille gewesen sei. Es existiert allerdings eine Zeichnung von diesem, welche die Überlieferung als ein Portrat Rameaus des Neffen bezeichnet; das Blatt, das in einer guten Nachbildung der Ausgabe Isamberts beigegeben ist, trägt auch die Inschrift: „Rameau mon Eleve, en 1746", aber der Zusatz „il est de Paris" will auf unsern Mann nicht passen, und das Gesicht des Dargestellten ist keineswegs von der halb lächerlichen, halb erschreckenden Häfslichkeit, die nach dem Zeugnis der Zeitgenossen Jean-François zu eigen war. Dagegen fällt in das Jahr 1748 ein urkundlich beglaubigtes Ereignis, das für Rameaus ganzes Wesen und Treiben aufserordentlich charakteristisch ist: Tourneux und Thoinan bringen ein Polizeiaktenstück vom 7. November dieses Jahres bei, nach welchem „Le sieur Rameau, neveu du sieur Rameau de l'Académie Royale de musique" am 5., nachmittags 4$^1/_2$, allerhand Unfug verübt und einen der Direktoren der Oper insultiert hatte. Er wurde arretiert und im For-l'Evêque eingesperrt. Am 26. richtete er an Mr. Berryer ein Bittgesuch, in dem er behauptete, nichts auf dem Gewissen zu haben als eine ganz harmlose Differenz mit der Wache (les plus légères instances contre la garde), die ihn nicht ins Theater habe lassen wollen, obwohl doch jeder vor Beginn des Schauspiels dort hinein zu gehen pflege. Das Schriftstück ging an M. de Maurepas weiter, der den ungebärdigen Theaterbesucher wahrscheinlich laufen liefs. Es steht ohne Zweifel hiermit im Zusammenhang, wenn dem Onkel Rameau in dem bereits oben erwähnten Briefe eines Ungenannten vom 12. November der liebevolle Vorschlag gemacht wird, den für seine Fürsorge so undankbaren Neffen nach St. Domingo oder Martinique abzuschieben.

Wenn nun auch nichts so Schlimmes geschah, so liegt doch die Vermutung nahe, dafs Rameau im Anschlufs an dies unliebsame Vorkommnis für längere Zeit aus Paris verschwand. Setzen wir seinen Aufenthalt an anderen Orten, von dem die „Raméide" berichtet, auf diese Zeit an, so erklärt sich auch leicht, weshalb Cazotte desselben nicht gedenkt: er war 1747 als Beamter nach Martinique gegangen und hatte Rameau in Paris zurückgelassen, wo er ihn auch wieder vorfand, als er nach mehreren Jahren zurückkehrte; er war infolgedessen über die dazwischenliegende Zeit mangelhaft unterrichtet. Zunächst dürfte Rameau sich nach Chambord gewendet haben, wo Moritz von Sachsen seit 1748 — was wiederum vortrefflich zu unserer Annahme stimmt — von seinen siegreichen Feldzügen ausruhte und einen üppigen Hof hielt. Mit Wehmut gedenkt die „Raméide" der frohen und glanzvollen, durch Talent und Kunst verschönten Tage an den Ufern der Loire, und selbstbewufst ruft der Verfasser aus: „L'on sait, combien je fus aimé du grand Maurice". Wir dürfen wohl vermuten, dafs er der Musikanten- und Schauspieltruppe des Marschalls angehörte; es kann dies spätestens 1750 gewesen sein, da Moritz am 30. November dieses Jahres aus dem Leben schied. Vielleicht schlossen sich Rameaus weitere Fahrten an diesen Aufenthalt in Chambord an. Er behauptet, in Lyon, in Metz, in Nevers, in der Champagne und sogar in Graubünden Proben seines Talentes gegeben und einen guten Namen hinterlassen zu haben; auf dem graubündener Schlosse Ortenstein am Rhein — er selbst schreibt Orsteischting —, wo die Familie von Travers ihren Sitz hatte, verbrachte er glückliche Stunden und Tage.

Wann er nach Paris zurückkehrte, steht dahin, jedenfalls war es vor 1756. Das Glück scheint ihm diesmal günstig gewesen zu sein, denn wahrscheinlich war es doch in dieser Zeit, wo es ihm vergönnt war, den vornehmen Damen zum Lehrmeister zu dienen, deren Namen uns die „Raméide" aufzählt. Neben den schweizerischen Offiziersdamen Reding und Zurlauben erscheint Frau von Soltikoff, die Gattin des russischen Botschafters, Mlle Lowendal, Tochter eines Maréchal de France, Mlle de Vane, die einen Choiseul heiratete, und vor allem Mlle de Chevriers, die ihrem Lehrer seine ersten Klavierstücke inspirierte und sie mit besonderer Vorliebe und feinstem Geschmack spielte.

Dieser schöne Erfolg mag den vierzigjährigen Komponisten ermuntert haben, mit seinem Opus 1 vor die Öffentlichkeit zu treten. Zu arm, um selbst die Druckkosten für seine Werke tragen zu können, sah er sich nach einem Helfer um und fand einen solchen in Bertin d'Antilly, Trésorier aux parties casuelles. Die gemeinsame Neigung zur Bühne wird es gewesen sein, was die beiden Männer zusammenführte. Seit 1751 oder 1752 mit der jugendlichen Schauspielerin Hus von der Comédie française aufs engste verbunden, hatte Bertin seine nicht allzu sauberen Hände in mehr als einem Theaterskandal. So zog er im Dezember 1753 nach einem grofsen Diner, das er gegeben, mit seinen Genossen Péloux, Palissot, Poinsinet dem Älteren und dem Jüngeren ins Theater, um ein Stück von Chevrier auszupfeifen, obgleich der Verfasser sein Freund gewesen war und gerade damals eine gegen Mlle Hus angesponnene Kabale verhindert hatte. Einen Monat später setzte er Himmel und Hölle in Bewegung, um einer jämmerlichen Tragödie von Mailhol zu glänzendem Erfolge zu verhelfen: er kaufte für mehrere Abende die Mehrzahl der Theaterplätze auf und füllte das Haus mit seinen Kreaturen, deren erkaufter Beifall denn auch das Stück wenigstens auf acht Aufführungen brachte — und dies alles offenbar nur aus dem Grunde, weil der junge Autor es als erster versucht hatte, eine Hauptrolle in seinem Werke der Mlle Hus anzuvertrauen! Unvorsichtiger war der eben genannte Péloux, von dem 1755 eine Tragödie „Les adieux d'Hector et d'Andromaque" angenommen wurde; ohne zu bedenken, dafs er nicht nur moralisch, sondern als Finanzbeamter auch beruflich von Bertin abhängig sei, bestimmte er die Rolle der Andromache für die Clairon, obwohl die Hus sich darum beworben hatte. Bertin strafte diesen Hochverrat, indem er Péloux aus seinem Bureau fortjagte und sein Möglichstes that, die Aufführung seines Stückes zu verhindern. An der offenen Tafel dieses zweifelhaften Kunstfreundes wird wohl auch der stets hungrige Rameau seinen Platz gefunden haben, und wer weifs, ob nicht vielleicht der Druck seiner Kompositionen den Dank für die Claqueur-Dienste darstellte, von denen Diderot zu erzählen weifs?

Rameaus erstes und einziges Werk wurde 1756 gestochen und erschien unter dem Titel „Nouvelles pièces de clavecin, distribuées en six suites d'airs de différents caractères". Die Stücke sind leider völlig verschollen und verloren, und wir wären für ihre Kenntnis auf die verworrenen Angaben der „Raméide" angewiesen, wenn nicht zum Glück eine eingehende zeitgenössische Besprechung vorhanden wäre: Fréron, der bekannte Gegner Voltaires, den Rameau zweifellos bei Bertin kennen gelernt hatte, zeigte die Klavierstücke im Oktober 1757 in seiner „Année littéraire" mit entschiedenem Wohlwollen an, wenn auch sein Glaube an die Ausdrucksfähigkeit der Musik nicht ganz so weit ging wie derjenige Rameaus. Es handelte sich nach Fréron um Tongemälde im Geschmacke der Zeit, wie sie ähnlich, wenn auch mafsvoller, schon Couperin und Rameau der Onkel verfafst hatten; was von den Leistungen des Neffen berichtet wird, erinnert uns unwillkürlich an die Bestrebungen neuerer Meister, Liszt, um mit Herwegh zu reden, zu „überliszten": es sind durchweg musikalische Schilderungen von Charakteren oder Vorgängen. Da wird der „François aimable" und der „Italianise" unserm Gehör vorgezaubert, die „Magnifiques", die „Persifleurs", die „Gens du bon ton", die „Petits-maîtres" ziehen an unserem Ohre vorüber, und jeder beansprucht seine besondere Vortragsweise, als „poliment", „noblement", „avec zèle", „avec un air minaudier" u. s. w.; am anspruchsvollsten ist jedenfalls der „Génie François", welcher „avec feu, grâces, esprit et raison" gespielt sein will. Ein „Reveil" schildert die Wonne des Erwachens, eine „Fête champêtre" und eine „Entrée des bergers et des bergères" ländliche Freuden, das „Ballet de Psyché" führt das ganze Märchen des Apulejus und der „Général d'armée" gar eine völlige Schlacht — übrigens weder die erste noch die letzte ihrer Gattung — mit allen Einzelheiten vor. Geradezu zur Biographie unseres Helden gehört das letzte Stück „Les trois Rameaux": es giebt eine Charakteristik des Onkels Jean-Philippe, des Vaters Claude und unseres Helden selbst. Der erste Teil ist „avec beauté, sagesse et profondeur" zu spielen, der zweite „d'un air libre, assuré, d'un toucher beau et précis", der dritte „s'exécute fort vive, d'un air content de tout, d'un toucher à la Françoise, à l'Italienne et à l'Allemande". Unter den übrigen Stücken befand sich noch ein von Fréron aus begreiflichen Gründen nicht genanntes, „La Voltaire", dagegen schien ihm ein Menuett „L'Encyclopédique" das pikanteste von allen, wahrscheinlich weil es „assez bizarre de caractère" war; „il finit", so berichtet er, „par une chute grotesque et qui fait du fracas." Mehr als einmal sollen diese Stücke nach Rameaus eigener Versicherung auch in öffentlichen Konzerten zu Gehör gebracht worden sein; der „Général d'armée", der „François aimable" und die von Fréron nicht genannte „Toujours Nouvelle" wären sogar im Concert du Louvre „en grande simphonie" — das heifst doch wohl für Orchester bearbeitet — aufgeführt worden.

Nicht lange nach dem Drucke dieser Kompositionen fafste Rameau den Entschlufs, sich zu verheiraten. Seine Auserwählte war die 24^1/$_2$jährige Ursule-Nicole-Félix Fruchet, eine Schneiderstochter aus der Rue d'Enfer, in welcher auch er seine Wohnung hatte. Unterm 9. Januar 1757 sandte der Vater aus Autun seine Zustimmung, am 3. Februar fand in

Saint-Séverin die Trauung statt. Zeuge war aufser drei Edelleuten Antoine Viseux, ein bekannter Cafetier. Nach Mercier hätte Jean-François an jenem Tage sämtliche Leiermädchen von Paris für einen Thaler den Kopf gemietet und inmitten dieses seltsamen Geleites mit seiner Braut die Strafsen durchzogen; die zweifelhaften Künstlerinnen der Gasse sollten der Tugend und Reinheit der jungen Madame Rameau zur wirksamen Folie dienen. Die Motive dieser Heirat können wir aus Cazotte erschliefsen, dessen Darstellung hier wieder einsetzt: Rameau war das ungeordnete Leben eines Schmarotzers und Lustigmachers, das er bisher geführt, satt geworden und sehnte sich nach einer ruhigen bürgerlichen Existenz; vielleicht hatte der Erfolg seiner Kompositionen sein Selbstbewufstsein wieder gehoben und liefs ihm dies Ziel erreichbar erscheinen. Aber die schönen Hoffnungen wurden nur zu bald vernichtet: nach vier Jahren schon wurden dem armen Rameau kurz nach einander seine aufrichtig geliebte Gattin und sein einziges, noch im Jahre der Eheschliefsung geborenes Söhnchen entrissen; mit ihnen trug er auch seine künstlerischen Hoffnungen zu Grabe. Diderots Dialog, der 1761 spielt, zeigt uns den Unglücklichen bereits wieder in den kümmerlichsten Verhältnissen. Trotzdem ist uns gerade aus diesem Jahre ein höchst bemerkenswerter Zug von ihm überliefert, nicht nur in seiner Selbstbiographie, sondern auch in Cazottes sehr zuverlässiger Einleitung zu einem Neudrucke der „Nouvelle Raméide": schon auf sein mütterliches Erbteil hatte der sonderliche Heilige keinen Anspruch erhoben; jetzt, beim Tode des Vaters, verzichtete er zu Gunsten der Stiefmutter und der Geschwister auch auf dessen Nachlafs. Die „Raméide" läfst zweierlei Beweggründe dafür erkennen: einmal natürliche Gutherzigkeit, dann aber auch falsche Scham: die Familie lebte in der glücklichen Täuschung, der begabte Älteste sei in Paris ein „chanteur opulent", dem nichts abgehe, und Jean-François mochte sich scheuen, den guten Provinzialen das Gegenteil einzugestehen. Aber wenn keine berühmte, so war Rameau dazumal wenigstens eine stadtbekannte Persönlichkeit: der „État ou Tableau de la ville de Paris" von 1761, eine Art Adrefskalender, nennt unter den Musiklehrern „Monsieur Rameau, l'oncle", was voraussetzt, dafs der Neffe dem echten Pariser mindestens ebenso bekannt, wenn nicht gar bekannter war.

Am 24. September 1764 schied der „grofse Rameau" aus dem Leben. Seine Beziehungen zu dem verbummelten Neffen waren wohl schon seit Jahren nicht mehr besonders eng: selbst die „Raméide", die alles Interesse daran hat, das Verhältnis in möglichst günstigem Lichte zu zeigen, klagt über die Gleichgiltigkeit des Onkels gegen Jean-François sowohl als dessen Schwester; „il voyait peu les siens", heifst es an anderer Stelle. Nur auf Spaziergängen wagte es der Neffe öfters, sich zu seinem berühmten Onkel zu gesellen, und bekam dann Abhandlungen über musikalische Theorie zu hören, die an ihm ein andächtiges Publikum fanden. Hin und wieder zeigte sich der „grofse Rameau" aber auch minder aufgelegt: er redete dann nur vom Wetter oder war „emporté par des traits de génie", das heifst wohl, er schwieg gänzlich, sodafs dem Neffen nichts übrig blieb, als sich möglichst bald zu empfehlen. Trotz dieses kühlen Verhältnisses hatte Jean-François gehofft, dafs das Testament seines Onkels ihn bedenken würde, und er war schmerzlich enttäuscht, als diese Erwartung nicht in Erfüllung ging. Auch die Erben wollten nichts von ihm wissen und verlachten ihn wohl noch obenein, weshalb die „Raméide" sich bitter über sie beklagt.

Einen Monat später, im Oktober 1764, finden wir Rameau als Gast seines Jugendfreundes Cazotte, der seit einigen Jahren aus Martinique zurückgekehrt war, auf dessen Gut Pierry in der Champagne. Vielleicht geschah es damals, vielleicht auch gelegentlich eines etwas späteren Besuchs Rameaus, was eine Notiz zu Cazottes Werken im Jahr 1816 berichtet, dafs nämlich die beiden Freunde infolge einer lustigen Wette im Verlaufe einer einzigen Nacht eine Operette verfafsten, deren Titel „Die Holzschuhe" (Les Sabots) ihnen Cazottes Schwager aufgegeben hatte. Cazotte lieferte den Text, Rameau die Musik. Das Stückchen soll dann auf dem Privattheater der Gattin des Ministers Bertin in Paris aufgeführt worden sein; dort hätten es Schauspieler der Comédie italienne gesehen, sich ausgebeten, dann überarbeiten lassen und schliefslich als ein Werk Sedaines und Dunis gegeben. Glaubwürdiger sind Sedaines Angaben, nach welchen Cazotte das Werk — es handelte sich anscheinend nur um die Dichtung — Duni zur beliebigen Benutzung überliefs, welcher darauf seinerseits Sedaine mit der Umarbeitung des Textes beauftragte. In dieser neuen Gestalt wurden die „Sabots" am 28. Oktober 1768 zum ersten Mal aufgeführt. Wir dürfen aus den verschiedenen Mitteilungen jedenfalls soviel entnehmen, dafs Rameaus Musik sich von vornherein als unbrauchbar erwies — das Glück eines Bühnenerfolges, der seinen Mut vielleicht neu belebt hätte, blieb ihm versagt. Ein Brief des Dichters Piron an Cazotte aus eben jener Zeit von Rameaus Aufenthalt in Pierry, vom 22. Oktober 1764, enthält eine eingehende Charakteristik unseres Helden, auf die wir noch zurückkommen werden, und läfst erkennen, dafs Rameau damals der materiellen Hilfe Cazottes, der moralischen Pirons dringend bedürftig war. Kurz darauf bemühten sich zwei Freunde aus Bertins Kreise, Fréron und Palissot, den armen Teufel bei der Öffentlichkeit wieder in Erinnerung zu bringen. Eine Anzeige von Chabanons „Éloge de M. Rameau" begleitete Fréron in seiner „Année littéraire" (26. Dezember 1764) mit einer Anmerkung über die Familie des grofsen Musikers; das Material dazu hatte ihm offenbar der Neffe an die Hand gegeben, dessen künstlerische Begabung mit ein paar warmen Worten anerkannt wird. Ähnlich verfuhr Palissot am Schlusse des Artikels „Rameau" im „Nécrologe des hommes célèbres pour 1765". Mit fast übertriebener Milde urteilt der Verfasser der „Philosophen": „Er (der grofse Rameau) hinterläfst noch einen gleichnamigen Neffen, der in der gleichen Kunst wohl hätte zu Ruhm gelangen können, wenn anderweitige Beschäftigungen ihm gestattet hätten, sich seinem Talent zu widmen." Welche anderen Beschäftigungen Rameaus kämen wohl in Betracht als seine Schmarotzereien und Hanswurstereien im Hause Bertins und anderwärts!

Aber auch die Fürsprache dieser einflufsreichen Männer half Rameau nichts. Er mufste wohl oder übel auf einen anderen Broterwerb sinnen, und die Not machte ihn zum Dichter. Die Druckerlaubnis vom 20. März 1766 nennt sein Produkt „Rameaulogie, ou histoire de Rameau le neveu et des siens", dagegen führte das fertige Werk den Titel „La Raméide". Grimm freilich, der trotz seiner langen Anwesenheit in Frankreich den deutschen Schulmeister noch nicht ganz ausgezogen hatte, fand auch an dieser neuen Benennung etwas zu mäkeln und meinte, wenn die Nachwelt nicht glauben solle, der Verfasser hiefse La Ramée, so müsse er sein Werk „Ramoïde" nennen. Poetisch ist die sonderbare Reimerei des heruntergekommenen Musikanten ohne jeden Wert; es handelt sich um eine schlechte und rechte Bettelpoesie. Diese Bezeichnung mag hart klingen, entspricht aber durchaus der Wahrheit, denn in letzter Linie läuft alles darauf hinaus, die Verdienste des Verfassers ins rechte Licht zu setzen und vor allem seine Ansprüche auf private und öffentliche Wohlthätigkeit zu begründen. Das Gedicht, rund fünfhundert holprige Alexandriner, zerfällt in fünf Gesänge: Mes Objections; La Défense du Goût; Suite de mes Objections; Honneur aux Grands; Hommage à l'Amitié und endlich Réponse à tout. Deutlicher als diese unverfänglichen Überschriften verrät eine Bemerkung auf dem Titelblatt, wo hinaus der Verfasser will: „Prix 1. 3. 6. 12. 24. 48. 96", und wie der Titel an die Freigebigkeit der Kleinen, so wendet sich der Inhalt unverkennbar an die der Grofsen und Einflufsreichen. Das gilt namentlich vom vierten Gesang: da werden die vornehmen Schülerinnen von einst gepriesen, Bertin empfängt nochmals warmen Dank für seine Gönnerschaft, Fréron wird wegen seiner Herzensgüte gerühmt, von den alten Schulfreunden werden Bonhomme, Bret und vor allem Cazotte genannt, für dessen treue Sorge der arme Rameau Worte von echter Herzlichkeit findet; auch Piron, gleichfalls ein Landsmann Rameaus, und der Arzt Dufouart sind nicht vergessen. Unsicher ist, wen man unter dem „sage Denuis" zu verstehen hat, der sich den Vergleich mit Herkules gefallen lassen mufs; mit Thoinan einen Druckfehler — Denuis statt Dennis — anzunehmen und an Diderot zu denken, scheint mir zu kühn. Aber mit dem Lob vornehmer Damen und einflufsreicher Schriftsteller begnügt die „Raméide" sich nicht; unbedenklich tritt ihr Verfasser auch vor hohe und höchste Herrschaften, um vor ihnen das Weihrauchfafs zu schwingen. So posaunt der dritte Gesang mit vollen Backen das Lob des Königs und seiner Minister Phelipeaux, Choiseul und Sartines aus — schade nur, dafs der letztere ursprünglich im Texte vergessen war und seine Verherrlichung am Schlufs auf einem Zusatzblatte lesen mufste! Ja, im vierten Gesange mufs sich sogar die Kaiserin Katharina gefallen lassen, von Rameau angesungen zu werden, unter dem merkwürdigen Vorwande, dafs er mit der Gattin des russischen Gesandten bekannt gewesen sei! Dabei fehlt es dem eigenartigen Poeten aber weder an Selbstbewufstsein noch an Familienstolz. Mit ähnlichem Recht wie die Verwandten Corneilles glaubt auch der Neffe des grofsen Rameau die öffentliche Fürsorge in Anspruch nehmen zu dürfen, und so kommt er denn in seinem letzten Gesange geradezu um eine Pension aus der „Caisse lyrique" ein. Für den Fall, dafs man ihm diese nicht bewilligen könne, bittet er unter Berufung auf seinen ehemals geistlichen Stand um eine priesterliche Sinekure oder, falls auch das nicht angehe, wenigstens eine Wohnung im Louvre, wo er als Gesang- und Harmonielehrer seine Tage beschliefsen könne. Begreiflicherweise spielt bei alledem der Onkel Rameau eine bedeutende Rolle: obwohl der Neffe ihm menschlich nicht blofs Gutes nachsagen kann und einzusehen scheint, dafs die berühmte Verwandtschaft mehr drückend als erhebend auf ihn gewirkt hat, so behauptet er doch, gerade mit dem Tode des Onkels habe sein Elend erst recht angefangen, indem nunmehr der Glanz erloschen sei, den dessen Ruhm auch auf ihn geworfen habe. Mit dem Lobe Rameaus des Künstlers wie des Kunsttheoretikers kargt er nicht. Der ganze zweite Gesang seines Gedichtes ist nichts andres als eine entschiedene Erwiderung auf Rousseaus schon 1753 erschienene „Lettre sur la musique française", gegen welche Rameau der Neffe als eifriger Verfechter der heimischen Tonkunst in die Schranken tritt. Er zeigt sich dabei nicht engherzig: neben der französischen „air" läfst er auch die italienische „ariette" gelten, die Namen Duni, Philidor, Pergolese haben für ihn einen guten Klang, und selbst Rousseaus „Devin du village" findet Gnade vor seinen Augen. Aber die eigentlichen Meister sind für ihn doch, in auffallendem Gegensatze zu Diderots Dialog, die Helden der alten Schule, vor allem Lulli und Rameau. Der Schlufs kommt auf diese Streitfrage noch einmal zurück: für den Fall, dafs man ihn versorgen wolle, verspricht Rameau, auch weiterhin den französischen Geschmack gegen die Angriffe des „Docteur de Genève" mannhaft zu verteidigen.

Der arme Teufel verteilte dies seltsame Machwerk, das im Buchhandel natürlich keinen Absatz fand, eigenhändig in den Kaffeehäusern, wohl nicht ganz ohne Erfolg, da noch aus dem Jahre 1766 ein zweiter Abdruck der „Raméide" nachweisbar ist. Grimm berichtete darüber in seiner „Correspondance" am 15. Juni 1766: „Der Musikus Rameau hat einen Neffen hinterlassen, der immer für eine Art Narren gegolten hat. Es giebt eine Art abgeschmackter und geistloser Phantasie, die jedoch im Bunde mit Temperament (chaleur) oft neue und eigenartige Ideen hervorbringt. Das Schlimme ist nur, dafs der Besitzer einer derartigen Phantasie öfter das Falsche als das Rechte trifft und nicht weifs, wenn er das Rechte getroffen hat. Rameau der Neffe ist ein Mann von Genie dieser Art, das heifst ein Narr, der zuweilen unterhaltend, meist aber ermüdend und unausstehlich ist. Das Schlimmste ist jedoch, dafs Rameau der Narr vor Hunger stirbt, wie ein eben erschienenes Produkt seiner Muse zeigt. Es handelt sich um ein Gedicht in fünf Gesängen, die glücklicherweise noch keine dreifsig Seiten füllen. Es ist der befremdlichste und lächerlichste Galimathias, den man sich denken kann."

Von den namhafteren Zeitschriften erbarmte sich wenigstens eine des Unglücklichen. Der „Mercure de France" zeigte die „Raméide" im Juni 1766 vorläufig, im Juli eingehend an und hatte den anerkennenswerten Mut, offen auszusprechen, es sei dringend wünschenswert, dafs Rameaus Hoffnungen in Erfüllung gingen: was im Falle Corneille recht, sei im Falle Rameau billig.

Nur kurze Zeit darauf — die Druckerlaubnis ist vom 21. August 1766 datiert — erschien ein ganz ähnliches Heftchen: „La Nouvelle Raméide, poème revu, corrigé et presque refondu; par M. Rameau, fils et neveu de deux grands hommes qu'il ne fera pas revivre." Der wirkliche Verfasser war Cazotte, der sich den schlechten Scherz in der guten Absicht erlaubt hatte, seinem bedrängten Jugendfreunde zu helfen: er liefs das Werkchen durch den Buchhändler Humblot zu Rameaus Vorteil verkaufen. Das Gedicht beginnt mit einer knappen, humoristisch gefärbten Selbstbiographie des Helden, der des weiteren fordert, man solle zu seinen Gunsten die Stellung eines königlichen Hofnarren wieder einführen; er wirft sich dann zum Herrn und Meister der gesamten Narrenzunft auf und erscheint schließlich als Gründer und Kanzler des Ordens der „Chevaliers errants à l'heure du dîner" — ein Scherz, hinter dem sich nur zu bittere Wahrheit verbarg. Rameau nahm übrigens die Sache keineswegs übel auf und gestand sogar, daß sein Freund ihn nicht schlecht getroffen habe.

Über das Ende des unglücklichen Rameau besitzen wir zwei auseinandergehende Berichte. Mercier erzählt, Rameau hätte an den Minister Saint-Florentin geschrieben, er möge ihm als dem Sohne und Neffen zweier großsen Männer etwas zu kauen geben. Der Minister habe ihn daraufhin, nach seiner Art sich unbequemer Leute zu entledigen, als einen lästigen Narren kurzer Hand einsperren lassen, und seitdem sei Rameau von der Bildfläche verschwunden. Mir scheint dieser Nachricht jede Glaubwürdigkeit abzusprechen zu sein: sie ist offenbar eine Verbindung von unklaren Erinnerungen an die beiden „Raméiden" mit der Thatsache, daß Rameau in einer öffentlichen Anstalt endete. Dies letztere bezeugt der gewiß gut unterrichtete Cazotte: geliebt von den Wenigen, die ihn kannten, erzählt er, sei Rameau nach vierjährigem Aufenthalt in einer Maison religieuse, wo seine Familie ihn untergebracht habe, gestorben. Die stille Zurückgezogenheit habe ihm wohlgethan, und es sei ihm gelungen, die Herzen aller derer zu gewinnen, die zuerst nur seine Wärter gewesen. Wo und wann das Leben des Unglücklichen diesen freundlichen Abschluß gefunden, wissen wir nicht. Es ist aber wohl anzunehmen, daß er nach Abfassung der „Raméide" nicht mehr lange in Paris verblieb, wonach dann sein Tod auf 1770 oder kurz nachher anzusetzen wäre.

Wie verhält sich nun die Gestalt des Neffen in Diderots Dialog zu diesem ihrem Urbilde?

Zunächst zeigt sich Diderot, dem doch bei Abfassung seines Werkes die „Raméide" noch nicht vorlag und dessen Beziehungen zu Rameau nach seinem eigenen Zeugnis nur seltene und vorübergehende waren, über Lebensgang und Lebensumstände seines Helden überraschend gut und reichlich unterrichtet. Er nennt zwar den Vater einen „Apotheker zu Dijon", was auf einer sehr begreiflichen Verwechslung zwischen Rameau und seinem Landsmann Piron beruht, weifs aber doch die Geburtsstadt richtig anzugeben. Wenigstens in einer eingeschobenen Partie begegnen uns die Reisen Rameaus, die sehr wohl zum Teil in der Begleitung eines vermögenden Herrn können stattgefunden haben; wenn ihr Ziel nicht richtig angegeben wird, so beruht das vor allem darauf, dafs Diderot an der betreffenden Stelle beabsichtigt, auf Holland zu sprechen zu kommen. Zur Zeit des Dialogs ist Rameau seit Jahren Klavierlehrer der Pariser Damen, sein Talent hat ihm Eintritt in mehrere gute Häuser verschafft, er ist Komponist von einigen Klavierstücken und hat Fühlung mit dem Theater. Sein Hauptgönner ist Bertin, und alles, was wir von diesem wissen, macht es höchst wahrscheinlich, dafs er einen armen Teufel wie Rameau in der That als Claqueur für seine Geliebte mifsbrauchte; Beziehungen zu Bret, Palissot, Fréron begegnen im Dialog sowohl wie in der Wirklichkeit, das Verhältnis zum Onkel ist hier wie dort ein kühles und fremdes. Vor kurzem hat der Neffe seine Frau verloren, die nach Diderots Schilderung wesentlich jünger gewesen sein mufs als er; Diderot weifs, ohne Rameau erst darüber zu befragen, dafs aus dieser Ehe ein Knabe vorhanden ist, und läfst den Vater das Kind in einer Weise schildern, die das Alter von drei bis vier Jahren höchst wahrscheinlich macht. Nach dem Tode seiner Frau kehrt der Sonderling, wenigstens der Tracht nach, zum geistlichen Stande zurück; wir wissen, dafs er sich einige Jahre später ernstlich um eine Pfründe bemühte. Er heifst, wie bei Grimm, Rameau le fou und befindet sich, ebenfalls genau wie in Grimms Schilderung, in der jämmerlichsten, gedrücktesten Lage, die ihm nicht erlaubt, seinen Hunger völlig zu stillen. Und der künftige Verfasser der „Raméide" beneidet Diderot um das Talent, ein Buch zusammenschmieren, eine Widmung drechseln zu können, um seiner Lage aufzuhelfen. Nach alledem ist es wohl keine Frage, dafs auch von den anderwärts nicht besonders beglaubigten Zügen eine beträchtliche Anzahl der Wirklichkeit entlehnt sein mufs.

Aber auch Charakter und Gesinnungen Jean-François Rameaus sind von Diderot in einer Art und Weise dargestellt worden, welche die Erinnerung an die zeitgenössischen Urkunden mehr als einmal lebhaft wachruft. Zu den wichtigsten Dokumenten über Rameau, die wir besitzen, gehört trotz aller Ungenauigkeiten noch immer die Erzählung aus Merciers „Tableau de Paris". Mögen auch die einzelnen Züge nicht überall stimmen, das Gesamtbild gleicht jedenfalls, wie schon Goethe bemerkte, dem von Diderot entworfenen aufs schlagendste: Rameaus Hauptgrundsatz lautet dahin, dafs alles, was in der Welt geschieht, Gutes und Böses, einzig und allein den Zweck verfolgt, etwas zwischen die Zähne zu bringen; das findet sich nun zwar bei Diderot nicht gerade wörtlich wieder, aber es ist doch die Verdichtung der gesamten materialistischen Moral und Weltanschauung Rameaus, und das Verhalten ihres Trägers entspricht vorzüglich dieser hungrigen Philosophie. Man beachte ferner die absonderliche Art, in welcher Mercier Rameau seinen Abschied aus dem Elternhause und die militärischen Abenteuer seines Vaters erzählen läfst: der gleiche boshafte Humor, die gleiche ungeschminkte Pietätlosigkeit wie bei Diderot! Selbst die Erzählungsmanier hat viel Verwandtes; man vergleiche z. B. aus dem Dialog die Geschichte vom Renegaten von Avignon: zunächst ein Hinweis auf die hervorragende Bedeutung des Helden der Geschichte, dann der scheinbar rein sachliche Bericht, der sich aber — bei Diderot freilich noch etwas feiner als bei Mercier — auf die Erregung starker Spannung vortrefflich versteht. Und wer möchte dem Helden Diderots, der den Eltern seiner Klavierschülerin auf den Kopf zu erklärt, er werde ihre Tochter heiraten, der bei Bertin den Erznarren spielt, nicht auch zutrauen, was Mercier erzählt, dafs er an seinem Hochzeitstage im Geleit von Leiermädchen umhergezogen sei?

Niemand vielleicht hat den Neffen Rameaus länger und besser gekannt als sein Jugendfreund Cazotte. Er schildert ihn 1788 im Vorwort zum Neudruck der „Nouvelle Raméide" ungefähr folgendermafsen: „Er war der seltsamste Mensch, den ich je gekannt habe, von der Natur mit Talenten in mehr als einem Fache ausgestattet; aber das mangelnde Gleichgewicht seines Geistes erlaubte ihm nie, seine Gaben auszubilden. Er hatte einen eigenartigen Humor, der sich noch am ersten mit demjenigen in Sternes „Empfindsamer Reise" vergleichen liefse. Seine Einfälle waren von instinktmäfsigem Charakter und so eigentümlich reizvoller Art, dafs man sie schildern müfste, um einen Begriff davon zu geben. Witzworte waren es nicht, sondern Wendungen, die von einer tiefen Kenntnis des Menschenherzens zu zeugen schienen. Seine wahrhaft lächerliche Physiognomie erhöhte noch den ganz eigenartigen Reiz seiner geistreichen Einfälle, deren man sich von ihm umso weniger versah, als er für gewöhnlich nur Unsinn schwatzte. Von Geburt schon Musiker wie sein Onkel und vielleicht mehr als dieser, vermochte er doch nie in die Tiefen seiner Kunst einzudringen, aber er besafs ein reiches Talent für Gesangskunst (il était né plein de chant) und erfand infolgedessen mit erstaunlicher Leichtigkeit aus dem Stegreif zu den ersten besten Worten gefällige und ausdrucksvolle Melodien; aber seine Erfindungen und seine Partituren hätten doch der sichtenden und bessernden Hand eines echten Künstlers bedurft. Sein Gesicht war von ebenso abschreckender wie spafshafter Häfslichkeit, häufig genug noch obenein von gelangweiltem Ausdruck, weil die Stunden der Inspiration bei ihm selten waren: kam aber der Geist über ihn, so konnte er bis zu Thränen lachen machen. — — Dieser eigenartige Mensch besafs einen heifsen Durst nach Ruhm, den er aber auf keinem Gebiete zu erringen vermochte."

So viel Worte fast, so viel Berührungen mit unserem Dialog. Ganz ähnlich, nur etwas derber und eingehender, beschreibt Jean-François selbst bei Diderot sein Äufseres; genau wie Cazotte angiebt, verzettelt er seine reichen und schönen Fähigkeiten. Den Humor wird man ihm nicht abstreiten können, und wenn auch der Vergleich mit Sterne auf Diderots Helden nicht ganz passen will, so unterhält er mit seinen Einfällen und Ungezogenheiten doch Bertins ganze Tafel: die Leute zum Lachen zu bringen ist geradezu sein Beruf. Prüfen wir seine Äufserungen im Dialog selbst, so fällt es sofort auf, wie selten er ein wirkliches bon mot fallen läfst, wie häufig dagegen Züge sind, die eine nur allzu tiefe Menschenkenntnis verraten; seine Produktionsweise ist dabei rein instinktiv, fast bewufstlos: er lehnt jeden Anteil der Überlegung an seinen überraschenden und treffenden Äufserungen ausdrücklich ab, und seinen Haupterfolg erzielt er, als der Geist ihn völlig übermannt: da, als er vor den versammelten Gästen des Cafés spielt und singt, lacht sein Publikum thatsächlich Thränen. Obwohl ihn eine heifse Ruhmsucht verzehrt, hat er es in seiner Kunst zu nichts Rechtem gebracht, aber sein Talent, fremde Kompositionen wiederzugeben, ist erstaunlich, und einmal wenigstens beginnt er auch zu improvisieren, genau wie Cazotte es schildert: die bisherigen französischen Gesangstexte genügen seinen Ansprüchen nicht — da wirft er ein paar eindrucksvolle, rhythmisch ganz unordentliche Phrasen hin und trägt sie — zweifellos auf eine ebenso schnell erfundene Melodie — seinem Partner vor.

Betrachten wir drittens den Brief Pirons an Cazotte vom 22. Oktober 1764, so ist das Ergebnis kein wesentlich anderes. Piron dankt zunächst seinem Freunde dafür, dafs er sich die phantastischen Einfälle Rameaus so wohl gefallen lasse; der arme Teufel verdiene dies vielleicht mehr, als er selbst wisse, sei aber ganz gewifs dankbarer dafür, als er merken lasse. Eben diese Neigung Rameaus, seine besten Gefühle nach Möglichkeit zu verhehlen, findet sich ja auch bei Diderot. Des weiteren schildert Piron, wie er sich das Zusammenleben Cazottes und Rameaus in Pierry denkt: „Er sagt nie, was er sagen sollte oder was man von ihm hören möchte, sondern immer das, was weder er selbst noch Ihr erwartet habt. Dann lacht ihr beide los und wifst selbst nicht, was er gesagt hat. Ich seh' ihn am unrechten Ort seine Faxen machen (cabrioler à contre-temps), dann nimmt er, noch viel mehr zur Unzeit, ein tiefernstes Wesen an und geht von der Fistel zum Bafs, von frecher Ausgelassenheit (polissonnerie) zu Maximen über; er tritt die Reichen und Grofsen mit Füfsen und lamentiert kläglich (pleurer misère); er macht sich über seinen Onkel lustig und spreizt sich doch mit seinem grofsen Namen; er möchte ihn nachahmen, ihn erreichen, ihn unterkriegen (effacer) und sich dann nicht mehr rühren. Aber ein Löwe, wenn er droht, ist er ein Hühnchen, wenn's ans Ausführen geht, seinem Adlerkopf entsprechen Schildkröten- und Krebsfüfse. Übrigens ist er ohne Frage der bravste Junge (le meilleur enfant) auf der Welt und verdient das Wohlwollen aller, die ihn so kennen wie Ihr und ich. Aber wo giebt's Leute, die ihn so kennen? In Paris? bei Hofe? Die Knirpse da fürchten ihren eigenen Schatten, um wie viel mehr den eines etwas ungeschlachten Riesen; denn das Chaos war ein ungeschlachter Riese, den die Allmacht schuf, und mit dem Namen Chaos habt Ihr den Abbé Rameau treffend belegt und bezeichnet. — — Unsere niedlichen, artigen, höflichen Zierpuppen (colifichets) von Maulaffen und Hofschranzen werden diese unsere burgundische Sphinx nie begreifen, wenn wir nicht die Rolle des Oedipus auf uns nehmen. — —"

Wieder eine Reihe von hervorstechenden Zügen der Diderotschen Gestalt! Rechnet man ab, dafs Rameau sich gegen seinen alten Schulkameraden etwas mehr herausnehmen darf als gegen Diderot, so beträgt er sich 1764 in Pierry genau so wie 1761 im Café de la Régence. Auch im Dialog geht er unvermittelt vom Scherz zum Ernst, von unsauberem Gerede zu Maximen über, ja sogar den merkwürdigen Wechsel in der Stimme hat Diderot beobachtet. Der Hafs gegen die Besitzenden und ihre Schlechtigkeit durchzieht das ganze Gespräch, nicht minder aber begegnet das thränenvolle Mitleid mit sich selbst, und die Darstellung von Rameaus Verhältnis zu seinem Onkel, von seinem grofssprecherischen und doch kraftlos lechzenden Streben nach einer grofsen künstlerischen That entspricht so genau der Darstellung Pirons, dafs jedes weitere Wort überflüssig wäre. Ob Diderot Rameau für ganz so unschädlich gehalten hat wie sein Landsmann, sei für einstweilen dahingestellt; mit grofsem Nachdruck aber ist darauf hinzuweisen, dafs beide Schriftsteller den Neffen als einen zwar ungeordneten, aber entschieden bedeutenden Kopf darstellen, der seiner erbärmlichen Umgebung weit überlegen ist.

Wir brauchen nach alledem auf das schon oben angeführte

etwas ungünstigere Urteil Grimms kaum noch zurückzuweisen; auch dafs Diderot selbst 1767 das „quisque suos patimur manes", einen Hauptgrundsatz von Rameaus Weltanschauung, ausdrücklich als einen Ausspruch des Neffen bezeichnet, sei nur kurz erwähnt. Aus dem Beigebrachten erhellt wohl schon zur Genüge, dafs Diderots Porträt von einer geradezu verblüffenden Ähnlichkeit ist. Drei ausführliche Darstellungen, davon zwei aus Rameaus nächster Nähe, übermitteln uns von ihm die verschiedensten Züge: aber kaum ein einziger ist darunter, der sich nicht auch in Diderots Charakterbild nachweisen liefse.

Aber trotzdem könnten sich ja bei Diderot Züge finden, die zu dem Bilde des geschichtlichen Rameau nicht pafsten, und in der That ist auf solche öfters hingewiesen worden. Die „Raméide" feiert die Kunst des Onkels und die französische Musik überhaupt mit warmen Worten, und der Verfasser wirft Rousseau als dem Gegner der nationalen Tonkunst den Fehdehandschuh hin; der Dialog dagegen betrachtet die französischen Komponisten, den Onkel nicht ganz ausgeschlossen, als überlebte und rückständige Gesellen, die den neueren Italienern nicht das Wasser reichen. Nichts scheint mir begreiflicher als das: die „Raméide" ging auf den Namen des grofsen Onkels betteln, und der Verfasser wird sich wohl gehütet haben, sich durch Angriffe auf ihn und seinesgleichen das Geschäft zu verderben; er war selbst ein französischer Musikus und hätte sich der Wohlthätigkeit nur sehr wenig empfohlen, wenn er über die französische Musik rücksichtslos den Stab gebrochen hätte. Man übersehe ferner nicht, wie auffallend glimpflich der scheinbar so entschiedene Verfechter der heimischen Kunst mit den Meistern der jungen Schule, den Pergolese, Duni, Philidor u. s. w. verfährt, obgleich gerade sie es doch sind, welche die Lulli und Rameau entthront haben: alle Welt, heifst es ganz naiv, gebe sich dem Reiz und der Wahrheit ihrer Kompositionen hin; das stimmt vorzüglich zu Diderots Dialog, denn auch dort ist gerade die Wahrheit der hauptsächlichste Vorzug, den Rameau den neueren Italienern und ihren Schülern nachrühmt. Übrigens gehen selbst bei Beurteilung des Onkels „Raméide" und Dialog nicht so weit auseinander, wie häufig behauptet wird: die theoretischen Verdienste des grofsen Rameau bleiben bei Diderot gänzlich unbestritten, und was seine Kompositionen anbetrifft, so wechseln im Herzen des Neffen Neid, Bewunderung und Geringschätzung in sehr bezeichnender Weise mit einander ab, genau so, wie Piron es schildert. Wer nach alledem noch immer bezweifeln sollte, dafs der Dialog ein echtes, die „Raméide" ein absichtlich entstelltes Bild von Rameaus Kunsturteil giebt, sei darauf verwiesen, dafs schon bei Diderot der Neffe der Öffentlichkeit gegenüber seine wahre Meinung genau so verhehlt wie in seiner Selbstbiographie: er will nicht, dafs man seine vertrauliche Aussprache mit Diderot über den Onkel und seine Kunstgenossen höre, und nicht so bald merkt er, dafs er bei seinem Singen und Reden Zuhörer hat, als er sofort (ausdrücklich an diese und nicht etwa an Diderot gewendet) dem Preis der Duni und Genossen das Lob der Franzosen hinzufügt. Weit entfernt also, auf einen Widerspruch zu stofsen, finden wir hier einen neuen Beleg für die erstaunliche Treue des Diderotschen Bildes.

Nicht anders verhält es sich, wenn die „Raméide" mit lautem Schalle das Lob Bertins und Fréons ausposaunt, während der Dialog sich eifrig bemüht, diese Leute als Lumpengesindel erster Klasse zu verschreien. Wohl mag Diderot hier in seinem eigenen Interesse die Farben etwas dicker aufgetragen haben, aber der Widerspruch erklärt sich auch ohne dies: Rameau bedurfte der Hilfe, und wo sollte er sie anders suchen als in den Kreisen, in welchen er in erster Linie verkehrt hatte? Und bezeugt nicht gerade Diderots Gespräch, dafs er diese Leute durch frech verlogene Schmeichelei an sich fesselte?

Schwieriger schon ist die Frage, ob das Bild, das Diderot von der moralischen Beschaffenheit Rameaus entwirft, der Wirklichkeit entspricht. Die „Raméide" zeugt von entschiedener Pietät des Verfassers gegen seine Familie, namentlich gegen Mutter, Schwester und Frau, und scheint zu beweisen, dafs er durchaus nicht ohne sittliches Organ war. Man könnte darauf freilich erwidern, dafs die „Raméide" eben eitel Heuchelei und ohne ernstere Glaubwürdigkeit sei: aber den charakteristischen Hauptzug, dafs Rameau zu Gunsten der Seinen auf sein Erbteil verzichtete, bezeugt auch Cazotte, und Piron nennt seinen Landsmann einen zweifellos braven Jungen. Dem gegenüber kann man nun fast allerwärts lesen, dafs Diderot seinen Neffen zu einem Haupt- und Erzlumpen gestempelt habe. Das scheint mir denn doch nur in sehr bedingtem Sinne wahr: Denkweise und Charakterveranlagung können hier garnicht scharf genug von einander geschieden werden. Es fehlt Diderots Rameau durchaus nicht an Momenten, wo ihm das Unwürdige seiner sittlichen Verfassung mit erschreckender Klarheit vor Augen tritt, ja, er ist sogar imstande, Thränen darüber zu vergiefsen; trotz aller Verkommenheit hat er im Grunde eine zarte Seele. Mehr als einmal bäumt sich sein Stolz — er selbst redet sogar von seiner Würde — gegen die erniedrigende Rolle auf, die er bei seinen Gönnern spielt, und von seiner verstorbenen Frau redet er in einer Art und Weise, dafs selbst alle schmutzige Frivolität seine warme, innige Herzensneigung nicht zu verbergen vermag. Und worin besteht denn die grofsartige Tragik dieses Charakters anders als darin, dafs er nicht Kraft genug besitzt, seine unsittlichen Theorien mannhaft zu bethätigen, dafs er es auch im Laster, dem er sich aus voller Überzeugung in die Arme wirft, dank seiner unglücklichen Naturanlage zu nichts wirklich Grofsem bringt? Einen aufopferungsfähigen Menschen, einen braven Kerl hat uns Diderot gewifs nicht vorgeführt; darüber aber, dafs er auch seine guten Seiten habe, läfst er keinen Zweifel. Es ist möglich, ja wahrscheinlich, dafs Diderot die dunklen Farben etwas zu stark aufgetragen hat, aber man darf auch nicht vergessen, dafs Denis Diderot zweifellos ein ganz anderer Menschenkenner war als der brave Jacques Cazotte oder der muntere Alexis Piron.

Stand nun aber Rameau auf der geistigen Höhe, war er genügend durchgebildet, um ein Gespräch, wie Diderot es wiedergiebt, führen zu können? Piron nennt ihn einen Riesen, freilich nur im Gegensatz zu Zwergen, und auch die anderen Berichterstatter, Grimm nicht ausgenommen, sind darin einig, dafs er eine eigenartige Befähigung besafs, zu guter Stunde die verblüffendsten Einfälle und überraschendsten Gedanken halb unbewufst hervorzubringen. Das alles verhält sich nun zwar, wie wir bereits sahen, bei Diderot nicht anders; aber die Kehrseite der Medaille, dafs er meist sinnloses Zeug rede, darauf weist zwar Diderot wie die Übrigen hin, die Belege dafür suchen wir aber vergebens; es ist vielmehr, wie Diderot selbst äufsert, ein Stückchen Vernunft in allem, was er vorbringt. Und mögen seine Einzeläufserungen noch so merklich den Stempel des Instinktiven und Improvisierten tragen: in ihrer Gesamtheit schliefsen sie sich unvermerkt zu einem wohldurchdachten System materialistischer Moral zusammen. Hier ist der Punkt, wo wir mit der Theorie vom blofsen Porträt brechen müssen. Zwar, die Grundlagen der Rameauschen Weltanschauung giebt Diderot aller Wahrscheinlichkeit nach getreu wieder: das lehrt ein Vergleich mit Mercier; aber so klar, so folgerichtig kann Rameau der Wirrkopf, wie die Zeitgenossen ihn schildern und er selbst in der „Raméide" sich darstellt, nicht gedacht haben, diese Durcharbeitung ist Diderots Werk. Das Gleiche gilt von dem Grundriss einer Musiktheorie, den Rameau im letzten Drittel des Dialogs zum besten giebt. Die Anregung dazu mag wohl eine Unterredung mit dem wirklichen Rameau gegeben haben, wenigstens bezeugen die Verse der „Raméide"

„Pour chanter bien partout et plaire à la raison,
Du langage il faut suivre et le sens et le ton",

dass die Gedanken Diderots dem Neffen nicht ganz fremd waren. Aber der Zusammenschlufs derartiger Ideen zu einem wohlgefügten theoretischen Ganzen kann nicht von dem Manne herrühren, der nach seiner eigenen Versicherung nie etwas gelernt hat und die Dinge sagt, wie sie ihm eben kommen. Ohne Frage ist es Diderot selbst, der hier durch den Mund seines Helden zu uns spricht; die ästhetischen Erörterungen tragen unverkennbar den Stempel seines Geistes.

Es fragt sich allerdings noch, ob Diderot diese vollendende Ausbildung der Rameauschen Gedankenwelt unbewufst oder aber in bewufster künstlerischer Absicht vornahm. Das erstere wäre ihm an sich schon zuzutrauen. Alle Welt ist darüber einig, dafs der ganze Reiz seiner Persönlichkeit, der ganze Reichtum seines Geistes sich nirgends so voll entwickelte als in der Unterhaltung; aber nicht minder einig ist man darüber, dafs Diderot die Kosten der Unterhaltung meist allein trug.

Besonders treffend hat dies in späteren Jahren, im „Mercure" vom 15. Februar 1779, Garat dargestellt. Dieser reist zu einem Freunde aufs Land und erfährt alsbald, dafs er mit Diderot Wand an Wand schläft. Gleich am anderen Morgen macht er dem Philosophen seine Aufwartung, und das Gespräch ist bald im Gange; aber Garat merkt schnell, dafs er hier nichts zu thun hat als zu hören und zu bewundern. Diderot redet und gestikuliert auf ihn ein; die Gedankenfolge führt ihn von der Gesetzgebung zum Theater, vom Theater auf Tacitus, auf römische Ruinen, auf römische Geschichte. Er spricht seinem Gaste eine ganze Szene aus Terenz vor, fast singend deklamiert er einige Oden aus Horaz; endlich singt er gar wirklich ein Lied eigener Erfindung und trägt eine kleine Komödie vor. Und das Ende? Diderot hat erkannt, dafs sich in der Konversation mit Garat etwas lernen lasse, und bittet ihn, eine Verbindung aufrecht zu erhalten, deren Wert er zu schätzen wisse! Diderot bekam diesen Bericht zu Gesichte, lachte und fand sich nicht übel getroffen, wennschon die Darstellung mit einem leichten Firnis poetischer Ironie überzogen sei. Sollte nun etwa Diderot, wie Garat ganze Gedankenfolgen, so dem Neffen Rameaus wenigstens einige von seinen eigenen besten Gedanken unwissentlich geliehen haben? Möglich, aber kaum wahrscheinlich. Die tiefgehende, sichere Beobachtung, welcher Diderot seinen Helden unterzogen hat, läfst doch wohl darauf schliefsen, dafs er in den Gesprächen mit diesem die Rolle des Wortführers mit der des Hörers vertauschte, wie es ja auch im Dialog der Fall ist; seine Modifikationen des Charakters wären demnach bewufst. Trotz dieses Ergebnisses haben wir Garat wohl nicht ohne Nutzen angezogen: er zeigt uns, in welchen Punkten Rameau und Diderot verwandte Seelen waren.

Wir kämen nach alledem ungefähr zu folgendem Ergebnis: Diderots Darstellung ist nicht nur ein Porträt des geschichtlichen Neffen Rameaus, sondern das ausgeführteste, das beste Porträt von ihm, das wir kennen. Die Modifikationen, die Diderot sich gestattet hat, ändern wenig daran: er hat anscheinend den Mafsstab für die dunkleren Züge seiner geistigen Physiognomie etwas zu grofs genommen, er hat seinem Ge-

dankensystem einige Ordnung und vielleicht auch gröfsere
Fülle gegeben und ihm eine Theorie der Musik untergeschoben,
der man den Diderotschen Ursprung an der Stirne ansieht.
Aber dafs er einen erbärmlichen armen Teufel zu einer giganti-
schen Gestalt umgewandelt hätte, das trifft keineswegs zu.

Erweist sich somit Diderots Bild als wahrheitsgetreu,
spielt zudem die Gestalt des Neffen, was niemand bestreiten
wird, eine hervorragende, ja, wir möchten fast sagen be-
herrschende Rolle, so sind alle Auffassungen, die ihn zum
blofsen Typus zu stempeln oder gar mehr oder minder zur
Bedeutungslosigkeit herabzudrücken suchen, als unhaltbar zu
betrachten. Ihn gar zum geheimen Träger Diderotscher Ansichten zu machen geht überdies schon deshalb nicht an, weil
Diderot im Dialog seine eigenen sittlichen Überzeugungen
durchaus wahrheitsgemäfs darstellt: Neigung zum Moralpredigen
und Tugendbegeisterung haben ihn selbst in der Zeit seines
reinsten Materialismus, die übrigens 1761 wohl noch nicht einmal angebrochen war, nie verlassen, und seine Korrespondenz
beweist, dafs es ihm damit heiliger Ernst war. Wir brauchen
also wohl kaum noch darauf hinzuweisen, dafs er gerade 1761
den moraltriefenden „Hausvater" der Bühne übergeben hatte.

Berechtigt uns dies nun aber dazu, in dem Gespräche ein
blofses Charakterbild zu sehen? Keineswegs! Wie jedes
Werk Diderots, so mufs auch dieses eine bestimmte Tendenz
haben, und auf eine solche weist ja auch die Bezeichnung
„Satire" deutlich hin. Die Ansicht, als sei der Dialog gerade
durch seine Porträttreue ganz von selbst zur Satire geworden,
oder als handle es sich gar um eine Satire auf Jean-François
Rameau, bedürfen wohl gar nicht erst der Widerlegung.
Soviel ist doch jedenfalls auch ohne lange Erörterungen ganz
gewifs, dafs wenigstens im mittleren Teile die Satire ganz
klar und unverkennbar hervortritt und dafs es dort die Gegner
der Encyklopädie und ihre Helfershelfer sind, über die sich
die Lauge des Diderotschen Spottes ergiefst. Wir müssen
daher zunächst diesen Teil und seine Voraussetzungen betrachten.

Unter den Feinden der Encyklopädie und der neueren
philosophischen Bestrebungen überhaupt war wohl keiner, der
bei Diderot so viel auf dem Kerbholz hatte wie Charles Palissot

de Montenoy aus Nancy (1730—1814). Er hatte sein Glück zunächst 1751 mit einer Tragödie „Zarès" versucht, aber nur einen „durchschlagenden" Erfolg erzielt, worauf noch Diderots Dialog boshaft anspielt. Aber vier Jahre später gelang es dem nicht unbegabten, aber anmaſsenden jungen Schriftsteller, zu einer — freilich nicht sehr beneidenswerten — Berühmtheit zu gelangen. 1755 errichtete König Stanislaus Leszczynski in Nancy Ludwig dem XV. ein Standbild, und die Einweihung am 26. November wurde unter anderem durch eine Theateraufführung gefeiert. Die Stücke hatte Palissot als ein Kind der Stadt in Auftrag erhalten. Er lieſs auf ein ganz kurzes allegorisches Vorspiel die Komödie in Prosa „Le Cercle ou les originaux" folgen, in welcher lauter typische Figuren, der Poet, die gelehrte Frau, der Financier, der Arzt, durchgehechelt wurden. Auch ein Philosoph befand sich darunter, und es war kein Zweifel, daſs Palissot damit auf Rousseau zielte: „Was von den Sonderbarkeiten dieses auſserordentlichen Mannes den Weltmenschen auffallen konnte, ward hier, keineswegs geistreich und heiter, sondern täppisch und mit bösem Willen vorgestellt und das Fest zweier Könige pasquillantisch herabgewürdigt." Der König und die Nanziger Akademie nahmen zwar diese Taktlosigkeit übel genug auf, aber Palissot lieſs von seiner Gegnerschaft gegen die philosophische Sekte umso weniger ab, als eines ihrer Häupter, d'Alembert, in Nancy eine Beschwerde gegen sein Stück eingereicht hatte. Er säumte daher nicht, auf dem einmal eingeschlagenen Wege fortzuschreiten. Schon 1757 trieb ihn die Lust, seine Kraft auch an Diderot zu versuchen, und er schrieb seine „Petites lettres sur de grands Philosophes", die sich sowohl gegen den Encyklopädisten wie gegen den Dramatiker wendeten. Der zweifelhafte Ehrenmann gefiel sich zunächst in der Rolle eines Hüters von Thron und Altar, Sitte und Geschmack gegen die gemeingefährlichen Bestrebungen der bösen Encyklopädisten, dann aber ging es über Diderots ersten Versuch auf dem Gebiete des bürgerlichen Dramas, den eben auf der Bühne erschienenen „Fils naturel" her. Wenn Palissot sich dabei gegen Diderots Kunstlehre wandte, so war er damit in seinem guten Recht; den Vorwurf des Plagiats aber hätte er unterwegs lassen können, wenn auch nicht bestritten werden soll, dafs Diderots Drama sich wirklich an Goldonis „Vero amico" anlehnt.

1760 erfolgte ein neuer Vorstofs des Kotzebue von Nancy: am 2. Mai erschien seine mehr als billig berühmte Komödie „Les Philosophes" auf den Brettern. Dies dreiaktige Pamphlet in Versen setzte Palissots Frechheit die Krone auf, wie eine kurze Inhaltsangabe zeigen wird. Die junge Rosalie ist von ihrem verstorbenen Vater einem braven Militär Namens Damis versprochen worden, aber die Mutter ist damit nicht einverstanden: sie hat sich der Philosophie ergeben und möchte nur einen Angehörigen dieser Zunft, Valère, als ihren Schwiegersohn sehen. Aber weder dieser noch seine Freunde Dortidius und Theophraste nehmen Cydalise ernst: es kommt ihnen nur darauf an, für ihren Freund die Braut zu ergattern, später wollen sie Cydalisens Haus nicht wieder betreten. Ein aufgefangener Brief aber macht dem unsauberen Wesen ein Ende: die Philosophen werden schliefslich aus dem Hause gejagt, und Damis führt seine Rosalie heim. Die praktische Philosophie setzen die beiden Bedienten in Scene: Frontin übt sich an seinem Herrn Valère im Taschendiebstahl und entschuldigt sich mit philosophischen Grundsätzen, erhält aber die Belehrung, dafs, wenn auch nicht das Stehlen, so doch das Sich-erwischenlassen verwerflich sei. Und Crispin erscheint gar im dritten Akte als Philosoph auf allen Vieren und zieht als seine Nahrung eine rohe Salatstaude aus der Tasche, um den vielgepriesenen Naturzustand zu verwirklichen. Interessant ist noch die Scene des Bücherkolporteurs: ein solcher Vertreiber verbotener und unerlaubter Litteratur erscheint bei Cydalise und bietet ihr in erster Linie Werke Diderots an, die „Bijoux indiscrets", die „Lettre sur les sourds", den „Père de famille." Wie das Ganze an Molières „Gelehrte Frauen", so lehnt sich dieser Auftritt an einen ähnlichen aus der „Femme docteur", dem bekannten antijansenistischen Lustspiel des Jesuiten Bougeant (1731) an.

Auf wen Palissots Stück gemünzt sei, darüber konnten die Zeitgenossen nicht wohl im Zweifel sein. Diderot war schon durch den Namen Dortidius, der erst später in Marphutius verwandelt wurde, genügend gekennzeichnet; unter Valère, der

Unterricht im Taschendiebstahl giebt, ist niemand anders zu verstehen als Palissots Wohlthäter Helvetius; mit beiden vereinigt sich Theophraste-Duclos, um Cydalise, ein Zerrbild der braven Madame Geoffrin, zu prellen. Rousseau, dem es Palissot verdankte, dafs die Nanziger Akademie ihn nicht des „Cercle" wegen mit Schimpf und Schande ausgestofsen hatte, mufste es sich zum Dank gefallen lassen, dafs seine Lehren zum zweiten Mal dem Gelächter der Menge preisgegeben wurden.

Palissot machte in einem Briefe an Voltaire kein Hehl daraus, dafs er in erster Linie auf Diderot gezielt habe; er habe Rache geübt für einen Angriff, den dieser in unverschämtester Weise gegen die Fürstin Robecq und Frau von La Marck gerichtet habe. Das beruhte erstens auf einer Verwechslung zwischen Diderot und seinem Freunde Grimm und berechtigte zweitens auf keinen Fall zu einem so gemeinen Verfahren.

Obgleich die Aufführung der „Philosophen" das gröfste Aufsehen erregte, überliefs es Diderot andern, an Palissot Rache zu nehmen und ihm ihre Verachtung an den Kopf zu werfen; Voltaire, Rousseau und der Abbé Morellet nahmen diese Aufgabe auf sich, während Diderot im Stillen seine Zeit erwartete.

Wir müssen uns hier vergegenwärtigen, dafs Diderot damals schwere Zeiten, vielleicht die schwersten seines Lebens, durchzumachen hatte. Das Werk, dem er seine ganze Lebens- und Schaffenskraft gewidmet hatte, die Encyklopädie, war ungefähr bis zum Erscheinen des siebenten Bandes, Ende 1757, von den schönsten Erfolgen gekrönt gewesen. Aber nur zu bald wendete sich das Blättchen. Die Bemühungen der Feinde mehrten sich, nach und neben einander zogen die Palissot, die Moreau, die Chaumeix und Hayer gegen die verhafste Encyklopädie zu Felde, und Diderots treuester Helfer d'Alembert machte bereits jetzt Miene, die Flinte ins Korn zu werfen. Das Erscheinen von Helvetius' Buch „De l'Esprit", 1758, an welchem man Diderot beteiligt glaubte, schlug dem Fafs den Boden aus: Joly de Fleury, Generaladvokat des Pariser Parlaments, erhob am 23. Februar 1759 auf Grund des Zeugnisses von Abraham Chaumeix, einem fragwürdigen Schriftsteller jansenistischen Bekenntnisses, gegen die Encyklopädie Anklage wegen Atheismus und Jugendverführung. Das Parlament verurteilte die Encyklopädie: am 8. März 1759 wurde das Privileg zurückgezogen und der Verkauf der schon gedruckten und noch zu druckenden Bände verboten. Wenn nun auch diese Mafsregel keineswegs energisch durchgeführt wurde, so war sie für den Hauptherausgeber der Encyklopädie doch nichts weniger als gleichgiltig. Der Kampf brach nun erst recht los, hageldicht sausten die Geschosse hinüber und herüber, Diderot stand allein, auf sich selbst angewiesen und mochte zusehen, wie er die Encyklopädie zu Ende brachte. Der Februar des Jahres 1761 brachte noch den kränkenden Mifserfolg des „Hausvaters" hinzu, und gerade diese Erfahrung mochte die Erinnerung an die Angriffe Palissots, der den Dichter so wenig als den Denker geschont hatte, wieder wachrufen.

So kommt denn der Juli oder August des Jahres 1761 heran. An einem regnerischen Nachmittage verläfst Diderot den Garten des Palais-Royal und die Banc d'Argenson, den gewohnten Ort seines Stelldicheins mit Sophie Volland, und tritt hinein ins Café de la Régence, um den Schachspielern zuzusehen. Dort ist es, wo er mit Rameaus Neffen zusammentrifft, und bald sind beide im lebhaftesten Gespräch begriffen. Erst gestern hat Bertin seinem bisherigen Schützling aus ganz nichtigem Grunde die Thüre gewiesen, und nun mag es den genial-verbummelten Musikanten kitzeln, seiner Erbitterung und Verachtung Luft zu machen und den Encyklopädisten einen Blick ins Hauptquartier seiner Todfeinde thun zu lassen. Seine absonderliche Denkweise und seine tiefe Menschenkenntnis befähigen ihn, ein Bild zu entwerfen voll schärfster Kaustik und grotesken Humors, das nur der ordnenden und bessernden Hand eines echten Künstlers bedarf, um zu einer starken und wirksamen Satire zu werden. Was weifs er nicht alles zu erzählen! Im Hause des mürrischen und herrischen Bertin und seiner kugelrunden Maitresse, der erstaunlich talentlosen und gezierten kleinen Hus, da ist es, wo man die Theatererfolge zu fabrizieren sucht, wo Hungrige und Satte sich um den Suppennapf versammeln, um wie die wilden Bestien über die Philosophen herzufallen. Vereinigt sich nun gar mit Bertins Horde die

Gefolgschaft von des zweifelhaften Bouret Schwiegersöhnen Montsauge und Villemorien, so geht es schlimmer zu als in einer Menagerie. An den Duclos, Rousseau, Voltaire, d'Alembert, Diderot bleibt kein gutes Haar, und bei Bertin ist es auch, wo man mit vereinten Kräften solche unsaubere Machwerke wie Palissots „Philosophen" zusammenbraut. Alle durchgefallenen Dichter, alle ausgepfiffenen Komödianten finden dort ihr Heim, und der Neid erbärmlicher Journalisten auf einander tritt vor dem gemeinsamen Hafs gegen alles Vortreffliche zurück. Denn hier giebt es nur ein Verbrechen: Talent haben. Wehe den begabten Schauspielerinnen, hinter denen die kleine Hus zurückstehen mufs, wehe den Schriftstellern, die durch ihre Bedeutung den Zorn Palissots, Frérons und ihrer Trabanten auf sich ziehen. Lumpen sind Bertins Gäste alle miteinander und geriebene Gesellen dazu, bis auf den einen, der dumm genug ist, solches Gesindel zu füttern. Diejenigen, die wie Rameau lästern und schmeicheln, um etwas in den Magen zu bekommen, sind noch die besseren darunter; was soll man aber von den Fréron, Palissot, Baculard sagen, die satt zu essen haben und sich doch mit Robbé, dem Dichter der Vérole, und dem Pinselgesicht Poinsinet an einen Tisch setzen? Palissot besonders ist ein Erzlump, der seine Genossen und Wohlthäter öffentlich verhöhnt und beleidigt, seinen Freunden die Maitressen wegschnappt und ihre Frauen verleumdet, wo nicht gar verführt. Andere, wie der glattzüngige Abbé d'Olivet, der dicke Schwätzer Le Blanc, der Heuchler Batteux sind auch die Besten nicht. Und sie wissen ganz genau, wes Geistes Kinder sie sind: treffen zwei von diesen Auguren zusammen, so sind sie nicht im Zweifel darüber, dafs zwei ausgesuchte Schurken bei einander stehen. Und mitten unter ihnen Rameau der Neffe, der jede Erniedrigung sich gefallen lassen, der den Narren und Claqueur spielen mufs, aber trotz seiner Verkommenheit in dieser Umgebung grofs dasteht, weil er der Einzige ist, der den Mut hat, sich zu seiner Schurkerei zu bekennen, und der auch die anderen kennt wie kein Zweiter. Dies ungefähr der Hauptinhalt von Diderots Satire, zu welcher ihm Rameau das Material, an vielen Stellen gewifs schon halb fertig, zutrug.

Es ist auffällig, eine wie grofse Rolle darin das Theater spielt. Das scheint zuerst Monval bemerkt zu haben, dessen kurz hingeworfene Bemerkung, dafs „Rameaus Neffe" in engstem Zusammenhang mit dem Mifserfolge des „Hausvaters" stehe, zu dem Förderlichsten gehört, was je über Diderots Gespräch vorgebracht worden ist. Wenn das Hauptquartier der Feinde als Sammelpunkt der durchgefallenen Dramatiker dargestellt und zu diesem Zweck sogar auf ein zeitlich so entlegenes Werk wie Palissots „Zarès" (1751) hingewiesen wird, wenn die elende Theaterwirtschaft, bei der die Bertins und Rameaus die Hand im Spiele haben, scharf gegeifselt wird, so erblicken wir darin die Rache eines gekränkten Bühnendichters: Gewifs, der „Hausvater" hat nur einen lauen Erfolg gehabt, aber davon mögen doch diejenigen schweigen, die selbst ganz andere Niederlagen erlitten haben und ihre Erfolge lediglich der Intrigue verdanken! Es sei daran erinnert, dafs dies letztere gerade bei Palissots „Philosophen" der Fall war.

Aber hat dieses Werk, das nur ein einziges Mal flüchtig genannt wird, für den Dialog wirklich die Bedeutung, die ihm seit Goethes Tagen zugesprochen wird? Allerdings, und vielleicht in noch höherem Mafse, als man bisher erkannt hat. Es ist nicht damit gethan, dafs Palissot mehrfach als der eigentliche Hauptlump des Bertinschen Kreises erscheint; auch die Angriffe auf die Hus und somit mittelbar die auf ihren Liebhaber und seine ganze Sippe sind ohne Zweifel mit den „Philosophen" in Verbindung zu bringen: niemand anders als Bertins Maitresse war es gewesen, welche bei der ersten Aufführung die Rolle der Rosalie gespielt hatte, wahrscheinlich eben dieselbe Partie, welche ihre im Dialog ehrenvoll ausgezeichnete Rivalin Clairon, entrüstet über die Tendenz des ganzen Stückes, entschieden zurückgewiesen hatte. Die Hauptsache ist aber, dafs sich Diderots Satire in ihrem mittleren Teile geradezu als eine Art Gegenstück zu den „Philosophen" auffassen läfst; man versuche nur, sie in eine Komödie mit der herkömmlichen Liebesgeschichte und Intrigue zu verwandeln, um sich von dieser Verwandtschaft zu überzeugen. Ganz ähnlich wie Cydalise in der Mitte der schmarotzenden und intriguierenden Philosophen steht Bertin mit der kleinen Hus inmitten der unsauberen Gesellschaft, die sich um seinen Tisch versammelt. Hatte Palissot die Encyklopädisten als gefährliche Gesellen dargestellt, so wird hier ihm selbst und seinen Genossen der Spiegel vorgehalten. Sie sind Menschen, mit denen niemand ungestraft verkehrt, dafür giebt Palissot selbst das schlagendste Beispiel. Und dafs Bertin von seinen Schmarotzern ebenso wohl verlacht und verleumdet wird wie Cydalise, tritt deutlich genug hervor. Auch darauf, mit Schimpf und Schande fortgejagt zu werden, mufs man sich bei Bertin gefafst machen; aber dies Schicksal trifft nicht, wie in den „Philosophen", den Schuldigen, sondern — bittere Ironie! — den Einzigen, der es einmal wagt, ein wahres und vernünftiges Wort zu sagen.

Und nun begreifen wir auch schnell, inwiefern der erste und letzte Teil des Dialogs mit der Satire in der Mitte im Zusammenhang stehen: Palissot hatte seine „Philosophen" mit einer Moral ausgestattet, die sich mit einiger Bosheit wohl aus Helvetius' Buch „De l'esprit" ableiten liefs. Dem tritt Diderot entgegen: er greift die beiden Hauptgrundsätze seines Modells, „alles Gute und Böse geschieht nur, um etwas zwischen die Zähne zu bekommen" und „quisque suos patimur manes", dazu wohl noch manch andern wirklichen Zug geschickt auf und spinnt daraus eine mindestens gleich grobe materialistische Ethik, deren Träger sich in der Gesellschaft der Palissot und Genossen wohl fühlt wie der Fisch im Wasser. Rameau hat mit seines Vaters Blut auch dessen Charakteranlage geerbt. Ist diese nach den herkömmlichen Moralanschauungen böse, was thut's? Er kann nichts daran ändern, er fühlt sich wohl dabei und wird sich hüten, Laster, die ihm natürlich und in der Welt nützlich sind, mit Tugenden zu vertauschen, die er sich anquälen müfste und die ihn zu nichts brächten. Und was ist denn diese vielgepriesene Tugend überhaupt anders als die Schrulle von ein paar sonderbaren Schwärmern, die die Welt nicht verstehen? Pflichten giebt es für den Menschen nicht: mag doch jeder Familienvater die Seinen leben lassen, wie sie wollen; je gleichgiltiger sich die Menschen gegen einander verhalten, umso besser werden sie mit einander auskommen. Wer sein Kind liebt, gebe ihm keine Erziehung, wie sie ins alte Sparta, sondern wie sie ins moderne Paris pafst, er sei froh, wenn es von vornherein eine böse Natur mitbringt, und lehre es nicht so sehr das Laster als vielmehr nur die Strafe des Lasters vermeiden. Vaterland und Freundschaft sind ein leerer Schall, wer wird darnach fragen? Leben soll dagegen Salomons Weisheit: gute Weine trinken, leckere Speisen schlucken, hübsche Weiber im Arm haben und prächtig schlafen, und wem dazu noch ein regelmäfsiger Stuhlgang beschieden ist, der hat nichts mehr zu wünschen, mag die Welt im übrigen gehen, wie sie will. Auf diese Güter zu verzichten wäre geradezu der menschlichen Natur zuwider, und sie zu erlangen, ist jedes Mittel recht. Sein Brot und Geld mit Dingen zu verdienen, die man nur halb versteht, ist noch etwas ganz Harmloses, denn die ehrlichsten Leute treiben es nicht anders; beneidenswert aber, wer schlau und frech genug ist, sich den Kuppelpelz zu verdienen, glücklich, wer zu kriechen, wer den Grofsen, ihren Lastern und Ungerechtigkeiten zu schmeicheln versteht, wer sie zum Lachen zu bringen und ihren Beutel zu erleichtern weifs. Er übt dadurch die Rache des Schicksals an den Grofsen aus, und wäre er reich, die Reichen arm, so würde es keiner von beiden anders machen. Den Gipfel aber erreicht doch nur der, der es in der Schurkerei zur wirklichen Gröfse bringt: ihm wird neben dem materiellen Lohn die Bewunderung selbst der Guten zu teil.

Rameau ist nun zwar von Natur keineswegs so schlimm, als er sich macht, es ist ihm auch noch nicht geglückt, einzig seinem Ideal gemäfs zu leben. Aber nirgends sind jedenfalls seine sauberen Grundsätze und ihre Bethätigung so am Platze wie im Hause Bertins, wo im Grunde kein Mensch anders denkt als er, wo man ihn gerade so erbärmlich und lasterhaft haben will, wie er ist. Darin liegt eine wahrhaft vernichtende Kritik der Palissotschen Sippe, und ihr zu liebe lohnte es sich wohl, Charakter und Gesinnungen des eigenartigen Schmarotzers sowohl vor wie nach der eigentlichen Satire breit zu entfalten.

So gewifs es nun nach alledem ist, dafs Diderots Dialog nicht so sehr ein abstraktes Parasitentum geifselt als vielmehr den Kampf mit sehr realen und lebendigen Gegnern aufnimmt, ebenso sicher ist es andrerseits auch, dafs seine Satire nicht im blofs Persönlichen haften bleibt. Über den Kreis Bertins und seiner Genossen hinaus lenkt sich sein Blick auf die ganze Gesellschaft, und sie giebt ihm kein viel anderes und erfreulicheres Bild. Die verschiedenen Geschichten und Erlebnisse, die Rameau ihm nach und nach erzählt — Satiren im kleinen —, belehren ihn: Nicht nur in das Haus des fragwürdigen Finanzmannes und seiner jämmerlichen Gefolgschaft, sondern in die ganze Welt von heute pafst ein Mann von Rameaus Charakter und Gesinnungen vorzüglich hinein. Je weiter der Dialog fortschreitet, je rückhaltsloser Rameau den tiefsten Grund seiner Weltanschauung enthüllt, umso nachhaltiger drängt sich Diderot diese Überzeugung auf. Alle Welt denkt im tiefsten Innern wie Rameau, nur ist niemand aufser ihm so ehrlich es zu bekennen; alle Welt handelt wie er, denn die Verhältnisse dulden es nicht anders; jeder hat diesen oder jenen, vor dem er seinen schweifwedelnden Tanz aufführt, und so gipfelt denn der Dialog in Diderots erstauntem Ausruf: „Wahrlich, was Ihr die Pantomime der Bettler nennt, ist der grofse Hebel der Erde. Jeder hat seine kleine Hus und seinen Bertin." Die litterarische Satire hat sich zur Weltsatire erweitert.

So erscheinen denn Satire und Porträt aufs innigste miteinander verschmolzen, und man mufs es Diderot lassen, dafs er es in wahrhaft genialer Weise verstanden hat, die Charakterschilderung, die schon an und für sich ein Meisterstück wäre, in den Dienst seines satirischen Zweckes zu stellen. Kaum irgendwo kann man beobachten, dafs diese beiden Bestandteile einander widerstrebten, sie schliefsen sich vielmehr fest zu einem einheitlichen Kunstwerke zusammen.

Zu diesen beiden Elementen gesellt sich nun aber noch ein drittes, dessen Auflösung in das Gesamtwerk nicht ganz in gleichem Mafse geglückt ist: das musikalisch-ästhetische. Zwar gegen die Art und Weise, wie Diderot neben dem Lumpen und Schmarotzer Rameau auch den Künstler zu seinem Rechte hat kommen lassen, wird man schwerlich etwas einwenden können: es hat etwas eigentümlich Fesselndes und unwiderstehlich Anziehendes, in dem sittlich verwahrlosten zugleich den ungewöhnlich befähigten Menschen zu erkennen. Mit vollem Recht rückt Diderot zunächst das grofsartig entwickelte darstellerische Talent des Neffen in den Vordergrund, denn gerade der Rameau, der, halb Schmeichler, halb Hanswurst, bei Bertin und seinesgleichen seine Erfolge sucht, ist ohne dieses Talent gar nicht zu denken, und so läfst man es sich gern gefallen, wenn der beredte Vorkämpfer mimischer Kunst, der Verfasser des „Natürlichen Sohnes" und des „Hausvaters", daran seine helle Freude hat. Aber kaum minder wird uns Rameau der Musikus fesseln; zwar den gewissenlosen Klavierlehrer schieben wir mit Verachtung beiseite, dem sonderbaren Virtuosen aber, der ohne jedes Hilfsmittel einen Violinisten, einen Klavierspieler, ein Orchester, ein ganzes Operntheater so vorzüglich nachzuahmen weifs, dafs er die Aufmerksamkeit der ernsthaftesten Leute an sich fesselt und ihnen, selbst aufs tiefste ergriffen, Thränen der Rührung entlockt: diesem Manne können wir unsere Bewunderung, unsere Zuneigung unmöglich versagen, und gern werden wir glauben, was Diderot uns versichert, dafs sich im innersten Herzen dieses Verkommenen eine zarte Seele verbirgt.

Bedenklicher sieht es dagegen mit dem Abschnitte aus, welcher der zeitgenössischen Musik gewidmet ist: wir können nicht umhin, ihn im Verhältnis zum Ganzen als eine Episode zu bezeichnen, zu deren Einflechtung allerdings der wirkliche Verlauf des Gesprächs mag Anlafs gegeben haben. Seit Jahren tobte in Paris bereits der Kampf zwischen der französischen und italienischen Musik. Der französierte Lulli und der Franzose Rameau waren unbestrittene Herren der Sachlage gewesen, bis 1752 eine italienische Truppe, die sogenannten Bouffons, auf der Bildfläche erschienen und mit Pergoleses „Serva padrona" die alte Ordnung umzustürzen begannen. Ein wütender Kampf entspann sich, die sogenannte „Guerre des Bouffons", die selbst dann nicht endete, als die Bouffons 1754 verabschiedet wurden. Die Lullisten und Dunisten lagen sich auch jetzt noch in den Haaren, aber die französische Oper war vernichtet, ihr Heim in der berühmten Sackgasse verödet, während alles in die Nebentheater strömte, um sich an italienischer Musik zu erquicken. Diderots Freund Grimm hatte mit seinem „Petit prophète de Boehmisch-Broda" entschieden für die Italiener Partei ergriffen, die Buffon, d'Alembert, Diderot dachten nicht anders. Goethe hat diese Stellungnahme Diderots verwunderlich gefunden: als Theoretiker dringe er so sehr auf Bedeutung, in der Praxis entscheide er sich dagegen nicht für die Lulli und Rameau, die in erster Linie das Bedeutende, sondern für die Italiener, die vorzüglich das Anmutige betonten. Die Zeitgenossen waren jedoch in diesem Punkte anderer Ansicht: sie begrüfsten gerade die Werke der Pergolese, Duni u. s. w. als Produkte einer ausdrucksvolleren und ausdrucksfähigeren Kunst. Genau wie Diderot urteilt in diesem Punkte Rousseau in seiner „Lettre sur la musique française" (1753): für ihn ist die französische Opernarie ein abgeschmackter Singsang, während er die Italiener gar nicht genug zu rühmen weifs, weil ihre Arien den Gehalt der Situation so vorzüglich zum Ausdruck bringen und in die Scenen nicht blofs eingestreut sind, sondern einen wirklichen Bestandteil derselben bilden. Auf etwas Ähnliches zielt wohl der Verfasser der „Raméide", wenn er der italienischen Kunst vor allem Wahrheit nachrühmt, wie sich denn überhaupt trotz aller Scheingegnerschaft gegen Rousseau sein Urteil mit dem, was Diderot ihm in den Mund legt, so ziemlich gedeckt haben wird. Aber die Echtheit seiner Urteile über zeitgenössische Musik rettet unsere Partie nicht von dem Vorwurf episodischen Charakters: zur Satire fehlt ihr jede Beziehung, und auch für das Bild des Neffen ist sie, abgesehen von der allerdings sehr wichtigen Stelle, wo seine mimische und gesangliche Kunst den Gipfel erreichen, nicht von entscheidender Bedeutung, denn nirgends im ganzen Dialog tritt im übrigen Diderots Interesse an der Person seines Partners so sehr hinter demjenigen am behandelten Gegenstande zurück wie gerade hier. In erhöhtem Mafse gilt dies, insofern in Rameaus Aussprüche die bereits erwähnte Skizze zu einer Ästhetik der Musik verflochten ist; hier ist, wie schon oben gezeigt, von Rameau fast gänzlich abzusehen, es ist Diderot, der durch seinen Mund spricht. Für ihn ist die herkömmliche Ansicht, dafs die Kunst Nachahmung der Natur sei, keine leere Phrase, sondern als geborener Naturalist hat er sich ernste Gedanken darüber gemacht: was ahmt die Musik nach, und wie ahmt sie nach? Gegenstand der Nachahmung sind entweder natürliche Geräusche oder aber die

Accente menschlicher Leidenschaft, Mittel der Nachahmung sind die Töne einer natürlichen oder, wenn man lieber will, künstlich erfundenen Tonleiter, die entweder durch die menschliche Stimme oder durchs Instrument vorgetragen werden; die Nachahmung durch die menschliche Stimme scheint dabei als das Primäre betrachtet zu werden: „Der Violinist ist der Affe des Sängers". Daraus würde sich ergeben, dafs vier Arten von Musik zu unterscheiden wären: Vokalmusik und Instrumentalmusik als Nachahmung der natürlichen Tonwelt, Vokalmusik und Instrumentalmusik als Nachahmung der Leidenschaftsaccente. Man sieht, es schwebt Diderot etwas ganz Richtiges vor, eine Unterscheidung, für welche wir heute etwa die Bezeichnungen „Musik als Form" und „Musik als Ausdruck" wählen würden, nur dafs die „Musik als Form", um in das unglückselige System der Naturnachahmung hineinzupassen, auf einen höchst absonderlichen Ursprung zurückgeführt wird. Das ist jedoch nicht weiter von Schaden, da Diderot höchst bezeichnenderweise von seinen vier Möglichkeiten nur eine verfolgt, indem er sich im Folgenden eigentlich nur um die Vokalmusik als Ausdruck bekümmert. Das ist fast stets so, wenn er theoretisiert: eine Frage gründlich durchzudenken und in ein System zu bringen, das erlaubt ihm seine improvisatorische Schaffensweise nicht; nur was ihn gerade anzieht, das greift er auf, und dann strömen ihm allerdings die fruchtbaren Gedanken reichlich zu. So ist auch hier die Grundidee ungemein anregend und wertvoll: wie er den Malschülern rät, der Krambude der Manier den Rücken zu kehren und an der Natur ihre Studien zu machen, so wird auch der dramatische Tonsetzer an den Urquell seiner Kunst, den Schrei der Leidenschaft, zurückverwiesen. Wer einen Bettler auf der Strafse flehen hört, wer einen Zornigen, ein eifersüchtiges Weib, einen klagenden Liebhaber vernimmt, ohne von ihm zu lernen, der versteht seine Kunst nicht. Der musikalische Accent soll mit demjenigen der leidenschaftlich bewegten Rede zusammenfallen, und wer so ein gutes Recitativ zu schreiben versteht, wird auch um eine gute Arie nicht verlegen sein. Freilich gehört dazu auch ein Text voll Leidenschaft, keine französischen Geistreicheleien, und nicht in letzter Linie eine geschmeidigere

Sprache als die französische; in allen diesen Grundforderungen aber sind uns zur Zeit die Italiener voraus. Mögen diese Erörterungen prinzipieller Natur immerhin aus dem Rahmen des Ganzen herausfallen, so sind sie dafür an sich so vortrefflich, dafs sie trotzdem wohl niemand gern entbehren möchte.

Erst mit der Betrachtung seiner künstlerischen Natur ist das Bild von Rameaus Charakter, wie wir es nach und nach aufzurollen versucht haben, vollständig geworden. Man wird gestehen müssen, dafs wir es hier mit einer Leistung von ganz erstaunlicher Tiefe und Kraft zu thun haben. Wenn man bedenkt, mit welcher schablonenhaft-typischen Charakteristik sich kurz zuvor und noch gleichzeitig die französische Bühne begnügte, ja, wie wenig Diderot selbst als Dramatiker darüber hinauskam, so werden wir nicht im Zweifel darüber bleiben können, dafs die Psychologie der französischen Aufklärung Unendliches verdankt, dafs wenigstens hier eine Art von „Rückkehr zur Natur" vorliegt, wie sie befruchtender gar nicht gedacht werden kann. Ein Charakter, so widerspruchsvoll und eigenartig wie nur möglich, so verwickelt und schwer verständlich wie irgend einer, tritt hier mit einer Plastik und Lebendigkeit vor unser Auge, die ihresgleichen sucht. Rameaus Neffe gehört zu den unsterblichen Gestalten der Weltlitteratur so gut wie Hamlet und Faust, wie Richard III. und Don Quixote, und so ist dem Unglückseligen, der im Leben Jean-François Rameau hiefs, doch wenigstens eine heifse Sehnsucht in Erfüllung gegangen. Seine Verse

„Et je suis sûr encore que dans bien plus d'un lieu
Je fais parler aussi de Rameau le neveu"

haben bis auf den heutigen Tag ihre Geltung nicht verloren.

Es erübrigt, noch der künstlerischen Form von Diderots Dialog eine kurze Betrachtung zu widmen.

Auch hier zeigt sich Diderot als vollendeter Künstler. Seine hervorragende improvisatorische und konversatorische Begabung bestimmte ihn von vornherein zum Meister des Dialogs, und in dieser Form hat er zweifellos all sein Gröfstes und Bestes niedergelegt. Er fand den Dialog in der Litteratur seiner Zeit als ein Gegebenes, aber erst er war berufen, ihn zur höchsten Höhe der Vollendung zu bringen. Es wird zutreffen, was Herder und neuerdings wieder Hirzel feinsinnig bemerkt hat, dafs den gröfsten Einflufs auf ihn dabei Shaftesbury gehabt hat, der ihn auch auf den Weg zur Natur und Wirklichkeit zurückwies. In einem wesentlichen Punkte geht dabei jedoch der Schüler noch über seinen Meister hinaus: die namhaften Dialoge Diderots, allen voran unser „Rameau", knüpfen an lebendige Personen der Gegenwart, an reale Vorgänge an, und zwar in vollkommen überzeugender Weise. Und wie in den Charakteren, so weifs Diderot auch im Gange des Gesprächs Wirklichkeit und Kunst meisterhaft zu paaren. Der Schein des Unvermittelten, Sprunghaften ist vorzüglich gewahrt, und doch wird ein schärferes Auge über die vortreffliche Entwicklung, über die klare Disposition nicht im Zweifel sein. Man betrachte nur gleich den Anfang des „Rameau": das Gespräch beginnt mit dem Nächstliegenden, mit den Schachspielern des Cafés; das Thema scheint sich zu erschöpfen, und eine zufällige Wendung bringt Diderot darauf, sich bei Rameau nach seinem Onkel zu erkundigen; der Neffe will von dem Onkel nicht viel wissen, und so kommt man auf die Frage, welche moralischen Ansprüche man ans Genie stellen dürfe, ja, ob das Genie für die Welt überhaupt Wert habe. Einfacher und wahrer kann der Gang eines Gesprächs nicht wohl sein, und doch, welche Kunst verbirgt sich dahinter! Schon die Schachspieler regen die Frage nach dem Werte des Talents an, der Übergang auf den Künstler der höheren Gattung und von da ins Allgemeine ist also keineswegs blofs zufällig, sondern durchaus logisch und bringt zudem eine wirksame Steigerung. Und wenn wir dabei erfahren, wie niedrig Rameau vom Genie denkt, wie trefflich sind wir damit auf die Gesinnung im Palissotschen Kreise vorbereitet, wo man das Genie geradezu hafst. Oder ein anderes Beispiel: ziemlich zu Anfang des Dialogs weist Rameau schon, nicht gerade allzu deutlich, aber nachdrücklich, auf sein gestriges Schicksal bei Bertin hin. Der Gang des Dialogs verwischt diese Spur, erst wesentlich später erfahren wir genau, worum es sich eigentlich gehandelt hat. Es mufste eben früh auf Rameaus Verhältnis zu Bertin und den Seinen, als den eigentlichen Mittelpunkt des ganzen Werkes, hingewiesen werden, nicht eher aber durfte uns die Gesellschaft des sauberen Finanzmannes näher bekannt werden, ehe nicht Rameaus Charakter, als ein Maſsstab für den Wert seiner Gönner, mit der nötigen Klarheit vor uns stand. Auch ausgesprochene Parallelismen begegnen ab und zu: es ist kein Zweifel, daſs Diderots Erzählung vom tugendhaften Sohne und Rameaus Geschichte des Renegaten von Avignon, daſs die Verhandlungen über die Erziehung von Diderots Tochter und über die von Rameaus Söhnchen als Gegenstücke zu betrachten sind. Aber Diderot hat sich wohl gehütet, dies merken zu lassen: die entsprechenden Stellen sind durch beträchtliche Zwischenräume von einander getrennt und so geschickt in den scheinbar lockeren Zusammenhang des Dialogs eingefügt, daſs nur der tiefer Eindringende ihre enge Wechselbeziehung erkennt.

Hieraus ist wohl leicht ersichtlich, wie wir uns das Verhältnis des Dialogs zu dem — zweifellos wirklichen — Gespräch zu denken haben, das ihm zu Grunde liegt. Wie nur ein genialer Beobachter die Gestalt des Neffen so sicher erfassen, alle ihre Hauptzüge so treffend ins rechte Licht setzen konnte, so vermochte es nur ein Künstler von groſsem und überlegenem Talent, den unruhigen Gang des Gespräches getreu wiederzugeben und doch gleichzeitig eine abgeschlossene, wohlüberlegte Komposition zu schaffen.

IV.
Goethe und Diderot bis 1804.

Goethes erste Berührung mit Diderot fällt in seine frühen Kindertage, und eine merkwürdige Laune des Schicksals hat es so gefügt, daſs er gleich zu Anfang in den Bannkreis desjenigen Diderotschen Werkes eintrat, durch dessen Übersetzung er fast ein halbes Jahrhundert später seinen Namen mit dem des groſsen Encyklopädisten unauflöslich verknüpfen sollte.

Schon gut ein Jahr besuchte der kleine Wolfgang Goethe die Theateraufführungen, mit welchen die Truppe der Herren L'Hote und Bersac unter besonderem Schutze des Königsleutnants Thoranc im Frankfurter Junghofe die Offiziere der französischen Besatzung unterhielt, als aus Paris die Nachricht von einem hochinteressanten theatralischen Ereignis kam: am 2. Mai 1760 war dort eine Komödie über die Bretter gegangen, welche den ohnehin schwer genug bedrängten Verfassern der Encyklopädie übel mitspielte, und ein groſser Skandal, dessen Lärm bis zur Armee nach Frankfurt drang, war die Folge gewesen. Die Prinzipale der französischen Truppe in der deutschen Krönungsstadt erkannten schnell und mit sicherem Blick, daſs hier die Gelegenheit gegeben sei, ihrem Publikum etwas Auſserordentliches zu bieten. Vom 10. Mai 1760 war die Druckerlaubnis des neuen Stückes datiert; schon zwei Monate später, am 10. Juli, meldete der Frankfurter Komödienzettel: „Man wird ehestens die „Weltweisen" aufführen, ein neues Lustspiel in Versen und drei Aufzügen vom Herrn Palletot."

Die Aufführung von Palissots „Philosophen" fand bald darauf wirklich statt, und unter den Zuschauern befand sich auch der noch nicht elfjährige Goethe. Allzuviel wird er von dem Stücke nicht verstanden haben. Machte ihm schon ohnehin das Verständnis der französischen Komödie Schwierigkeiten, teils wegen der schnellen Sprechweise, teils wegen seiner Unbekanntschaft mit den Dingen des gemeinen Lebens, so kam hier noch hinzu, dafs ihm die ganzen Voraussetzungen der Handlung nicht vertraut waren. Von den Männern der Encyklopädie und ihren Feinden war in dem etwas rückständigen Hause am grofsen Hirschgraben gewifs wenig die Rede, am wenigsten sicher in Gegenwart der Kinder, und so mag denn der Name Dortidius an des jungen Wolfgang Ohr geklungen sein, ehe er von Diderot überhaupt etwas gehört hatte. Trotzdem war der Eindruck der Aufführung stark genug, um nie aus seinem Gedächtnis zu verschwinden. Der Knabe mochte wohl fühlen, dafs er bei dieser Verspottung der philosophischen Sekte etwas anderes vor sich habe als Regnards muntere Scherze, Destouches' steifleinene Charaktere, Marivaux' spitzfindige Rokokopsychologie oder La Chaussées Thränenseligkeit. Sollte aber auch diese Annahme nicht haltbar sein, so ist doch soviel gewifs, dafs wenigstens der hervorstechendste äufsere Vorgang der Handlung dem kindlichen Gedächtnisse tief eingegraben blieb: noch der Verfasser von „Dichtung und Wahrheit" erinnerte sich deutlich daran, wie Crispin als Philosoph auf allen Vieren mit der Salatstaude im Munde auf der Bühne erschienen war.

Unmittelbare Folgen hatte dieses eigentümliche Erlebnis begreiflicherweise nicht, erst die Ereignisse viel späterer Jahre gaben ihm Bedeutung. Für einstweilen blieben die zeitgenössischen litterarischen Vorgänge in Frankreich noch auf lange Zeit hinaus ohne ernsthafte Bedeutung für Goethe. Der Verfasser von „Dichtung und Wahrheit" that daher recht daran, wenn er den Plan, in die Schilderung seiner Knabenjahre eine Darstellung französischer Zustände um 1760 zu verflechten und dabei auch die Encyklopädie und die „Philosophen" zu würdigen, nicht zur Ausführung brachte, so sehr wir auch Anlafs haben, diese Unterlassung an sich zu beklagen.

Kaum ein Jahr später wird es gewesen sein, dafs Goethe Diderot aus eigener Anschauung kennen lernte. Im Februar 1761 hatte der „Père de famille" in Paris seine erste Aufführung erlebt. Goethe versichert, auch ihn von der französischen Truppe gesehen zu haben; wann, läfst sich nicht bestimmt feststellen. Es ist aber anzunehmen, dafs der Prinzipal Renaud, der seit Dezember 1760 die Bühne im Junghof leitete, sich bemüht haben wird, in Darbietung von Neuheiten hinter seinen Vorgängern nicht zurückzustehen; es ist ferner anzunehmen, dafs der „Père de famille", dem nur ein mäfsiger und vorübergehender Erfolg beschieden war, in Frankfurt zu einer Zeit gegeben wurde, wo ihm noch unmittelbare Bedeutung zukam; nehmen wir also nach Analogie der „Philosophen" an, etwa im April 1761. Hier dürfen wir wohl eher von einem wirklichen Eindrucke des jungen Goethe sprechen: er, der seinem Vater gegenüber so nachdrücklich auf den moralischen Wert der „Mifs Sara Sampson" und des „Kaufmanns von London" hinzuweisen verstand, wird auch bei mangelndem sprachlichen Verständnisse über die sittlichen Ziele des „Hausvaters" kaum in Zweifel gewesen sein, und spätere Aufführungen des Stückes in Lessings trefflicher Übersetzung werden dem frühen Eindrucke Dauer verliehen haben. Merkwürdig genug mögen sich übrigens gerade im Hause des Herrn d'Orbesson die beiden bärbeifsigen Grenadiere ausgenommen haben, die auf der Bühne des Junghofs für Aufrechterhaltung der Ordnung zu sorgen hatten.

1765 zieht der junge Goethe als Student nach Leipzig. Er weifs jetzt seinen französischen Brief zu schreiben, er drechselt französische Verse, macht sich an eine Übersetzung von Corneilles „Lügner" und verfafst eine Alexandrinertragödie, aber trotz alledem steht er nicht auf der Höhe der zeitgenössischen französischen Litteratur. Was von neuen Ideen allenfalls zu ihm durchdringt, ist durch das trübe Medium Wielands vermittelt, die eigentlichen französischen Helden des philosophischen Jahrhunderts haben offenbar noch nicht zu ihm gesprochen. Er kennt Voltaires „Zaïre" und „Mahomet", die erstere von der Bühne her, schon 1765 und weifs das Jahr darauf, dafs der Alte von Ferney kein besonders zuverlässiger Geschichtschreiber ist; er mag 1766 bei Koch Diderots „Hausvater" wieder gesehen haben, aber er erwähnt ihn nicht; und wenn er sich endlich im Oktober 1767 der Schwester gegenüber als Kenner Rousseaus aufspielt und den Satz „Plus que les mœurs se raffinent, plus les hommes se dépravent" als „die verehrungswürdigste Wahrheit" bezeichnet, so will das nicht viel mehr besagen, als wenn heutzutage ein junger Student seine Weisheit vom „Übermenschen" auskramt. Auch die Dichtungen der Leipziger Zeit, so französisch sie einerseits und so fortgeschritten sie andererseits sein mögen, lassen keinen deutlichen Einfluſs des neueren französischen Geistes erkennen.

Die Rückkehr nach Frankfurt bedeutet für den kranken und gebrochenen Jüngling den Beginn einer Zeit der ernsten Sammlung und Verinnerlichung. Je mehr hierbei das religiöse Moment in den Vordergrund tritt, umso weniger ist zu erwarten, daſs er mit dem Kreise der Encyklopädisten Fühlung gewinnen solle. Nur einer aus ihrer Mitte, der aber schon seit Jahren das Lager der Philosophen als Fahnenflüchtiger verlassen und ihnen den Krieg auf eigene Faust angekündigt hatte, Jean-Jacques Rousseau, beginnt jetzt sein Herz zu gewinnen: ein Brief an Oeser aus dem Februar 1769 bezeugt, daſs der „Emile" schon damals einen nachhaltigen und tiefen Eindruck auf Goethe gemacht haben muſs. Freilich dürfen wir hierin weniger den Beginn der Zuwendung zu den neueren Franzosen als vielmehr den der endgiltigen Abwendung von ausgesprochen französischem Wesen überhaupt sehen; in dem Herzen dessen, der sich dem Bürger von Genf ernsthaft ergab, war für die Helden der Encyklopädie kein Raum. Und wie dem Denker, so wurde gleichzeitig auch dem Dramatiker Diderot der Einfluſs auf den jungen Goethe abgegraben: gegen Ende 1768 waren in Frankfurt bereits die „Eugenie" und der „Galeerensklave" im Schwang; Diderots bürgerliche Dramen waren damit überlebt: in Beaumarchais und Falbaire standen Dramatiker von kräftigerem Talent auf seinen Schultern, und ihre Werke muſsten auf das junge Geschlecht einen ungleich stärkeren Eindruck machen als der „Natürliche Sohn" und der „Hausvater".

Der entscheidende Bruch mit der französischen Kultur und dem französischen Geistesleben vollzieht sich dann in Straſsburg unter dem überwältigenden Einfluſs, den die Fülle von neuen Gedanken aus Herders geistiger Werkstatt auf Goethe gewinnt. Die Emanzipation des Herzens und des Gefühls, das frohe Bewufstsein jugendlicher Kraft, das brennende Verlangen nach Originalität, Erfahrung, Natur, welche das junge Strafsburger Geschlecht beseelen, machen es ihm unmöglich, mit der bejahrten und vornehmen französischen Litteratur in Frieden zu leben. Als Hauptopfer ihres umstürzlerischen Dranges fällt der französischste der Franzosen, der eigentlich führende Geist des philosophischen Jahrhunderts, Voltaire. Der Alte von Ferney erscheint den Strafsburgern abhängig und eng, unredlich und parteiisch; er ist Aufklärer durch und durch, und gegen die Aufklärung vor allem wendet sich der heranwachsende Sturm und Drang. Nicht nur auf religiösem Gebiete, was Goethe ganz besonders hervorhebt, sondern allüberall standen Voltaires Ideale mit denen des neuen Geschlechts im schreienden Widerspruch, und noch weniger als der Denker konnte der Dichter Voltaire für einen Kreis etwas bedeuten, in dem man sich an Homer, Ossian und Shakespeare berauschte. Stürzte so das Haupt der französischen Aufklärung, so konnte es nicht fehlen, dafs die Glieder nachfolgten. Man hörte in Strafsburg von den Encyklopädisten reden, man blätterte in der Encyklopädie, aber auf die Jünger der Natur, die so wohl auf den Schlag des Herzens zu lauschen verstanden, konnte das grofse Verstandeswerk nur einen sinnverwirrenden Eindruck ausüben: „Es war uns zu Mute, als wenn man zwischen den unzähligen bewegten Spulen und Weberstühlen einer grofsen Fabrik hingeht und vor lauter Schnarren und Rasseln, vor allem Aug' und Sinne verwirrenden Mechanismus, vor lauter Unbegreiflichkeit einer auf das mannigfaltigste in einander greifenden Anstalt, in Betrachtung dessen, was alles dazu gehört, um ein Stück Tuch zu fertigen, sich den eigenen Rock selbst verleidet fühlt, den man auf dem Leibe trägt." Die Encyklopädie war eben durchaus ein Kind ihrer „philosophischen" Zeit, und wenn sich darin der Geist der Aufklärung vorsichtig von der „natürlichen Religion" loszulösen begann und schüchtern den Weg zum Materialismus und Atheismus einschlug, so war das eben ein Grund mehr, um das Mifsfallen der Strafsburger zu erregen. Erreichte doch ihr Unwille den Gipfel, als 1770 ein nagelneues Werk ihnen diesen materialistisch-atheistischen Geist in seiner ganzen Nacktheit zeigte. Was verstanden sie unter Natur, und was Holbachs „Système de la Nature" — der Verfasser bot ihnen Steine für Brot. Grau und totenhaft nennt Goethe den Eindruck des Buches, der Herrgott im Himmel ward wegdemonstriert, die bewegte Materie allein brachte alle Phänomene des Daseins hervor. Keiner aus dem Strafsburger Kreise las das Buch zu Ende, mit lachender Verachtung suchte man darüber hinwegzukommen, und wenn man sich auch seinen Konsequenzen nicht ganz entziehen konnte, so liefs man sich doch so wenig seinen Herrgott als die moralische Freiheit rauben.

Nur ein Franzose war es, der den Strafsburgern nach Goethes Zeugnis wahrhaft zusagte, Rousseau; warum, braucht wohl gar nicht erst des weiteren erörtert zu werden; alles, was ihn von der Aufklärung schied, machte ihn zum natürlichen Bundesgenossen des jungen deutschen Geschlechts. Aber noch einen zweiten nennt Goethe, der, ihm und seinen Genossen nahe verwandt, in allem, weshalb ihn die Franzosen tadeln, ein wahrer Deutscher gewesen sei, und der demnach wohl Anspruch darauf hätte erheben können, den jungen Sturm und Drang mit aus der Taufe zu heben, wenn nicht sein Standpunkt für die Strafsburger Freunde zu hoch, sein Gesichtskreis zu weit gewesen wäre. Es ist — Diderot.

Es mag auf den ersten Anblick befremden, wenn man den Vater der Encyklopädie derartig ausgezeichnet findet; aber es ist keine Frage, dafs Goethe in der Hauptsache Recht hat, wenn er auch in der Angabe der Gründe von Diderots geringer Einwirkung hie und da irren mag.

Herder war nach Strafsburg frisch von Paris gekommen und hatte dort Diderot persönlich kennen gelernt. Aber schon vorher war ihm der französische Denker und Dichter kein ganz Fremder: den Verfasser trefflicher Dialoge, den geistreichen Richter der französischen Sprache, den einsichtigen Dramaturgen hatten schon die „Fragmente" mit Anerkennung genannt, das zweite Stück des „Torso" bezeichnete ihn, wenn auch nicht ohne Einschränkung, als den Terenz des Jahrhunderts, und die „Éloge de Mr. Richardson" von Diderot

— 81 —

(1761) hatte 1767 Herdern Worte der wärmsten Zuneigung entlockt. Mit der Encyklopädie war er in Nantes in Fühlung gekommen, eng genug, um daraus Diderots Bedeutung zu ersehen, aber wohl nicht so innig, um klar zu erkennen, welche Kluft zwischen seinen und Diderots Anschauungen lag. Nun stand er in Paris dem eigenartigen Manne Auge in Auge gegenüber, und wenn schon andere Zeitgenossen die gewinnende Liebenswürdigkeit Diderots, die wuchtige Kraft seiner Beredsamkeit nicht genug zu preisen wissen, so war Herder gewifs der Letzte, sich diesem Eindrucke zu entziehen. Es fehlte beiden Männern weder an innerer Verwandtschaft noch an Berührungspunkten. Beide besafsen eine erstaunliche Vielseitigkeit der Veranlagung wie der Interessen, beiden war eine gedankenreiche, aber unsystematische Denk- und Schaffensweise gemein, eine deklamatorische und improvisatorische Art zeichnet Herder wie Diderot aus, im Kampf gegen Abstraktion und Regel konnten sie sich als Bundesgenossen begrüfsen, beide traten für Homer in die Schranken und begegneten sich in entschiedener Verehrung der englischen Litteratur, und als Vorkämpfer und Prediger der Moral gab keiner dem andern etwas nach. Diderots Briefe über die Blinden und über die Taubstummen bedeuten Etappen auf dem Wege zu Herders viertem kritischen Wäldchen, die Ansichten der beiden über die moralisch-bildende Bedeutung des Theaters waren nahe verwandt, und so kann es nicht verwundern, wenn Herder in Diderot „den besten Philosophen in Frankreich" sah.

Es wäre demnach merkwürdig genug, wenn in den Strafsburger Unterredungen zwischen Herder und Goethe nicht auch von Diderot die Rede gewesen wäre. Aber was hätte Goethe damals anfangen sollen, um diesen eigenartigen Genius wirklich aus dem Vollen kennen zu lernen? Für die persönliche Bekanntschaft mit Diderot gab es keinen Ersatz. Zwar waren Diderots entscheidende Hauptwerke zum gröfsten Teil schon geschrieben, aber die „Promenade du Sceptique", die „Religieuse", der „Rêve de d'Alembert" lagen unveröffentlicht in seinem Pulte und machten höchstens im Kreise der engsten Freunde die Runde, die „Salons" gelangten nur in die Hände der hochgestellten Abonnenten von Grimms „Correspondance littéraire", und von dem Vorhandensein eines „Neveu de Rameau" scheint kaum Sophie Volland eine Ahnung gehabt zu haben. Der Vorwurf der Zeitgenossen, dafs Diderot zwar an vortrefflichen Einzelheiten reich sei, aber kein in sich geschlossenes bedeutendes Werk geliefert habe, bestand also damals zu vollem Recht. Ein entscheidender Eindruck von seiner Seite mufste Goethe auch sonst versagt bleiben: die Gedankenwelt des Denkers und Forschers Diderot lag ihm noch fern; auf die „Pensées sur l'interprétation de la nature", die sich mit der Naturerforschung und ihrer Methode beschäftigten, sowie zum grofsen Teil auch auf die Encyklopädie trifft es thatsächlich zu, dafs sie über den Gesichtskreis der Strafsburger hinausreichten; sie konnten, wie es bei der Encyklopädie auch thatsächlich der Fall war, eher feindliche als freundliche Gesinnungen erwecken, und es ist nur als ein Glück zu bezeichnen, dafs man mit dem „Rêve de d'Alembert" in Strafsburg nicht bekannt wurde. Sprach doch hier Diderot dasjenige, was der Pedant Holbach in seiner ledernen Manier vorgebracht hatte, mit der ganzen frischfröhlichen Laune seiner genialen Natur nicht minder rücksichtslos aus; über ihn hätte man nicht mit lachender Verachtung hinweggehen können, man hätte ihn wie Voltaire hassen müssen, und wie zwischen Meister Arouet und Goethe hätte sich auch zwischen Diderot und dem jungen Strafsburger Kraftgenie für lange Jahre eine schwer übersteigliche Schranke erhoben. — Auch der Dichter Diderot hatte Goethe nichts zu bieten: was die „Bijoux indiscrets" anbetrifft, so hatte ihn Wieland längst mit Ähnlichem vertraut gemacht, und wenn dem deutschen Meister auch die geniale Kraft und Rücksichtslosigkeit des Franzosen abging, so waren ihm dafür auch die Roheit und der Cynismus der „Bijoux" fremd. Der Dramatiker Diderot war seit Jahren überholt, der Theoretiker des „Drame bourgeois" hatte dem angehenden Schüler Shakespeares nichts mehr zu sagen, um so weniger, als dieser der wirklichen Bühne trotzig den Rücken kehrte, und über die Gesichtspunkte der „Lettre sur les sourds et les muets" führte der Ästhetiker Herder seinen jungen Adepten weit hinaus. Die Zeit eines innigeren Verhältnisses zu Diderot war für Goethe noch nicht gekommen. Wer will aber entscheiden, ob nicht vielleicht Meister Denis selbst fertig gebracht hätte, was seine Werke nicht vermochten, ob nicht Goethe, wenn sich an seinen Strafsburger Aufenthalt wirklich die geplante Reise nach Paris angeschlossen hätte, im persönlichen Verkehr mit Diderot den gleichen erfrischenden und erfreulichen Eindruck empfangen hätte wie sein Lehrer Herder?

Aber ein Werk von Diderot weifs der Verfasser von „Dichtung und Wahrheit" doch zu nennen, das nach seiner Versicherung auf die Strafsburger Freunde einen starken und bestimmenden Eindruck gemacht hätte: es sind dies Diderots moralische Erzählungen. Goethe irrt hier im Orte und in der Zeit, er kann die Erzählungen erst 1772 in Wetzlar kennen gelernt haben; in der Sache hat er aber gewifs Recht, denn gerade diese Stückchen stehen dem Geiste des Sturmes und Dranges so aufserordentlich nahe wie wohl sonst nichts von Diderot.

Sie erschienen merkwürdigerweise eher in deutscher als in französischer Sprache. Gefsners Idyllen waren durch Huber ins Französische übersetzt worden, und da dies Unternehmen von bestem Erfolg begleitet war, so suchte Gefsner auch für seine neuen Idyllen einen Übersetzer und hatte sich deshalb nach Paris gewandt. Diderot hörte davon, und da Gefsners Poesie auch auf ihn nicht ohne Eindruck geblieben war, so machte er dem Zürcher Idyllendichter die beiden Erzählungen „Les deux amis de Bourbonne" und „Entretien d'un père avec ses enfants" zum Geschenk. Gefsner übersetzte beide ins Deutsche, gesellte sie zu seinen eigenen neuen Idyllen und liefs sie 1772 gemeinschaftlich erscheinen unter dem Titel „Moralische Erzählungen und Idyllen von Diderot und S. Gefsner".

In den „Deux amis de Bourbonne" zunächst ist es, wo wir die „wackeren Wilddiebe und Schleichhändler" finden, die nach Goethes Ausspruch ihn und die Genossen seiner Jugend entzückten: die Novelle schildert die innige, unauflösliche Freundschaft und Herzensneigung zweier schlichter Männer, Felix und Olivier, eine Neigung, die, wenn es sein mufs, selbst der gesetzlichen und gesellschaftlichen Ordnung mit Todesverachtung Trotz bietet. Gemeinsam wachsen die beiden Freunde auf, gemeinsam tragen sie als militärische Kameraden Not und Gefahr, stets bereit, Leib und Leben für einander einzusetzen; als aber beide heimkehren und sich in dasselbe Mädchen verlieben, räumt Felix seinem Freunde das Feld, indem er entweicht und unter die Schleichhändler geht. Bei Ausübung dieses Gewerbes wird er erwischt, vor Gericht gestellt und verurteilt. Dem treuen Genossen gelingt es zwar, ihn mit Gewalt aus der Hand des Henkers zu befreien, aber er selbst wird dabei verwundet und büfst seine mutige That mit dem Tode. Felix entrinnt und gelangt nach gefahrvollen Irrfahrten mit der Witwe eines Köhlers, der im Kampfe mit Gensdarmen an seiner Seite gefallen ist, zur Wohnung seines Freundes. Hier erst erfährt er Oliviers Tod, der ihn zunächst in Raserei, dann in tiefe Schwermut versetzt. Die Witwe Oliviers und die des Köhlers pflegen ihn treu, und er vergilt ihnen, indem er ihre Kinder mit einander verheiratet und nach seinen schwachen Mitteln ausstattet. Eines Nachts entweicht Felix, um nach einiger Zeit als Wildmeister eines adeligen Herrn wieder aufzutauchen. Als solcher verwundet er im Verlauf eines Grenzstreites einen Offizier, kommt von neuem ins Gefängnis, entrinnt aber mit Hilfe der Schliefsertochter und findet in der Garde des grofsen Friedrich ein Unterkommen; die Kameraden dort nennen ihn „den Traurigen". Seine treue Sorge für die Witwe des Freundes dauert auch jetzt noch fort.

Hier war denn in der That alles vereinigt, was das junge Geschlecht nur wünschen konnte: schlichte und rechte Kinder des Volkes, voll von starker und echter Empfindung, ganzes und freies Menschentum und wahre Natur, und dazu noch leidenschaftliche Auflehnung gegen die Gesellschaft und ihre toten Satzungen. Diderot, der mutige Vorkämpfer für Natürlichkeit und freie Individualität, stand hier in vollem Glanze da, ohne dafs Diderot, der verstandesmäfsige Aufklärer, Ärgernis gegeben hätte, und so kann es nicht verwundern, wenn von nun ab die Schleichhändler und Genossen auch in der deutschen Litteratur eine Rolle zu spielen beginnen, man denke nur an Schillers „Räuber" und ihre Gefolgschaft. Auch der Verfasser des „Götz" und des „Werther" mufste hier Geist von seinem

Geiste finden und durfte zum erstenmal in Denis Diderot freudig einen Genossen und Mitstrebenden begrüfsen.

In der zweiten Erzählung, dem „Entretien d'un père", dürfen wir zwar wohl kaum die Naturkinder suchen, die Diderot nach Goethes Ausspruch „mit grofser rednerischer Kunst herauszuheben und zu adeln wufste", trotzdem aber ist die Geschichte ihrem Geiste nach der voraufgehenden so eng verwandt, dafs sie der Aufmerksamkeit des jungen Goethe unmöglich entgehen konnte. Hier trat ihm zum erstenmal Diderot als Dialogkünstler entgegen. Wir finden Vater Diderot, den graden und ehrenfesten Messerschmied von Langres, inmitten der Seinen. Er erzählt die Geschichte einer Erbschaftsangelegenheit, bei deren Regelung das Billigkeitsgefühl in seiner Brust und das geschriebene Recht in tiefen Widerspruch geraten seien. Sollte er das an verborgener Stelle gefundene, vielleicht vom Erblasser längst verworfene Testament beiseite schaffen und damit den unglücklichen Verwandten des Verstorbenen zu Glück und Wohlstand verhelfen, oder aber dem Recht seinen Lauf lassen und die Güter eines Reichen unnütz vermehren? Der Konflikt war schwer, aber der Rat eines wackern Geistlichen verhalf schliefslich der Pflicht zum Siege über die Neigung. Kaum hat der Alte seine Erzählung beendet, als ein ähnlicher Fall sich seiner Entscheidung darbietet: ein Hutmacher aus der Stadt hat lange Jahre hindurch seine kranke Frau mit vielen Kosten treu gepflegt; nun ist sie kinderlos gestorben, und das Gesetz verpflichtet den Witwer, das Eingebrachte der Frau ihrer Familie zurückzuerstatten. Zu diesem schweren Opfer kann der brave Handwerker sich nicht entschliefsen, und in seiner Not erbittet er Vater Diderots Rat. Aber auch hier verharrt der Alte auf seinem starren Rechtsstandpunkte. Das wäre nun freilich sehr wenig nach dem Sinne der Stürmer und Dränger gewesen, wenn nicht neben dem Vater auch der Sohn Diderot zu Worte käme und ein ganz anderes Evangelium verkündete; dem Hutmacher, der sich dem Spruche des Alten nicht fügen will, giebt er ganz Recht, den Pater Bouin, der den Vater in der Erbschaftssache so redlich beraten, nennt er einen Schafskopf: denn über allem geschriebenen Recht steht als letzte und höchste Instanz das untrügliche Urteil des Herzens. Es wird uns nicht wundern, wenn für den Verfasser dieses Gesprächs die Frage, ob ein gewissenhafter Arzt wohl recht daran thue, einen Bösewicht zu heilen, eine praktische Bedeutung hat, oder wenn ihm der Schuster von Messina, der der trägen Gerechtigkeit nach bestem Wissen und Gewissen auf eigne Faust nachhilft, eine höchst anziehende Erscheinung dünkt. Bei alledem mochten im Verfasser des „Götz" verwandte Saiten anklingen, und es ist gewifs kein Zufall, dafs gerade er die Beurteilung des Gefsner-Diderotschen Buches für die „Frankfurter gelehrten Anzeigen" übernahm. Leider gelangte nur die Besprechung des Gefsnerschen Anteils, über den nicht viel Gutes zu sagen war, zur Ausführung (25. August 1772); die Anzeige der „Moralischen Erzählungen" wurde zwar versprochen, unterblieb aber, wahrscheinlich infolge des Wechsels in der Redaktion der „Anzeigen".

Im übrigen freilich wird es schwer halten, in den Jahren 1771—1775 enge Beziehungen zwischen Goethe und Diderot nachzuweisen. In der Periode des „Werther" übt Rousseau den bestimmenden Einflufs auf Goethe aus und kann seine encyklopädistischen Gegner nicht gegen sich aufkommen lassen; als Kuriosum sei aber bemerkt, dafs dasjenige Werkchen Goethes, welches als Absage an Rousseau gelten kann, der „Satyros", nach Loepers feinsinniger Bemerkung eine kleine Erinnerung an Palissots „Philosophen" enthält; es wäre in der That möglich, dafs da, wo es von Rousseaus Nachahmern heifst:

> „Der Baum wird zum Zelte,
> Zum Teppich das Gras,
> Und rohe Kastanien
> Ein herrlicher Frafs"

und das Volk sich thatsächlich an so seltsamer Nahrung labt, dem Verfasser Palissots Crispin mit seiner Salatstaude vorgeschwebt hätte. Als eine blofse Merkwürdigkeit ähnlicher Art sei gleich hier erwähnt, dafs in Lavaters „Physiognomischen Fragmenten" der Artikel über Rameau den Onkel auf Goethes Anteil fällt. Seine hauptsächliche Bedeutung liegt freilich darin, dafs er sich in hervorragender Weise dazu eignet, die Nichtigkeit physiognomischer Kunst darzuthun, denn Goethes liebevolle Charakteristik steht mit der rauhen Wirklichkeit in unversöhnlichem Widerspruch.

Man könnte vielleicht versucht sein, im „Clavigo" — an „Stella" wird man kaum denken dürfen — ein bürgerliches Drama Diderotscher Gattung zu sehen; aber abgesehen davon, dafs der stark individuelle Charakter des Goetheschen Trauerspiels eine Eingliederung in diesen Zusammenhang durchaus nicht ohne weiteres zuläfst, erinnert uns schon die Quelle des „Clavigo", Beaumarchais, daran, dafs Diderot selbst als Dramatiker damals nicht viel mehr gelten konnte. Als es darauf ankam, unter den neueren Franzosen einen Eideshelfer für den Sturm und Drang aufzufinden, liefs man ihn denn auch mit Recht beiseite liegen und hielt sich an seinen radikaleren Schüler Mercier, dessen „Nouvel essai sur l'art dramatique" 1776 in Heinrich Leopold Wagners Übersetzung erschien, zwar nicht mit den versprochenen Anmerkungen Goethes, aber doch mit einem Anhange aus seiner Brieftasche. Dafs sich dabei sein Artikelchen „Nach Falconet und über Falconet" in Diderots nächster persönlicher und geistiger Umgebung bewegte, wird Goethe kaum zum Bewufstsein gekommen sein. Die Encyklopädie war und blieb verpönt: die Mitarbeiter der „Frankfurter gelehrten Anzeigen" wollten mit ihrer Übergescheidheit nichts zu thun haben, und als Goethe sich über Spinoza zu unterrichten gedachte, griff er nicht zur Encyklopädie, sondern zu des alten Bayle Wörterbuch, das er in seines Vaters Bibliothek vorfand. Übrigens würde ihn Diderots Artikel über Spinoza kaum wesentlich mehr befriedigt haben als der Baylesche.

Zwei Gelegenheiten, den grofsen Franzosen und den mächtig aufstrebenden Goethe persönlich einander näher zu bringen, gingen leider ungenutzt vorbei. Gelegentlich seiner Reise nach Rufsland, im August 1773, hielt Diderot sich einige Tage bei Fritz Jacobi in Pempelfort auf; nach Goethes Angabe in der „Campagne in Frankreich" hätte sich der heftige Dialektiker daselbst sehr wohl gefallen und mit grofser Freimütigkeit seine Paradoxen behauptet. Nicht ganz ein Jahr später, im Juli 1774, weilte Goethe in dem gleichen gastlichen Hause. Ewig schade, dafs nicht ein glücklicher Zufall ihn mit Diderot zusammenführte! Gewifs hätte er ihn besser zu würdigen verstanden als der ängstliche Fritz Jacobi, der, offenbar eingeschüchtert durch das ungezügelte Temperament und den rücksichtslosen Atheismus seines Gastes, ihn mit dem Sophisten Hippias aus Wielands „Agathon" verglich und meinte, das herrschende Gefühl des Schönen und Wahren sei jedenfalls nicht das, was ihn zum Genie mache. Diese Urteile lassen darauf schliefsen, dafs es nicht nur Günstiges war, was Goethe im Jacobischen Hause über Diderot erfuhr. Unglücklich gestaltete sich auch Goethes und Diderots gemeinsame Bekanntschaft mit dem Schweden Björnsthål: im April 1774 trat dieser in Frankfurt zu Goethe in Beziehung, ein halbes Jahr später stand er im Haag in innigstem Verkehr mit Diderot. Das Umgekehrte wäre gewifs günstiger gewesen: dem alternden Philosophen konnten etwaige Berichte von Goethe ohne persönliche Bekanntschaft kaum ernsteren Eindruck machen, der junge Goethe dagegen hätte zweifellos eingehenden Nachrichten über Diderot und seine Persönlichkeit ein offenes Ohr geschenkt.

In den ersten Jahren von Goethes Weimarer Aufenthalt trat in seiner Beurteilung der grofsen französischen Aufklärer ein Umschwung ein. Je mehr Goethe sich vom Sturm und Drang entfernte, je mehr er seiner menschlichen und künstlerischen Vollendung entgegenreifte, umso mehr mufste seine Fähigkeit wachsen, auch den Gegnern von einst eine objektive Würdigung zu teil werden zu lassen und sie in ihrer ganzen Bedeutung zu erkennen. Dafs die freiere Entwicklung seiner Weltanschauung, die Loslösung von dem positiv-religiösen Standpunkte, der noch in Strafsburg seinen Blick beschränkt hatte, ebenfalls zu einer gerechteren Beurteilung Voltaires und der Encyklopädisten führen mufste, versteht sich von selbst. Zudem waren die äufseren Verhältnisse einer Annäherung an die Franzosen und an Diderot im besonderen so günstig wie nur irgend denkbar. Anna Amalia hatte nicht umsonst Wieland als Prinzenerzieher nach Weimar berufen, ihr Sohn Karl August blieb zeitlebens der französischen Litteratur zugethan. Und überreiche Nahrung fand diese Neigung in dem freundschaftlichen Verkehr, den der weimarische Hof mit den Vettern in

Gotha unterhielt, denn dort hatte die französische Kultur schon
seit Jahrzehnten eine wahre Heimstätte gefunden. Luise Do-
rothee (1710—1767), die geistreiche und liebenswürdige Ge-
mahlin Friedrichs III., hatte mit den bedeutendsten Geistern
Frankreichs, mit Voltaire, Rousseau, Diderot, Helvetius, in
dauerndem Briefwechsel gestanden, der grofse Arouet selber
hatte 1753, aus Berlin vertrieben, mehrere Wochen als Gast
auf dem Friedenstein geweilt, und sogar König Friedrich kargte
mit seiner Hochschätzung für den befreundeten Hof nicht.
Seit 1747 hatte es der Abbé Raynal übernommen, die gothaischen Herrschaften über die Vorgänge des Pariser Lebens
durch eine Korrespondenz auf dem Laufenden zu erhalten;
Friedrich Melchior Grimm, der seit 1775 auch die Geschäfte
des gothaischen Hofes in Paris besorgte, war 1753 sein Nachfolger geworden, und wenn er verhindert war, die Korrespondenz selbst zu verfassen, so trat sein Herzensfreund Diderot
an seine Stelle. Als Ernst II. 1772 seinem Vater in der Regierung folgte, änderte dies nichts an den Verhältnissen. Der
Herzog selbst neigte zwar vorwiegend zu wissenschaftlichen
Interessen, wenn auch künstlerische bei ihm durchaus nicht
leer ausgingen, aber sein Bruder, der zarte und reich begabte
Prinz August, war ganz bel esprit und philosophe in französischem Sinne. Die Überlieferungen des vorigen Geschlechts
wahrte zudem Luise Dorotheens treueste Freundin, die alte
Oberhofmeisterin von Buchwald, die „Grande maîtresse des
cœurs", wie Voltaire sie genannt hatte; das grüne Kanapee
in der Wohnung der „Maman" war noch immer ein ange-
sehener Richterstuhl für alte und neue, französische und
deutsche Litteratur.

In diesen Kreis trat nun auch Goethe ein. Schon in der
letzten Dezemberwoche 1775 erschien er zum erstenmal am
gothaischen Hofe. Anfangs scheint man daselbst dem verwegenen
litterarischen Umstürzler nicht besonders grün gewesen zu
sein: eine Epistel des Prinzen August an Gotter vom März
1776 zeigt sich über die Zerstörung des Geschmackstempels
durch Goethe sehr ungehalten und behauptet, dafs der kühne
Dichter Verstand und Herz gegen sich empöre. Auch Goethe
seinerseits kapitulierte nicht an einem Tage: am 8. Oktober

1777 besuchte Baron Grimm, der gerade in Gotha weilte, Karl August und die Seinen in Eisenach. „Ich fühlte so inniglich", heifst es an jenem Tage in Goethes Tagebuch, „dafs (alles andere beiseite) ich dem Manne nichts zu sagen hatte, der von Petersburg nach Paris geht."

Vier Jahre später freilich erklingen bei gleichem Anlafs ganz andere Töne. „Ein Brief vom Herzog von Gotha", so schreibt Goethe am 1. Oktober 1781 an Frau von Stein, „lädt mich aufs verbindlichste ein. Grimm ist drüben, und ich werde wohl übermorgen hingehn. Die Bekanntschaft mit diesem ami des philosophes et des grands macht gewifs Epoche bei mir, wie ich gestellt bin. Durch seine Augen wie ein Schwedenborgischer Geist will ich ein grofs Stück Land sehen." Tags darauf reist er nach Gotha und meldet von dort aus nach Grimms Abreise am 9. der Freundin: „Die Bekanntschaft mit dem Freunde hat mir die Vorteile gebracht, die ich voraussah, es ist keiner ausgeblieben, und es ist mir viel wert, auch ihn zu kennen und ihn richtig und billig zu beurteilen."

Durch sein Verhalten gegen Grimm hatte Goethe wohl nunmehr das volle Vertrauen der Gothaer erworben: zum Nikolausfeste ist er schon wieder drüben, und Frau von Buchwald beschert ihm eine Dose mit Rousseaus Bild, dem sie im nächsten Jahre eine vollständige Rousseau-Ausgabe folgen läfst; 1784 vertraut sie ihm sogar schon die Handschrift von Voltaires bedenklichen „Memoiren" an. Nicht minder steht Prinz August von jetzt ab mit Goethe in sehr herzlichen Beziehungen: er bringt den Abbé Raynal mit nach Weimar und zu Goethe (1782), er giebt Goethe einen Aufsatz von sich über Rousseau und bekommt dafür den „Wilhelm Meister" zu lesen, und bald können die beiden gar nicht mehr zusammenkommen, ohne dafs Goethes Briefe des trefflichen Prinzen mit den wärmsten Worten gedenken.

Unter den Ursachen, die den gereiften Goethe nach der einst verschmähten Bekanntschaft Grimms verlangen liefsen und ihm einen wirklich herzlichen Verkehr mit den Gothaern ermöglichten, steht zweifellos in erster Linie die Lektüre von Grimms „Correspondance littéraire". Die zweimal im Monat aus Paris in Gotha anlangenden litterarischen Berichte fanden ihren Weg auch nach Weimar und kamen durch Vermittelung des Hofes — nicht Herders, wie man wohl gemeint hat — in Goethes Hände. „Auch mir war", so berichtet er später (1820), „durch die Gunst hoher Gönner eine regelmäfsige Mitteilung dieser Blätter beschieden, die ich mit grofsem Bedacht eifrig zu studieren nicht unterliefs." Die Wirkung dieses Studiums blieb nicht aus: fast die ganze französische Lektüre Goethes in den achtziger Jahren steht, wie Hans Morsch dargethan hat, unter dem Einflufs der „Correspondance". Das Wichtigste ist jedoch, dafs die „Correspondance" ihn seit 1779 oder 1780 mit den entscheidenden Hauptwerken Diderots bekannt machen konnte, woraus ein inniges Verhältnis Goethes zu Diderot entsprang.

Im Jahre 1778 nämlich mufs es Grimm geglückt sein, von seinem alten Freunde Diderot die Erlaubnis zu erhalten, eine Anzahl von Werken, die seit Jahren still in Diderots Pult verschlossen lagen und nur seinen nächsten Freunden bekannt waren, den hohen Abonnenten der „Correspondance littéraire" mitzuteilen. So kamen denn verschiedene von Diderots hervorragendsten Werken als Beilage zur Korrespondenz lieferungsweise und allmählich nach Gotha: vom November 1778 bis zum Juni 1780 der humoristische Roman „Jacques le fataliste", vom September 1780 bis zum April 1782 die „Voyage de Hollande", vom Oktober 1780 bis März 1782 die „Religieuse", vom August bis November 1782 der „Rêve de d'Alembert" u. a. m. Die Werke konnten nicht verfehlen, das gröfste Interesse zu erregen, und wurden dementsprechend ebenso wie die Korrespondenz selbst dem befreundeten Weimarer Kreise in Abschriften mitgeteilt.

Kein besseres Mittel hätte das Schicksal wählen können, um endlich Goethe in ein dauerndes herzliches Verhältnis zu Diderot zu bringen, als dafs es ihm diese Schriften in die Hände spielte; kein Zeitpunkt konnte aber auch für die Einwirkung Diderots auf Goethe geeigneter sein als derjenige, den der Zufall wählte. Seine erste Berührung mit den Hauptwerken des „Philosophen" fällt anscheinend ins Jahr 1780, und gerade aus diesem Jahre besitzen wir ein gewichtiges Zeugnis dafür, dafs Goethe seinen Frieden mit den Gegnern von einst bereits völlig geschlossen hatte; im August 1780 empfing Goethe den Besuch von Leisewitz, und beide Männer begegneten sich in der vorurteilslosen Anerkennung Voltaires und seiner weitgehenden Bedeutung, Voltaires, den der junge Goethe wegen seiner religiösen Spöttereien, insonderheit wegen seines „Saul", noch nach der Strafsburger Zeit am liebsten erdrosselt hätte. Unter diesen Umständen mufste Diderot, der Goethe nie gekränkt, wohl aber verschiedene Versuche gemacht hatte, sein Herz zu erobern, leichtes Spiel haben.

Goethe hat in späteren Jahren (1823) von dem Eindruck, den Diderots Schriften damals auf ihn machten, eine lebendige Schilderung gegeben: „Die oft genannte und noch jetzt respektable Korrespondenz, womit Herr von Grimm sein Paris in Verbindung mit der übrigen Welt zu erhalten wufste, ward durch die neu entstandenen und entstehenden Werke höchlich gesteigert. Stückweise kamen „La Religieuse" sowie „Jacques le fataliste" in ununterbrochener Folge nach Gotha, wo dann diese sich einander folgenden Abschnitte jener bedeutenden Werke gleich in besondere Hefte abgeschrieben und in jenem Kreise, zu dem ich auch zu gehören das Glück hatte, mitgeteilt wurden. Unsere Tagesblätter bedienen sich desselben Kunststücks, ihre Leser von Blatt zu Blatt fortzuziehen, und wenn es auch nur der Neugierde wegen geschähe. Uns aber wurden jene gehaltschwere Abteilungen nach und nach zugezählt, und wir hatten während der gewöhnlichen Pausen genug zu thun, den Gehalt dieser successiven Trefflichkeiten zu bedenken und durchzusprechen, wodurch wir sie uns auf eine Weise zu eigen machten, von welcher man in der spätern Zeit kaum einen Begriff haben möchte."

Goethes Darstellung ist im einzelnen nicht ganz richtig. Es handelte sich keineswegs um neu entstandene und entstehende Werke Diderots, sondern, wie bereits angedeutet, um teilweise sehr alte, wenn auch noch unbekannte Stücke. Die „Religieuse" stammt aus dem Jahre 1760, „Jacques le fataliste" von 1773, von den übrigen Schriften, die Goethe ohne Zweifel auch kennen lernte, fällt der „Rêve de d'Alembert" ins Jahr 1769, die „Voyage de Hollande" ins Jahr 1773. Auch ist es wohl nicht ganz zutreffend, wenn er den „Jacques le fataliste" lieferungsweise kennen gelernt haben will. Wenn nicht das ganze Werk — dem widersprechen die Daten der gothaischen „Correspondance" — so genofs er doch dessen gröfsten Teil im April 1780 auf einmal, und wie mir scheinen will, zum erstenmal. Aber das alles sind Ungenauigkeiten, die am Wesen der Sache nichts ändern.

Jedenfalls war der Eindruck des „Jacques" auf Goethe von durchschlagender Wirkung. Das Tagebuch, das die Lektüre im allgemeinen nur knapp verzeichnet, berichtet unter dem 3. April 1780: „Von 6 Uhr bis halb 12 Diderots Jacques le fataliste in der Folge durchgelesen, mich wie der Bel zu Babel an einem solchen ungeheuren Mahle ergötzt und Gott gedankt, dafs ich so eine Portion mit dem gröfsten Appetit auf einmal, als wär's ein Glas Wasser, und doch mit unbeschreiblicher Wollust verschlingen kann." Ganz ähnlich schreibt er am 7. an Merck: „Es schleicht ein Manuskript von Diderot Jacques le fataliste et son maître herum, das ganz vortrefflich ist. Eine sehr köstliche und grofse Mahlzeit mit grofsem Verstand für das Maul eines einzigen Abgottes zugericht und aufgetischt. Ich habe mich an den Platz dieses Bels gesetzt und in sechs ununterbrochenen Stunden alle Gerichte und Einschiebeschüsseln in der Ordnung und nach der Intention dieses künstlichen Koches und Tafeldeckers verschlungen. Es ist nachhero von mehreren gelesen worden, diese haben aber alle, gleich den Priestern, sich in das Mahl geteilt, hier und da genascht und jeder sein Lieblingsgerichte davon geschleppt. Man hat ihn verglichen, einzelne Stellen beurteilt, und so weiter."

Das Entzücken Goethes über das eigenartige Werk ist umso begreiflicher, als ihm hier zum erstenmal der ganze, reife Diderot entgegentrat. Der Dialogkünstler zeigte sich in seinem vollen Glanze, der treffliche Beobachter und Charakteristiker führte eine ganze originelle kleine Welt an seinem Auge vorüber, und die trotz aller Aufklärung lebensvolle Weltanschauung des Verfassers lugte allerwärts hervor. Der Leser war jung genug, um an dem durch Sterne beeinflufsten, aber doch durchaus echten Humor seine helle Freude zu haben und an den starken Derbheiten keinen Anstofs zu nehmen, aber auch reif genug, um auf den ersten Blick die innere Einheitlichkeit und Geschlossenheit des Werkes zu erkennen. Gerade darin, daſs Goethe sich an den ganzen „Jacques" hielt und sich nicht, wie die meisten Weimarer und bis auf den heutigen Tag die Mehrzahl der Diderot-Leser und -Forscher, mit den groſsen Rosinen des Kuchens begnügte, gerade darin liegt der Beweis dafür, wie sicher Goethe mit einem Griffe den ganzen Diderot erfaſst hatte. Und wer uns einmal derartig bewegt hat, dem bewahren wir ein treues Gedenken unser Leben lang: nie mehr nennt Goethe von jetzt ab bis in seine spätesten Tage Diderots Namen ohne die gröſste Hochachtung, selbst da nicht, wo er ihm als Gegner entgegentritt, und was den „Jacques" im besonderen anbetrifft, so nimmt ihn Goethe 1805 bei der Übersetzung des „Rameau" noch einmal vor, aber nur, um in seinen Anmerkungen nochmals zu bekräftigen, daſs er ihn für ein abgeschlossenes und einheitliches Kunstwerk halte.

Über die Wirkung der „Religieuse" sind wir, abgesehen von dem Berichte von 1823, nicht näher unterrichtet; das Manuskript wird nur einmal in einem Briefe an Bertuch, den 8. März 1781, und am gleichen Tage in einem Briefe an Frau von Stein erwähnt. Der Eindruck dieses früheren Romans dürfte auch kaum so tief gewesen sein wie der des „Jacques": es fehlte ihm die freie Ironie, die dies letztere Werk so anziehend macht, wennschon die lebendige und rücksichtslos-kraftvolle Darstellung des Klosterunwesens ihre Wirkung kaum verfehlen konnte. Wollen wir Goethe auch noch zum Leser des „Rêve de d'Alembert" machen, so müſste ihn hier vor allem die Form, die vollendete Kunst des Dialogs gefesselt haben; mit dem rein materialistischen Inhalt hatte der Lehrling Spinozas nichts zu schaffen. Das schlichte Kulturbild, das die „Voyage de Hollande" entrollte, hätte vielleicht in späteren Jahren stärker auf Goethe gewirkt; jetzt fehlt uns jedes unmittelbare Zeugnis für seine Beschäftigung damit. Dafür, daſs Diderots „Paradoxe sur le comédien", geschrieben nach 1776, seinen Weg nach Gotha und von da zu Goethe gefunden habe, fehlt der Beweis. Eine neuere Arbeit, welche den Einfluſs der Diderotschen Schrift auf Anschauungen und Gestalten des „Wilhelm

Meister" darzuthun sucht, hat mich nicht zu überzeugen vermocht; der Unterschied zwischen dem gefühlvollen Schauspieler und dem aus besonnener Überlegung gestaltenden, wie ihn Diderot darstellt, scheint mir ein ganz anderer zu sein als der zwischen dem Dilettanten Wilhelm Meister und dem Routinier Serlo, ganz abgesehen davon, daſs Goethe sich wohl kaum ein Diderotsches Paradox mit Haut und Haaren zu eigen gemacht hätte.

Mit dem Beginn der italienischen Reise 1786 tritt in Goethes Berührungen mit Diderot eine Stockung ein. Ganz andere Interessen und andere Ideale sind es, die den Dichter jenseits der Alpen bewegen, die äuſseren Anregungen von Gotha her bleiben aus, und so muſs naturgemäſs der Franzose in den Hintergrund treten. Aber auch nach Goethes Rückkehr wird dem nicht viel anders. Man könnte versucht sein, dies auf den entscheidenden Umschwung zurückzuführen, der sich inzwischen in Goethes Innerem vollzogen hatte; man wird jedoch wohl daran thun, hier vorsichtiger zu urteilen. Geht in uns eine starke Wandlung vor, so kann es nicht ausbleiben, daſs wir mit denjenigen, mit denen wir früher ein Herz und eine Seele waren, in scharfen Gegensatz geraten, Gefühle freundschaftlicher Hochachtung dagegen pflegen solche Umwälzungen zu überleben. Seines Gegensatzes zu Diderot muſste sich Goethe in früheren Jahren ebensowohl bewuſst sein wie jetzt, warum hätte er ihn also zu den Toten werfen sollen? Zudem fehlt es keineswegs an äuſseren Gründen, die Goethes mehrjähriges Schweigen erklären: die Beziehungen zum Herzog Ernst und zum Prinzen August blieben zwar bis zu deren Tode (1804 und 1806) durchaus herzlich, aber die „Correspondance" hatte 1790 vor der französischen Revolution die Flagge streichen müssen, ihren Herausgeber fand Goethe 1792 in Düsseldorf als Emigranten wieder, und persönliche Beziehungen zu Grimm, der inzwischen seinen Wohnsitz in Gotha genommen hatte, lassen sich erst 1801 wieder nachweisen. So dürfen wir denn zwar nicht von einem Bruch Goethes mit Diderot reden, wohl aber können wir mit einiger Wahrscheinlichkeit behaupten, daſs sein Interesse für den hervorragenden Denker und Dichter aus Mangel an neuer Nahrung abzusterben drohte.

Eine entscheidende Wandlung schafft hierin erst der enge freundschaftliche Verkehr mit Schiller. Wie Schiller so viele Interessen Goethes zu neuer Bethätigung wachrief, so kommt ihm meines Erachtens auch das Verdienst zu, die Teilnahme für Diderot zu neuem Leben erweckt zu haben. Diderot war ihm kein Fremder mehr. Schon 1784 war durch Dalberg eine Abschrift des „Jacques" in seine Hände gekommen, und er hatte, gleich den „Priestern", von denen Goethe redete, sein Lieblingsgericht von der grofsen Tafel weggeschleppt, indem er die schönste Novelle des Dialogs abrundend übersetzte und 1785 im ersten Hefte der „Thalia" abdruckte. Von Stund' an behält er Diderot fest im Auge und versäumt keine Gelegenheit, sich näher mit ihm bekannt zu machen. Zwar wenn er sich im August 1787 von Wieland ein Diderotsches Buch ausleiht, so geschieht dies nur pro forma, um dem Alten auf diese Weise eine Äufserung über den „Carlos" zu entlocken, es zeugt aber immerhin davon, dafs er Diderot näher kannte und las. Ein halbes Jahr später, im Februar 1788, kommt auf dem Wege über Gotha und das Herdersche Haus die Handschrift der Biographie Diderots von seiner Tochter, Madame Vandeul, in seine Hände und giebt ihm eine noch schönere Idee von der aufserordentlichen Gröfse und Vortrefflichkeit des Mannes als seine ausgezeichneten Schriften, er weifs seinem Freunde Körner nicht genug Gutes davon zu sagen. Im Februar 1789 weisen ihn Lotte von Lengefeld und Karoline von Beulwitz auf Diderots „Moralische Erzählungen" hin, die er noch nicht kennt, im September des gleichen Jahres bemüht sich Karoline beim Rat Becker in Gotha, die Handschrift des „Rêve de d'Alembert" aus dem Besitze des Prinzen August für Schiller, der sie gern lesen möchte, zu erhalten. 1792 erscheint in Berlin „Jacques le fataliste", von Mylius verdeutscht, Schiller liest das Buch auch jetzt — Februar 1793 — wieder mit grofsem Genufs und empfiehlt es der Körnerschen Familie. An Schillers lebhaftem Interesse für Diderot ist nach alledem wohl nicht zu zweifeln.

Kaum ist der Briefwechsel mit Goethe im Gange, so begegnet uns auch schon der Name Diderot: am 25. Juli 1794 sendet Goethe an Schiller ein Werk des Franzosen. Schiller kommt am 23. August darauf zu sprechen; er nennt besonders den ersten Teil sehr unterhaltend und meint, es sei für einen solchen Gegenstand mit einer recht erbaulichen Decenz behandelt, weshalb er auch „diese Schrift" gern noch einige Tage behalten möchte. Es handelt sich wohl nicht um die längst gedruckten „Bijoux indiscrets", denen man alles andere nachrühmen könnte als Decenz, sondern um die noch immer ungedruckte „Religieuse", und wie den „Rêve de d'Alembert" dürfte Schiller auch diese Schrift erbeten und damit Goethe wieder auf Diderot hingewiesen haben. Jedenfalls macht es einen eigenartigen Eindruck, den Namen des Encyklopädisten, der in den letzten Gesprächen Goethes mit Schiller eine so grofse Rolle spielte, gleich hier zu Beginn ihrer näheren Berührung anzutreffen.

Die enge Verbindung von idealem und praktischem Sinn, die Schillers Wesen auszeichnet, läfst ihn im nächsten Jahre den Versuch machen, das gleiche Diderotsche Werk im Interesse seiner Zeitschrift zu verwerten. Er fragt am 29. November 1795 bei Goethe an, ob es nicht möglich sei, vom Prinzen August die Erlaubnis zu erhalten, in den „Horen" eine Übersetzung der „Religieuse" zu bringen. Goethe (an Schiller, 15. Dezember) hatte dem Prinzen gegenüber kein ganz reines Gewissen, weil er ein gothaisches Manuskript über ein merkwürdiges Abenteuer der Schauspielerin Clairon, anscheinend ohne besondere Erlaubnis, in den „Unterhaltungen deutscher Ausgewanderten" (1794/95) verwertet hatte, und riet Schiller, unter grundsätzlicher Zustimmung zu seinem Plane, sich an Herder zu wenden, den Schiller (an Goethe, 17. Dezember) daraufhin auch als Übersetzer in Aussicht nahm. Aber Herder wies Schiller mit der „Religieuse" an Goethe zurück. Sollte Schiller wohl schon damals den Plan gefafst haben, Goethe für eine Übersetzung aus Diderot zu gewinnen? Soviel ist jedenfalls gewifs, dafs Goethe durch den Verkehr mit Schiller wieder nachdrücklich auf Diderot hingewiesen wurde.

Dasjenige Werk freilich, welches in den neunziger Jahren für Goethe das wichtigste wurde, lernte er nicht unter Schillers Einflufs kennen. 1796 war in Paris Diderots „Essai sur la peinture" als Opus posthumum ans Tageslicht getreten; am

5. August des gleichen Jahres berichtet Goethe über seinen Eindruck davon an Heinrich Meyer; es fällt dabei auf Goethes Verhältnis zu Diderot, auf alles, was die beiden seltenen Männer trennte und schied, ein so helles Licht, dafs wir notwendig die ganze Stelle hierher setzen müssen: „Es ist ein wunderliches Werk von Diderot „Sur la peinture" herausgekommen, das er im Jahr 1765 geschrieben haben mag, wie man aus der Recension der Ausstellung der Pariser Akademie von gedachtem Jahre, die zugleich mit abgedruckt ist, schliefsen kann. Beide Schriften sind dieses seltsamen, genialischen Sophisten würdig. Paradoxen, schiefe und abgeschmackte Behauptungen wechseln mit den luminosesten Ideen ab, die tiefsten Blicke in das Wesen der Kunst, in die höchste Pflicht und die eigenste Würde des Künstlers stehen zwischen trivialen, sentimentalen Anforderungen, sodafs man nicht weifs, wo einem der Kopf steht. Das Pariser gesellschaftliche Gewäsch, die falschen, lügenhaften Wendungen verführen ihn oft wider besser Wissen und Gewissen, und auf einmal dringt seine bessere Natur, sein grofser Geist wieder durch, und er trifft, Schlag auf Schlag, wieder den rechten Fleck. Es wäre eine gar artige und lustige Arbeit, wenn man Mut genug hätte, das Werk zu übersetzen und immer mit seinem Texte zu kontrovertieren oder ihm Beifall zu geben, ihn zu erläutern oder erweitern. Vielleicht schicke ich Ihnen wenigstens ein Stückchen auf diese Art behandelt nächstens zu."

Also ein neues Bild, noch anziehender als das, welches uns Goethes Urteil über den „Jacques" gab! Auf der einen Seite Goethe, der sich eine immer festere und geschlossenere Kunstanschauung ausbaut, auf der anderen der schnell fertige Diderot, der sich aus dem ersten besten Gedankenmaterial sein systemloses Gebäude zimmert, das nur dem Augenblick dienen soll, wie es nur der Augenblick hervorgebracht hat. Aber trotz aller Überlegenheit bei dem Gröfseren keine Verachtung und kein Zorn, auch beim Widerspruch nur der berechtigte Unwille, der sich unser bemächtigt, wenn wir einen lieben Freund eine Dummheit machen sehen. Und man braucht dieses eigentümliche Gegenbild eigentlich nur in etwas vergröfsertem Mafsstabe von der Kunst aufs Leben zu übertragen, um sogleich den ganzen Goethe und den ganzen Diderot in ihrem Gegensatze und ihrer Verwandtschaft zu erkennen: dort der grofse Lebenskünstler, der seine Existenz mit klarem Bewufstsein ausbaut, hier der geniale Lebensimprovisator und -Virtuos, der aber in der Kunst, sein Schicksal zu gestalten, eben auch kein Stümper ist.

Der Plan, den „Essai" zu verdeutschen und mit Anmerkungen zu begleiten, kam für den Augenblick noch nicht zur Ausführung; andere Interessen, namentlich die Arbeit an „Hermann und Dorothea", drängten ihn zurück. Schiller wird von dem anregenden Buche gewifs bald gehört haben, da Goethe an dem gleichen Tage, von welchem der denkwürdige Brief an Meyer datiert, für einige Zeit nach Jena reiste. Aber erst am 10. Dezember begleitet Goethe die Zusendung des „Essai" mit den Worten: „Diderots Werk wird Sie gewifs unterhalten." Die Wirkung auf Schiller war durchschlagend; er meinte noch am gleichen Tage, Diderots Schrift werde ihm und Goethe manchen Stoff zum Gespräch geben; einiges, was er zufällig aufgeschlagen, sei doch trefflich. Tags darauf widmet er ihr ein eingehenderes Studium, er ist davon entzückt und fühlt seine innersten Gedanken bewegt. „Fast jedes Diktum ist ein Lichtfunken, der die Geheimnisse der Kunst beleuchtet, und seine Bemerkungen sind so sehr aus dem Höchsten und aus dem Innersten der Kunst, dafs sie auch alles, was nur damit verwandt ist, beherrschen und ebensowohl Fingerzeige für den Dichter als für den Maler sind." Falls er die Schrift nicht länger behalten könne, wolle er sie sich verschreiben (an Goethe, 12. Dezember 1796). Ähnlich spricht er sich am 27. Körner gegenüber aus: „Ich habe lange nichts Besonderes aus dem Fache der Kunstkritik und Kunstphilosophie gelesen, was mir so viel zu denken gegeben hat. In seinem heiteren jovialen Humor sagt er die vollwichtigsten Dinge und streut auf jeder Seite die reichhaltigsten Wahrheiten aus. Obgleich der Titel blofs auf die Malerei hindeutet, so findet man darin, wie auch zu erwarten war, viel allgemeinere Prinzipien und kann in Rücksicht auf Poesie mehr als in Rücksicht auf bildende Kunst sich daraus nehmen." Der Enthusiasmus Schillers rifs Goethe mit fort, er vergafs für den Augenblick alle Bedenken und allen Unwillen und schrieb am 17. Dezember: „Diderot können Sie länger behalten, es ist ein herrliches Buch und spricht fast noch mehr an den Dichter als an den bildenden Künstler, ob es gleich auch diesem oft mit gewaltiger Fackel vorleuchtet." Am 2. Januar 1797 bestellte dann Schiller bei Cotta ein Exemplar der in Strafsburg erschienenen „Religieuse" und eines des „Essai"; den letzteren erhielt er erst im Juni (an Cotta, 16. Juni). Er nahm das Werk im August wieder vor, „um sich in der belebenden Gesellschaft dieses Geistes wieder zu stärken". Aber sein Urteil ist jetzt zurückhaltender: „Mir kommt vor", schreibt er an Goethe nach Frankfurt, „dafs es Diderot ergeht wie vielen anderen, die das Wahre mit ihrer Empfindung treffen, aber es durch das Raisonnement manchmal wieder verlieren. Er sieht mir bei ästhetischen Werken noch viel zu sehr auf fremde und moralische Zwecke, er sucht diese nicht genug in dem Gegenstande und seiner Darstellung. Immer mufs ihm das schöne Kunstwerk zu etwas anderem dienen. Und da das wahrhaftig Schöne und Vollkommene in der Kunst den Menschen notwendig verbessert, so sucht er diesen Effekt der Kunst in ihrem Inhalt und in einem bestimmten Resultat für den Verstand oder für die moralische Empfindung. Ich glaube, es ist einer von den Vorteilen unserer neueren Philosophie, dafs wir eine reine Formel haben, um die subjektive Wirkung des Ästhetischen auszusprechen, ohne seinen Charakter zu zerstören." Goethe meint in seiner Antwort (Frankfurt, 12. August), es sei merkwürdig, dafs Diderot „bei einem so hohen Genie, bei so tiefem Gefühl und klarem Verstand, doch nicht auf den Punkt kommen konnte zu sehen, dafs die Kultur durch Kunst ihren eignen Gang gehen mufs, dafs sie keiner andern subordiniert sein kann, dafs sie sich an alle übrige so bequem anschliefst, u. s. w., was doch so leicht zu begreifen wäre; weil das Faktum so klar am Tage liegt."

Es ist gewifs nicht in letzter Linie Schillers Verdienst, wenn Goethe Diderots anregende Schrift nicht aus den Augen verlor. So tauchte denn im Sommer 1798, als es darauf ankam, für die neugegründeten „Propyläen" Aufsätze fertig zu stellen, der Plan des Jahres 1796, den „Essai" zu übersetzen und Schritt für Schritt mit erläuternden oder widerlegenden Anmerkungen zu begleiten, wieder auf. Am 11. August, an welchem die Einleitung zu den „Propyläen" fertig gestellt wurde, notiert das Tagebuch auch: „Diderot über die Malerei", ebenso am nächsten Tage. Vom 24. bis zum 26. September wurde die Bearbeitung des ersten Kapitels in Jena vollendet, am 30. war Goethe bei Schiller zu Tische, wo u. a. über den Diderotschen „Essai" verhandelt wurde. Das zweite Kapitel wurde im November ausgearbeitet, und zwar ebenfalls in Jena: am 16. wurde das Material geordnet und vom 17. bis zum 21. die eigentliche Arbeit ausgeführt; es ist wohl kein Zufall, dafs gerade während dieser Behandlung des Kapitels über die Farben, am 19., von dem Studenten Gildemeister und seiner Farbenblindheit die Rede ist. Das erste Kapitel erschien im zweiten Stücke des ersten, das zweite im ersten Stücke des zweiten Bandes der „Propyläen" 1799.

Diderots „Essai" umfafst im Urtext sieben Kapitel, sodafs also Goethe nur etwa den vierten Teil des Ganzen übertragen und erläutert hat; ob er ursprünglich noch eine Fortsetzung beabsichtigte, müssen wir dahingestellt sein lassen. In der Beschränkung auf die Kapitel von der Zeichnung und von der Farbe liegt wohl der Grund dafür, dafs Goethe die von Schiller gegebenen Gesichtspunkte ganz aufser acht gelassen hat: weder von dem Werte des „Essai" für den Dichter noch von Diderots schiefer moralisierender Auffassung der Kunstwirkung ist die Rede; dazu hätte erst das Folgende, namentlich das Kapitel vom Ausdruck, stärkeren Anlafs geben können. Dagegen führt Goethe das Programm, das er 1796 in dem Briefe an Meyer aufgestellt hatte, ziemlich genau aus: er beschränkt sich auf die bildende Kunst, folgt aber hier Diderot Schritt für Schritt, bald um ihm zu widersprechen, bald um seinen Beifall kundzugeben.

Eine treffliche kleine Einleitung geht der Goetheschen Arbeit voran: der Übersetzer und Kommentator vergleicht die Wirkung des „Essai" auf ihn mit derjenigen eines anregenden und fördernden Gesprächs — und in der That, wer könnte Diderot lesen, ohne dabei den temperamentvollen Schriftsteller leibhaftig vor sich zu sehen, ihn persönlich reden zu hören?

Diesen Eindruck des Lebendigen, Augenblicklichen macht auch der „Essai" durchaus: die Verteilung des Stoffes in verschiedene Kapitel gesonderten Inhalts verrät zwar das Streben nach einigem System, aber innerhalb des einzelnen Gegenstandes springen die Gedanken von der Hauptsache zum Detail, vom Vortrefflichsten zum Schiefen munter hin und her, genau so wie in der Konversation. Um das Gespräch vollständig zu machen, fehlt nur der Partner — und dessen Rolle übernimmt Goethe, dankbar dafür, dafs der geistreiche Franzose ihn auf diese Weise der Pflicht, eine systematische Einleitung in die bildende Kunst auszuarbeiten, enthebt. Er entledigt sich seiner Aufgabe mit vielem Geschick, und wenn auch die Tag- und Jahreshefte mit der Behauptung, die Anmerkungen seien mehr humoristisch als künstlerisch zu nennen, gewifs zu weit gehen, so schlägt er doch einen frischen, muntern Ton an, der zu Diderots lebhafter Art vortrefflich pafst. Goethe ist sich wohl bewufst, dafs der Fortschritt der Zeit ihm einen grofsen Vorteil über seinen Gegner verleiht; er weist kurz, aber treffend auf die geschichtlichen und lokalen Umstände hin, die Diderots Irrtümer erklären. Aber das Fortleben der unklaren Diderotschen Gedanken in der Gegenwart ermutigt ihn, den Kampf „auf der Grenze zwischen dem Reiche der Toten und Lebendigen" trotzdem aufzunehmen.

Worin der Hauptwiderspruch zwischen Goethe und Diderot besteht, darüber belehren uns gleich die Anfänge des ersten Kapitels. Der Ästhetiker Diderot ist gemäfsigter Naturalist, aber eben doch Naturalist. Mag er über das Drama, über die Musik, über die Malerei handeln — die Kunst ist und bleibt für ihn, trotz aller gelegentlichen Einschränkungen, in letzter Linie doch stets eine Nachahmung der Naturwirklichkeit. Für den gereiften Goethe dagegen bietet die Wirklichkeit nur die Elemente künstlerischer Darstellung: herrschend und ordnend thront über ihnen die Idee; Natur und Idee lassen sich nicht trennen, ohne dafs die Kunst zerstört werde. Gerade mit Beziehung auf Diderot heifst es denn auch in „Dichtung und Wahrheit": „Die höchste Aufgabe einer jeden Kunst ist, durch den Schein die Täuschung einer höheren Wirklichkeit zu geben. Ein falsches Bestreben aber ist, den Schein so lange zu verwirklichen, bis endlich nur ein gemeines Wirkliche übrig bleibt."

Des Vergehens, „Natur und Kunst zu konfundieren, Natur und Kunst völlig zu amalgamieren", macht sich nun der Verfasser des „Essai" in reichlichem Maſse schuldig. Er meint, wenn die Ursachen und Wirkungen der organisierenden Natur uns gänzlich klar wären, so hätte der bildende Künstler nichts Besseres zu thun, als die Geschöpfe mit gröfster Treue nachzubilden; nur unsere Unwissenheit von dem Wesen des organischen Baues nötige den Künstler, sich an konventionelle Schönheitsregeln zu halten. Diese sind zwar nach Diderots Ansicht notwendig, spielen aber doch in seinen Augen eine ziemlich kümmerliche Rolle: nach unsern armen Regeln finden wir diesen Menschen häfslich, jene Statue meisterhaft — wie anders aber wird die souveräne, nie sich widersprechende Natur urteilen! Bis zu welchem Grade sich der Künstler den angenommenen Proportionen unterwerfen soll, ist schwer zu sagen; soviel ist aber sicher, dafs die Natur ihrer spottet, dafs die charakteristischen Merkmale, die Alter, Zustand, Beschäftigung der menschlichen Gestalt aufprägen, sich der Regel nicht fügen. Und doch sind gerade diese Merkmale von gröfster Wichtigkeit: die Gestalt eines Menschen von 25 Jahren, der, aus der Erde hervorgewachsen, bis dahin nichts gethan hätte, wäre eine Chimäre.

Diesen Anschauungen tritt nun Goethe mit grofser Entschiedenheit entgegen. Ob wir die Gesetze der organisierenden Natur kennen oder nicht, ist für den bildenden Künstler kaum von Bedeutung, denn nicht zur vollkommenen Nachahmung der Natur, die gar nicht möglich ist, sondern nur zur Darstellung der Oberfläche einer Erscheinung, des lebendigen Ganzen, wie es auf Geist und Sinne wirkt, ist der Künstler berufen; mit der Thätigkeit des Naturbetrachters, die trennend ins Innere vorgeht, hat er nichts gemein. Die Regeln, denen er gehorcht, sind nichts weniger als ein konventioneller Notbehelf: ein grofser Künstler, eine Nation, ein Jahrhundert von Künstlern bilden sie aus sich selbst, nach Kunstgesetzen, die als ewige Wahrheiten in der Natur des bildenden Genius liegen. So vermag denn auch die Natur die Kunst nicht

Lügen zu strafen und zu beschämen, denn diese geht gar nicht darauf aus, mit der lebendig-realen Natur in Wettbewerb zu treten, sondern fixiert nur deren äufsere Erscheinungen in ihren höchsten Momenten. Wenn endlich Diderot von angenommenen Proportionen redet, denen der Künstler sich unterwerfen müsse, so widerlegt er damit seine Anschauungen vom Wesen der Regel selbst; sein Satz enthält einen inneren Widerspruch, denn nicht dem Angenommenen, sondern nur dem Notwendigen kann solche gesetzliche Kraft innewohnen. Den durch Alter, Gewohnheit, Beruf bestimmten Gestalten, denen Diderot so grofse Bedeutung beimifst, gesteht Goethe, wenn nicht schöne, so doch charakteristische Proportionen zu; höher als sie aber bewertet er den vom Künstler nur gedachten menschlichen Körper, der durch mäfsigste Übung zur gröfsten Ausbildung gekommen ist, ohne dafs markante Merkmale seiner Beschäftigungen und Zwecke ihn von den wahren Proportionen entfernen. Eine solche Gestalt, die für Diderot eine Chimäre ist, nennt Goethe — ein Ideal. Ich wüfste nicht, worin der Gegensatz ihrer beiderseitigen Anschauungen sich schärfer und charakteristischer ausprägen sollte als in diesem Urteil.

Auch über den Bildungsgang des Künstlers sind der Franzose und der Deutsche gar verschiedener Meinung. Diderot weist mit einseitiger Hartnäckigkeit immer nur auf die Natur, der ruhigere, überlegtere Goethe dagegen will die Vorzüge der Schule nicht verkennen. Diderot tadelt das übertriebene Studium der Anatomie, das zu trockener und fleischloser Darstellung führe, er will von dem Schulmodell und seinen akademischen Posen nicht viel wissen, aber der Grofse von Weimar schüttelt den Kopf, er wittert dahinter Verderb der jugendlichen Kunstschüler und schränkt die Äufserungen des Franzosen vorsichtig ein. Den Lehrling unmittelbar an die Natur zu verweisen, gehe nicht an, er müsse erst wissen, was er zu suchen habe, was der Künstler aus der Natur brauchen könne, wie er es zu Kunstzwecken brauchen solle — der prinzipielle Gegensatz tritt also auch hier wieder hervor. Nach alledem kann Diderots Entwurf einer idealen Zeichenschule nicht Goethes Beifall finden, und wenn der hastige Franzose zum Schlufs behauptet, alle Manier komme vom Meister, von der Schule, ja sogar von der Antike, so trifft er damit Goethes empfindlichste Stelle und muſs sich eine starke Zurechtweisung gefallen lassen: „Welches Genie der Welt wird, auf einmal, durch das bloſse Anschauen der Natur, ohne Überlieferung, sich zu Proportionen entscheiden, die echten Formen ergreifen, den wahren Stil erwählen und sich selbst eine allgemeine Methode erschaffen?"

Für das Verhältnis Goethes zu Diderot ist das zweite Kapitel, über die Farben, viel weniger lehrreich. Goethe hat die einzelnen Teile des Kapitels, nicht ohne dem Original Gewalt anzuthun, auseinander gelöst und nach bestimmten Gesichtspunkten zu ordnen gesucht. Schon dies weist darauf hin, daſs das Interesse für Diderot zurückgetreten ist, und in der That haben wir es hier vorwiegend nur mit Goetheschen Phantasien über Diderotsche Themen zu thun. Die prinzipiellen Gegensätze in Bezug auf Natur und Schule tauchen wohl gelegentlich wieder auf, spielen aber keine bedeutende Rolle, denn beide Ästhetiker bewegen sich hier auf rein empirischem Boden. Wohl streitet es Goethe Diderot ab, daſs gute Koloristen seltener seien als gute Zeichner, daſs über das Kolorit nicht nur der Kenner, sondern alle Welt urteilen könne, wohl verwahrt er sich aufs entschiedenste dagegen, daſs der groſse Künstler in der Ekstase schaffe, und versagt der schiefen Behauptung, daſs der Schriftsteller mit einer Zeile sage, was der bildende Künstler nach wochenlanger Arbeit vielleicht minder klar zum Ausdruck bringe, seine Zustimmung. Aber zu ernstem Streite kommt es nicht mehr; Diderots feinsinnige Bemerkungen über die starke Wirkung der Farbe, über die Schwierigkeit, lebendiges Fleisch und noch mehr lebendigen Ausdruck wiederzugeben, über die erfreuende Wirkung eines hellen Kolorits oder die individuelle Eigenart und Beschränktheit des einzelnen Koloristen finden seinen warmen Beifall, wenn er auch immer von wesentlich höheren Gesichtspunkten aus urteilt, und gern läſst er sich bei Besprechung der Farbenharmonie verleiten, ab und zu auf das Gebiet der Farbenlehre überzutreten, weniger gegen Diderot polemisierend als gegen die physikalische Theorie, als deren Vertreter er hier erscheint. Aber, wie schon gesagt, Diderots Verdienst besteht hier eigentlich nur darin, durch seine Äufserungen einen Gröfseren angeregt zu haben.

Eine wahre Freude ist es zu sehen, wie rücksichtslos und liebevoll zugleich sich Goethe, namentlich im ersten Kapitel, mit seinem Partner abfindet: das ist ganz der Geist, der uns schon in dem Briefe an Meyer begegnete; Diderot ist ein Sophist, er liebt es, sich in Paradoxen zu bewegen, und schlägt dann falsche Wege ein, er giebt seinem Leser einen verworrenen Knaul zu entwickeln, die Darstellung von dem ekstatischen Schaffen des Künstlers ist gar ein französischer Fratzensprung: aber er bleibt deshalb doch der werte, der wackere Diderot, ein Mann von grofsem Geist und Verstand, ein ehrwürdiger Schatten, ja seines Übersetzers Freund, wenn auch Freund und Gegner zugleich. Man wird wohl kaum übertreiben, wenn man behauptet, dafs gerade in dieser sonderlichen Mischung von Zuneigung und Unwillen der grofse Reiz liegt, der Goethe hier und anderwärts immer wieder zu Diderot hinzieht.

Die Übersetzung ist von leichten Fehlern nicht ganz frei, immerhin aber klar und kongenial. Nicht zu verkennen ist freilich die Tendenz, das Rhetorische von Diderots Stil zu mäfsigen, auch kleine Auslassungen und Zusätzchen finden sich, und so weist die Übertragung in manchem schon auf die Verdeutschung des „Neveu de Rameau" hin.

1799 kommt Goethe noch ein paarmal auf den „Essai" und seine Übersetzung zu sprechen; aber weder ein Brief an Knebel vom 15. März noch die Anzeigen der „Propyläen" in der „Allgemeinen Zeitung" am 29. April und 8. Mai bieten wesentlich Neues.

Obgleich in den nächsten Jahren die französische Litteratur Goethe sehr eingehend beschäftigt — es sei nur der Name der Frau von Staël genannt[1]) und an die Bearbeitung der Voltaireschen Tragödien „Mahomet" und „Tankred" erinnert — hören wir lange Zeit von Diderot nichts, bis mit Ende des Jahres 1804 „Rameaus Neffe" in Goethes Gesichtskreis tritt.

---

[1]) Ihr „Essai sur les fictions" hatte Goethe schon 1796 eine Gelegenheit zur Übersetzung französischer Prosa gegeben.

V.
Die Entstehung
der Goetheschen Übersetzung.

Seltsam, wie alle Schicksale des „Neveu de Rameau", ist auch die Art und Weise, wie die Handschrift des Dialogs in Goethes Hände gelangte.

Bereits 1765 hatte Diderot, um die Zukunft seiner einzigen Tochter sicherzustellen, seine Büchersammlung an die Kaiserin Katharina von Rufsland verkauft, und so wanderte sie denn nach Diderots Tode, 1784, samt seinem handschriftlichen Nachlasse nach St. Petersburg und wurde der kaiserlichen Bibliothek in der Eremitage einverleibt. Dort mufs gegen Ende der neunziger Jahre Goethes Jugendfreund und Landsmann Friedrich Maximilian Klinger, der damals schon seit Jahren im russischen Militär- und Erziehungswesen einflufsreiche Stellen bekleidete, Einsicht in die Manuskripte genommen haben und auf den Gedanken verfallen sein, sie in seinem Interesse zu verwerten; aller Wahrscheinlichkeit nach liefs er zu diesem Zwecke Abschriften davon nehmen. Diese scheint der Rigaer Buchhändler Hartknoch im Februar 1798 mit auf die Reise genommen zu haben, um einen Verleger dafür zu finden; sicher waren sie im August des gleichen Jahres Gegenstand von Verhandlungen zwischen Klinger und Hartknoch. Der letztere scheint ein Zeugnis über den Wert und die Echtheit der Handschriften gefordert zu haben, welches dann der Petersburger Buchhändler Klostermann ausstellte. Klinger schreibt darüber am 12. August: „Was Ihnen Freund Klostermann über die Diderotischen Manuskripte schreiben wird, darauf können Sie bauen. Sie sind echt, vortrefflich, über alles originell und mehr wert als alles, was in den 15 Bänden [der Diderot-Ausgabe von 1796] steht. Wenn der Akkord gemacht wird, so behalten Sie sich das Recht der Übersetzung vor; aber verschweigen müssen Sie, woher sie kommen. Die Herausgeber der grofsen Ausgabe, die sie nicht haben, diese Manuskripte, und die Freunde Diderots, die sie haben, diese Manuskripte, werden alles in Bewegung setzen, um dem auf die Spur zu kommen, der sie hatte, und er darf nicht entdeckt werden, obgleich alles mit rechten und honetten Dingen zuging. Der Ort selbst darf nicht bekannt werden, woher sie kommen." Diese fast übertriebenen Vorsichtsmafsregeln erklären sich wohl am einfachsten durch die Annahme, dafs Klingers Abschriften in der That auf der kaiserlichen Bibliothek genommen waren und er deren Beamten keine Unannehmlichkeiten zuziehen wollte; dafs Klinger von dem Vorhandensein Diderotscher Manuskripte daselbst wufste, bezeugt zum Überflufs ein späterer Brief von ihm an Wolzogen vom 13. April 1805. Es scheint Hartknoch nicht gelungen zu sein, die Handschriften an den Mann zu bringen; Klinger gab seinen Plan aber deshalb noch nicht auf.

Im Frühjahr 1799 kam der weimarische Kammerherr Wilhelm von Wolzogen, Schillers Schwager, zum erstenmal nach St. Petersburg, um im Auftrage seines Landesherrn wegen der Verlobung des Erbprinzen Karl Friedrich mit der jugendlichen Grofsfürstin Maria Paulowna zu verhandeln. Eine Berührung Wolzogens mit Klinger fand damals noch nicht statt, wohl aber zwei Jahre später, als infolge der Ermordung Kaiser Pauls Wolzogen seine Reise wiederholen mufste. Merkwürdigerweise war es gerade Goethe, der — wenigstens indirekt — seine Bekanntschaft mit Klinger vermittelte. Der Regierungsrat von Voigt, der Sohn von Goethes langjährigem Kollegen, begleitete Wolzogen nach St. Petersburg, und ihm gab Goethe ein Empfehlungsschreiben an Klinger mit. Diesen Brief, den ersten nach jahrelanger Entfremdung, den er von Goethe erhielt, beantwortete Klinger am 14. Juni 1801 in herzlichster Weise, und in der Nachschrift heifst es dann: „Seit ich Obiges geschrieben, war Herr Baron von Wolzogen bei mir, wir sehen uns seitdem öfters, und habe einen wackern, klugen, des Zutrauens und der Freundschaft würdigen Mann gefunden." Die beiden

Männer fanden sich in der That vortrefflich in einander, und so ist es wohl verständlich, dafs Klinger nun mit Hilfe des neuen Freundes seine Manuskripte anzubringen suchte. Als Wolzogen im Spätjahr 1801 Petersburg verliefs, scheint er sie mitgenommen zu haben, um sie bei seiner bevorstehenden Reise mit dem Erbprinzen nach Paris, die er Ende Februar 1802 antrat, an einen Verleger zu verkaufen. „Überschicken Sie mir nur etwas Bedeutendes für Diderot", schreibt ihm Klinger am 16. Februar 1802, „Sie wissen, wozu ich es nötig habe." Wolzogen bat ihn daraufhin, einen bestimmten Preis anzugeben, aber Klinger erwiderte am 2. November: „Ich bitte, geben Sie die Manuskripte weg, wie Sie am besten können, so war es ja zwischen uns ausgemacht, ich werde mit allem zufrieden sein. Wie wollen Sie, dafs ich den Preis bestimmen soll? in dieser Unwissenheit der Umstände?" Diese Unbestimmtheit des Auftrages mag wohl mit ein Grund dafür gewesen sein, dafs auch Wolzogen die Manuskripte nicht unterbrachte. Im Juli 1803 unternahm Wolzogen, diesmal als Begleiter des Erbprinzen, seine dritte Reise nach St. Petersburg. Die Handschriften hatte er in Weimar bei seinem Schwager Schiller zurückgelassen, dem er am 24. Februar 1804 schrieb: „Dringend will Klinger seine Manuskripte haben und ist sehr verlegen, dafs sie nicht mit dem letzten Kourier ankamen; lasse sie recht gut. und sicher einpacken und gieb sie dem Obristl. [Name unleserlich], der soeben nach Weimar geschickt wird, mit." Am 18. April liefs dann Klinger „die Manuskripte samt und sonders" bei Wolzogen abholen.

Inzwischen hatten die Handschriften nicht umsonst bei Schiller geruht. Er hatte darin das vielleicht vortrefflichste Werk Diderots, den noch gänzlich unbekannten „Neveu de Rameau", gefunden und rasch erkannt, dafs hier ein Produkt vorliege, das man der Öffentlichkeit nicht länger vorenthalten dürfe. Er liefs dem Buchhändler Göschen in Leipzig das Werk antragen, und dieser erwiderte am 18. April 1804: „Sie werden mich unendlich verbinden, wenn Sie mir das Manuskript von Diderot zuwenden wollen. Ich kann noch nichts davon sagen und keinen merkantilischen Plan fassen, bis Sie mich näher davon unterrichten und die Bedingungen melden.

Ich habe durch Duvau verstanden, dafs von einem französischen Original die Rede ist? Finden Sie das Werk interessant genug, um mit dem Original zugleich eine Übersetzung auszugeben? und hätten Sie vielleicht die Güte, wenn ich eine Übersetzung veranstalte, solche durchzusehen?"

Schiller unternahm vom 26. April bis zum 21. Mai eine Reise nach Berlin und berührte dabei Leipzig sowohl auf dem Hinwege, am 28. April, als auf der Rückkehr, am 19. Mai: Dort wurde über den Verlag des „Rameau" von neuem verhandelt und beschlossen, dafs Göschen sich unmittelbar an Wolzogen wenden solle. Mit Bezug hierauf schreibt der Verleger am 26. Mai an Schiller: „Erst jetzt — — kann ich den Augenblick gewinnen, Ihnen für Ihre Ratschläge in Absicht des „Rameau" zu danken. Mein Brief wird nun wohl zu spät kommen. — — Ich lege dem allen ohngeachtet noch einen Brief an Ihren Herrn Schwager bei. Machen Sie damit, was Sie wollen. Da mein Schwager Heun jetzt auch im Buchhandel pfuscht und jetzt in Petersburg ist, auch gewifs dem Herrn von Wolzogen empfohlen ist, so wird er wohl die Satire de Mr. Rameau schon weggefischt haben." Die Gefahr, die hier für Göschen vorlag, war sogar dringender, als er ahnte: eben jenem Heun — es ist derselbe, der sich später als H. Clauren in der deutschen Litteratur einen üblen Namen machte —, dem Kompagnon des Buchhändlers Rein und Unternehmer der „Jenaischen allgemeinen Litteraturzeitung", hatte Goethe Mitte Dezember 1803 ein Empfehlungsschreiben an Klinger ausgestellt, welches im Juni 1804 thatsächlich abgegeben wurde. So war Goethe unwissentlich auf dem besten Wege, sich die Möglichkeit, zum Übersetzer des „Rameau" zu werden, selbst abzugraben.

Die Gefahr wurde aber noch glücklich abgewendet. Am 16. Juni 1804 schrieb Schiller seinem Schwager nach St. Petersburg: „[Ich lege] einen Brief vom Buchhändler [Göschen] an Dich bei, er wünscht gar [zu gerne] den „Rameau" von Diderot in Verlag zu bekommen. Wenn's möglich, so verhilf ihm doch dazu; Du wirst ihn zu jeder Gegengefälligkeit bereit finden. Und sollte sich Klinger nicht bereden lassen, den „Rameau" im französischen Original drucken zu lassen, so erlaubt er vielleicht, dafs eine deutsche Übersetzung davon gemacht wird. Ebenso ist auch „Jacques le fataliste" von Diderot mehrere Jahre vor dem französischen Original in einer deutschen Übersetzung herausgekommen, und die Neugier auf das französische wurde dadurch nur desto mehr erregt."

Klinger ging auf Göschens Anerbietungen ein, und als Wolzogen im Herbst 1804 mit dem inzwischen — am 3. August — vermählten fürstlichen Paare heimzog, nahm er aller Wahrscheinlichkeit nach das Rameau-Manuskript wieder mit nach Weimar. Wenigstens hatte Maria Paulowna nicht so bald ihren festlichen Einzug in ihre neue Residenz gehalten (den 9. November), als auch schon Göschen in Weimar auftauchte (den 13. November), um mit Schiller zu verhandeln. Es wurde verabredet, zunächst eine Übersetzung, dann erst eine Originalausgabe des Dialogs zu veranstalten; für die erstere sollte Schiller — gewifs auf seinen eigenen Vorschlag hin — gegen ein beträchtliches Honorar Goethe zu gewinnen suchen. Auch in Klingers Bedingungen scheint zwischen Originalausgabe und Übersetzung unterschieden worden zu sein: für die Überlassung der Handschrift zur Verdeutschung forderte er durch Wolzogen kostenfreie Lieferung der bis dahin erschienenen und wohl auch der demnächst erscheinenden Teile von Soninis „Histoire naturelle", deren erste 64 Bände das Werk Buffons enthielten. Sollte aufserdem noch das Original zum Abdruck kommen — so müssen seine weiteren Bedingungen gelautet haben —, so sei er dafür noch besonders zu entschädigen, wogegen alsdann das Manuskript in Göschens Besitz überginge. Was über die Ausführung dieser Bestimmungen zu bemerken ist, sei gleich hier mitgeteilt. Am 22. November 1804 schrieb Göschen an Schiller: „Die 98 Bände von Sonini Histoire naturelle, welche ungefähr 400 Thaler kosten, werden in 14 Tagen in Weimar ankommen, längstens in 3 Wochen;" am 3. Dezember: „Der Sonini ist nicht teuer, er ist nur voluminös und hat viele Kupfer illuminiert. Das thut aber nichts, ich gebe ihn gern." Göschen, der übrigens auch Wolzogen mit einer Bücherspende danken wollte (an Schiller, 22. November), kam anscheinend seinen Pflichten nicht ganz so pünktlich nach, wie er versprochen hatte: der gröfste Teil der Bände war erst im

Februar 1805 in Weimar bei Wolzogen. Dieser scheint schon damals Anlaſs gehabt zu haben, mit Göschen unzufrieden zu sein, wenigstens deutet ein Brief des Verlegers an Schiller vom 10. März auf eine Differenz der beiden Männer hin. „Ich weiſs nicht", schreibt Göschen, „ob Sie es geraten finden, den inliegenden Brief des Herrn von Wolzogen lieber mündlich zu beantworten oder durch meinen Brief. Sollten Sie in meinem Brief einen Zug von Empfindlichkeit finden, so halten Sie ihn zurück und haben die Güte, dem Herrn von Wolzogen den Inhalt mündlich zu sagen." Einiges Licht auf den Grund der weiteren Verzögerung, welche die Absendung des Sonini erlitt, wirft ein Brief Göschens vom 27. März, ebenfalls an Schiller: „Ich lese eben in der Hamburgischen Zeitung, daſs von den illuminierten Exemplaren des Sonini jetzt einige Bände in Paris erschienen sind, die ich nun auch bald erwarte und meinem Versprechen gemäſs nachzuliefern habe. Das könnte dann alles eine Sendung machen. Darf ich Sie bitten, so haben Sie die Güte, solches dem Herrn von Wolzogen zu sagen." Wohl um die unangenehme Sache los zu sein, nahm Wolzogen daraufhin das bei ihm lagernde Paket nach Leipzig mit, damit Göschen es suppliere und sodann nach Lübeck absende.

Inzwischen begann auch Klinger selbst, sich in die Angelegenheit zu mischen, und seine Äuſserungen lassen etwas deutlicher erkennen, weshalb man mit Göschen unzufrieden war. Am 13. April 1805 schrieb er an Wolzogen: „Treffen Sie eine Verabredung mit Göschen wegen den Nachlieferungen Buffons und machen Sie doch gefälligst bestimmt aus, wieviel Bände ich eigentlich von ihm erhalten muſs, und welchen Termin er zur Lieferung annimmt. — — Sollte übrigens Herr Göschen nicht mehr als die 80 Vol. und noch obendrein ungebunden liefern wollen, so geben Sie ihm — — nur die Bücher samt und sonders zurück, und ich bin lieber mit Nichts zufrieden, als den Gegenstand der Ärgernis, bei dem ich mich erinnere, daſs man nicht Wort gehalten, vor Augen zu haben. — — ich wiederhole —, daſs mir nun das ganze Geschäft verhaſst ist — —. Doch daran sind Sie selbst etwas schuld — —; Sie erinnern sich wohl, daſs ich die Bedingungen schriftlich geben wollte und Sie es nicht für nötig hielten." Im

Mai scheint die unerquickliche Angelegenheit Gegenstand erneuter Verhandlungen mit Wolzogen gewesen zu sein; den Gipfel erreichte aber Klingers Zorn, als endlich der Herbst hereinbrach und die Erfüllung seiner Wünsche noch immer auf sich warten liefs; ein Brief an Wolzogen vom 5. September beklagt sich bitter darüber, dafs die Schiffahrt nun bald zu Ende gehe, ohne dafs der Buffon in seine Hände gekommen sei, und stellt mit grofser Entschiedenheit die Frage, ob Göschen sein Wort halten wolle oder nicht. „Ist indessen Buffon nicht abgegangen, wenn Sie diesen Brief erhalten, so ist [für Ankunft in diesem Jahre] auch keine Hoffnung mehr, und ich bitte Sie, wenigstens das Originalmanuskript zurückzunehmen, denn wahrlich es wäre zu viel für nichts." Wolzogen antwortete umgehend (17. September/5. Oktober), er werde Göschen einen derben Brief schicken und dafür sorgen, dafs Klinger zu seinem Sonini komme; nach Rieger hätte er auch versprochen, das Manuskript zurückzusenden, und sich entschuldigt, dafs es nicht schon längst zurückgegangen sei. Aller Wahrscheinlichkeit nach ging die Handschrift wirklich nach Petersburg ab, da Göschen sie weder zum Abdruck brachte noch, wie er versprochen hatte, an Goethe verschenkte. Dieser bedauerliche Ausgang giebt der an sich unwesentlichen Angelegenheit eine gewisse Bedeutung, da die oft angeregte Frage, was aus Goethes Vorlage geworden sei, damit ihre Antwort findet.

Wir haben hiermit den Ereignissen vorgegriffen und kehren nun in den November 1804 zurück. „Ich bin begierig zu erfahren, wohin Sie Goethen vermocht haben", schreibt Göschen am 22. an Schiller. Vier Tage später, am 26., notiert Goethes Tagebuch zum erstenmal: „Le Neveu de Rameau"; Schiller hatte also mit dem Freunde Rücksprache genommen, und dieser nahm Einsicht in das französische Manuskript. Man möchte gern wissen, ob er über die Herkunft der Handschrift etwas Näheres erfahren hat oder ob auch ihm gegenüber die strengen Vorschriften Klingers über Geheimhaltung des Ursprungs galten, aber es ist schwer, hier zu einer bestimmten Ansicht zu kommen; Goethes Briefe, auch die an Schiller und Klinger, enthalten nichts darauf Bezügliches, nur in einem

Aufsatze von 1823 spricht er die ziemlich bestimmte Vermutung aus, dafs ihm eine Kopie der St. Petersburger Handschrift vorgelegen habe; darauf könnte er aber sehr wohl auch durch Kombination gekommen sein; wenn er wufste, wo Diderots Nachlafs ruhte, und erwog, dafs Schiller ihm die Handschrift unmittelbar nach seines Schwagers Rückkehr aus Petersburg vorlegte, so konnte er leicht erraten, woher sie stammte. Zu denken giebt es allerdings wieder, dafs Goethe den betreffenden Abschnitt seines Aufsatzes für den Druck in „Kunst und Altertum" tilgte; erst nach seinem Tode ist er ans Licht getreten. Vielleicht wufste Goethe mehr, als er sagte, und scheute sich alter Verpflichtungen wegen, auch dieses Wenige der Öffentlichkeit mitzuteilen.

Jedenfalls aber hatte sich Schiller in der Hoffnung, den Freund für Diderots Werk zu gewinnen, nicht getäuscht. Schon am 10. Dezember 1804 war alles im besten Gang. Schiller berichtet darüber an Göschen: „Goethe hat sich mit grofsem Eifer an die Übersetzung des „Rameau" gemacht, und es ist ihm so ernst, etwas Gutes zu leisten, dafs wir uns gewifs ein vortreffliches Werk versprechen können. In der Mitte des Januars kann er mit dem ersten Wurfe der Übersetzung fertig sein, und dann könnte auch bald mit dem Druck angefangen werden. Ich habe mit ihm, nach Ihrer Vollmacht[1]), um 100 Carolin gehandelt, denn er wollte anfangs noch höher hinaus, und — im Falle Sie mit dem Werke sehr glücklich wären — habe ich ihm in Ihrem Namen noch etwas extra versprochen, wenn es zu einer zweiten Auflage kommt. Ich hoffe nun, dafs mit 1500 Exemplaren, die Sie von dieser deutschen Übersetzung absetzen, alle Kosten derselben bezahlt sind und das französische Manuskript frei in Ihren Händen bleibt. Auf jeden Fall wird diese deutsche Übersetzung als Vorläuferin dem französischen Original grofse Dienste thun und die Erwartung auf dasselbe desto lebhafter spannen."

In der zweiten Hälfte des Dezembers erkrankte Goethe leicht, doch hoffte er schon am 19., dafs über acht Tage alles wieder im Gleichen sein werde. Am 20. schrieb er an Schiller:

---
[1]) Göschen hatte am 1. Dezember an Schiller geschrieben: „Was Sie recht finden, dafs Goethe erhält, genehmige ich — Sie haben völlige Gewalt dazu."

„Verzeihen Sie, Bester, wenn ich noch nicht auf das Bewufste antworte. In meinem Kopfe sieht's noch gar wüst aus." Mit diesen Worten beantwortete Goethe zweifellos eine Anfrage wegen des „Rameau", über den er sich am nächsten Tage dem gleichfalls erkrankten Freunde gegenüber sehr eingehend ausspricht, damit dieser vorläufig erfahre, wie es stehe: „Die Hälfte der Übersetzung glaube ich in der Mitte Januars, die andere Hälfte zu Ende abliefern zu können. Mit dem, was dabei zu sagen wäre, sieht es schon etwas weitschichtiger aus. Anfangs geht man ins Wasser und glaubt, man wolle wohl durchwaten, bis es immer tiefer wird und man sich zum Schwimmen genötigt sieht. Die Bombe dieses Gesprächs platzt gerade in der Mitte der französischen Litteratur, und man mufs sich recht zusammennehmen, um zu zeigen, wie und was sie trifft. Überdies lebt Palissot noch im 74. Jahre, wenn er nicht vergangenes Jahr gestorben ist; umso mehr mufs man sich hüten, keine Blöfsen zu geben." Es folgen die Bemerkungen über die Datierung des Dialogs, deren wir bereits an anderer Stelle gedacht haben, und zum Schlufs heifst es: „Bis man — — in solchen Dingen etwas ausspricht, mufs man sich überall umsehen. Wann also diese Zugabe fertig werden könnte, ist schwerer zu berechnen, da ich auch vor Ostern die Schilderung Winckelmanns[1]) liefern mufs, die doch auch nicht aus dem Stegreif gemacht werden kann. Welches alles ich zu gefälliger Betrachtung einstweilen habe melden sollen. Übrigens befinde ich mich ganz leidlich und nicht ganz unthätig." Auf die Anmerkungen zum „Rameau", von denen in diesem Briefe hauptsächlich die Rede ist, bereitete er sich schon damals vor; die Ausleihbücher der weimarischen Bibliothek beweisen für die Zeit zwischen dem 12. Dezember 1804 und dem 23. April 1805 ein eingehendes Studium französischer Litteratur, das zum grofsen Teil mit dem „Rameau" im Zusammenhang steht; wir werden bei Besprechung der Anmerkungen näher darauf einzugehen haben. Für einstweilen behauptete jedoch noch die Übersetzung den ersten Platz. Am 23. Dezember meldet Goethe Schiller: „Gern hätte ich Sie heut besucht, um Ihnen zu sagen, dafs die Arbeit frisch fort geht, wenn ich mich nur an die

---

[1]) Für „Winckelmann und sein Jahrhundert", 1805.

Luft wagen dürfte. Über einige Bedenklichkeiten möchte ich Ihren Rat erbitten. Ich denke, es wird sich alles machen lassen, nur dürfte vorläufig keine Anzeige ins Publikum. Wenn das Werk erscheinen soll, so mufs es unvorbereitet und unerwartet kommen, doch hiervon mündlich." Noch am gleichen Tage sandte Schiller dies Billet an Göschen: „Goethe, dessen Billet an mich ich beilege, wünscht, dafs die Schrift von Diderot nicht eher als unmittelbar, ehe sie ausgegeben wird, angezeigt werde, und dafs man das Publikum im eigentlichen Sinn damit überrasche. Übrigens will er, Ihrem Wunsch gemäfs, sich gern mit seinem Namen dazu bekennen. Die Verhältnisse unsers Hofs mit Herrn Grimm in Gotha und Grimms mit den Diderotischen Erben machen jene kleine Vorsicht nötig, weil sonst allerlei dazwischen kommen könnte." Diese Vorsicht war wohl nicht unangebracht; für den Uneingeweihten lag es sehr nahe, das in Weimar auftauchende Manuskript auf Grimm zurückzuführen, und man darf daher billig bezweifeln, ob der alte Herr in Gotha Goethes Übersetzung besonders freudig begrüfste. Göschen stimmte denn auch dem Wunsche Goethes gerne zu (an Schiller, 2. Januar 1805).

Inzwischen nahm die Arbeit im Stillen ihren Fortgang. Die Vorlesungen französischer Komödien am Hofe, die am 3., 4. und 6. Januar der Franzose Texier veranstaltete — am 4. las er den „Médecin malgré lui" — mögen dem Rameau-Übersetzer, der sich gerade in der Sphäre des französischen Theaters bewegte, eine willkommene Anregung gewesen sein. Am 4. und 5. vormittags heifst es in seinem Tagebuch: „Rameaus Vetter", am 6. und 7. studierte er Marmontels damals eben neu erschienene Memoiren, die ihm der Herzog geliehen hatte, und zwar, wie ein acht Tage späterer Brief an Schiller zeigt, nicht ohne Nutzen für die Anmerkungen.[1] Am 11. Januar wurde „Rameaus Vetter revidiert und geordnet"; ob man daraus mit Düntzer schliefsen darf, dafs Goethe den Dialog nicht im Zusammenhang übersetzt, sondern einzelne Stellen, die ihm besonders zusagten, zunächst in Angriff genommen habe, möchte ich bezweifeln. Noch am gleichen Tage fühlte sich Goethe nicht wohl, am 12. blieb er zu Bette, beschäftigte sich aber

---

[1] Vgl. darüber unten.

mit französischer Litteratur. Auch in den nächsten Tagen der Krankheit und Rekonvalescenz, bis zum 22., nahm er „manches Litterarische, besonders Gallica" vor. Tags darauf mag er noch einmal Hand ans Werk gelegt haben, denn am 24. schon sendet er es an Schiller: „Hier, mein Bester, das Opus. Haben Sie die Güte, es aufmerksam durchzulesen, am Rande etwas zu notieren und mir dann Ihre Meinung zu sagen. Darauf will ich es noch einmal durchgehen, die Notata berichtigen, einige Lücken ausfüllen, vielleicht einige cynische Stellen mildern, und so mag es denn abfahren. Ihnen und Ihren Nächsten das vorzulesen, war meine Hoffnung, die nun auch vereitelt ist." Der Hinderungsgrund war wahrscheinlich die Krankheit von Schillers Kindern. Schiller erwiderte noch am gleichen Tage: „Ich schicke Ihnen einstweilen zurück, was ich von dem „Rameau" durchlesen, der Rest soll morgen nachfolgen. Es ist sehr wenig, was ich dabei zu notieren gefunden, und manches mag darunter sein, was auch nur mir auffiel. — Ich habe acht gegeben, ob die Übersetzung des französischen Vous durch Ihr nicht hie und da eine Ungeschicklichkeit haben könnte, aber ich habe nichts der Art bemerkt. Es war auf jeden Fall besser, als sich des Sie zu bedienen. Im Punkt der Decenz wüfste ich nicht viel zu erinnern. Allenfalls könnte man sich bei den unanständigen Worten mit dem Anfangsbuchstaben begnügen und dadurch dem Wohlstand seine Verbeugung machen, ohne die Sache aufzuopfern." Am 1. Februar fand daraufhin nach dem Tagebuch noch einmal „Revision des Manuskripts von Rameau" statt.

Eine heftige Erkrankung an Nierenkolik, wie sie von da ab häufig wiederkehrte, unterbrach am 8. Goethes Arbeit, einige Tage darauf erkrankte auch Schiller, und zwar am Fieber. Erst am 22. konnte sich Goethe nach dem Befinden des Freundes erkundigen und fügte hinzu: „Mit mir ist es wieder zur Stille, Ruhe und Empfänglichkeit gelangt. Hervorbringen aber kann ich noch nichts." Schiller erwiderte am gleichen Tage: „Die zwei harten Stöfse, die ich nun in einem Zeitraum von 7 Monaten auszustehen gehabt, haben mich bis auf die Wurzeln erschüttert, und ich werde Mühe haben, mich zu erholen." Aber selbst jetzt liegt ihm die Arbeit des Freundes im Sinn:

„Ich bin begierig zu erfahren, ob Sie das Manuskript des Rameau nun abgeschickt haben? Göschen hat mir nichts davon geschrieben, wie ich überhaupt seit vierzehn Tagen nichts aus der Welt vernommen." Goethe antwortete am 24. Februar: „Hier sende Rameaus Neffen mit der Bitte, ihn morgen mit der fahrenden Post nach Leipzig zu senden. Sie sind ja wohl so gut, noch einen derben Umschlag darum machen zu lassen, dafs das Manuskript nicht leide. Es mag so hingehen, ob man gleich, wenn es zurückkommt, noch manches zu erinnern finden wird. Die letzten Züge in eine solche Arbeit hinein zu retouchieren ist freilich nicht Sache der Rekonvalescenz. — Wenn ich das Winckelmannische Wesen abgefertigt habe, will ich sehen, ob noch Zeit und Mut übrig ist, die alphabetischen, litterarischen Anmerkungen zum Rameau hinzuzufügen. — Ich habe einige Bemerkungen zu dem Manuskript gelegt, die den Drucker einigermafsen leiten können." Am folgenden Tage meldet das Tagebuch Goethes: „25. [Februar] Rameaus Neffe durch Herrn Hofrat von Schiller nach Leipzig." In dem Geleitsbrief an Göschen, den Schiller dem Manuskript beigab, heifst es: „Hier überschickt Ihnen Goethe den Neffen des Rameau. Seine Krankheit hat die Vollendung des Werks so lange verzögert. Wenn es ihm möglich ist, will er noch einen oder zwei Bogen Anmerkungen nachliefern, doch kann er es noch nicht für gewifs versprechen, und Sie brauchen sich auf keinen Fall mit dem Druck zu genieren."

Inzwischen war aber Goethe schon rüstig am Werke. „Ich habe mich wieder in die französische Litteratur zum Behuf der bewufsten Anmerkungen verlaufen, und es wird immer etwas werden," schrieb er am 26. Februar an Schiller, und zwei Tage darauf heifst es: „Bei den Anmerkungen zum Rameau, die ich jetzt nach und nach diktiere, will ich mich in ähnlicher Weise gehen lassen [wie in meinen Recensionen], um so mehr als der Text von der Art ist, dafs die Anmerkungen auch wohl gewürzt sein dürfen. Es läfst sich bei dieser Gelegenheit manches frei über die französische Litteratur sagen, die wir bisher meistens zu steif, entweder als Muster, oder als Widersacher behandelt haben. Auch weil überall in der Welt dasselbe Märchen gespielt wird, findet sich bei recht treuer Darstellung jener Erscheinungen gerade das, was wir jetzt auch erleben." Wir wollen gleich hier beachten, dafs Goethe selbst bezeugt, in den Anmerkungen nicht nur französische, sondern anspielungsweise auch sehr moderne deutsche Dinge behandelt zu haben.

In den ersten Märztagen sahen sich die beiden Freunde, die durch Krankheit so lange von einander geschieden waren, endlich in Goethes Hause wieder. Der junge Vofs war Zeuge dieser ergreifenden Scene. Sie umarmten sich stumm mit langem, herzlichem Kufs und knüpften dann schnell ein heiteres Gespräch an, ohne ihrer Krankheit zu gedenken. Aber in der Nacht vom 7. auf den 8. März hatte Goethe einen neuen Kolikanfall, der zwar schnell vorüberging, aber doch auf seine geistige Kraft lähmend einwirkte; auch die Arbeit an den Anmerkungen scheint dadurch auf lange Zeit unterbrochen worden zu sein.

Inzwischen hatte Göschen das Manuskript und aufserdem anscheinend noch einen verlorenen Brief von Schiller erhalten und dankte diesem in einem ausführlichen Briefe vom 10. März: „Ich bin Ihnen unendlich für die treffliche Übersetzung von Goethe verbunden. Die Hand ist sehr leserlich, und es würde die Übersendung der Bogen überflüssig sein. Ich habe zwei Korrektoren, wovon der eine ein sehr gründlicher Kenner der deutschen Sprache ist und gewifs keinen Fehler gegen Grammatik und Interpunktion durchschlüpfen läfst. Beruhigen Sie Herrn von Goethe darüber. Ein paar andere Werke, die auch noch zur Messe fertig werden müssen, sind ihrer Vollendung nahe. Dann kommt Rameau an den Druck und wird noch zur Messe geliefert. — Ich bitte mir nun ergebenst das französische Manuskript aus, weil ich den Druck des Originals auch beginnen mufs und es bei den Namen den Setzer sicherer führt, wenn er in zweifelhaften Fällen, wie z. B. bei Palissot, der manchmal Pallissot, manchmal Palisot geschrieben ist, im Original nachsehen und der Korrektur sich überheben kann. Der Korrektor kann nachschlagen in seiner Bibliothek, wo er zweifelt, aber der Setzer nicht. — — — Ich weifs nicht, ob Goethe auch in der Erwartung des Geldes zur Ostermesse stehet? Soll ich es übersenden, oder wird er hier darüber dis-

ponieren? Sie geben mir wohl einen Wink darüber. — — —
Der Neffe Rameau darf mit lateinischen Lettern nicht gedruckt
werden. Es würde dem Absatz schaden. Nur was ein typographisches Kunstwerk sein soll, muſs mit lateinischen Lettern
gedruckt werden. Diese Wendung hat die Neigung des
Publikums genommen." Schiller bat daraufhin am 25. März
Goethe, der ebenso wie Schiller selbst noch immer nicht
ganz gesund war, ihm den französischen „Rameau" für
Göschen zu senden: „Ich will ihm aufs beste empfehlen,
Ihnen die Aushängebogen, wie sie gedruckt werden, sogleich
zuzuschicken." Noch am gleichen Tage sandte Schiller nach
Ausweis seines Kalenders die französische Handschrift ab,
sein Geleitbrief ist leider verloren. Göschen dankte am 27.:
„Eben erhalt' ich, mein verehrungswürdiger Freund, das französische Manuskript von Vetter Rameau. Dafür meinen herzlichen Dank. — Goethe kann auf das Honorar in der Messe
zuversichtlich rechnen und darf befehlen, ob ich es senden soll,
oder ob er anweisen will. — Es wäre mir sehr lieb, wenn das
Manuskript mit einigen Anmerkungen vermehrt werden könnte,
denn trotz aller Buchhändlerkniffe kann ich doch nur 18 bis 20
Bogen heraus dehnen, und möchte gern 24 Bogen haben.
Hindert Goethe seine Schwachheit, so soll er seine Gesundheit
schonen und nicht an Rameau denken — darum bitte ich ihn.
Unterdessen will ich künftige Woche mit Sendung der Bogen
den Anfang machen." Die Kunst, mit welcher Göschen es
fertig brachte, aus dem nicht allzu umfangreichen Dialog ein
stattliches Werk zu machen, ist in der That aller Ehren wert:
der Satz wurde so weit wie möglich genommen, mit 8—10 Silben
ist eine Zeile gefüllt, mit 16 Zeilen eine Seite. So nahm der
Dialog selbst 382 Seiten ein, und mit den enger gedruckten
Anmerkungen kam Göschen gar auf 480 Seiten, also 30 Bogen.

Während nun die Korrekturbogen nach und nach in
Goethes Hände kamen, scheint seine Arbeit an den Anmerkungen noch immer geruht zu haben; ein dritter Kolik-Anfall
in der ersten Hälfte des Aprils dürfte nicht ohne Einfluſs
auf die Verzögerung geblieben sein. Erst am 20. April,
nachdem er unter Schmerzen die Arbeiten am „Winckelmann" beendigt hatte, teilte er Schiller mit: „Ich habe mich

nun über die Noten zu Rameaus Neffen gemacht und komme da freilich in das weite und breite Feld der Musik. Ich will sehen, nur einige Hauptlinien durchzuziehen und sodann, so bald als möglich, aus diesem Reiche, das mir doch so ziemlich fremd ist, wieder herauszukommen." Am 23. schon schickte er, nach Empfang einer Sendung aus Leipzig, welche die Aushängebogen der Übersetzung enthielt, den gröfseren Teil der Anmerkungen, mindestens bis zum Artikel „Rameau" einschliefslich, an Schiller zur Durchsicht: „Was gestern von Leipzig angekommen, teile ich mit. Göschen scheint auf die Anmerkungen zu renuncieren, indessen ich fleifsig daran fortgearbeitet habe. Sie liegen hier bei. Haben Sie die Gefälligkeit, sie durchzugehen und, was Sie etwa für allzu paradox, gewagt und unzulänglich finden, anzustreichen, damit wir darüber sprechen können. Ich dächte, man arbeitete diese vorliegenden Blätter, welche freilich noch nicht die Hälfte der im Dialog vorkommenden Namen erschöpfen, noch möglichst durch und sendete sie ab: denn eigentlich sind die Hauptpunkte, worauf es eigentlich ankommt, darin schon abgehandelt, das Übrige ist mehr zufällig und aufs Leben bezüglich, wo wir doch in dieser Entfernung der Zeit und des Ortes nicht auf den Grund kommen. Die Theaternamen, wie Clairon, Préville, Dumesnil, sind auch schon bekannte und selbst in dem Dialog nicht von der höchsten Bedeutung. Genug, ich wiederhole, haben Sie die Güte, die Blätter durchzulesen, die Sache durchzudenken und mit mir dieser Tage darüber zu konferieren."

Schon am nächsten Tage kam das Manuskript mit einem kurzen Urteil Schillers, das weiter unten seinen Platz finden wird, an Goethe zurück: „Da mir diese Anmerkungen so gut als fertig scheinen", heifst es, „so wäre die Frage, ob sie nicht gleich mit morgendem Posttag abgehen könnten. Ich habe 15 Artikel darin gefunden, die für sich selbst interessieren, und schon die Hälfte dieser Zahl würde die Anmerkungen gerechtfertigt haben. Auch schätz' ich sie gedruckt auf wenigstens 3 Bogen, welches reichlich genug ausgestattet heifst." Die Anmerkungen gingen sogleich wieder an Schiller zur Besorgung ab; unmittelbar nachher folgte ein Billet, in welchem Goethe den Freund bat, das Blatt mit dem Artikel Le Mierre aus der Handschrift zu entfernen, da er sich dabei in der Person geirrt habe. Das Blatt, von Riemers Hand geschrieben, hat sich in Goethes Nachlafs gefunden und zeigt, dafs er die Schauspielerin Le Mierre mit dem gleichnamigen Dichter verwechselt hatte. Ebenfalls noch am 24. April schrieb Schiller einen Geleitbrief zu den Anmerkungen an Göschen: „Goethe hat mir die Aushängebogen von Rameaus Neffen mitgeteilt, mit dem er sehr zufrieden ist. Der Druck nimmt sich auch sehr hübsch aus, freilich werden die Käufer ein wenig über die grofse Ausbreitung des Textes formalisieren. Zwischen Pagina 144 und 169 fehlt ein Bogen, welchen Sie so gütig sein werden bei nächster Lieferung nachzusenden. — Die Anmerkungen übersende ich hier, mit Ausschlufs weniger Blätter, die mit nächstem Posttage folgen. Sie können sich freuen, dafs Goethe noch dazu gekommen, weil diese Anmerkungen an sich sehr bedeutend sind und den Wert des Werkes erhöhen. — Goethe wünscht, dafs solche merklich enger als der Text, und zwar in einem Continuo, gedruckt werden, sodafs mit einem neuen Artikel nicht auch eine neue Seite angefangen wird, wie im Manuskript. Nach dieser Schätzung werden die Noten gegen 3 Bogen füllen. — Nach vollendetem Druck bittet sich Goethe sein Manuskript wieder aus; auch wünschte er baldmöglichst eine korrekte Abschrift des französischen Originals zu besitzen." Dieser Brief ging nebst den Anmerkungen am 25. April an Göschen ab, der Goethes Wünschen wegen des Druckes nachkam.

Am gleichen 25. sandte Goethe an Schiller den kleinen Rest der Anmerkungen, die er noch einmal anzusehen und sodann nach Leipzig abzuschicken bat. „Wäre nicht alles, was man thut und treibt, am Ende extemporisiert, so würde ich bei den sehr extemporisierten Anmerkungen manches Bedenken haben. Mein gröfster Trost ist dabei, dafs ich sagen kann: sine me ibis liber, denn ich möchte nicht gerne überall gegenwärtig sein, wohin es gelangen wird." Schiller gab sein Gutachten, das sich hauptsächlich mit dem letzten Artikel, Voltaire, beschäftigt, am gleichen Tage ab und wird den Rest der Anmerkungen bald darauf abgesandt haben.

Am 26. oder 27. übersandte ihm Goethe noch eine kleine Note mit der Bitte, sie nach Leipzig zu befördern.

Den Empfang des ersten Teils der Anmerkungen zeigte Göschen Schiller am 28. April an: „Danken Sie doch dem Geh. Rat von Goethe recht verbindlichst für die übersandten Anmerkungen in meinem Namen. Da das französische Original ebenso schnell gedruckt als abgeschrieben wird, so werd' ich ihm mit dem Originalmanuskript nach dem Abdruck aufwarten: die fehlende Pagina habe ich heute mit dem letzten Bogen an Herrn von Goethe gesandt." Leider hat Göschen sein Versprechen nicht gehalten. Der schlechte Absatz der Übersetzung mag schuld daran gewesen sein, dafs der Druck des Originals nicht zustande kam, und so ging die französische Handschrift im Spätjahr 1805 an Klinger zurück. Nicht einmal das Manuskript seiner Verdeutschung scheint Goethe wiedergesehen zu haben. — Etwa im Mai 1805 trat der „Neffe Rameaus" ans Licht.

Inzwischen hatten Goethe und Schiller den Schleier, unter dessen Hülle die Arbeit vor sich ging, schon zu lüften begonnen. Am 20. März spielt ein Brief Goethes an Knebel bereits auf das Werk an, jedoch noch ohne genaue Angaben zu machen. Dagegen redet Schiller in einem Briefe an Wilhelm von Humboldt vom 2. April unbefangen davon, dafs Goethe eine ungedruckte, sehr geistreiche Satire von Diderot übersetzt habe, die im Sommer bei Göschen erscheinen solle; da Humboldt damals in Rom weilte, hatte es mit dieser frühzeitigen Anzeige keine Gefahr. Am 26. April, unmittelbar nach Absendung des letzten Manuskripts, macht Goethe Marianne von Eybenberg auf das neue Werk aufmerksam, am 1. Mai — doch wieder nur mit blofser Anspielung — Knebel, am 2. Friedrich August Wolf. Der letzte Brief, den Schiller überhaupt schrieb, an Körner, den 25. April 1805, wies den Dresdner Freund auf die bevorstehende Veröffentlichung des „Rameau" hin und gab eine kurze, aber musterhafte Würdigung der Satire. Am 29. sah Goethe Schiller zum letzten Mal — zehn Tage später lag der grofse Freund auf der Totenbahre. Ein Aufsatzentwurf Goethes aus dem Jahre 1823, der sich mit dem „Rameau" beschäftigt, enthält die kurzen, aber ergreifenden Worte: „Die Unterhaltungen über diese Arbeit; leider die letzten mit dem werten Freunde."

Am 21. Mai 1805 sandte Goethe dem Professor Eichstädt ein Stück des Artikels „Rameaus Neffe" aus den Anmerkungen, welches als Ankündigung in der „Jenaischen allgemeinen Litteraturzeitung" erscheinen sollte; der Abdruck erfolgte am 3. Juni. Endlich notiert Goethes Tagebuch am 13. Juni 1805: „Herrn Göschen Quittung wegen des Rameau."

VI.
Goethes Übersetzung.

Bevor wir an die Würdigung der Goetheschen Übersetzung herantreten, wollen wir versuchen, uns in aller Kürze über ihre Voraussetzungen zu unterrichten.

Mit der französischen Sprache war Goethe schon seit seinen Kindertagen vertraut; er hatte sie aber nicht so sehr aus Büchern erlernt als vielmehr aus dem lebendigen Gebrauch, zu dem die französische Okkupation seiner Vaterstadt reichliche Gelegenheit gegeben hatte. So förderlich nun auch eine solche früh erworbene praktische Sprachkenntnis sein mag, so wird sich doch nicht bestreiten lassen, dafs sie kaum geeignet ist, in die innersten Tiefen einer Sprache einzuführen, am wenigsten dann, wenn der Lernende seine Fertigkeit in nur mäfsig gebildeten Kreisen erwirbt. Wohl hatte sich für Goethe in Strafsburg Gelegenheit geboten, zu einer gründlicheren Kenntnis des Französischen zu gelangen, aber in jugendlichem Trotze war er mit voller Absichtlichkeit daran vorübergegangen. Das hier Versäumte hat er nie ganz wieder eingeholt: in der schriftlichen Handhabung des Französischen blieb er unsicher, und trotz jahrelanger liebevoller Beschäftigung mit französischer Litteratur erlangte er nicht die unbedingte Sicherheit des Einzelverständnisses, die man von dem Übersetzer eines schwierigen Werkes fordern sollte. Ausgeglichen wurde dieser Mangel allerdings durch Goethes ungemein feines künstlerisches Verständnis und seine vollendete Meisterschaft im Gebrauch der Muttersprache.

Nicht allzu günstig waren dagegen wieder die äufseren Umstände, unter denen die Übersetzung des „Rameau" zustande kam, auch dann nicht, wenn wir von Goethes unsicheren Gesundheitsverhältnissen ganz absehen. Das Original lag ihm in einer Handschrift vor, was selbst bei sauberer Schrift leicht zu allerhand Irrungen und Verlesungen führen konnte, die sich bei Benutzung eines Druckes gewifs nicht eingestellt hätten. Ein zweifelhafter Vorzug war es ferner, dafs Goethe, seiner Gewohnheit gemäfs, die Übersetzung diktierte: zwar der Frische des Tons und der vollwertigen Wiedergabe des Diderotschen Konversationsstils ist diese Arbeitsweise sehr zu gute gekommen, aber sie trägt ohne Frage auch die Schuld an einer beträchtlichen Anzahl von Flüchtigkeiten und Unsauberkeiten, welche die Übersetzung verunzieren. Manches Derartige wäre wohl kaum unbemerkt durchgeschlüpft, wenn die fertige Handschrift oder die Druckbogen noch einmal mit dem Original verglichen worden wären, aber eine solche Durchsicht scheint leider nicht stattgefunden zu haben. So werden wir uns denn darauf gefafst machen müssen, in Goethes Arbeit eine ganze Reihe von Fehlern und Versehen vorzufinden; wir sind es Diderot schuldig, davon Rechenschaft zu geben, werden aber auch Goethe sein Recht widerfahren lassen müssen, indem wir neben den Mängeln seiner Übersetzung auch ihre bedeutenden Vorzüge zu würdigen suchen.

Zuvor noch einige Worte über die Handschrift, die Goethe vorlag. Wir haben im Vorhergehenden gesehen, dafs es sich aller Wahrscheinlichkeit nach um eine Abschrift des St. Petersburger Manuskripts handelte. Diese Annahme wird auf das nachdrücklichste dadurch bestätigt, dafs Goethes Übersetzung an einer Stelle (34,9 ff.) die Bemerkung enthält, es finde sich hier im Manuskripte eine Lücke und der Schauplatz der Handlung wechsle. Diesen gänzlich widersinnigen Zusatz hat ein Unberufener in die Petersburger Handschrift eingetragen, und nur aus dieser kann Goethes Vorlage ihn entlehnt haben. Dazu stimmt es auch, dafs Goethes Übersetzung die allerengste Verwandtschaft mit den Texten von Isambert (1883) und Tourneux (1884) zeigt, welche beide die von Assézat entdeckte Abschrift des Petersburger Manuskripts[1]) zu Grunde legen

---

[1]) Als solches kenntlich an dem eben erwähnten Zusatz.

und dieses selbst mit zu Rate ziehen. Diese Gestalt des Diderotschen Dialogs werden wir daher bei der Vergleichung mit Goethe in erster Linie zu benutzen haben, und zwar in der Fassung von Tourneux (T.), der zur Zeit Besitzer der Assézatschen Kopie ist und den Petersburger Text aus eigener Anschauung kennt.

Daneben wird aber auch das 1891 von Monval veröffentlichte Originalmanuskript Diderots (M.) heranzuziehen sein, und zwar aus zwei verschiedenen Gründen. Zunächst ergiebt eine genauere Vergleichung der Texte, dafs Goethe in einer ganzen Anzahl von Fällen — es handelt sich um etwa ein Viertel der Stellen, an denen M. und T. von einander abweichen — mit M. gegen T. zusammengeht. Diese Thatsache wird sich daraus erklären lassen, dafs T. eben nicht den reinen Petersburger Text wiedergiebt, sondern in erster Linie der Assézatschen Kopie folgt, die minder gewissenhaft zu sein scheint als die von Goethe benutzte; hie und da mögen auch kleine Versehen Tourneux' an den Differenzen schuld sein. Mit der Aufzählung dieser abweichenden Lesarten möchte ich den Leser nicht langweilen, da es sich nur um Kleinigkeiten handelt, z. B. G. $72_{,19}$ f.: das Talent Narren zu machen; M. 80: — de faire des fous, dagegen T. 81: de faire le fou, oder G. $79_{,1}$: aufrichtig; M. 88: rondement; T. 89: rudement, u. s. w. An derartigen Stellen ist in den folgenden Citaten der Text von T. stillschweigend gebessert worden. Nicht ganz unwichtig für die Beurteilung Goethescher Versehen ist zweitens der orthographische Unterschied zwischen T. und M.: T. bietet eine durchaus saubere Rechtschreibung, Interpunktion und Accentuierung, die aber lediglich auf Rechnung des Herausgebers kommen; die Petersburger Handschrift dagegen dürfte, als Kopie des Originalmanuskripts M., in dieser Hinsicht viel zu wünschen übrig lassen, was denn ebenso von Goethes Vorlage gegolten haben wird. Wo derartige Dinge mit in Betracht kommen, wird daher M. als überaus gewissenhafter buchstabengetreuer Abdruck des Originals mit heranzuziehen sein.

I. Die Abweichungen der Goetheschen Übersetzung vom Original.

A. Fehler und Unrichtigkeiten.

Wenn wir uns zunächst die Frage vorlegen, ob Goethe Diderots Text überall richtig wiedergegeben habe, so müssen wir darauf mit einem ziemlich bestimmten Nein antworten. Es sind bei der Untersuchung im wesentlichen zwei Hauptgruppen von Fehlern und Versehen zu unterscheiden: einmal solche, die sich aus kleinen Verschiebungen des französischen Textes erklären lassen, sei es, dafs der Schreiber der Vorlage geirrt, sei es, dafs Goethe selbst seinen Text falsch oder ungenau gelesen hat; zweitens sodann solche, bei denen ein derartiger Anlafs nicht zu erkennen ist und die wir demnach wohl mit einigem Recht als Übersetzungsfehler im engeren Sinne bezeichnen dürfen, wennschon auch in dieser Gruppe sich manches aus blofser Unachtsamkeit erklären mag.[1]) Wir beginnen mit Betrachtung der

Ersten Gruppe.

a. Zunächst läfst sich eine ganze Reihe von Irrtümern feststellen, deren Grund in Verlesung einzelner Buchstaben und Worte zu suchen ist. Nach allem, was wir von Goethes Arbeitsweise wissen, werden wir geneigt sein, diese Versehen weniger dem Schreiber der französischen Vorlage als Goethe selbst zur Last zu legen, wennschon die Vorlage von dem Vorwurf nicht freizusprechen ist, durch unsaubere Accentuierung und Rechtschreibung öfters den Übersetzer mittelbar oder unmittelbar zu falschen Lesungen verleitet zu haben. Die kleinen Fehler dieser Art sind meist sehr begreiflich und verzeihlich. So wird ein einzelner Buchstabe zu viel gelesen T. 40, G. $36_{,28}$ f., wo es von einem Violinbogen

---

[1]) Die wenigen Stellen, die Goethe nicht verstand, weil Diderot auf entlegene Personen und Verhältnisse anspielte, sind in den Erläuterungen, Kap. 10, besprochen. Vgl. das daselbst zu G. $12_{,16}$ f., $47_{,7}$ f. und $140_{,23}$ f. Bemerkte.

heifst, dafs er sanft auf mehreren Saiten stirbt, se meurt, während im Original steht: se meut; desgleichen T. 112, G. 98,25 ff., wenn Palissot nicht der Schamlosigkeit, impudence, sondern der Unklugheit, imprudence, bezichtigt wird.[1]) Anderwärts wird ein einzelner Buchstabe mit einem ähnlich aussehenden verwechselt, so T. 18, G. 18,23, wo statt von dem Stamme, tronc, von dem Thron, trône, eines grofsen Baumes die Rede ist, ein Irrtum, der nur möglich war, wenn Goethe seiner Vorlage die accentlose Schreibung trone zutrauen konnte. Ferner T. 21, G. 20,21 ff.: Tout ce que je sais, c'est que je voudrais bien être un autre; So ganz wie ich bin (suis), möchte ich wohl gern ein anderer sein. T. 152, G. 133,23: tout le monde le fait; das weifs (sait) die ganze Welt. Mit Vorbehalt mag hierher auch gestellt werden T. 166, G. 145,26: Ce n'est pas que j'aurais fait de plus mal; das würd' ich nicht am schlimmsten gemacht haben. Goethe könnte le statt de verlesen haben. Wieder anderwärts werden ähnliche Wortbilder mit einander verwechselt. So erscheint T. 63, G. 56,19 bonheur durch Ehre (honneur) wiedergegeben, T. 77, G. 68,20 heifst es für: la mâchoire se referme, die Maschine schliefst sich, ein um so begreiflicherer Irrtum, als unmittelbar zuvor diese Kinnlade mit der einer Pagode verglichen worden war; zudem mag die Vorlage machoire geschrieben haben. T. 83, G. 74,16 f. liest man statt: puis, tout à coup, changeant de decoration etc. Dann auf einmal Veränderung (changement) der Dekoration. Merkwürdig T. 95, G. 84,21 f., wo nicht der Spiegel, miroir, sondern die Erfahrung, mémoire, die Thoren belehren soll, dafs auch ein Narr geistreich aussehen könne; Goethe traute offenbar seiner Vorlage die Schreibung memoir zu. Den Opern neueren Stils rühmt Rameau T. 128, G. 112,11 statt Mannig-

---

[1]) Bei dieser Gelegenheit sei auch verwiesen auf T. 162, G. 142,10 f.: il n'y a qu'à ourler le bec, et ce sera une cane; schneide das Rohr zu, so giebt es eine Flöte. Diese Übersetzung, an und für sich einwandfrei, da sie den Sinn des französischen Sprichwortes richtig wiedergiebt, ist doch offenbar dadurch angeregt worden, dafs Goethe cane (Ente) mit canne (Rohr, Blasrohr) verwechselte. Schuld an dem Irrtum war diesmal die Vorlage, die nach M. 159 cane mit doppeltem n schrieb.

faltigkeit (variété) Wahrheit (vérité) der Deklamation nach; aus einem Abbé mit langem Mantel, manteau, wird T. 171, G. 150,$_{22}$ ein solcher mit langem Kinn, menton, und an den Tod seiner Frau knüpft Rameau T. 178, G. 156,$_{16}$ f. die Klage: alle unsere (nos) Hoffnungen sind verschwunden, während das Original mes hat. Hierher darf auch wohl gestellt werden T. 54, G. 49,$_{16}$, wo statt von der Mutter, Madame, von der Tochter, Mademoiselle, gesprochen wird. Zusammenziehung zweier Worte in eins nur T. 67, G. 60,$_{21}$ f.: j'aime à voir une jolie femme; ich mag auch ein zierliches Weib besitzen (avoir); die Vorlage las offenbar, wie M. 66, a voir.

Auf der Grenze zwischen Verlesung und sachlichem Mifsverständnis steht die Stelle T. 103, G. 91,$_{25}$ f., wo Rameau seine Mitschmarotzer tant d'autres bélîtres comme moi nennt, so viele schöne Wesen als ich bin. Goethe verlas statt des ihm nicht geläufigen bélîtres (M. 102: belitres), d. h. Bettler, belêtres, das er sich sprachwidrig als Plural von bel être erklärte. Schwierig in Original und Übersetzung ist ferner T. 86, G. 76,$_{15}$ ff.: Lui: — — Si cela était écrit, je crois qu'on m'accorderait quelque génie. Moi: Vous ferait un honneur singulier. Ihre Erklärung findet die Stelle aus M. (85), der hinter singulier Fragezeichen liest; zu übersetzen wäre demnach: Er: — — Wäre das alles geschrieben, so glaube ich, dafs man mir wohl Genie zugestehen würde. Ich: Euch aufserordentlich ehren würde? Goethe läfst dagegen Diderot die Antwort geben: Für einen aufserordentlichen Mann würdet Ihr gelten; er verlas jedenfalls homme für honneur, vielleicht auch feriez für ferait, doch wird letzteres wahrscheinlicher als Konjektur aufzufassen sein, mit der Goethe der schwierigen und obenein verlesenen Stelle aufzuhelfen suchte.

Angereiht seien zwei Fälle, in welchen Wortverwechselungen nicht, wie bisher, aus ähnlichem Aussehen der Worte, sondern aus blofser Unachtsamkeit zu erklären sind. T. 89, G. 79,$_4$ ff.: Rameau hat in eigenartig ironischer Weise die Mlle Hus gepriesen und ihre Rivalinnen scheinbar herabgesetzt. In Bezug hierauf sagt er zu Diderot, der seine Reden nicht verstanden hat: Cela, c'est ce que nous débitons à la petite Hus, de la Dangeville et de la Clairon, mêlé par-ci par-là de quelques mots qui vous donnent l'éveil; So sprechen wir von der kleinen Hus, von der Dangeville und der Clairon, hie und da mit einigen Worten gemischt, die anreizen. Goethes Übersetzung setzt voraus: de la petite Hus, übersieht auch, was gleich hier mit bemerkt sei, in dem Relativsatz am Schlufs das vous. Es müfste heifsen: Was ich Euch zum besten gegeben habe, ist das, was ich der kleinen Hus über die Dangeville und die Clairon vorzuschwätzen pflege, nur hie und da mit einigen Worten untermischt, die Euch einen Wink [über meine wahre Meinung] geben sollten. Dazu noch T. 98, G. 86,26 f., wo les caractères du vice durch: die lasterhaften Charaktere wiedergegeben wird. Goethe scheint vorauszusetzen caractères de vice, was freilich unfranzösisch, aber, einmal angenommen, allerdings nur durch lasterhafte Charaktere zu übersetzen war. Es müfste heifsen: Merkmale des Lasters, ein Sinn, den auch der Zusammenhang gebieterisch fordert.

b. Eine kleinere Anzahl von Fehlern erklärt sich daraus, dafs Goethe einzelne Worte des Urtextes entweder in seiner Vorlage nicht vorfand oder aber aus Unachtsamkeit überging. In den beiden zunächst hierher gehörigen Fällen wird sich eine Entscheidung für das eine oder andere kaum treffen lassen. T. 21, G. 21,8 ff.: Hört Rameau etwas Böses von grofsen Männern, so freut er sich und sagt sich: Certes, tu n'aurais jamais fait Mahomet, mais ni l'éloge de Maupeou; Freilich, du hättest niemals Mahomet oder die Lobrede auf Maupeou schreiben können. Vielmehr: Du hättest niemals [etwas so Herrliches wie] Mahomet schreiben können, aber auch nicht [etwas so Nichtswürdiges wie] die Lobrede auf Maupeou. Die Übergehung des mais entstellt den ganzen Sinn. Dazu T. 135, G. 119,2 f.: Rameau singt, jamais hors de ton, de mesure, du sens des paroles et du caractère de l'air; immer im Ton, im Takt, im Sinne der Worte, des Charakters, des Betragens. Die richtige Übersetzung „im Sinne der Worte und im Charakter der Arie" hätte Goethe schwerlich verfehlt, wenn ihm nicht durch Schuld der Vorlage oder eigenes Versehen das et entgangen wäre.

Etwas bestimmter wird man mit der Möglichkeit, dafs schon die Vorlage fehlerhaft gewesen sei, an zwei anderen Stellen rechnen dürfen. T. 66, G. 59,$_{14}$ ff.: Rameau hat erklärt, es sei Thorheit, sich um andere zu bekümmern, und richtet nun an Diderot die Frage: A votre avis, la société ne serait-elle pas fort amusante, si chacun y était à sa chose? Statt dessen Goethe: Doch geschähe im ganzen, was Ihr wünscht, so würde die Gesellschaft sehr langweilig sein, wenn jeder nur darin an sich und sein Gewerb dächte. Für diese ebenso unrichtige wie verzwickte Übersetzung giebt es nur eine Erklärung: Goethe fand statt „ne serait-elle pas" nur „ne serait pas" vor; den derartig entstellten Text suchte er sich zu erklären, so gut es gehen wollte, wobei Diderots scheinbar bejahende Antwort auf Rameaus Frage ihn beeinflufst zu haben scheint. Etwas verwickelter liegt ein anderer Fall, T. 40, G. 36,$_{26}$ ff.: Rameau ahmt einen Violinspieler nach: Au milieu de ces agitations et de ces cris, s'il se présentait une tenue, un de ces endroits harmonieux — — son visage prenait l'air de l'extase; Aber in der Mitte solcher heftigen Bewegungen und solches Geschrei veränderte mein Mann sein ganzes Wesen bei einer harmonischen Stelle — — Auf seinem Gesicht verbreitete sich ein Zug von Entzücken. Es ist schwer zu glauben, dafs Goethe das einfache „s'il se présentait une tenue", „wenn er sich einbildete, eine Fermate zu hören", ohne äufseren Anlafs so gröblich mifsverstanden hätte. Ich vermute daher, dafs es statt „s'il se présentait" nur „il se présentait" vorfand; aus dem hierdurch arg entstellten Text wurde dann durch Konjektur: „il [se] présentait une autre tenue à un de ces endroits harmonieux."

In einem vereinzelten Fall ist Goethes Übersetzung ungenau, weil sie, offenbar aus blofser Unachtsamkeit, umgekehrt im Urtext ein Wörtchen zu viel voraussetzt. T. 147, G. 129,$_{11}$ ff.: Savez-vous qu'il serait peut-être plus aisé de trouver un enfant propre à gouverner un royaume, à faire un .grand roi, qu'un grand violon? Wifst Ihr, dafs vielleicht eher ein Kind zu finden wäre, ein Königreich zu regieren, einen grofsen König daraus zu machen, als einen grofsen Violinspieler? Das würde richtig sein, wenn im Original stünde „en faire"; „faire un grand roi" dagegen heifst: ein grofser König sein. Demnach ist der ganze Sinn anders, als Goethe ihn wiedergiebt. Gemeint ist: „man könnte eher ein Kind finden, das zum Staatenlenker, zum König taugt, als einen grofsen Violinspieler", nicht etwa: „ein Kind könnte eher zum Staatenlenker taugen, als zum Violinspieler".

c. Eine Reihe von anderen Fehlern und Abweichungen Goethes zeigt das gemeinsame Merkmal, dafs sie ungenaue oder unrichtige, mit den überlieferten Texten in Widerspruch stehende Interpunktion des Originals vorauszusetzen scheinen. Soweit es sich dabei um Übergehung von Kommata handelt, wird man wieder unbedenklich blofse Verlesungen Goethes oder seiner Vorlage annehmen dürfen, dagegen liefse sich in den Fällen, wo in unzulässiger Weise Komma und Punkt, Punkt und Komma für einander eintreten, öfters auch mit der Möglichkeit rechnen, dafs Goethe die Zeichen zwar richtig vorgefunden und gelesen, aber, verführt durch die im allgemeinen ungenaue und willkürliche Interpunktion seiner Vorlage, falsch bewertet hätte.[1]) Die Entscheidung für die eine oder andere Auffassung wird sich kaum immer mit Sicherheit treffen lassen, ist übrigens auch für die Feststellung der Fehler gleichgiltig.

Zunächst bleibt ab und zu ein Komma unberücksichtigt. So heifst es T. 94 f., G. 84,4 ff. von Robbé: il nous régale de ses contes cyniques, des miracles de convulsionnaires; der tischt uns seine cynischen Märchen auf von konvulsionären Wundern. „Des miracles" ist aber nicht nähere Bestimmung zu „contes cyniques", sondern, wie die Interpunktion zeigt, ebenso wie dieses abhängig von „il nous régale". Die cynischen Anekdoten des schlüpfrigen Poeten und die Wundergeschichten des Jansenisten Robbé sind zwei ganz verschiedene Dinge. Ferner T. 114, G. 100,25 ff.: le plus court est — — de se dire

---

[1]) Auch Fehler dieser Art dürfen wohl als Irrtümer aus äufserem Anlafs bezeichnet werden.

à soi-même: c'est bien fait, de secouer ses oreilles et de s'amender; das Kürzeste ist — — sich sagen, man schüttle seine Ohren, man verbessre sich. Goethe fand das Komma hinter „c'est bien fait" nicht vor oder übersah es. Daraus ergab sich „c'est bien fait de secouer ses oreilles" etc. = „man thut gut daran, seine Ohren zu schütteln", „man schüttle seine Ohren". Auf einen dritten Fall, T. 156, G. 137,$_{18}$ ff. sei nur kurz verwiesen, da hier die Übergehung des Kommas nur zu einer leichten, den Sinn nicht weiter berührenden Verschiebung geführt hat.

Daſs (infolge von Verlesung oder falschem Urteil) **einem Komma satzschlieſsende Kraft zugeteilt oder umgekehrt ein Punkt zum Werte des Kommas herabgedrückt** wird, begegnet zunächst T. 47, G. 43,$_5$ ff. Es ist von Diderots Tochter und ihrer Erziehung die Rede, und Rameau meint: Eh! laissez la déraisonner pourvu qu'elle soit jolie, amusante et coquette. Diderot erwidert: Puisque la nature a été assez ingrate envers elle pour lui donner une organisation délicate avec une âme sensible, et l'exposer aux mêmes peines de la vie que si elle avait une organisation forte et un cœur de bronze, je lui apprendrai, si je puis, à les supporter avec courage; Keineswegs! Die Natur war stiefmütterlich genug gegen sie und gab ihr einen zarten Körperbau mit einer fühlenden Seele, und ich sollte sie den Mühseligkeiten des Lebens aussetzen, eben als wenn sie derb gebildet und mit einem ehernen Herzen geboren wäre? Nein, wenn es möglich ist, so lehre ich sie das Leben mit Mut ertragen. Diese im Zusammenhang wie in sich selbst widersinnige Übersetzung (wer das Leben mutig ertragen soll, darf doch nicht vor dessen Nöten ängstlich behütet werden!) erklärt sich daraus, daſs Goethe nach „sensible" Satzschluſs annahm. Dadurch wurde zunächst das einleitende „Puisque" sinnlos und erhielt in „Keinesweges" einen gänzlich unzutreffenden und willkürlichen Ersatz; ferner muſste „exposer" als unabhängiger Infinitiv erscheinen, und wurde dementsprechend als der bekannte absolute Infinitiv der entrüsteten rhetorischen Frage gefaſst, wodurch es nötig wurde, hinter „bronze" ein Fragezeichen zu konjizieren. Der Irrtum ist nicht gerade unbegreiflich, aber doch selbst bei Annahme wirklicher Verlesung der Vorlage oder Goethes schwer zu entschuldigen. Merkwürdig auch T. 135 f., G. 119,$_{11}$ ff.: Rameau singt und agiert mit solcher Raserei, dafs man sich fragt, s'il ne faudra pas le jeter dans un fiacre et le mener droit aux Petites-Maisons. En chantant un lambeau des Lamentations de Jomelli — heifst es weiter — il répétait — les plus beaux endroits etc. Goethe übersetzt, als stünde hinter „Petites-Maisons" Komma, hinter „Jomelli" dagegen Punkt: — dafs es ungewifs ist, ob — — man ihn nicht in einen Mietwagen werfen und gerade ins Tollhaus führen mufs, indem er ein Stück der Lamentationen des Jomelli singt. Hier wiederholte er — — die schönste Stelle etc. Man wird hier etwas bestimmter als sonst auf Verlesung erkennen dürfen, da man andernfalls zu ziemlich verwickelten Erklärungen greifen müfste.

Befördert durch eine ungenaue Lesung der Vorlage von anderer Art erscheint der Interpunktionsfehler T. 168, G. 147,$_{15}$ ff.: Pour moi je ne vois pas de cette hauteur où tout se confond, l'homme qui émonde un arbre avec des ciseaux, la chenille qui en ronge la feuille, et d'où l'on ne voit que deux insectes différents, chacun à son devoir. Was mich betrifft, ich betrachte die irdischen Dinge nicht von solcher Höhe, wo alles einerlei aussieht. Der Mann, der einen Baum mit der Schere reinigt, und die Raupe, die daran das Blatt nagt, können für zwei gleiche Insekten gelten. Jeder hat seine Pflicht. Goethe setzt hinter „confond" Satzschlufs voraus, ferner „a son devoir" statt „à son devoir"; letztere Schreibung findet sich in der That M. 165 und ist vielleicht der eigentliche Anlafs auch des anderen Mifsverständnisses gewesen. Jedenfalls bleibt Goethes Übersetzung so oder so ein ziemlich starkes Stück: nicht nur weil sie „d'où l'on ne voit" für „dont on ne voit" nimmt, sondern vor allem ihrer Sinnlosigkeit wegen. Anderwärts hat die Vertauschung von Punkt und Komma unbedeutendere Folgen gehabt, so T. 71, G. 63,$_{17}$ ff. (man beseitige Goethes Anakoluth, indem man Z. 24 liest: „so wäre es" statt: „Es wäre"); T. 112, G. 99,$_{18}$ ff.; T. 113, G. 100,$_{7}$ ff.; die Verschiebung der Konstruktion ist an den beiden letztgenannten Stellen, obwohl unzuträglich, doch nur so leicht, dafs man auch an absichtliche Änderung denken könnte. Vgl. noch T. 87, G. 78,$_{11}$ f., wo Goethe ohne ernstliche Folgen die Klammer nicht berücksichtigt; sie fehlt übrigens auch bei M. 86. Über Interpunktionsfehler, die dem Schreiber Goethes zur Last fallen, vgl. die Weimarische Ausgabe zu 26,$_{17}$ und 148,$_{5}$.

Die Fehler der

Zweiten Gruppe

sind nicht minder zahlreich als die bisher aufgeführten und wie diese nach dem Grade ihrer Schwere ziemlich verschieden: neben unbedeutenden Versehen finden sich auch gröbere Verstöfse, die zum Teil auf Goethes Verhältnis zur französischen Sprache ein eigentümliches Licht werfen. Auch hier soll versucht werden, die Gruppe in kleinere Unterabteilungen zu scheiden.

a. **Dafs Goethe einzelne Worte seiner Vorlage unzutreffend wiedergiebt**, kommt gar nicht selten vor, sei es, dafs er unter mehreren Bedeutungen eines Wortes die im gegebenen Falle unzutreffende wählt oder einem Worte eine ganz fremde Bedeutung unterschiebt. So ist (T. 2, G. 3,$_{11}$) die courtisane à l'air éventé keine Courtisane mit unverschämtem Wesen, sondern mit leichtfertiger Miene; il se dérobe (T. 3, G. 5,$_{8}$ f.) heifst nicht: er entzieht sich dem Begegnenden, sondern: er verschwindet, verbirgt sich, ist also überhaupt nicht zu sehen; in Rameaus des Onkels Opern sollte es (T. 6, G. 7,$_{25}$) keine Lanzen und Glorien (des lances, des gloires), sondern Raketen und Pomp geben; il m'aborde mit unmittelbar folgender direkter Rede (T. 6, G. 8,$_{3}$ f.) heifst nicht: Er tritt zu mir, sondern: er spricht mich an (vgl. T. 2, G. 4,$_{9}$). Wenn (T. 6, G. 8,$_{9}$ f.) die Schachspieler als fainéants bezeichnet werden, so geschieht das, weil sie ihre Zeit mit Nichtigem vertrödeln, sie sind also keine Taugenichtse, sondern Tagediebe. Noch unzulässiger ist (T. 175, G. 154,$_{5}$ f.) die Wiedergabe von fainéant durch Nichtswürdiger. Behauptet Diderot, es sei ohne Bedeutung, wenn ein genialer Mensch d'un commerce dur sei (T. 14, G. 14,₂₈ f.), so bedeutet das: rauh im Verkehr, im gewöhnlichen Leben, nicht: in der Unterhaltung, denn den Gegensatz bildet die produktive Fähigkeit des Genies. S'entendre wird (T. 16, G. 16,₁₀ ff.) mit: sich selbst verstehen mangelhaft, mit: sich auf etwas verstehen (T. 17, G. 17,₄ f.) unrichtig wiedergegeben; es bedeutet: wissen, was man sagt, was man sagen will. Rameau, auf den (T. 26, G. 25,₁₃ f.) der Schmeichelname la grosse bête angewendet wird, ist kein grofses Tier, sondern ein stupider Gesell; die elenden Kerle, die er (T. 35, G. 32,₂₀ f.) um ihr gutes Fortkommen beneidet, sind einst croquenotes, d. h. Notenkratzer wie er selbst gewesen, nicht, wie Goethe meint, Lumpenhunde;[1] ahmt er einen Violinspieler nach und es heifst (T. 42, G. 38,₁₉ f.): [il] se reprenait comme s'il eût manqué, so bedeutet das nicht, dafs er sich schalt, als wenn er gefehlt hätte, sondern dafs er von neuem anfing, dafs er die betreffende Stelle verbessernd wiederholte. Die Quelques jeunes gens — — qui cajolent le patron et qui l'endorment, afin de glaner après lui sur la patronne (T. 92, G. 82,₁₅ ff.) wollen nicht die Patronin umschweben, sondern nach dem Patron bei ihr ihre Nachlese halten (wohl im obscönen Sinne zu verstehen); es scheint, als habe Goethe glaner und flâner verwechselt. Une des figures qui appellent — — les nasardes (T. 95, G. 84,₁₇ f.) ist nicht eine von den Figuren, sondern eines von den Gesichtern, die zu Nasenstübern reizen; wenn Lumpen mit scharfer Ironie als gens de ressource bezeichnet werden (T. 100, G. 88,₂₅ f.), so ist nicht zu übersetzen: Leute von Geschick, sondern von Charakterstärke; der Poet, den Rameau einladen sollte (T. 107, G. 94,₁₆ ff.) und von dem es heifst: [il] rechignait, zog sich nicht zurück, sondern schnitt ein schiefes Gesicht; Goethe scheint rechigner mit résigner zu verwechseln; bafouer (T. 110, G. 97,₁₄ ff.) heifst nicht: jemanden in den Kot schleifen, sondern ihn lächerlich machen; der

---

[1] An diesem Mifsverständnis könnte allerdings die Vorlage schuld gewesen sein; M. 36 schreibt: croquenottes, was das Verständnis des Wortes erschwert.

Klang des Wortes scheint Goethe an boue erinnert zu haben. Von der modernen Poesie meint Rameau (T. 140, G. 123,₁₂ f.): il n'y a rien là qui puisse servir de modèle au chant, wofür bei Goethe: nichts ist drin, was dem Gesang zur Unterlage dienen könnte; vielmehr: zum Vorbild, zum Gegenstande der Nachahmung, vgl. Rameaus musikästhetisches Programm T. 127, G. 111,₂₂ ff. So hat auch der tierische Schrei der Leidenschaft (T. 140, G. 123,₁₅ ff.) nicht die Reihe zu bezeichnen, sondern die Linie zu diktieren, die dem Musiker frommt, denn zuvor (T. 127, G. 111,₁₈ ff.) war die Deklamation als eine Linie bezeichnet worden, um die sich der Gesang als eine zweite Linie herumschlinge; darnach hat sich hier die Übersetzung von ligne zu richten. Wenn ferner Rameau, um seinem Söhnchen den Wert des Geldes beizubringen, ein Goldstück hervorzieht (T. 149, G. 131,₁₁ f.) und es ihm zeigt avec admiration, so ist nicht: mit Verwunderung, sondern: mit Bewunderung zu übersetzen. Fagoter (T. 154, G. 135,₇ f.) heifst allerdings in erster Linie: Reisholz zusammenbinden, die Verbindung fagoter un livre kann aber nicht mit: ein Buch schnüren wiedergegeben werden, sondern der Übersetzer mufs die übertragene Bedeutung zusammenlügen, zusammenstümpern beachten. Ein andermal (T. 158, G. 139,₁₂ f.) zählt Rameau die Mittel auf, zu Gelde zu gelangen, worauf Diderot fragt: entre tant de ressources pourquoi n'avoir pas tenté celle d'un bel ouvrage? wofür Goethe: bei so viel Fähigkeit, warum versuchtet Ihr nicht ein schönes Werk; ressource bedeutet hier aber nicht Talent, sondern Hilfsmittel: warum habt Ihr unter all den Mitteln nicht einmal das versucht, ein gutes Werk zu schreiben; bei dieser Wiedergabe braucht auch das celle nicht unübersetzt zu bleiben. Wenn der Abbé Le Blanc (T. 158, G. 139,₈ ff.) erzählt, er sei über die Schwelle der Akademie gestolpert, und man antwortet ihm: il faut se relever, so heifst das: Ihr solltet wieder aufstehn, nicht: Ihr solltet Euch zusammennehmen. Der Dienstfertige, von dem es (T. 170, G. 149,₁₂ f.) heifst: il observe le maître, bemerkt nicht den Herrn, sondern beobachtet ihn, hängt an seinen Mienen, und le dépositaire de la feuille des bénéfices (T. 171, G. 150,₂₃ f.) ist nicht derjenige, der die Benefizien, sondern der die Pfründen auszuteilen hat.[1])

Unbedeutende Flüchtigkeitsfehler begegnen zweimal, wo es sich um Zahlen handelt. T. 148, G. 130,11: Depuis sept heures et demi — jusqu'à neuf; von halb sieben bis neun. T. 161, G. 142,11 f.: Je n'avais pas quinze ans; Ich war noch nicht vierzehn Jahre alt; hier dürfte quinze jours = vierzehn Tage vorgeschwebt haben.

b. Nicht selten begegnet es auch, dafs Goethe stehende Redensarten, deren besonderer Sinn ihm nicht vertraut ist, unrichtig übersetzt. So T. 12, G. 13,8 ff., wo Diderot meint: wenn auch grofse Geister oft absonderlich sind, on n'en reviendra pas; wofür bei Goethe: so läfst man doch die Genies nicht fahren; „je n'en reviens pas" bedeutet aber: „ich kann mich von meinem Staunen nicht erholen"; es wäre also etwa zu übersetzen: „so wird man doch immer über sie staunen müssen". Ferner T. 62, G. 55,25 ff.: Nous en donnerons sur dos et ventre à tous ces petits Catons comme vous; und gehen solchen kleinen Catonen wie Ihr über Bauch und Rücken weg; vielmehr: „wir verprügeln sie von hinten und vorne". T. 76, G. 68,8 ff.: J'ai beau me tourmenter pour atteindre au sublime des Petites-maisons, rien n'y fait; Und doch mufs ich mich plagen und quälen, um eine Tollhausserhabenheit zu erreichen, die nichts wirkt; die Beziehung des „y" auf „sublime" ist unzulässig, „rien n'y fait" hat den stehenden Sinn: „es hilft nichts, vergebens!" T. 80, G. 71,8 ff.: Rameau schmeichelt der kleinen Hus, sie habe Geist: Je le donne en cent à tous nos beaux esprits; Hundert von unsern schönen Geistern sollen es besser machen; vielmehr: „darauf wette ich mit all unsern Schöngeistern, so hoch sie wollen". T. 108, G. 95,17 ff.: Rameau

---

[1]) Dagegen ist Düntzer im Unrecht, wenn er fordert, T. 174, G. 153,7 dürfe donc nicht mit also, sondern nur mit doch wiedergegeben werden. Er hat den Sinn der Stelle (Pfaffen hängen von Weibern ab) nicht richtig verstanden. Bei dieser Gelegenheit sei auch auf Geigers Forderung verwiesen, es müsse T. 122, G. 107,12 für: Le bâtiment est loué, heifsen: das Schiff wird gemietet, nicht: ist gemietet. Auch das trifft nicht zu, denn unmittelbar darauf heifst es: La fortune du juif est à bord, das Vermögen des Juden ist an Bord, wo die Übersetzung: wird an Bord gebracht, unmöglich ist.

beklagt sich über den schlimmen Stand, den er im Theater als vereinzelter Claqueur gehabt. Diderot fragt: Que ne vous faisiez-vous pas prêter main-forte? Rameaus Antwort (die hier gleich mit erledigt werden mag) lautet: Cela m'arrivait aussi, et je glanais un peu là-dessus; Warum wendetet Ihr Euch nicht an die Wache? Das kam auch vor, doch nicht gern. Es müfste heifsen: „Warum liefst Ihr Euch nicht Beistand leisten, warum nahmt Ihr nicht andere Claqueurs zu Hilfe?", worauf zu antworten wäre: „Das that ich auch gelegentlich und hielt alsdann meine Nachlese, klatschte alsdann nachträglich." Goethe scheint wieder glaner mit flâner verwechselt zu haben; er erklärte sich: „je flânais là-dessus" noch immer kühn genug als: „ich huschte darüber hinweg, ich hatte nicht gern damit zu thun". T. 164, G. 144,17 heifst es von dem Juden, der den Wechsel des Kupplers ableugnet: [il] s'inscrit en faux; [er] weigert die Zahlung; in Wahrheit thut der Jude noch mehr: er strengt Fälschungsklage an. T. 172, G. 151,11 f. ahmt Rameau das schmeichlerische Gebahren verschiedener Menschengattungen nach, und es heifst: Aux flatteurs, aux ambitieux il était ventre à terre; Hinter den Schmeichlern, den Ehrsüchtigen war er gewaltig drein; „ventre à terre" bedeutet hier aber nicht die Bewegung des jagenden Pferdes, sondern die des kriechenden Wurmes, sodafs etwa zu übersetzen wäre: „Bei Darstellung der Schmeichler, der Ehrsüchtigen leistete er das Menschenmöglichste an Kriecherei." T. 176, G. 154,16 f. heifst es: il m'en a peu coûté, et il ne m'en coûtera rien pour cela; es hat mich wenig gekostet und deswegen wird michs künftig auch nichts kosten; das „deswegen" sollte fortfallen: „il m'en coute pour cela" heifst nur: „es kostet mich". Auf blofse Unachtsamkeit Goethes ist zurückzuführen T. 27, G. 26,2 f.: Rameau, Rameau, vous avait-on pris pour cela; Rameau, Rameau, hatte man dich deshalb aufgenommen; vielmehr: „hätte man das von dir gedacht".

Angereiht seien hier zwei Fälle, die sich vielleicht als Umkehrung der angeführten auffassen liefsen: Goethe scheint französischen Wendungen eine spezielle Bedeutung unterzuschieben, ohne dafs in Wirklichkeit Anlafs vorläge, sie anders als wörtlich zu übersetzen. T. 105, G. 93,18 f.: J'avais à chaque instant une boutade qui les faisait rire aux larmes; Alle Augenblicke that ich einen Ausfall, der sie bis zu Thränen lachen machte; vielmehr: „hatte ich einen Einfall". T. 166, G. 146,14 f.: un homme qui tient un violon, serrant des cordes à tour de bras; — der eine Violine hält, auf der er Töne greift; vielmehr einfach: „auf der er die Saiten anspannt"; dazu pafst auch das von Goethe unterdrückte „à tour de bras", „mit aller Kraft", wesentlich besser.

c. Aufserdem findet sich noch eine ziemliche Anzahl von Fehlern und Versehen, die entweder vereinzelt dastehen oder sich doch nur zu kleineren Gruppen zusammenschliefsen. Eine Übersicht der betreffenden Stellen mag hier folgen. T. 6, G. 7,23 ff.: In Rameaus des Onkels Opern giebt es: de l'harmonie, des bouts de chants, des idées décousues, du fracas, des vols etc. etc. à perte d'haleine; Goethe übersetzt: dafs den Sängern der Atem ausgehen möchte; aber der Sänger hat es nur mit dem kleinsten Teil der aufgezählten Dinge zu thun: der „jemand", der den Atem verliert, kann nur der Zuschauer oder Hörer sein. T. 53, G. 47,24 ff.: Le bruit court que Voltaire est mort; tant mieux. Et pourquoi tant mieux? C'est qu'il va nous donner quelque bonne folie; c'est son usage que de mourir une quinzaine auparavant; — Da giebt er uns gewifs wieder was Neckisches zum Besten. Das ist so seine Art, vierzehn Tage ehe er stirbt. Goethe verstand das pleonastische „que" nicht; es müfste heifsen: „das ist so seine Art, vierzehn Tage vorher [ehe er etwas Neckisches zum Besten giebt] zu sterben [sich totsagen zu lassen]." T. 57, G. 51,26 f.: Diderot fafst Rameaus Lehre von den „Handwerksidiotismen" zusammen in den Satz: il y a peu de métiers honnêtement exercés, ou peu d'honnêtes gens dans leurs métiers; selten wird ein Handwerk rechtlich betrieben, oder wenig rechtliche Leute sind bei ihrem Handwerk; trotz der ungewöhnlichen Wortstellung kann aber „dans leur métier" nur nähere Bestimmung zu „honnêtes" sein, also: „es giebt wenige Leute, die in ihrem Handwerk rechtlich sind". Diese Übersetzung fordert auch der Zusammenhang. T. 131, G. 115,16 ff.: On nous accoutumera à l'imitation des accents de la passion ou des phénomènes de la nature; Man wird uns an die Nachahmung der leidenschaftlichen Accente, der Naturaccente — — gewöhnen etc. Goethe erkannte nicht, dafs der Genetiv „des phénomènes de la nature" zu „imitation" gehört, er liefs ihn vielmehr von „accents" abhängen, woher die auffallende, von Goethes Standpunkt aus aber lediglich leicht verkürzende Übersetzung: „Naturaccente". T. 144, G. 126,₂₈ ff.: Rameau trinkt gedankenlos einmal übers andre: Il allait se noyer — — si je n'avais pas déplacé la bouteille qu'il cherchait de distraction: — die er zerstreut am vorigen Orte suchte. Vielmehr: „nach der er aus Zerstreutheit griff"; die Zerstreutheit besteht eben darin, dafs er nach der Flasche sucht.¹) Wenn nicht unbedingt falsch, so doch mindestens sehr anfechtbar ist aufserdem noch die Übersetzung T. 26, G. 25,₁₈ f.: mon caractère me réussissait merveilleusement auprès d'eux; mir ging es vortrefflich bei ihnen; zu fordern wäre etwa: „mein [lumpiger] Charakter diente mir bei ihnen als ausgezeichnete Empfehlung."

Einige wenige Stellen liefsen sich vielleicht unter dem Gesichtspunkt zusammenfassen, dafs Goethe einem Pronomen oder Pronominaladjektiv eine falsche Beziehung giebt²); die Fälle sind jedoch individuell ziemlich stark von einander verschieden. Zunächst T. 30, G. 28,₂₀ ff.: Moi Rameau, fils de M. Rameau, apothicaire de Dijon, qui est un homme de bien et qui n'a jamais fléchi le genou; Ich, Rameau, Sohn des Herrn Rameau, Apothekers von Dijon, ich, ein rechtlicher Mann, der etc. Vielmehr: „des Herrn Rameau, eines rechtlichen

---

¹) Mit Unrecht tadelt Geiger, der diese Stelle richtig beurteilt, eine ähnliche, an der Goethe zutreffend übersetzt hat, T. 5, G. 7,₈; [il] mangeait de rage; [er] afs vor Bosheit. Geiger fordert: „er afs wütend darauf los". Ich sehe nicht ein, warum: Goethes Übersetzung scheint mir nicht nur einwandfrei, sondern auch dem Zusammenhang angemessener.

²) Geiger bezichtigt Goethe dieses Verstofses zweimal zu Unrecht. Er fordert, an der Stelle T. 11, G. 11,₂₃ ff.: La sagesse du moine de Rabelais [nämlich der Welt ihren Lauf zu lassen] est la vraie sagesse pour son repos et celui des autres, müsse son auf den Mönch bezogen werden und sei demnach nicht mit unsere, sondern mit seine zu übersetzen. Die Unrichtigkeit dieser Annahme liegt auf der Hand. Unmöglich ist Geigers Übersetzung von T. 66, G. 59,₁₂ ff.: Le meilleur procédé — — qu'on puisse avoir pour sa chère moitié, c'est de faire ce que lui convient, wo er statt des Goetheschen: was ihr ansteht, verlangt: was ihm, dem Manne, ansteht.

Mannes"; qui weist auf den Vater, nicht auf den Sohn, zu dessen Charakter die folgenden Worte gar nicht passen. T. 104, G. 92,14 ff.: Rameau hat sich in Bertins Hause die Beleidigung des Abbé La Porte herausgenommen und dadurch den Hausherrn erzürnt. Er entschuldigt sich zunächst bei dem Abbé: Me voilà donc excusé de ce côté-là; mais il fallait aborder l'autre, et ce que j'avais à lui dire, était une autre paire de manches; Da war ich nun von einer Seite entschuldigt, nun mufste ich aber zur andern, und was ich da zu sagen hatte, war von anderer Sorte. Vielmehr: „nun mufste ich aber den andern (nämlich Bertin) anreden, und was ich ihm zu sagen hatte etc." Der Fehler wurde erleichtert dadurch, dafs Goethe „aborder quelqu'un" wieder als: „an jemanden herantreten" fafste. Ähnlich wird zu beurteilen sein T. 155, G. 136,10 ff.: Tout ce quit vit — — cherche son bien-être aux dépens de qui il appartiendra; Alles, was lebt — — sucht sein Wohlsein auf Kosten dessen, der was hergeben kann. Goethe scheint das „il" auf „bien-être" bezogen zu haben, woraus sich wenigstens der dem seinen eng verwandte Sinn ergeben würde: „Jeder sucht seinen Wohlstand auf Kosten dessen, der Wohlstand besitzt." In Wahrheit weist „il" zweifellos auf „Tout ce qui vit": „Jeder sucht sein Wohlbefinden auf Kosten dessen, von dem er abhängt".[1])

Angeschlossen sei hier ein Fall, der sich zur Not dahin charakterisieren liefse, dafs Goethe das Spiel, welches mit der doppelten Beziehung eines Pronomens getrieben wird, nicht verstanden habe. T. 104, G. 92,18 ff.: Rameau tritt zu Bertin, um sich wegen seiner Ungezogenheit zu entschuldigen. Es entwickelt sich folgender Dialog: Monsieur, voilà ce fou ... Il y a trop longtemps qu'il me fait souffrir. — Il est fâché... Oui, je suis très fâché. — Cela ne lui arrivera plus. — Qu'au premier faquin. Mein Herr, hier ist der Narr ... Schon zu lange ist er mir beschwerlich. — Man ist erzürnt —

---

[1]) Über die hierher gehörige Stelle T. 96, G. 85,3 ff. siehe das in der Weimarischen Ausgabe dazu Bemerkte (Goethe hat 85,4 die Worte „dieses Narren", [„de ce fou"] fälschlich statt auf Rameau auf das 84,15 genannte „Pinselgesicht" [„niais"] bezogen, woraus sich 85,11 der unberechtigte Zusatz „Er hat recht" erklärt).

Ja, sehr erzürnt — Das soll nicht wieder begegnen — Beim ersten Schuft ... Zum richtigen Verständnis des französischen Textes ist hier zu beachten, dafs Rameau alle dreimal von sich selbst in der dritten Person redet und Bertin bei seinen beiden letzten Antworten diesen Umstand mifsbraucht, um Rameau absichtlich mifszuverstehen: er thut, als rede Rameau nicht über sich selbst, sondern als spräche er zu einem Dritten über ihn, Bertin; er bezieht also, kurz gesagt, das „il" und „lui" auf sich selbst. Bei der zweiten Rede und Antwort ist aufserdem zu berücksichtigen, dafs „être fâché" sowohl „bedauern" wie „sich ärgern" bedeuten kann; bei der dritten, dafs Bertins Worte diejenigen Rameaus vervollständigen. Darnach wäre etwa zu übersetzen: „Mein Herr, hier ist der Narr ... Schon zu lange ist er mir beschwerlich. — Er bedauert ... Allerdings, ich bedaure sehr.[1]) — Das soll ihm nicht wieder begegnen. — Schon beim ersten Schuft wird mir das wieder begegnen."

Diese Stelle führt uns auf eine andere, an welcher Goethe unrichtig übersetzt hat, weil er in einem Gespräch die Rollen nicht richtig verteilt. T. 103, G. 91,119 ff.: Bertin hat Rameau bedroht, ihn wegen seiner Ungezogenheit gegen La Porte hinauswerfen zu lassen, Rameau hat erwidert, er werde nach Tische von selbst gehen. Als es so weit ist, wird ihm sein Entschlufs leid, und er wendet sich, während Bertin zürnend auf und abgeht, an die kleine Hus, die auf ihn zutritt. Darauf folgende Unterhaltung: Mais, mademoiselle, qu'est-ce qu'il y a donc d'extraordinaire? ai-je été différent aujourd'hui de moi-même? — Je veux qu'il sorte. — Je sortirai ... Je ne lui ai point manqué. — Pardonnez-moi, on invite monsieur l'abbé etc. Für das „Je veux qu'il sorte" setzt Goethe: Ihr sollt fort. Diese Verwandlung in indirekte Rede zeigt, dafs er die Äufserung der Hus in den Mund legt, er nimmt an, diese citiere einen Ausspruch Bertins. In Wirklichkeit ist es jedoch Bertin selbst, der die Worte herüberruft, als er sieht, dafs die Hus mit Rameau verhandelt. Dementsprechend darf Rameaus

---

[1]) Leider läfst sich das Wortspiel nicht wiedergeben, ebensowenig wie es für das „ne — que" in der dritten Rede und Antwort eine rechte Entsprechung giebt.

folgende Rede nicht übersetzt werden: „Ich will fort; aber ich habe den Patron nicht beleidigt", sondern sie ist in zwei Teile zu zerlegen: an Bertin gerichtet sind die Worte: „Je sortirai", „Ich geh' ja schon"; an die Hus wendet sich das Folgende: „Je ne lui ai point manqué", „Ich habe ihn ja gar nicht beleidigt".[1])

B. Lücken.

Ebensowohl wie Richtigkeit wird man von einer Übersetzung Vollständigkeit erwarten dürfen, aber auch in dieser Hinsicht ist Goethes Arbeit nicht ganz einwandfrei. Zwar dafs er gelegentlich indifferente Kleinigkeiten übergeht oder den Text ein wenig konzentrierter wiedergiebt als das Original, ist sein gutes Recht (vgl. darüber weiter unten); daneben begegnen aber auch kleinere und gröfsere Auslassungen, die als wirkliche Lücken bezeichnet werden müssen. Der grofsen Mehrzahl nach haben sie ihren Grund in blofser Flüchtigkeit (1), wahrscheinlich wieder Goethes selbst, obwohl, namentlich bei Auslassung einzelner Worte, hie und da auch der Schreiber der Vorlage oder des Diktats gesündigt haben könnte; einige wenige erklären sich aus dem Bestreben, an schwierigen und unverständlichen Stellen vorbeizukommen (2) oder allzu Unanständiges zu vermeiden (3). Im Anschlufs an diese letzte Gruppe mag dann auch auf Fälle verwiesen werden, in denen Goethe aus Wohlstandsrücksichten zwar nicht kürzt, aber doch abweichend übersetzt.

1. Öfters begegnet es zunächst, dafs von einer Reihe aufeinander folgender Substantive oder Adjektive ein oder zwei Glieder übersehen werden. So ist T. 15, G. $15_{,25}$ f. von den Eigenschaften Racines die letzte, méchant, unbeachtet geblieben; unter den körperlichen Vorzügen der Hus, die T. 31, G. $29_{,16}$ f. aufgezählt werden, fehlt an vorletzter Stelle douce; T. 139, G. $122_{,25}$ entsprechen den madrigaux

---

[1]) Das richtige Verständnis mag Goethe dadurch erschwert worden sein, dafs seine Vorlage, wie M. 102, zwischen beiden Teilen der Rede nur Komma setzte. Indes entschuldigt das kaum die kühne Deutung des „je veux qu'il sorte", weshalb auch der Fall nicht den Fehlern aus mifsverstandener Interpunktion beigezählt ist.

légers, tendres et délicats nur zärtliche, zarte Madrigale; T. 174, G. 152,$_{26}$ führt das Original zwischen den Pastetenbäckern und Zuckerbäckern noch rôtisseurs und traîteurs auf; T. 175, G. 153,$_{26}$ ff. fehlen unter den Dingen, die Rameau nicht entbehren kann, an letzter Stelle du repos, de l'argent. Doppelt begreiflich werden solche Versehen, wo den verschiedenen Gliedern der Aufzählung das gleiche Wort voraufgeht, so T. 27, G. 26,$_3$ f.: un peu de goût, un peu d'esprit, un peu de raison; ein bifschen Geist, ein bifschen Vernunft. T. 66, G. 59,$_{12}$ f.: la conduite de votre femme, de vos enfants, de vos domestiques; [das] Betragen Eurer Frau, Eurer Kinder; T. 116, G. 101,$_{25}$ f.: un être très abject, très méprisable; ein sehr verworfenes Wesen. Die Aufzählung der Länder T. 163, G. 143,$_{19}$ f. schliefst im Original: en Hollande, en Flandre, letzteres fehlt bei Goethe. T. 170, G. 149,$_{16}$ f. entspricht dem deutschen: aller Schmeichler, Schmarutzer und Dürftigen im Original: des flatteurs, des courtisans, des valets et des gueux.

In ähnlicher Weise werden zuweilen kleine Sätze oder Satzteile, die mit einander parallel stehen, übergangen. G. 60,$_{27}$ ff., T. 68: mir ist's unendlich lieber — — eine gute Seite geschrieben und der Geliebten zärtliche, sanfte Dinge gesagt zu haben; il m'est infiniment plus doux encore d'avoir — — écrit une bonne page, rempli les devoirs de mon état, dit à celle que j'aime quelques choses tendres et douces. Besonders gern wieder, wenn gleicher Satzanfang oder sonstige Ähnlichkeit das Auge irreleitet. G.18,$_{22}$ f., T. 18: die kommen und kommen werden; ceux qui venaient, qui viennent et qui viendront. G. 47,$_{15}$ ff., T. 52: Und indem — — man das Kammermädchen ruft, fahre ich fort; Tandis — — qu'on appelle une femme de chambre, qu'on gronde, je continue. G. 107,$_{14}$ ff., T. 122: Morgen mit Anbruch des Tages fahren sie ab — —. In der Nacht etc.; Demain à la pointe du jour, ils mettent à la voile — —, demain ils échapperont à leurs persécuteurs. Pendant la nuit etc. G. 149,$_{12}$, T. 170: er öffnet eine Thüre, zieht die Vorhänge zu; il ouvre une porte, il ferme une fenêtre, il tire des rideaux. An der Stelle G. 128,$_{13}$ f., T. 146: so verlör' er seine schönsten Jahre; il lui faudrait un temps infini, il perdrait ses plus belles années könnte auch Absicht vorliegen, da sie überhaupt sehr frei behandelt ist.

Zweimal sind auch gröfsere Sätze übersehen worden, weil sie mit voraufgehenden, bzw. folgenden parallel standen und gleichen Anfang sowohl als gleichen Schlufs wie diese aufwiesen. G. 30,$_{10}$ ff., T. 32: Wie, Rameau, es giebt zehntausend gute Tafeln — —, und von allen diesen Gedecken ist keines für dich? Tausend kleine Schöngeister etc.; Comment, Rameau, il y a dix milles bonnes tables — —; et de ces couverts-là il n'y en a pas un pour toi? Il y a des bourses plein d'or qui se versent de droite et de gauche, et il n'en tombe pas une sur toi! Mille petits beaux esprits etc. G. 30,$_{20}$ ff., T. 32: Solltest du nicht den Liebeshandel der Frau begünstigen — — können wie ein anderer? Solltest du nicht einem hübschen Bürgermädchen begreiflich machen etc.; Est-ce que tu ne saurais pas favoriser l'intrigue de madame — — comme un autre? Est-ce que tu ne saurais pas encourager ce jeune homme à parler à mademoiselle de l'écouter, comme un autre? Est-ce que tu ne saurais pas faire entendre etc. Da an dieser Stelle sechs Sätze mit „Est-ce que" beginnen, von denen fünf mit „comme un autre" schliefsen, lag ein Versehen besonders nahe.

Auch sonst begegnet es gelegentlich, dafs gleicher Schlufs von Sätzen oder Satzteilen das Auge irreleitet. G. 28,$_{15}$ f., T. 30: Das ist wohl das Beste. Herr Viellard sagt, sie sei so gut; je vois que c'est le mieux. Elle est bonne: M. Viellard dit qu'elle est si bonne! G. 90,$_4$ ff., T. 101: aber morgen — — rückt Ihr um einen Teller herunter, und so immer von Teller zu Teller, bis Ihr etc.; mais demain vous descendrez — — d'une assiette, après demain d'une autre assiette, et ainsi d'assiette en assiette, soit à droite soit à gauche, jusqu'à ce que etc. (Die zweite Auslassung gehört unter die folgende Gruppe.) G. 77,$_{24}$ f., T. 87: die immer dem in die Augen sieht, mit dem sie spricht; dahinter einzufügen: „und doch ihr verstecktes Spiel treibt" (et de jouer en dessous). G. 92,$_1$ ff., T. 103 f.: Sie nimmt mich bei der Hand, sie zieht mich gegen den Sessel des Abbé: Abbé, sage ich etc.; On me prend par la main, on m'entraîne vers le fauteuil de l'abbé; j'étends les bras, je contemple l'abbé avec une espèce d'admiration, car qui est-ce qui a jamais demandé pardon à l'abbé? L'abbé, lui dis-je etc. Ähnlich G. 124,$_{14}$ f., T. 141: denn gewöhnlich mag das Kind sich lieber unterhalten als sich unterrichten; parce qu'en général l'enfant comme l'homme et l'homme comme l'enfant aime mieux s'amuser que s'instruire. (Nicht etwa Absicht. Das Auge irrte von dem ersten „l'enfant" auf das zweite ab.)

Bei anderen Textverkürzungen will es nicht gelingen, bestimmte äufsere Anlässe zu entdecken. Da jedoch auch bei ihnen jeder innere Grund zur Unterdrückung des Ausgelassenen fehlt, müssen sie ebenfalls als unbeabsichtigt gelten. G. 7,$_{25}$ ff., T. 6: In des Onkel Rameau Opern giebt es Glorien, Murmeln und Victorien, dafs den Sängern der Atem ausgehen möchte; im Original folgt noch: des airs de danse qui dureront éternellement. G. 33,$_1$ f., T. 35: [ich kenne] diese Qual des Gewissens, wenn wir die Gaben, die uns der Himmel schenkte, unbenutzt ruhen lassen; folgt im Original: c'est le plus cruel de tous. G. 33,$_8$ ff., T. 36: Diderot schildert den Eindruck, den ihm Rameaus geniale Nachahmung eines Kupplers machte: ich wufste nicht, ob ich mich der Lust zu lachen oder dem Trieb zur Verachtung hingeben sollte. Ich litt; folgt im Original: vingt fois un éclat de rire empêcha ma colère d'éclater; vingt fois la colère qui s'élevait au fond de mon cœur se termina par un éclat de rire. G. 48,$_{24}$, T. 54: Ihr macht dem Herrn eine unendliche Mühe; folgt im Original: je ne conçois pas sa patience. G. 72,$_9$ ff., T. 81: Ich weifs nicht, ob Ihr die ganze Kraft dieser letzten Stellung einseht; aber niemand hat mich in der Ausübung übertroffen; vor dem „aber" im Original: je ne l'ai point inventée. G. 81,$_{28}$ f., T. 92: das erstemal, wenn sie sich zeigen, muntre ich sie auf; fehlt: „zu essen", „à manger". G. 92,$_{13}$ ff., T. 104: Ich weifs nicht, war er gerade diesen Tag von solcher Laune, wo Mademoiselle ihn nur mit Sammthandschuhen anzufassen traut; bei Diderot: où mademoiselle craint d'en approcher, et n'ose le toucher etc. G. 95,$_{16}$, T. 108: Rameau schliefst den Bericht über seine

Thätigkeit als Claqueur mit den bei Goethe fehlenden Worten: Convenez qu'il faut un puissant intérêt pour braver ainsi le public assemblé, et que chacune de ses corvées valait mieux qu'un petit écu. G. 104,$_6$ ff., T. 118: Erst hatte er das Mitleiden, — — dann ein völliges Zutrauen zu gewinnen verstanden. Wir zählen dergestalt auf unsere Wohlthaten etc.; zwischen beiden Sätzen bei Diderot: car voilà comme il arrive toujours. G. 144,$_{14}$ f., T. 164: Er zog sich einen bösen Handel zu, den ich Euch erzählen mufs; im Original folgt: car elle est plaisante. G. 144,$_{16}$ ff., T. 164: Der Wechsel wird fällig, der Jude — — weigert die Zahlung. Denn[1]) der Jude sagte etc.; zwischen beiden Sätzen bei Diderot: Procès. G. 144,$_{24}$ ff., T. 165: Der Jude fragt seinen Gläubiger vor Gericht, ob er seinen Wechsel etwa für geleistete Dienste erhalten habe; dieser erwidert: Nein! aber davon ist die Rede nicht. Ihr habt den Wechsel unterzeichnet und werdet ihn bezahlen; bei Diderot: — j'en suis possesseur, vous l'avez signée et vous l'aquitterez.

2. Auslassungen, die einer Schwierigkeit aus dem Wege gehen, finden sich nur zweimal. Zunächst T. 25, G. 24,$_{11}$ f.: je suis un ignorant, un sot, un fou, un paresseux, ce que nos Bourguignons appellent un fieffé truand, un escroc, un gourmand; ich bin unwissend, thöricht, närrisch, unverschämt, gaunerisch, gefräfsig. Ob Goethe den Dijoner Kunstausdruck nicht verstand oder sich scheute, in seiner deutschen Übersetzung ein Wort als dem burgundischen Dialekt angehörig zu bezeichnen, sei dahingestellt; dafs auch das voraufgehende „paresseux" fehlt, wird Zufall sein. Ferner noch ein zweiter Fall: schon T. 168, G. 147,$_{20}$ f. hiefs es statt „Perchez-vous sur l'épicycle de Mercure": Stellt Euch auf eine Planetenbahn. Diese vorsichtige Übersetzung, gegen die an sich kaum etwas einzuwenden wäre, erweist sich im folgenden als recht unzuträglich: T. 169, G. 148,$_{18}$ ff.: Moi: Et vous voilà aussi, pour me servir de votre expression ou de celle de Montaigne, perché sur l'épicycle de Mercure, et considérant les différents pantomimes de l'espèce humaine. Lui: Non, non, vous dis-je, je suis trop lourd pour

---

[1]) „Denn" ist Zusatz Goethes.

m'élever si haut. J'abandonne aux grues le séjour des brouillards, je vais terre à terre. Je regarde autour de moi. Dafür bei Goethe nur: Ich: So versteigt Ihr Euch doch auch in höhere Regionen und betrachtet von da herab die verschiedenen Pantomimen der Menschengattung? Er: Nein, nein! Ich sehe nur um mich her. Dafs Diderots Frage gekürzt wurde, wenn der „épicycle de Mercure" schon zuvor beseitigt war, hat nichts besonders Auffallendes; merkwürdig ist aber, dafs auch Rameaus Erwiderung sich so starke Striche hat gefallen lassen müssen. Es scheint fast, als habe Goethe auch darin Anspielungen auf den „épicycle" vermutet, von dessen Bedeutung er offenbar nur eine ungenaue Vorstellung hatte.

Angereiht sei hier noch die Stelle T. 73, G. $65_{,25}$ f., obwohl dort nicht so sehr Auslassung als vielmehr Umschreibung vorliegt. Es heifst daselbst von einer scheinbar anständigen Dame, que son imagination lui retrace, la nuit, les scènes du Portier des Chartreux, les postures de l'Arétin; wird nicht ihre Einbildungskraft zu Nacht von gewaltsam verführerischen Bildern ergriffen? Goethe wird zwar wohl seinen Pietro Aretino, schwerlich aber die unanständige „Histoire de don B**, portier des Chartreux" gekannt haben; noch weniger konnte er deren Kenntnis bei seinem Publikum voraussetzen, weshalb er die Erwähnung der Titel umging. Ähnlich T. 61, G. $55_{,11}$ f.: toute la troupe Villemorienne; das sämtliche Klatschpack; Goethe, der erst aus dem Folgenden (T. 92, G. $82_{,13}$) und auch da nur ungenau erfuhr, wer Vilmorien sei, umging den ihm unbekannten Eigennamen.

3. Zwei besonders starke Striche, von denen Goethe den einen stillschweigend vorgenommen, den anderen dagegen angedeutet hat, sind auf Anstandsrücksichten zurückzuführen. T. 111, G. 98, nach Zeile 11: In der Liste derjenigen Leute, die sich nach Rameaus Meinung ohne Grund über Undank beschweren, fehlen bei Goethe der Buchhändler David und seine Frau, von denen es im Original heifst: Le libraire David jette les hauts cris de ce que son associé Palissot a couché ou voulu coucher avec sa femme; la femme du libraire David jette les hauts cris de ce que Palissot a laissé croire à qui l'a voulu qu'il avait couché avec elle; que Palissot ait couché ou

non avec la femme du libraire, ce qui est difficile à décider, car la femme a dû nier ce qui était, et Palissot a pu laisser croire ce qui n'était pas; quoiqu'il en soit, Palissot a fait son rôle, et c'est David et sa femme qui ont tort. Die Stelle ist allerdings, wie man sieht, etwas derb. Ferner T. 114 f., G. 101,₁₆ ff.: nach den Worten „Sie sagen vor einiger Zeit" bricht Goethe die Rede ab und schiebt die Worte ein: Hier erzählt Rameau von seinen Wohlthätern [d. i. von Bertin und der kleinen Hus] ein skandalöses Märchen, das zugleich lächerlich und infamierend ist, und seine Mifsreden erreichen ihren Gipfel. Bei Diderot lautet die Stelle: Ils disent qu'il y a quelques jours, sur les cinq heures du matin, on entendit un vacarme enragé, toutes les sonnettes étaient en branle, c'étaient les cris d'un homme qui étouffe. A moi ... moi ... je suffoque ... je meurs ... Ces cris partaient de l'appartement du patron. On arrive, on le secourt. Notre grosse créature dont la tête était égarée, qui n'y était plus, qui n'y voyait plus, comme il arrive dans ce moment, s'élevait sur ses deux mains et, du plus haut qu'elle pouvait, laissait retomber sur les parties casuelles¹) un poids de deux à trois cents livres, animé de toute la vitesse que donne la fureur du plaisir. On eut beaucoup de peine à la dégager de là. Quelle diable de fantaisie à un petit marteau de se placer sous une lourde enclume? Man wird Goethe die Unterdrückung dieser bösen Geschichte nicht verargen können, mufs aber ihr Fehlen in der Übersetzung doch bedauern: es ist durchaus zutreffend, was Goethe in den Anmerkungen (208,₂₇ ff.) sagt, dafs Diderot selbst die äufsersten Gipfel der Frechheit mit zweckmäfsigem Bewufstsein erreiche: die mitgeteilte Anekdote bezeichnet allerdings einen Höhepunkt in der Entwicklung des Dialogs sowohl wie in der Charakterschilderung Rameaus.

Obwohl eigentlich nicht hierher gehörig, sei, wie schon bemerkt, hier die Musterung der Stellen angereiht, an welchen Goethe Anstöfsiges zwar nicht streicht, aber doch vermeidet. Es finden sich solche Milderungen übrigens nur da, wo der Ton Diderots ohne Schaden etwas herabgestimmt werden konnte;

---

¹) Eine höchst witzige Zweideutigkeit: Bertin war Trésorier aux parties casuelles.

wo Derbheiten des Originals als wesentliche Bestandteile des Diderotschen Textes gelten mufsten, hat Goethe sich, abgesehen von den beiden eben angeführten Stellen, nicht gescheut, seiner Übersetzerpflicht gewissenhaft nachzukommen, nur dafs er etwa unanständige Worte nicht ganz ausschreibt. Von solchen modifizierten Stellen sind mir aufgefallen: T. 22, G. 22,13 f.: Diderot giebt ein Selbstgespräch Rameaus wieder und schildert nach jedem Satze die zugehörigen Gesten: Tu aurais — — de jolies femmes (à qui il prenait déjà la gorge[1]) —); [Du hättest] hübsche Weiber (Er umfafste sie schon —). T. 63, G. 57,3: se rouler sur des jolies femmes; hübsche Weiber zu besitzen. T. 67 f., G. 60,21 f.: j'aime à voir une jolie femme, j'aime à sentir sous ma main la fermeté et la rondeur de sa gorge; ich mag auch ein zierliches Weib besitzen, sie umfassen. T. 107, G. 95,2 f.: C'est un des valets déguisés de celui qui couche; Das ist einer von den verkleideten Bedienten ihres Liebhabers. T. 130, G. 114,8 f.: Die italienischen Komponisten nous en ont donné rudement dans le cul; haben uns einen gewaltigen Rippenstofs gegeben. T. 155, G. 136,23: il coucherait avec sa mère; [er] entehrte seine Mutter. T. 164, G. 144,11: Si vous voulez coucher avec une jolie femme; Wollt Ihr eine hübsche Frau. T. 164, G. 144,14 ff.: mon juif couche avec la femme du grison; Der Mittelsmann — — führt meinen Juden zur Frau. T. 177, G. 155,11 f.: Rameaus Frau hatte des tetons, des jambes de cerf, des cuisses et des fesses à modeler; Brust, Rehfüfschen und Schenkel, und alles zum Modellieren. T. 177, G. 155,13 f.: une croupe, ah! Dieu quelle croupe! Hüften, ach Gott was für Hüften. T. 177, G. 155,17: Rameau ahmt den Gang seiner Frau nach: il se démenait de la croupe; er schwänzelte.

II. Die Kunstmittel der Goetheschen Übersetzung.

So wenig bestritten werden kann, dafs die Versehen und Fehler, die Lücken und Abweichungen, die bisher gemustert worden sind, den Wert der Übersetzung nicht un-

---

[1] „gorge" hier = Busen.

wesentlich beeinträchtigen, so wäre es doch ungerecht, daraufhin über Goethes Arbeit ohne weiteres den Stab zu brechen. Wer es über sich gewinnt, vorübergehend von all den Mängeln abzusehen, für den wird Goethes späterer Ausspruch, dafs er an der Abfassung seiner Übersetzung mit voller Seele beteiligt gewesen sei, bald nichts Befremdliches mehr haben. Überall, wo sein Auge ihn nicht irreführt, wo er seinen Text richtig versteht und ihn nicht etwa Anstandsrücksichten zu Modifikationen veranlassen, folgt er seinem Original mit der gröfsten Gewissenhaftigkeit und hält sich von willkürlichen Abweichungen sorgsam fern. Dabei zeigt er sich aber nicht im geringsten ängstlich oder befangen: mit spielender Leichtigkeit weifs er spezifisch Französisches ebenso geschmackvoll wie korrekt wiederzugeben, auch hat er die Neigung zum Konversationsmäfsigen, die seine Vorlage auszeichnet, wohl beobachtet und vortrefflich nachgeahmt. Nur verhältnismäfsig selten begegnet es, dafs dem Leser eine kleine Sorglosigkeit oder Ungeschicklichkeit aufstöfst, fast durchweg fliefst die lebendige Rede glatt und ohne Anstofs dahin, ein Ergebnis der Übersetzungskunst, das umso höhere Anerkennung verdient, als die Mittel, durch die es zustande kommt, meist überaus einfach sind.

Die folgende Übersicht über diese Kunstmittel erhebt keinen Anspruch auf Vollständigkeit, zieht vielmehr nur eine Anzahl der verbreitetsten und bemerkenswertesten Erscheinungen in den Kreis ihrer Betrachtung. Zunächst sollen syntaktische Eigenheiten verschiedener Art betrachtet werden (1); als besondere Gruppe erscheinen dann die zahlreichen Fälle von erweiternder und verkürzender Übersetzung (2); ein weiterer Abschnitt soll zeigen, wie Goethe sich mit dem Wort- und Phrasenschatze seiner Vorlage abfindet (3); ein letzter (4), den man als Anhang bezeichnen mag, wird die Fälle zu betrachten haben, in welchen die Übersetzungskunst ihren Pflichten nicht ganz genügend nachgekommen ist und infolgedessen Gallicismen eingetreten sind.

1.

Weiter als im Deutschen erstreckt sich im Französischen zunächst das Gebiet des Infinitivs, und so sieht sich denn der Übersetzer häufig mehr oder minder dringend veranlaſst, ihm aus dem Wege zu gehen. So wird der Infinitiv, der im Französischen nach Frageworten, namentlich nach pourquoi erscheint, fast regelmäſsig vermieden: T. 78, G. 70,17 f.: Que penser des autres? Was soll man aber von den andern denken? T. 84, G. 75,14 f.: aussi, pourquoi courir après la croix? was laufen sie aber auch nach dem Kreuz? T. 164, G. 144,10 f.: Pourquoi vous affliger ainsi? warum betrübt Ihr Euch so? u. a. m. Beibehaltung findet nur selten statt, so T. 122, G. 106,25: quel parti prendre? was zu thun? Statt des Infinitivs in imperativischer Verwendung, der sich nur an einer Stelle, dort aber mehrmals findet, führt Goethe in vortrefflicher Weise das Partizip des Praeteritums ein, allerdings ohne diese Übersetzungsweise streng durchzuführen. T. 78, G. 69,27 ff.: et pleurer de joie; dix fois la journée se courber — —, les bras étendus vers la déesse, chercher son désir dans ses yeux etc.; Dann vor Freuden geweint, zehnmal des Tages sich gebückt, — — die Arme gegen die Göttin ausgestreckt, ihre Wünsche in ihren Augen suchend etc. (der Übergang ins präsentische Partizip wohl zur Vermeidung von Eintönigkeit).

Steht der Infinitiv zum Verb im Objektsverhältnis, so tritt an seiner Stelle wohl das entsprechende abstrakte Substantiv ein. T. 7, G. 8,11 f.: C'est ainsi qu'on appelle, par mépris, jouer aux échecs et aux dames; So nennt man aus Verachtung das Schach- oder Damenspiel. T. 38, G. 35,14 f.: Le mort n'entend pas sonner les cloches; Der Tote hört kein Glockengeläut, u. a. m. In gleicher Weise tritt zum Verb statt des Infinitivs mit de, à, par das betreffende Abstraktum mit entsprechender Präposition. T. 107, G. 94,17 f.: qui craignait de s'engager; der sich vor Verbindlichkeiten fürchtete. T. 133, G. 116,23 f.: on finit par admirer; man endet mit Bewunderung. T. 150, G. 131,25 f.: je persiste à croire; bestehe ich auf meinem Glauben, u. a. m.

Den breitesten Raum unter den Vertretern des Infinitivs mit und ohne Präposition nehmen Nebensätze aller Art ein. Sie finden sich in Hülle und Fülle, auch da, wo das Deutsche ohne Bedenken den Infinitiv hätte beibehalten können. T. 8,

G. 9,₆ ff.: Mais c'est qu'il faut qu'il y ait un grand nombre d'hommes qui s'y appliquent pour faire sortir l'homme de génie; Aber doch müssen sich viele auch auf diese Künste werfen, damit der Mann von Genie hervortrete. T. 8, G. 9,₁₁ f.: Vous me plaisez toujours à revoir; Es freut mich jedesmal, wenn ich Euch wiedersehe. T. 19, G. 19,₇ ff.: pardonnons au moins à la nature d'avoir été plus sage que nous; Verzeihen wir wenigstens der Natur, dafs sie weiser war als wir. T. 27, G. 25,₂₃ f.: J'ai tout perdu pour avoir eu le sens commun une fois; Alles habe ich verloren, weil ich einmal Menschenverstand hatte. T. 51, G. 46,₁₈ f.: qui croyaient savoir quelque chose; die sich einbildeten, sie verstünden etwas. T. 87, G. 78,₁₁ f.: Cet imbécile parterre les claque à tout rompre; Das unfähige Parterre beklatscht sie, dafs alles brechen möchte u. s. w. Gelegentlich wohl eine hübsche Umgehung des Nebensatzes, wie T. 27, G. 26,₁₃ f.: Pour ne vous en être pas avisé, vous voilà sur le pavé; Warum warst du nicht klüger? Nun bist du auf der Gasse.

Von einzelnen Stellen sei hervorgehoben T. 89, G. 79,₁ f.: ayez la bonté d'en user avec moi plus rondement; seid so gut und geht aufrichtig mit mir zu Werke, sehr gefällig und echt konversationsmäfsig. Auffallender T. 53, G. 48,₉ f., wo der Infinitiv nach après ohne Rücksicht auf die Verschiebung des Zeitverhältnisses aufgelöst wird: Je m'approchais après avoir fait à la mère un signe d'approbation; Ich nahte mich und machte der Mutter heimlich ein Zeichen des Beifalls.

Bemerkenswert ist auch, dafs bei zwei von einem Verb abhängigen Infinitiven der zweite ab und zu zum Verbum finitum erhoben wird. T. 2, G. 3,₁₉ ff.: comme on voit — — nos jeunes dissolus marcher sur les pas d'une courtisane — —; quitter celle-ci pour une autre; So sieht man — — unsere jungen Liederlichen einer Courtisane auf den Fersen folgen — —; aber sogleich verlassen sie diese. T. 157, G. 138,₁₉ f.: il semblait pétrir entre ses doigts un morceau de pâte, et sourire; er schien ein Stück Teig zwischen seinen Fingern zu kneten und lächelte. Die gleiche Erscheinung bei gehäuften Infinitiven T. 107, G. 94,₂₃ ff., wo allerdings das regierende Verb — il fallait — die Auflösung der Infinitive besonders nahe legte: C'était bien pis lorsqu'on jouait, et qu'il fallait aller intrépidement au milieu des huées d'un public — —, faire entendre mes claquements de mains isolés, attacher les regards sur moi, quelquefois dérober les sifflets à l'actrice et ouir chuchoter à côté de moi etc.; Schlimmer ging's noch, wenn's zur Aufführung kam, und ich unerschrocken mitten unter dem Hohngeschrei des Publikums — — mein einzelnes Klatschen mufste vernehmen lassen. Alle Blicke fielen dann auf mich, und ich leitete manchmal das Pfeifen von der Schauspielerin ab und auf mich herunter. Da hört' ich neben mir lispeln etc. Gelegentlich aber auch umgekehrt **Einführung eines zweiten Infinitivs** statt des Verbum finitum, so T. 5, G. 7,₉ ff.: S'il lui prenait envie de manquer au traité, et qu'il ouvrit la bouche; Sobald er es wagte, den Traktat zu brechen und den Mund aufzuthun.

Zur Auflösung des **Partizipium Praesentis** bedient sich Goethe nur selten des Nebensatzes. Meist zieht er es vor, das Partizip zum Verbum finitum zu erheben und vermittelst der Kopula an den Hauptsatz anzufügen. T. 29, G. 28,₁₂: Puis, se relevant brusquement, il ajouta; Dann sprang er auf und sagte. T. 166, G. 146,₈ ff.: Là, il s'arrêta, passant etc.; Da hielt er inne und ging — — über; und so noch sehr oft. Etwas stärker stechen einige Fälle hervor, in welchen die Kopula verschmäht und das zum Verb gewordene Partizip mit dem Vorangehenden nur durch eine demonstrative Partikel verbunden wird: T. 37, G. 34,₁₂ ff.: il recommença à se frapper le front — — ajoutant etc.; da fing er an die Stirne — — zu schlagen — —. Dabei rief er aus etc. T. 136, G. 119,₂₈ f.: [Rameau sang vortrefflich,] s'emparant de nos âmes; So bemächtigte er sich unsrer Seelen. Auch die Auflösung des sog. **Gérondif** erfolgt gelegentlich durch Erhebung des Partizips zum Verb unter Hinzutritt von „und", so T. 22, G. 22,₇ f.: il ajoutait, en se frottant les mains; rieb sich die Hände und sprach. Meist ist aber der Nebensatz das Bevorzugte oder gar Gebotene, z. B. T. 23, G. 23,₂: en parlant ainsi; als er das sagte. T. 46, G. 42,₉ f.: En vous suppliant très humblement; Wenn man Euch ganz gehorsamst bäte. Hin und wieder auch präpositionale Umschreibungen: T. 11, G. 12,₁₄: en naissant;

bei seiner Geburt; T. 127, G. 111,$_{15}$: en changeant les choses
à changer; mit gehöriger Veränderung.

Sehr gern umgangen wird auch der **Relativsatz**, der
für das deutsche Gefühl namentlich in der Umgangssprache
leicht etwas Steifes, Schwerfälliges an sich hat. Besonders
gern wird **der Relativsatz, ähnlich wie das Partizip, zum
Hauptsatz erhoben** und mit dem vorangehenden Satze entweder durch „und" verbunden oder auch ohne Bindung ihm
nebengeordnet. T. 54, G. 48,$_{18}$ f.: je lui prenais les mains,
que je lui plaçais autrement; so nahm ich ihr die Hände und
setzte sie anders. T. 119, G. 104,$_{18}$ f.: Quelques mois se
passèrent, pendant lesquels notre renégat redoubla d'attachement; Einige Monate vergingen, und unser Renegat verdoppelte
seine Aufmerksamkeit. T. 31, G. 29,$_{22}$ f.: Demandez au gros
Bergier, qui baise le cul de madame de la Marck; Fragt nur
den dicken Bergier, er küfst Madame de la M— den H—n.
T. 35, G. 32,$_{26}$ ff.: voilà le texte de mes fréquents soliloques,
que vous pouvez paraphraser à votre fantaisie; dies ist der
Text zu meinen öftern Selbstgesprächen. Paraphrasiert sie
nach Belieben.

Wo es irgendwie angeht, wird ferner der **Relativsatz
zum Attribut oder zur Apposition des Substantivs herabgedrückt**. T. 4, G. 5,$_{19}$ f.: un petit grenier qu'il habite;
ein kleines Dachstübchen, seine Wohnung. T. 28, G. 27,$_{8}$:
la faute que vous avez commise; Euer Fehler. T. 33, G. 31,$_{1}$ f.:
un beau monsieur — — qui a un habit galonné; ein hübscher
Mann — — mit galoniertem Kleid. T. 71, G. 63,$_{28}$: des vertus
qui les gêneraient; unbequeme Tugenden. T. 101, G. 90,$_{18}$:
L'abbé, qui est bon diable; Der Abbé, ein guter Teufel. T. 132,
G. 116,$_{14}$ f.: l'ordre d'un tyran qui ordonne un meurtre; Befehl
eines mordgebietenden Tyrannen, u. a. m.

Nicht ganz selten begegnet es allerdings auch umgekehrt,
dafs eine attributive Bestimmung durch einen Relativsatz wiedergegeben wird. So namentlich, wenn das Attribut
seinerseits noch näher bestimmt ist, z. B. T. 13, G. 13,$_{25}$ f.:
un être digne de notre admiration; ein Wesen, das unsere
Verehrung verdient. T. 150, G. 132,$_{4}$ f.: des projets d'un
succès plus prompt et plus sûr: Projekte, die noch schneller

und sicherer Erfolg versprechen. Oder wenn sich sonst irgendwelche Schwierigkeit oder Ungelegenheit bietet, wie T. 76, G. 68,₁₁₄ f.: un mot désolant; ein Wort, das Euch zur Verzweiflung bringt. T. 140, G. 123,₁₅: langues à inversions; Sprachen, welche Umwendungen zulassen.

Zuweilen kommt es vor, dafs zur Vermeidung eines Abstraktums von einem Verb statt des Objektsakkusativs ein Nebensatz abhängig gemacht wird. T. 48 f., G. 44,₁₂ f.: il me serait facile de vous prouver l'inutilité de toutes ces connaissances; leicht wäre es mir, Euch zu zeigen, wie unnütz alle diese Kenntnisse sind. T. 149, G. 131,₃ ff.: pour lui faire entendre mieux encore l'importance de la pièce sacrée; ihm noch besser begreiflich zu machen, wie wichtig das heilige Stück sei. Noch häufiger tritt statt des abstrakten Substantivs mit Präposition ein entsprechender Nebensatz ein. T. 13 f., G. 14,₁₄ ff.: Par le mépris d'une mauvaise loi, en a-t-il moins encouragé les fous au mépris des bonnes? Indem er ein schlechtes Gesetz verachtete, hat er nicht die Narren zur Verachtung der guten angeregt? T. 53, G. 48,₁₄ ff.: Vous n'êtes pas sitôt parti, que le livre est fermé pour ne l'ouvrir qu'à votre retour; Ihr wendet kaum den Rücken, so ist auch schon das Buch zu, und nur, wenn Ihr wieder da seid, wird es aufgeschlagen, u. a. m. Vielleicht hätte sich auch die Stelle T. 71, G. 64,₂ ff. mit Hilfe eines Nebensatzes auflösen lassen: [Rameau verschmäht den Besitz guter Eigenschaften,] qui ne me mèneraient à rien — —, par la satire continuelle des riches auprès desquels les gueux comme moi ont à chercher leur vie; etwa: „die mich zu nichts führten, weil sie die Reichen beständig beleidigen würden" etc. Statt dessen Goethe etwas umständlich: die mich doch zu nichts führten — —; denn darf wohl ein Bettler wie ich, der sein Leben von reichen Leuten hat, ihnen solch einen Sittenspiegel beständig vorhalten? Es fehlte das Verb, das „satire" vollwertig ersetzt hätte.

Statt des Substantivsatzes mit „dafs" verwendet Goethes Übersetzung mit besonderer Vorliebe die freiere Form des Nebensatzes, welche die Wortfolge der unabhängigen Rede bewahrt. Gerade die Umgangssprache neigt zu dieser unmittelbaren, frischen Ausdrucksweise, und Goethe ist daher vollauf im Recht, wenn er sie so häufig statt des französischen „que" einführt. T. 7, G. 8,$_{27}$ f.: je vois que vous ne faites grâce qu'aux hommes sublimes; Ich merke, nur den vorzüglichsten Menschen laſst Ihr Gnade widerfahren. T. 25, G. 24,$_{10}$ f.: Vous savez que je suis un ignorant; Ihr wiſst, ich bin unwissend. T. 63, G. 56,$_{17}$ f.: le fait est que la vie que je mènerais à leur place est exactement la leur. Soviel ist aber gewiſs, das Leben, das ich an ihrer Stelle führen würde, ist ganz genau ihr Leben. T. 78, G. 69,$_{25}$ f.: qu'on vienne nous dire que l'expérience, l'étude — — y font quelque chose; und dann sage man uns, Erfahrung, Studium — — thäten etwas dabei, u. s. w. Zuweilen springt dabei, ganz dem Geiste der lebendigen Rede entsprechend, statt des zu erwartenden Konjunktivs der Indikativ ein; so T. 11, G. 12,$_1$ ff.: je vous montrerais que le mal est toujours venu ici-bas par quelques hommes de génie; so wollt' ich Euch zeigen, das Übel hier unten ist immer von genialischen Menschen hergekommen. T. 122, G. 107,$_{19}$: vous croyez que c'est là tout? Ihr denkt wohl, das ist alles? Vielleicht ist in diesen Fällen der Indikativ des Urtextes nicht ohne Einfluſs gewesen.

Häufig wird die Notwendigkeit, ein französisches „que" wiederzugeben, von vornherein umgangen. So begegnet wohl statt des Verbums, welches das que nach sich zieht, ein Adverb. T. 30, G. 28,$_{15}$: je vois que c'est le mieux; das ist wohl das Beste. T. 112, G. 98,$_{26}$: dont je ne crois pas qu'il y eût — — un premier exemple; wovon schwerlich ein Beispiel vorhanden ist, u. a. m. Für „je veux que" stellt sich gelegentlich „sollen" ein, z. B. T. 151, G. 132,$_{15}$ f.: Je veux que mon fils soit heureux; Mein Sohn soll glücklich sein. Statt Wendungen konzessiver Art „mögen", z. B. T. 89, G. 79,$_6$ f.: je consens que vous me preniez pour un vaurien; mögt Ihr mich doch für einen Taugenichts halten. Vereinzelt noch freiere Umgehungen, so T. 40, G. 37,$_{14}$: il est sûr que ses accords résonnaient dans ses oreilles et dans les miennes; ich glaubte so gut seine Akkorde zu hören als er. T. 167, G. 147,$_{14}$ f.: Le sort a voulu que je le fusse; das Schicksal hat mich dazu gemacht. T. 176, G. 155,$_2$ f.: je regrette que vous ne l'ayez pas entendue; Hättet Ihr sie doch nur auch gehört! und einige ähnliche.

Gleich hier sei auch darauf verwiesen, dafs ab und zu der que-Satz unter einfachem Ausfall des regierenden Verbs selbständig gemacht wird, z. B. T. 58, G. 52,18: je vois que vous m'avez compris; Ihr habt mich verstanden. T. 91, G. 80,24: je crois qu'au fond vous avez l'âme délicate; Ihr habt im Grunde eine zarte Seele, u. a. m.

Beachtung verdient Goethes Übersetzungsverfahren in einigen Fällen, wo das Original mehrere koordinierte Nebensätze mit „que" aufweist. So wird gelegentlich von zwei derartigen Sätzen der zweite selbständig gemacht. T. 13, G. 13,18 ff.: je crois que si le mensonge peut servir un moment, il est nécessairement nuisible à la longue; et qu'au contraire la verité sert nécessairement à la longue; ich glaube, wenn die Lüge einen Augenblick nützen kann, so schadet sie notwendig auf die Länge. Im Gegenteil nutzt die Wahrheit notwendig auf die Länge. T. 19, G. 19,19 ff.; Mais ne voyez-vous pas qu'avec un pareil raisonnement vous renversez l'ordre général, et que si tout ici-bas était excellent, il n'y aurait rien d'excellent? Seht Ihr denn aber nicht, dafs mit solchen Forderungen Ihr die Ordnung des Ganzen umwerft: denn wäre hier unten alles vortrefflich, so gäb' es nichts Vortreffliches. Im grofsen Stil findet sich diese Erscheinung T. 16, G. 16,16 ff., wo ein einziges „C'est" eine ganze Menge von que-Sätzen nach sich zieht, Goethe es aber verschmäht, dies im Deutschen durch gehäufte Kausalsätze nachzuahmen: C'est que toutes ces belles choses-là — — ne lui ont pas rendu vingt mille francs, et que s'il eût été un bon marchand en soie — — il eût amassé une fortune immense, et qu'en l'ammassant il n'y aurait eu sorte de plaisirs dont il n'eût pas joui; qu'il aurait donné etc. etc. Darum, weil alle die schönen Sachen — — ihm nicht zwanzigtausend Franken eingetragen haben. Wäre er ein guter Seidenhändler — — gewesen — —, da hätte er ein grofses Vermögen zusammengebracht und dabei alle Arten Vergnügen genossen. Er hätte etc. etc. Diderots Antwort auf diese Rede Rameaus, die in gleicher Weise eine Reihe von que-Sätzen auf ein „pourvu" folgen läfst, giebt Goethe auf ähnliche Art wieder (T. 17, G. 17,9 ff.). Zu beachten ist noch T. 73, G. 65,22 ff.: tout cela empêche-t-il que son cœur ne brûle, que des soupirs ne lui échappent, que son tempérament ne s'allume etc. etc.; Brennt ihr Herz deshalb weniger? entwischen ihr nicht Seufzer? entzündet sich nicht ihr Temperament? etc. etc. (Der erste Satz zu beurteilen wie die übrigen oben angeführten, in denen statt des Verbs mit folgendem „que" Adverb eintritt.)

Ebenso wie dem que geht Goethe auch dem si oder quand seiner Vorlage gern aus dem Wege: der Bedingungssatz nimmt statt dessen auffallend oft die freiere, der Form des Fragesatzes entsprechende Gestalt an, eine recht lebensvolle und frische Redeweise, wie wiederum gerade die Umgangssprache sie liebt. T. 5, G. 6,$_{16}$ f.: S'il en paraît un dans une compagnie; Kommt ein solcher in eine Gesellschaft. T. 22, G. 21,$_{25}$: si tu avais fait ces deux morceaux-là; hättest du die beiden Stücke gemacht. T. 31, G. 29,$_{27}$: Si l'expédient ne vous convient pas; Behagt Euch das Mittel nicht; und so noch oft. Auch statt des si in indirekter Frage (ob) begegnet die Form der direkten, z. B. T. 104, G. 92,$_{13}$ f.: Je ne sais s'il était dans un de ces jours d'humeur; Ich weifs nicht, war er gerade diesen Tag von solcher Laune. Nur einmal tritt in höchst lebendiger und wirksamer Weise für den Bedingungssatz der Imperativ ein: T. 19, G. 19,$_9$ ff.: Si vous jetez de l'eau froide sur la tête de Greuze, vous éteindrez son talent avec sa vanité; Giefst auf Greuzens Kopf kaltes Wasser, vielleicht löscht Ihr sein Talent mit seiner Eitelkeit zugleich aus.

Das französische c'est que wird, soweit es nicht überhaupt unübersetzt bleibt, meist durch entsprechende Partikeln wiedergegeben. T. 67, G. 60,$_{16}$ f.: c'est qu'ils ne connaissent du bonheur que le parti etc.; eben weil sie vom Glück nur den Teil kennen etc. T. 77, G. 68,$_{27}$ f.: C'est que cela décide; Und so entscheidet unser Mann. Daneben aber auch freiere Umgehungen, so T. 9, G. 10,$_{19}$ ff.: C'est que l'humeur qui fait sécher mon cher oncle engraisse apparemment son cher neveu; Wifst Ihr, dafs böse Laune, die meinen Onkel auszehrt, wahrscheinlich seinen Neffen fett macht? Noch hübscher T. 145, G. 127,$_{10}$ f.: c'est qu'il y avait quelquechose de race; sollte nicht auch etwas in der Familie liegen? Etwas umständlich

T. 31, G. 29,20 ff.: c'est qu'il y a baiser le cul au simple et au figuré; Es ist ein Unterschied zwischen H—n küssen. Es giebt ein eigentliches und ein figürliches.

Wo c'est qui, c'est que zur Hervorhebung zwischengestellter Worte dienen, erzielt die Übersetzung häufig eine gleiche Wirkung durch die blofse Wortstellung. T. 1, G. 3,8 f.: C'est moi qu'on voit toujours seul; Mich sieht man immer allein. T. 27, G. 26,12 f.: c'est votre langue maudite qu'il fallait mordre auparavant; In die verfluchte Zunge hättest du vorher beifsen sollen. T. 45, G. 41,18 f.: c'est le maître qu'il faut être; Herr mufs man sein. T. 94, G. 83,22: c'est de l'esprit que vous dites; Geist sagt Ihr, u. a. m. In Fällen, wo dieses Mittel nicht ganz deutlich genug wirkt, findet sich zuweilen noch ein Adverb ein, so T. 49, G. 45,7 f.: C'est le milieu et la fin qui éclaircissent les ténèbres; Erst Mittel und Ende klären die Finsternisse auf. T. 93, G. 82,18 f.: c'est alors qu'il se fait un beau bruit; dann giebt es erst einen schönen Lärm. T. 158, G. 139,14 f.: C'est ce que j'ai tenté; Das habe ich eben versucht. Den gleichen Zweck verfolgt die hübsche Verschiebung T. 61, G. 55,7: C'est alors que je me rappellerais; Erinnern würde ich mich.

Für voilà ce que genügt vorangestelltes und betontes das, dergleichen, z. B. T. 55, G. 49,17 f.: et voilà ce qu'on appelait alors une leçon d'accompagnement; Und das hiefs man damals eine Lektion in der Begleitung. Für le voilà qui erscheint gewöhnlich nur das Personalpronomen, z. B. T. 134, G. 117,26: Et puis le voilà qui se met à se promener etc.; Und dann spaziert er auf und ab.

Des Kunstmittels, ein hervorzuhebendes Wort an die Spitze des Satzes zu stellen, bedient sich aber Goethe nicht nur da, wo seine Vorlage ihm unmittelbaren Anlafs dazu giebt, sondern in einer grofsen Anzahl von Fällen auch aus freien Stücken, um den Sinn schärfer und klarer hervortreten zu lassen. Die betreffenden Stellen gehören zu den glücklichsten und wirksamsten der Übersetzung, denn gerade die alltägliche und ganz besonders die lebhafte Rede liebt diese Ausdrucksweise. T. 9, G. 10,8 f.: Je suis effronté comme l'un, et je fréquente volontiers chez les autres; Unverschämt bin ich wie der eine, und die andern besuch' ich gern. T. 10, G. 11,$_{16}$: Il faut des hommes; mais pour des hommes de génie, point; Menschen mufs es geben, Menschen von Genie nicht. T. 18, G. 18,$_8$: il inspirera l'humanité; Menschlichkeit wird er einflöfsen. T. 18, G. 18,$_{14}$ f.: Il eût été mieux sans doute; Besser wär' es freilich gewesen. T. 21, G. 20,$_{27}$: Je suis envieux; Neidisch bin ich. T. 61, G. 55,$_5$: Je ferais comme tous les gueux revêtus; Machen wollt' ich's, wie alle glücklichen Bettler; und viele andere Beispiele mehr.

Statt eines persönlichen oder demonstrativen Pronomens seiner Vorlage setzt Goethe öfters eine — wirkliche oder ideelle — Wiederholung des Substantivs ein, bald um eine flottere, bald um eine klarere Übersetzung zu erzielen. T. 11, G. 11,$_{20}$ f.: Il s'établit partie de ce qu'ils [die Genies] ont imaginé; Da macht sich's denn zum Teil, wie sich's die Herren eingebildet haben. T. 53, G. 48,$_7$ f.: Elle [die Klavierschülerin] se mettait au clavecin; Nun setzte sich das schöne Kind an's Klavier. T. 99, G. 87,$_{27}$ f.: Il n'y a point de meilleur rôle auprès des grands que celui de fou; Es giebt keine bessere Rolle bei den Grofsen als die Rolle des Narren, u. a. m. Hie und da verbunden mit kleinen Verschiebungen, z. B. T. 86, G. 76,$_{28}$ ff.: A votre place, je jetterais ces choses-là sur le papier. Ce serait dommage qu'elles se perdissent; An Eurer Stelle würf' ich das alles auf's Papier. Schade für die schönen Sachen, wenn sie verloren gehen sollten. Substantivsatz als Ersatz, oder wenn man lieber will, als Ergänzung des neutralen Pronomens nur einmal, T. 73, G. 65,$_{10}$ ff.: Tout étonné de se trouver un lâche, il vous demandera qui est-ce qui vous l'a appris, d'où vous le savez; Ganz erstaunt sich so feig zu finden, wird er Euch fragen, wer's Euch gesteckt hat, woher Ihr es wissen könnt, dafs er eine Memme sei.

Ähnliches wie von den Pronomina gilt von en und y. T. 12, G. 12,$_{19}$ f.: ces personnages-là, si ennemis du génie, prétendent tous en avoir; diese Personen, die vom Genie so übel sprechen, behaupten alle Genie zu haben. T. 8, G. 9,$_{16}$ f. [Die Rede ist vom Bretspiel und Ähnlichem:] Mais c'est qu'il faut qu'il y ait un grand nombre d'hommes qui s'y appliquent; Aber doch müssen sich viele auch auf diese Künste legen, u. a. m.

Das vous der Anrede giebt Goethe durchweg mit Ihr wieder. Obwohl Schiller nichts dagegen einzuwenden fand, wird man sich damit kaum unbedingt einverstanden erklären können; zu dem Gesprächston, den Goethes Übersetzung sonst so glücklich wahrt, hätte das Sie doch wohl besser gepafst. Verstöfse gegen die Regel begegnen selten und nur bei Dialog im Dialog: (T. 52), G. 47,$_{14}$ f.: Frisch, Mademoiselle, Ihr Notenbuch! (T. 77), G. 68,$_{26}$: Ja, Mademoiselle, Sie haben Recht. In der Selbstanrede tritt Du ein: (T. 27 f.), G. 26,$_{2}$ ff.: Rameau, Rameau! Hatte man dich deshalb aufgenommen? Das wird dich lehren etc. Auch bei grober Anrede erscheint Du: (T. 27, G. 26,$_{18}$ f.) Fort, Schuft, lafs dich nicht wieder sehen! Geduzt wird im Gegensatz zum Original ferner auch das Kammermädchen (T. 73 f.), G. 66,$_{1}$ f.: O! gute Justine, lege dich wieder zu Bette etc.

2.

a) Durch nichts anderes hat Goethe seiner Übersetzung ein so bestimmtes und eigenartiges Gepräge gegeben, als durch die Einfügung einer Unmenge von Partikelchen, mit denen sein Text geradezu übersät ist; wollte man sie zählen, man würde wohl in die Hunderte kommen. Bald treten sie ein, um einen Satz mit dem voraufgehenden enger zu binden, bald soll der konzessive oder adversative Sinn klarer hervorgehoben werden, jetzt wird ein verstärkendes, dann wieder ein abschwächendes Adverb beigefügt, hier eine zur Not entbehrliche Zeit-, dort eine Ortsbestimmung eingeschoben u. s. w. Aber alle diese Arten sind aufs engste untereinander verwandt, alle verfolgen den gemeinsamen Zweck, den Text feiner zu nüancieren, ihm frischeres Leben einzuhauchen. Niemals waltet dabei jedoch irgend welche Willkür: wer zwischen den Zeilen zu lesen versteht, wird diese Zusätzchen eines nach dem anderen bei Diderot wiederfinden; Goethe hat nur mit scharfem Auge das Versteckte entdeckt und es mit sicherer Hand ans Licht gezogen. So dienen diese kleinen Ergänzungen seiner Übersetzung zur besonderen Zier. Die folgenden Beispiele sind lediglich den ersten 25 Seiten der Übersetzung entnommen, ohne jedoch das dort vorliegende Material ganz zu erschöpfen.

T. 2, G. 4,₂ ff.: si l'on peut être homme d'esprit et grand joueur d'échecs; kann man schon ein geistreicher Mann und ein grofser Schachspieler zugleich sein. T. 2, G. 4,₉ ff.: un des plus bizarres personnages de ce pays où Dieu n'en a pas laissé manquer; eine der wunderlichsten Personnagen, die nur jemals dieses Land hervorbrachte, wo es doch Gott an dergleichen nicht fehlen liefs. T. 3, G. 4,₂₅: Rien ne dissemble plus de lui que lui-même; Und nichts gleicht ihm weniger als er selbst. T. 4, G. 5,₁₄: Il vit au jour la journée; So lebt er von Tag zu Tag. T. 4, G. 5,₂₅ ff.: Quand il n'a pas six sous dans sa poche, ce que lui arrive quelquefois; Hat er denn auch die sechs Sous — — nicht in der Tasche, das ihm wohl manchmal begegnet. T. 5, G. 7,₁₁ f.: au premier mot; sogleich beim ersten Wort. T. 8, G. 9,₂₁: Vous avez mal fait; Daran habt Ihr übel gethan. T. 10, G. 11,₂ f.: [Thut er Gutes] c'est sans s'en douter; so weifs er gewifs nichts davon. T. 10, G. 11,₁₆ f.: [Rameaus des Onkels Frau und Tochter mögen seinetwegen sterben,] pourvu que les cloches — — qui sonnent pour elles continuent de résonner la douzième et la dix-septième; nur dafs ja die Glocken — — hübsch die Duodecime und Septdecime nachklingen. T. 10, G. 11,₁₄ f.: Il faut leur ressembler, mais ne pas désirer que la graine en soit commune; Man sollte ihnen durchaus gleichen, aber nur nicht wünschen, dafs der Same zu gemein würde. T. 11, G. 11,₂₃ f.: [Von der Weisheit der Weltverbesserer ist nichts zu halten,] La sagesse du moine de Rabelais est la vraie sagesse; Nein! die Weisheit des Mönchs im Rabelais, das ist die wahre Weisheit. T. 11, G. 11,₂₈: [Die Welt mag gehen wie sie will,] Il va bien; Sie geht ja gut. T. 11, G. 12,₁₀ f.: [Nichts nützlicher als die Lüge,] rien de plus nuisible que la vérité; nichts aber schädlicher als die Wahrheit. T. 14, G. 15,₆ f.: je ne prendrai point votre oncle pour exemple; Nun, ich will nicht Euern Onkel zum Beispiel nehmen. T. 18, G. 18,₂₅ ff.; Il serait à souhaiter que Voltaire eût encore la douceur de Duclos; Freilich könnte man wünschen, auch Voltaire wäre so sanft wie Duclos. T. 20, G. 19,₂₇ ff.: Le meilleur ordre des choses est celui où j'en devais être; Die beste Ordnung der Dinge ist immer die, worein ich auch gehöre. T. 25, G. 24,₂₆: Cela est singulier; Das ist doch wunderbar. T. 26, G. 25,₇: Mes gens étaient plus équitables; Meine Leute waren viel billiger.

Schärfer als die angeführten heben sich für mein Gefühl zuweilen Fälle ab, in denen zum Verbum ein Adverb adjektivischen Ursprungs tritt, das, minder indifferent wie andere, den Sinn auch in etwas stärkerem Mafse modifiziert. So T. 24, G. 23,₁₂ ff.: que — — je suis ratatiné sous ma couverture; wenn ich — — unter meiner Decke kümmerlich zusammengeschroben bin. T. 53, G. 48,₉ f.: après avoir fait à la mère un signe d'approbation; und machte der Mutter heimlich ein Zeichen des Beifalls, u. a. m. Das Gleiche gilt öfters von Hinzufügungen eines Substantivs mit Präposition zum Verb, so T. 67 f., G. 60,₂₁ ff.: j'aime à voir une jolie femme — — et à expirer entre ses bras; ich mag auch ein zierliches Weib besitzen — — und an ihrem Busen vor Freude vergehn. Noch auffallender T. 69, G. 61,₂₀ f.: traité durement par ses parents; in seiner Jugend hart von den Eltern gehalten.

Dafs aus dem Zusammenhange zum Verb ein Objekt ergänzt wird, kommt nur selten vor, z. B. T. 59, G. 53,₅: je fais croire; ich mache die Leute glauben. T. 165, G. 145,₁₈ f.: où j'aurais crié à tue-tête; Dabei hätt' ich mit lauter Stimme meine Geschichte erzählt.

Häufiger begegnet es, dafs statt eines einfachen Substantivs der Vorlage ein Substantiv mit leicht erläuterndem, aus dem Zusammenhang ergänztem Attribut erscheint. Meist handelt es sich um Beifügung von Adjektiven. T. 16, G. 16,₂₆ f.: l'éternelle cohabitation avec sa femme; eine ewige langweilige Beiwohnung bei seiner Ehefrau. T. 17, G. 17,₁₆ ff.: [ein Dienstwilliger,] qui soulage, par la variété, les maris du dégoût d'une cohabitation habituelle avec leurs femmes; der, durch eine saubere Mannigfaltigkeit etc. T. 32, G. 30,₂₃ f.: à la fille d'un de nos bourgeois; einem hübschen Bürgermädchen. T. 53, G. 48,₈ f.: [Sie setzte sich an's Klavier,] elle y faisait du bruit tout seule; nun machte sie erst allein gewaltigen Lärm darauf u. a. m. Auffallend T. 118, G. 104,₆: Chez un juif; Bei einem heimlichen Juden, wo erst das Folgende den Zusatz rechtfertigt. Attributive Zufügungen anderer Art nur selten, so T. 4, G. 5,₂₅ f.: Quand il n'a pas six sous dans sa poche; Hat er denn auch die sechs Sous zum Schlafgeld nicht in der Tasche.

Statt des einfachen Verbs findet sich ab und zu eine erweiternde Umschreibung, besonders gern mit Hilfe von können, das der Behauptung etwas von ihrer Bestimmtheit nimmt. Das Mittel wird durchweg recht glücklich verwendet, so T. 4, G. 6,19: Je n'estime pas ces originaux-là; Dergleichen Originale kann ich nicht schätzen. T. 50, G. 45,19: Qui diable sait cela? Wer Teufel kann das wissen? Ähnlich wird gelegentlich suchen verwendet, so T. 17, G. 17,16 ff: qui soulage — — les maris — — d'une cohabitation habituelle; Der — — den Ehemann von — — einer einförmigen Beiwohnung zu retten sucht. Auch wissen, z. B. T. 42, G. 39,1 f.: Nous nous en tirons; Wir wissen uns auch herauszuziehen. Mehr erläuternde Erweiterung liegt vor T. 40, G. 37,5 f.: Puis, remettant son instrument sous son bras gauche etc.; Dann schien er sein Instrument — — unter den linken Arm zu nehmen (in Wahrheit hatte er gar keins).

Zum Zwecke besserer Übersichtlichkeit oder gröfserer Deutlichkeit wird zuweilen vor dem Relativsatz das Substantiv wieder in Erinnerung gebracht, auf welches das Relativpronomen verweist. T. 6, G. 7,16 ff.: C'est le neveu de ce musicien célèbre qui nous a délivrés du plain-chant de Lulli — —, qui a tant écrit de visions inintelligibles — — et de qui nous avons un certain nombre d'opéras où il y a de l'harmonie — — qui etc.; Es ist der Vetter des berühmten Tonkünstlers, der uns von Lullis Kirchengesang gerettet hat. — — Ein Vetter des Mannes, der so viele unverständliche Visionen schrieb — —, in dessen Opern man Harmonie findet — —; des Mannes der etc. T. 30, G. 28,18 ff.: une misérable petite histrionne que les sifflets du parterre ne cessent de poursuivre; eine kleine elende Komödiantin — —, eine Kreatur, die dem Pfeifen des Parterres nicht ausweichen kann. T. 75 f., G. 67,19 ff.: Imaginez un mélancolique et maussade personnage — — qui se déplait à lui-même; Denkt Euch eine melancholische verdriefsliche Figur — —, einen Mann, der sich selbst mifsfällt; und noch ein paar Fälle mehr.

Sonst begegnet derartige Wiederaufnahme nur vereinzelt, so T. 101, G. 90,₁₆ ff.: jusqu'à ce que de la place que j'ai occupée une fois avant vous — — vous deveniez stationnaire auprès de moi; bis Ihr von dem Platz, den ich auch einmal eingenommen — —, bis Ihr endlich stationär werdet. T. 127, G. 111,₁₁₀ ff.: Le chant est une imitation par les sons d'une échelle inventée par l'art — —, des bruits physiques; Der Gesang ist eine Nachahmung durch Töne einer, durch Kunst erfundenen — — Tonleiter, eine Nachahmung physischer Laute.

Öfter kommt es auch vor, dafs Goethe ein Wort seiner Vorlage durch zwei entsprechende wiedergiebt. Zunächst zum Zweck stärkerer Hervorhebung, so T. 28, G. 27,₁₃ f.: La faute que vous avez commise est-elle si impardonnable? Ist denn Euer Fehler so grofs, so unverzeihlich? T. 72, G. 64,₁₀ f.: pourquoi voyons-nous si fréquemment les dévots si durs; warum sind die Frommen, die Andächtigen so hart? T. 76, G. 68,₃ f.: J'ai beau me tourmenter; Und doch mufs ich mich plagen und quälen, u. a. m. Andere Doppelübersetzungen haben mehr in stilistischen Rücksichten ihren Grund. So zeigt sich wohl ein Substantiv im Deutschen nicht gleich geneigt, mehrere Attribute zu sich zu nehmen, wie im Französischen: T. 90, G. 80,₁₆ f.: l'air si pénétré, si vrai; so durchdrungene Mienen, ein so wahrhaftes Aussehn. T. 138 f., G. 122,₃: ses entrées de soldats, de prêtres, de sacrificateurs; seine kriegerischen Märsche, seine Priester- und Opferzüge. Ähnliches beim Verb mit mehreren Objekten, so T. 146, G. 128,₉ f.: parce qu'elle marque la médiocrité et le dernier degré du mépris; denn er bezeichnet die Mittelmäfsigkeit und drückt die höchste Stufe der Verachtung aus. Mehr dem Zweck der Übersichtlichkeit dienend T. 80, G. 71,₂₈ f.: j'ai des petits tons que j'accompagne d'un sourire, une variété infinie de mines approbatives; Ich habe kleine Töne, die ich mit einem Lächeln begleite, eine unendliche Menge von Beifallsmienen besitze ich, und ähnliche Stellen.

Schliefslich verdient noch ein alleinstehender kleiner Zusatz verdeutlichender Art Beachtung. T. 43, G. 39,₂₁ ff.: Rameau hat Diderots frühere dürftige Existenz mit seiner jetzigen verglichen und fragt nun: Mais vous n'iriez plus au Luxembourg, en été ... Vous vous en souvenez? ... Diderot fällt ihm ins Wort: Laissons cela: oui, je m'en souviens; aber Rameau fährt unbeirrt fort: En redingote de peluche grise; Dafür Goethe: Er: Aber doch würdet Ihr im Sommer nicht mehr ins Luxemburg gehen — Erinnert Ihr Euch? im — Ich: Laſst das gut sein. Ja! ich erinnere mich. Er: Im Überrock von grauem Plüsch. Warum das „im" zugesetzt wurde, ist leicht zu erkennen: bei der französischen Wortfolge konnte Diderot schon aus den Worten „en été" entnehmen, daſs Rameau ihn an die lächerliche Erscheinung erinnern wollte, die er damals an heiſsen Tagen in seinem Winterüberzieher gemacht; im Deutschen war das nicht zu erkennen, es muſste etwas andres gegeben werden, aus dem Diderot ersehen konnte, wohinaus Rameau wollte; das ist durch den Zusatz „im" vortrefflich geschehen.[1])

b) Etwas Befremdliches hat es auf den ersten Anblick, daſs Goethe eben diejenigen Redeteilchen, für deren Hinzufügung er eine so besondere Vorliebe zeigt, an andern Stellen nicht selten unterdrückt. Es liegt dies aber in ihrem auſserordentlich geringen Gewicht wohl begründet: so wenig sie als Zusätze den Satz belasten, ebensowenig nimmt ihm ihr Fortfall etwas von seiner Schwere. Auch hier Beispiele verschiedenster Art. T. 11, G. $12_{,11}$ f.: Je ne me rappelle pas bien ses preuves; Ich besinne mich nicht mehr auf seine Beweise (gegen das farblose Adverb „bien" herrscht überhaupt eine ausgesprochene Abneigung). T. 37, G. $34_{,16}$: c'est toujours autant d'amassé; das ist so viel gewonnen. T. 85, G. $76_{,1}$ f.: quoiqu'elle puisse peut-être m'être contestée; ob sie mir gleich — — könnte streitig gemacht werden. T. 94, G. $83_{,26}$: Alors le patron fait signe; Der Patron macht ein Zeichen. T. 99, G. $88_{,5}$ f.: celui donc qui a un fou n'est pas sage; Wer einen Narren hat, ist nicht weise. T. 107, G. $95_{,12}$: A la fin cependant j'étais connu; Am Ende lernte man mich kennen. T. 178, G. $156_{,20}$ (Seht nach, wieviel Uhr es ist) car il faut que j'aille à l'Opéra; Ich muſs in die Oper, und manche andere mehr.

---

[1]) Kurz erwähnt sei noch, daſs G. $128_{,12}$ f. die Worte: „Käme ich nun meinem Sohn durch Erziehung die Quere" Zusatz Goethes sind, um den Zusammenhang zu verdeutlichen.

Dafs ein Substantiv sein Attribut, besonders ein adjektivisches, verliert, ist nicht gerade selten. Meist geht dabei nur Unwesentliches verloren, nur wo mit der Streichung des Attributs der ironische Sinn verschwindet, wäre vielleicht hie und da engerer Anschlufs ans Original erwünscht. T. 9, G. 10,$_{19}$ f.: l'humeur qui fait sécher mon cher oncle; böse Laune, die meinen Onkel ausdorrt. T. 20, G. 20,$_{17}$: comme beaucoup d'honnêtes gens l'imaginent; wie viele Leute sich einbilden. T. 163, G. 143,$_{11}$ f.: quelques gouttes d'eau glacée; einige Tropfen Wasser, u. a. m. Wo andere als adjektivische Attribute getilgt werden, handelt es sich stets nur um Überflüssiges, so T. 73, G. 65,$_7$: une croquignole sur le bout du nez, einen Nasenstüber; T. 113, G. 99,$_{27}$: dans le silence de la retraite, im stillen.

Ebenso wie Attribute des Substantivs fallen zuweilen auch entbehrliche kleine Relativsätze ohne irgendwelchen Ersatz aus. T. 36, G. 33,$_{15}$ f.: la scène du proxenète et de la jeune fille qu'il séduisait; die Scene des Verführers und des jungen Mädchens. T. 85, G. 75,$_{23}$ ff.: Mais avec — — cette facilité de génie que vous possédez, est-ce que vous n'avez rien inventé? Aber — — mit dieser Gewandtheit des Genies habt Ihr denn nichts erfunden? T. 89, G. 79,$_{20}$ f.: [So grobe Schmeicheleien man auch sagen mag,] ceux à qui elles s'adressent sont plutôt accoutumés à les entendre que nous à les hasarder; jene sind mehr gewohnt, dergleichen zu hören, als wir es zu sagen, u. a. m.

Eine Art Zusammenziehung kann öfters da eintreten, wo bei Diderot ein Substantiv mit abhängigem Genetiv steht: das regierende Wort verschwindet und das bisher im Genetiv stehende, das ohnehin Hauptträger des Sinnes ist, übernimmt seine Funktion. T. 6, G. 8,$_{19}$ f: et que faites-vous ici parmi ce tas de fainéants? Was macht Ihr denn hier unter den Taugenichtsen? T. 42, G. 38,$_{23}$: essuyant les gouttes de sueur; und trocknete den Schweifs. T. 90, G. 80,$_9$ ff.: la supériorité des talents de la Dangeville et de la Clairon est décidée; die Talente der Dangeville und der Clairon sind entschieden. T. 162, G. 142,$_{26}$: frappées des rayons du soleil; von der Sonne beschienen, u. a. m. Ein umgekehrter Fall

T. 60, G. 53,24 f.: je les aidais à restituer; wir erleichterten ihnen die gute Handlung des Wiedererstattens.

Nicht selten begegnet eine ähnliche Verkürzung bei Verben mit abhängigem Infinitiv: das Verb verschwindet, der bisherige Infinitiv tritt an seine Stelle.[1]) So bei aller mit dem Infinitiv, z. B. T. 41, G. 37,24 f.: vous allez vous fatiguer; Ihr ermüdet Euch. Bei venir, z. B. T. 34, G. 31,22 f.: qui vient quelquefois prendre des gants; die manchmal — — Handschuhe kauft. Bei venir de, obwohl hier das Adverb „soeben" aushelfen könnte, T. 52, G. 47,5 f.: Mlle Arnould vient de quitter son petit comte; Mademoiselle Arnould hat ihren kleinen Grafen fahren lassen.[2]) Auffälliger ist, dafs bei se mettre à der inchoative Sinn öfters nicht zum Ausdruck kommt: T. 77, G. 68,21: Puis il se mit à contrefaire son homme; Nun machte er seinen Mann nach. T. 101, G. 90,13 f.: L'abbé — — se mit à rire; Der Abbé — — lachte dazu, u. s. w. Dazu noch Fälle wie T. 55, G. 49,23: je me hâte d'ôter mon manchon; [ich] werfe meinen Muff weg. T. 69, G. 61,28 f.: je sens — — mon cœur se troubler; mir — — bewegt sich das Herz. T. 112, G. 99,2 ff.: s'il s'avise — — de passer la main; [Wenn] er — — die Hand hineinsteckt, u. a. m.

Das französische en bleibt in Goethes Übersetzung häufig unberücksichtigt, wenn die Beziehung, die es zum Ausdruck bringt, für das deutsche Gefühl aus dem blofsen Zusammenhang erhellt, z. B. T. 10, G. 11,15: [Man sollte grofsen Männern gleichen, aber nicht wünschen] que la graine en soit commune; dafs der Same zu gemein würde. T. 49, G. 45,4 f.: [Man mufs in einer Kunst wohl bewandert sein] pour en bien posséder les éléments; um die Anfangsgründe wohl zu besitzen, u. a. m. Nicht ganz so häufig ist die gleiche Erscheinung bei y, so T. 39, G. 36,11 f.: il a bien fallu que les bougres s'y accoutumassent; haben die Schufte sich doch gewöhnen müssen. T. 42, G. 38,13 f.: on y distinguait la tendresse, la colère; man unterschied den Zorn, die Zärtlichkeit; dazu noch einige andere Fälle. Zuweilen hat auch der Dativ des Personalpronomens ein

---

[1]) Über die gleiche Erscheinung vor dem que-Satz s. oben S. 160.

[2]) Hier bildet allerdings der Übergang ins Perfekt einen gewissen Ersatz.

so schwaches Gewicht, dafs er ohne Schaden fortfallen kann, so T. 29, G. 27,$_{27}$: je lui dirais; sagte ich. T. 61, G. 55,$_{15}$ f.: qu'on me déchire les honnêtes gens; man zerreifse die rechtlichen Leute, u. s. w.

Wiederholungen von Worten und Wendungen vermeidet Goethe gerne, teils, weil die deutsche Sprache ihrer nicht im gleichen Mafse bedarf wie die französische, teils, weil sie leicht etwas Steifes an sich haben. Die verschiedenen Fälle mögen hier im Zusammenhang betrachtet werden, obwohl neben Auslassungen und Verkürzungen auch blofse Umgehungen der Wiederholung zu berücksichtigen sind. Sehr häufig wird zunächst die Wiederholung da unterdrückt, wo das Bleibende ohne weiteres die Funktion des Ausgefallenen übernimmt, z. B. T. 38, G. 35,$_8$ f.: Pourrir sous du marbre ou pourrir sous de la terre; Unter dem Marmor faulen oder unter der Erde. T. 145, G. 127,$_{11}$ f.: Le sang de mon père et le sang de mon oncle; das Blut meines Vaters und meines Onkels; T. 19, G. 19,$_{16}$ f.: pourquoi ne les a-t-elle pas faits aussi bons qu'elle les a faits grands? warum machte sie diese Männer nicht ebenso gut als grofs? und viele andere Beispiele. Auffälliger wird diese Erscheinung, wo nicht wirkliche, sondern blofs ideelle Wiederholung des Originals vermieden wird. T. 59, G. 53,$_2$ f.: D'adresses viles, d'indignes petites ruses; unwürdige, niederträchtige kleine Kunstgriffe. T. 55, G. 49,$_{27}$ ff.: Dans une heure d'ici, il faut que je sois là — —; je suis attendu à dîner chez une belle marquise; In einer Stunde mufs ich da und dort sein — — Mittags bei einer schönen Marquise. T. 100, G. 89,$_{12}$ ff.: Il parut sur notre horizon hier pour la première fois, il arriva à l'heure — — du dîner; Gestern erschien er zum erstenmal an unserem Horizont — — zur Stunde des Mittagessens. Kühner noch T. 177, G. 155,$_{15}$ f.: Puis le voilà qui se met à contrefaire la démarche de sa femme. Il allait à petits pas; Und nun machte er den Gang seiner Frau nach, kleine Schritte.

Unter den Fällen, in welchen für die unterdrückte Wiederholung Ersatz eintreten mufs, stechen vor allem einige hervor, in welchen es gelingt, statt mit einem deutschen Nebensatze mit einem blofsen Adverb auszukommen. T. 8,

G. 9,16 ff.: Et puis j'ai eu faim, et j'ai mangé — —: après avoir mangé, j'ai eu soif; Dann hab' ich Hunger gehabt und gegessen — —. Ferner hatt' ich Durst. T. 8, G. 9,19 f.: Cependant la barbe me venait, et quand elle a été venue, je l'ai fait raser; indessen ist mir der Bart gewachsen, und da hab' ich mich rasieren lassen. Meist ist jedoch der eintretende Ersatz nicht mit Verkürzung verbunden. T. 6, G. 7,15 f.: Vous étiez curieux de savoir le nom de l'homme, et vous le savez; Ihr wart neugierig den Namen des Mannes zu wissen, da habt ihr ihn. T. 59, G. 53,17 ff.: Et le voliez-vous sans remords? Oh, sans remords! Und Ihr stahlt es ohne Gewissensbisse? Was das betrifft —. T. 90, G. 80,6 ff.: — pour lui en imposer. Mais comment s'en laisse-t-on si grossièrement imposer? — damit wir ihn zum besten haben sollen. Wie dürft Ihr es aber so grob machen? T. 91, G. 81,1 ff.: Jamais faux, pour peu que j'aie d'intérêt d'être vrai; jamais vrai, pour peu que j'aie d'intérêt d'être faux; niemals falsch, wenn es mein Vorteil ist, wahr zu sein, niemals wahr, wenn ich es einigermafsen nützlich finde, falsch zu sein, u. s. w.

Bemerkenswert ist ferner die Stelle T. 13 f., G. 14,11 ff., wo Goethe sich scheut, ein rhetorisches Kunststück Diderots nachzuahmen, der nicht weniger als fünf Fragen hintereinander mit der gleichen Wendung eröffnet oder wenigstens ausstattet; schon bei der dritten läfst Goethe die Wiederholung fallen: En a-t-il été moins condamné? En a-t-il été moins mis à mort? En a-t-il moins été un citoyen turbulent etc.; Ist er deswegen weniger verdammt worden? Ist sein Todesurteil weniger vollzogen? War er nicht immer ein unruhiger Bürger etc.

Erwähnt seien endlich noch zwei eigenartige Fälle von zusammenziehender Übersetzung. T. 23, G. 22,28 f.: sa poitrine — — s'élèverait, s'abaisserait avec aisance; er holte mit Bequemlichkeit Atem. T. 39, G. 36,10: il remonte ou baisse la corde; [er] stimmt die Saite. Von vereinzelten Verkürzungen fällt besonders auf T. 47, G. 43,2: Diderot hat erklärt, er werde seine Tochter zur Vernunft zu erziehen suchen, worauf Rameau: Eh! laissez-la déraisonner tant qu'elle voudra; wofür bei Goethe: Mit Eurer Vernunft!

Den Grund dafür vermag ich nicht anzugeben; sonst liegt solche Freiheit nicht in Goethes Art.

3.

In der Wiedergabe des einzelnen Wortes zeigt sich Goethe durchweg sehr gewissenhaft. Eigentliche Abweichungen vom Original sind sehr selten und stets ohne Belang: so ist es gleichgiltig, ob Sokrates durch den „magistrat" oder durch ein „Gericht" zum Tode verurteilt wird (T. 13, G. 14,$_{17}$), ob vom Sprachgewirr der „habitants" oder der „Erbauer" des babylonischen Turms die Rede ist (T. 95, G. 84,$_{13}$), ob Bourets Weisheit als ungeschrieben oder als ungedruckt ausgegeben wird (T. 86, G. 77,$_8$ f.), u. s. w. Etwas bemerkenswerter sind die zahlreichen Fälle, in denen einzelne, oft nicht ganz leicht zu übersetzende Worte weniger abweichend als vielmehr besonders gewandt und geschmackvoll wiedergegeben werden. Aus der Fülle des Materials seien, ohne allzu sorgsame Auswahl, einige Beispiele hervorgehoben: Rameau ist eine Mischung de hauteur et de bassesse, von Hochsinn und Niederträchtigkeit (T. 3, G. 4,$_{12}$); humeur heifst böse Laune (T. 6, G. 8,$_{13}$), fadaises sind Possen (T. 7, G. 9,$_8$); inspirés Schwärmer (T. 16, G. 16,$_{19}$), der bouffon ein Lustigmacher oder Schalksnarr (T. 16, 26; G. 16,$_{24}$, 25,$_{13}$), fades complaisants süfsliche Jaherren (T. 17, G. 17,$_{13}$), un bon équipage Kutsch' und Pferde (T. 22, G. 22,$_{12}$), die intrigue ein Liebeshandel (T. 32, G. 30,$_{21}$), ein colporteur ein Klätscher (T. 53, G. 48,$_2$); entortillage heifst Redegeflechte (T. 57, G. 51,$_{25}$), étrange vision wunderliche Grille (T. 63, G. 56,$_{20}$), pétaudière konfuser Zustand (T. 75, G. 67,$_{13}$) niais Pinselgesicht (T. 95, G. 84,$_{15}$), la clique des feuillistes das Gezücht der Blättler (T. 100, G. 89,$_2$), nippes Kleinigkeiten von Wert (T. 176, G. 154,$_{24}$ f.), u. s. w. u. s. w. Ferner: difficile schwer zu befriedigen, schwer zu behandeln, bei Speis und Trank lecker (T. 7, 14, 142, G. 8,$_{26}$, 15,$_{11}$, 125,$_{16}$), évidemment sonnenklar (T. 11, G. 12,$_{12}$), détestable ganz abscheulich (T. 11, G. 12,$_{13}$), joli artig, niedlich (T. 26, 31, G. 25,$_{11}$, 29,$_{16}$), familier geläufig, vom Betragen: zudringlich (T. 42, 83, G. 38,27, 74,11), spécieux auffallend (T. 51, G. 46,9), un affaire épineuse eine kitzliche Sache (T. 68, G. 61,1), plaisant neckisch (T. 72, 76, G. 64,15, 67,25), cruelle faim grimmiger Hunger (T. 89, G. 79,17), gros yeux klotzende Augen (T. 157, G. 138,14 f.), u. s. w. Wo Verben in Betracht kommen, geht die freie Übersetzung leicht über das einzelne Wort hinaus, trotzdem bleiben noch genug hierher gehörige Beispiele: so rabattre abdingen (T. 25, G. 24,16), fêter hätscheln (T. 26, G. 25,10), reparaître sich wieder sehen lassen (T. 27, G. 26,9), se rebéquer stöckisch werden (T. 45, G. 41,20), témoigner zu verstehen geben (T. 96, G. 85,5), bouder trutzen (T. 102, G. 91,4), contraindre lästig sein (T. 108, G. 96,9 f.), s'encanailler sich mit Lumpen bepacken (T. 110, G. 97,12 f.), souffler wegschnappen (T. 111, G. 98,7), se prostituer sich beschimpfen (T. 175, G. 153,24), u. a. m.

Von auffallenderen Einzelheiten sei hervorgehoben, dafs der Neveu de Rameau innerhalb des Textes überall zum Vetter wird, was indes für die Zeitgenossen kaum etwas Befremdliches hatte. Interessant ist die Verwendung des Goetheschen Lieblingswortes bedeutend: es begegnet hauptsächlich als Vertreter von important (T. 152, G. 133,18 f., vgl. T. 116, G. 102,18, T. 128, G. 112,25), aber auch für surprenant; T. 2, G. 4,1: von den Schachspielern sieht man les coups les plus surprenants; die bedeutendsten Züge.

Nicht ganz auf der Höhe seiner Aufgabe zeigt sich Goethe da, wo es gilt, den reichhaltigen Schimpfwörterschatz Diderots oder vielmehr Rameaus wiederzugeben; die Übersetzung zeigt hier eine gewisse Eintönigkeit. So begegnet Schuft als Übersetzung von faquin, bougre, maroufle, coquin, lâche (T. 27, 39, 61, 123, 165; G. 26,9, 36,11, 55,6, 107,26, 145,1); Schelm, bez. schelmisch erscheint als Vertreter von fourbe, fripon, scélérat, coquin, filou (T. 15, 58, 92, 112, 116, 146; G. 15,25, 52,3, 82,5, 98,25, 102,15, 128,18). Dementsprechend heifst friponneau Schelmchen (T. 123, G. 107,25); Schurke steht für maroufle und faquin (T. 26, 61; G. 25,6, 55,14). Anderes seltener, so Lumpenhunde für faquins (T. 22, G. 22,15), Spitzbube für coquin (T. 165, G. 145,2).

Nicht ohne Interesse ist es zu beobachten, welche Stellung Goethe im „Rameau" dem Fremdwort gegenüber einnimmt. Er zeigt hier keinerlei Ängstlichkeit, trotzdem wird man ihn aber auch nicht der Unachtsamkeit und Nachlässigkeit beschuldigen können; weitaus das Meiste, was er beibehält, ist durchaus unanstöfsig. An Ausdrücken wie Idee, Talent, Moral u. s. w. war nicht wohl vorbeizukommen, ebensowenig an Fachausdrücken wie Arie, Intervall, Interjektion u. dgl.; auch gegen Equipage, Vapeurs, Kredit, Chignon und ähnliche der Umgangssprache kaum entbehrliche Worte ist nichts einzuwenden; Espèce (T. 112, G. $99_{,14}$ ff. u. ö.) und Positionen (T. 169, G. $148_{,11}$ u. ö.) mufsten des besonderen Sinnes wegen beibehalten werden, den Diderot damit verband. Anderes freilich hätte sich ohne Schaden vermeiden lassen, so namentlich eine Anzahl fremder Adjektiva, wie profund (T. 2, G. $3_{,21}$ u. ö.), subtil (T. 2, G. $3_{,22}$ u. ö.), impertinent (T. 20, G. $20_{,3}$), delikat (T. 31, G. $29_{,18}$ u. ö.), stationär (T. 101, G. $90_{,9}$), sublim (T. 116, G. $102_{,13}$), extrem (T. 140, G. $123_{,24}$) u. a. Etwas altmodisch klingt heutzutage Reverenz, als Maskulinum gebraucht (T. 54, G. $49_{,12}$), und Reputation (T. 127, G. $111_{,7}$), ebenso Charivari (T. 95, G. $84_{,12}$) und die Beibehaltung von Polisson (T. 115, G. $101_{,12}$); noch weniger wird man sich mit der Tribulation der Eingeweide (T. 78, G. $70_{,6}$) und den Borborygmen des leeren Magens befreunden (T. 79, G. $70_{,10}$ f.); auch duplieren für: vertreten in einer Rolle (T. 52, G. $47_{,5}$) ist uns kaum geläufig, ebensowenig sind chaussiert (T. 3, G. $5_{,10}$) oder policiert noch im Gebrauch (T. 17, G. $17_{,21}$). Wer an derartigen Dingen, die den Zeitgenossen schwerlich aufgefallen sein werden, Ärgernis nehmen sollte, mag sich damit trösten, dafs anderwärts vielfach Fremdwörter glücklich verdeutscht werden, z. B. critique Tadel (T. 19, G. $19_{,12}$), organisation Körperbau (T. 47, G. $43_{,6}$), éléments Anfangsgründe (T. 49, G. $45_{,4}$), composition Tonsetzung (T. 51, G. $46_{,11}$), instinct Naturtrieb (T. 78, G. $69_{,28}$ f.), musicien Tonkünstler (T. 139, G. $122_{,13}$), molécule Erbfaser, Grundfaser, Faser, Urfaser (T. 145, G. $127_{,14,\;15,\;23,\;27}$) u. a. m.

Eine ganz besondere Gewandtheit bekundet Goethe in

der Wiedergabe französischer Wendungen, die eine freie Übersetzung erfordern oder doch wünschenswert erscheinen lassen: nie zeigt er sich verlegen, wo es gilt, sie durch etwas gleichwertiges Deutsches zu ersetzen. Aus der Menge der Beispiele sei wenigstens eine Auswahl herausgehoben. T. 2, G. 3,₇ f.: je le laisse maître de suivre la première idée; Mag er doch die erste Idee verfolgen. T. 13, G. 14,₁₂ f.: en a-t-il été moins mis à mort? Ist sein Todesurteil weniger vollzogen? T. 18, G. 18,₆ f.: il fera verser des larmes; wird er Thränen entlocken. T. 20, G. 20,₅ f.: Il n'y a personne — — qui ne fasse le procès à l'ordre qui est; und doch will jeder an der Ordnung der Dinge — — etwas aussetzen. T. 25, G. 24,₂₂ f.: qui m'avaient pris en gré; die mich — — sehr wohl leiden konnten. T. 29, G. 28,₂ f.: je ne suis pas sujet à avoir du sens commun; es begegnet mir niemals Menschenverstand zu haben. T. 35, G. 32,₁₀ f.: un beau jour, à la brune, la petite disparait; ehe man sich's versieht, zwischen Licht und Dunkel, verschwindet die Kleine. T. 40, G. 36,₂₄ f.: s'il faut qu'il me montre un patient appliqué à la question; wenn er sich nun einmal wie ein Verbrecher auf der Folterbank gebärden mufs. T. 68, G. 61,₇: [quelques choses tendres,] qui amènent ses bras autour de mon cou; durch die ich mir eine Umarmung verdiene. T. 80, G. 71,₁₃: on aurait l'air faux; man würde für einen Heuchler gelten. T. 84 f., G. 75,₁₅ f.: [ils courent] au hasard de se faire échiner; mit Gefahr ihrer Glieder. T. 85, G. 75,₁₈: aller au grand; sich ums Grofse bemühen. T. 94, G. 83,₂₇ f.: c'est surtout de goût qu'il se pique; denn auf Geschmack glaubt er sich besonders zu verstehen. T. 105, G. 93,₁₂ f.: On est plus difficile en sottise; in Betreff der Narrheit nimmt man's genauer. T. 110, G. 98,₁₂ f.: [Poinsinet zürnt,] que Palissot ait mis sur son compte les couplets; dafs Palissot ihm die Reime — — aufbürdet. T. 111, G. 98,₁₅: se faire traiter de la mauvaise santé; sich kurieren zu lassen. T. 129, G. 113,₂₂: [mon cher oncle,] puisque cher il y a; den Ihr immer lieb heifsen mögt. T. 132, G. 116,₁₈ ff.: [süfsliche Madrigale] qui marquent — — la misère de l'art qui s'en accommode; welche — — den Jammer der Kunst bezeichnen, die sich so etwas gefallen läfst. T. 136, G. 119,₁₇ ff.: Ce beau récitatif obligé — —, il l'arrosa d'un torrent de larmes qui en arrachèrent de tous les yeux; das schöne obligate Recitativ — — brachte er unter einem Strom von Thränen vor, und kein Auge blieb trocken; u. s. w. u. s. w. Merkwürdig die erläuternde Übersetzung T. 3, G. 5,5 f.: [Rameau ist oft feist] comme s' — — il eût été renfermé dans un couvent de Bernardins; als hätte man ihn bei den Bernhardinern in die Kost gegeben.

Besondere Beachtung verdienen diejenigen Stellen, die sich, bald mehr bald minder im Einklang mit dem Original, dem Ton und Charakter der Umgangssprache nähern. Le voilà bien avancé, höhnt Rameau, als Diderot ihm versichert, in den Augen der Nachwelt stehe der verurteilte Sokrates rein da; dafür bei Goethe: Das hilft ihm auch was Rechts. (T. 13, G. 14,11.) Er malträtiert seine übergelenkigen Finger und tröstet den erschreckten Diderot: Ils y sont faits: depuis dix ans, je leur en ai bien donné d'une autre façon! Malgré qu'ils en eussent, il a bien fallu que les bougres s'y accoutumassent; Das sind sie gewohnt. Seit zehn Jahren habe ich ihnen schon anders aufzuraten gegeben. So wenig sie dran wollten, haben die Schufte sich doch gewöhnen müssen (T. 39, G. 35,27 ff.). Stolz versichert er: que nous savons aussi placer un triton; daſs wir auch mit Dissonanzen umzuspringen wissen (T. 42, G. 38,24 f.), und nachdrücklich behauptet er: que ces idiotismes moraux — — ne sont rien; daſs — — diese moralischen Idiotismen gar nichts heiſsen wollen (T. 60, G. 54,9 ff.). Auf Diderots Äuſserung, daſs er wohl nie reich werden würde, erwidert er mit köstlicher Selbstironie: Moi, j'en ai le soupçon; Mir ahnet auch so was (T. 61, G. 54,27); selbstbewuſst ruft er, als er sich unterschätzt glaubt: vous ne savez pas à qui vous vous jouez; [Ihr] wiſst nicht, mit wem Ihr's vorhabt (T. 62, G. 56,11 f.), und für Diderots Unfähigkeit, die Schurkenstreiche des Renegaten von Avignon zu durchschauen, hat er ein mitleidiges: vous n'y êtes pas; Ich sehe, Ihr seid der Sache nicht gewachsen (T. 122, G. 107,20). Die Weisheit der Komponisten alten Schlages lehnt er mit einem höhnischen: A d'autres, à d'autres ab, wofür im Deutschen: man heftet uns nichts mehr auf

(T. 131, G. 115,₁₆), und die Hoffnung der alten Zöpfe, noch etwas gelten zu können, entlockt ihm den ironischen Ausruf: Je t'en réponds, tarare pompon ... Die Herren schneiden sich gewaltig (T. 132, G. 116,₂ f.), u. a. m.

Nicht ganz so glücklich ist Goethe bei der Wiedergabe von stehenden Wendungen bildlichen Charakters, also Redensarten, die sich dem Sprichwörtlichen nähern. Öfters hält er sich hier zu eng ans Französische.[1]) So hat es etwas Befremdliches, wenn von dem Onkel Rameau (T. 10, G. 11,₄ f.) gesagt wird: die übrige Welt ist ihm wie ein Blasebalgsnagel (comme d'un clou à soufflet = „völlig ohne Bedeutung"), oder wenn Rameau von Diderot sagt (T. 45, G. 41,₈), er habe Heu in den Stiefeln (avoir du foin dans ses bottes = „Mittel, Moneten haben"). Noch unklarer bleibt Rameaus Versicherung (T. 91, G. 80,₂₇ ff.), er habe den Charakter frisch wie eine Weide (franc comme l'osier = „ohne Falsch"), und zum mindesten steif wirkt es, wenn von einer nicht allzu schwierigen Aufgabe gesagt wird (T. 143, G. 125,₁₈ f.): es war doch kein Meer auszutrinken. Wesentlich besser wird die gleiche Redensart wiedergegeben T. 42, G. 38,₂₇ ff.: Ces passages enharmoniques — — ce n'est pas la mer à boire; Diese enharmonischen Passagen — — sind eben keine Hexerei. Über unnötige Entfernung vom Original ist umgekehrt zu klagen T. 167, G. 146,₁₉: j'y étais comme un coq en pâte; [ich] befand mich köstlich. Besser dafür T. 26, G. 25,₉: Ich war der Hahn im Korbe, wenn schon nicht bestritten werden soll, dafs die deutsche Redensart die französische nicht ganz deckt. Von glücklichen Übersetzungen sei besonders hervorgehoben T. 131, G. 114,₂₇ ff.: Rameau prophezeit den Untergang der Oper: je veux mourir si dans quatre à cinq ans — — il y a un chat à fesser dans le célèbre impasse; — wenn in vier oder fünf Jahren — — die Herren im berühmten Sackgäfschen nicht völlig auf den Hefen sind. Wenigstens das Konversationsmäfsige, Familiäre der fran-

---

[1]) Die Fälle, von denen dies gilt, wären also, streng genommen, dem nächsten Abschnitte zuzuteilen; doch mögen sie gleich hier ihren Platz finden, um von den andern nicht getrennt zu werden.

zösischen Wendung wird gut wiedergegeben T. 30, G. 29,$_{10}$: à propos des bottes; um nichts und wieder nichts. T. 104, G. 92,$_6$ f.: ce que j'avais à lui dire était une autre paire de manches; was ich da zu sagen hatte, war von andrer Sorte. Korrekt, doch etwas kahl T. 134, G. 117,$_{20}$: cela va comme je te pousse; das kommt gelegentlich.

Besondere Beachtung verdienen endlich die zahlreichen kleinen Bejahungen, Verneinungen, Versicherungen, Bekräftigungen, Aufforderungen u. s. w., die Diderots Dialog beleben; die vollwertige Umprägung dieser Kleinmünze der Konversation trägt auch ihr Teil dazu bei, der Übersetzung Goethes ein frisches und ursprüngliches Ansehen zu geben. So T. 8, G. 9,$_{25}$: Oui-dà; Freilich! T. 16, G. 16,$_{14}$: Voyons. Eh bien! Nun, so lafst sehen. T. 17, G. 17,$_9$: Sans contredit; Ganz gewifs. T. 18, G. 18,$_5$: D'accord; Ganz recht! T. 44, G. 40,$_8$: Eh! oui, oui; Ja doch, ja! T. 44, G. 40,$_{28}$: Justement; Getroffen! T. 57, G. 51,$_{16}$: J'entends; Richtig! T. 58, G. 52,$_{18}$: C'est cela; Ganz recht! T. 70, G. 63,$_2$: Oh non! Keinesweges! T. 88, G. 78,$_{28}$ f.: Oh ça; Nun! wie sieht's aus? T. 132, G. 116,$_{11}$ f.: Eh! oui, oui; Eh! ja, ja! Warum nicht gar! u. s. w. Besonders hübsch T. 65, G. 58,$_{13}$ rhetorische Frage statt „ma foi": Ma foi, ça ne sera pas moi! Ich doch wohl nicht? Nicht minder wirksam T. 122, G. 107,$_{19}$ f.: Et vous croyez que c'est là tout? Bon! Und Ihr denkt wohl, das ist alles. Denkt Ihr?

4.

Haben die voraufgehenden Abschnitte Goethe fast durchweg auf der Höhe der Übersetzerkunst gezeigt, so ist doch seine Arbeit — auch abgesehen von der unzureichenden Wiedergabe sprichwörtlicher Wendungen — nicht ganz frei von Stellen, wo er sich zu eng an das Original hält und infolgedessen steif und undeutsch wirkt. Wirklich Ärgerliches findet sich allerdings nur selten, namentlich wenn man berücksichtigt, dafs dies und jenes, was uns fremdartig anmutet, den Zeitgenossen Goethes noch geläufig war, so T. 15, G. 16,$_5$ f.: Cela est même infiniment plus vrai que vous ne le sentez; Das ist sogar unendlich wahrer, als Ihr selbst nicht empfindet. T. 151, G. 132,$_{20}$: vous autres sages; ihr andern Weisen.

Nicht ganz selten zeigt sich Goethe zunächst in der Wortstellung vom Französischen abhängig, namentlich da, wo vor dem Fragesatze ein einzelnes Glied vorweggenommen wird. T. 50, G. 45,$_{25}$ f.: et la méthode, d'où naît-elle? und die Methode? woher kommt sie? T. 158, G. 139,$_{3}$ f.: entre tant de ressources, pourquoi n'avoir pas tenté celle d'un bel ouvrage? bei so viel Fähigkeiten, warum versuchtet Ihr nicht ein schönes Werk? T. 164, G. 144,$_{21}$ f.: Cette lettre de change, de qui la tenez-vous? Diesen Wechsel, von wem habt Ihr ihn? u. a. m. Ähnlich Fälle wie T. 105, G. 93,$_{8}$ f.: mais eux, pour un fou — —, ils en retrouvent cent; aber sie, für einen Narren — — finden sie hundert. Ungeschicklichkeiten anderer Art kommen mehr vereinzelt vor. So erscheint anfechtbar die unveränderte Wiedergabe der französischen Frage ohne Verb T. 47 f., G. 43,$_{15}$ f., $_{22, 26}$: Quoi! point de danse? Point de chant? Point de musique? Wie, keinen Tanz? Keinen Gesang? Keine Musik? wo man erwarten würde: „soll sie denn nicht tanzen lernen? nicht singen? nicht musizieren?" Ferner die Nebenordnung einer attributiven Bestimmung und eines Relativsatzes T. 18, G. 18,$_{24}$ f.: il a produit des fruits d'un goût exquis et qui se renouvellent sans cesse; Früchte des feinsten Geschmacks hat er hervorgebracht und die sich immer erneuern. Ähnlich die Gegenüberstellung ungleichartiger Attribute im Vergleich T. 140, G. 123,$_{13}$ ff.: ce qui rend la poésie lyrique française beaucoup plus difficile que dans les langues à inversions; das macht die französische lyrische Poesie viel schwerer, als in Sprachen, welche Umwendungen zulassen; wir würden erwarten: „die lyrische Poesie im Französischen." Auch eine Apposition wie T. 127, G. 111,$_{24}$ f.: Plus cette déclamation, type du chant, sera forte et vraie; Je mehr diese Deklamation, Muster des Gesangs, stark und wahr ist, kann kaum als deutsch gelten. Von einer einzelnen Person wird man nicht leicht sagen: Es sind die Grazien (ce sont les grâces. T. 106, G. 94,$_{6}$), ebensowenig von einem Schauspieler: Das ist ein seltner Körper (C'est un rare corps. T. 52, G. 47,$_{10}$ f.). Anstöfsig ist nicht minder die Beibehaltung so ausgesprochen französischer

Konstruktionen wie T. 91, G. 80,$_{27}$ f.: En général, j'ai l'esprit rond; Im ganzen habe ich den Geist rund, oder T. 128, G. 112,$_{13}$: qui se sent mourir; der sich sterben fühlt. T. 135, G. 119,$_9$ ff. singt Rameau, ergriffen von einer solchen Entfremdung des Geistes, einem Enthusiasmus so nahe an der Tollheit, dafs etc.; für die „aliénation d'esprit" wird man „Geistesabwesenheit", für das „si voisin de la folie" Relativsatz fordern dürfen. T. 63, G. 56,$_{21}$ f. wird tour d'esprit mit Wendung des Geistes wiedergegeben, obwohl „Veranlagung" leicht hätte aushelfen können, auch tour de ce chant (T. 128, G. 112,$_{17}$) wird durch Wendung dieses Gesanges kaum treffend wiedergegeben. Fremd berührt es auch, wenn von der modernen Musik gerühmt wird, sie verstehe die wahren Töne eines Sterbenden (les vraies voix d'un moribond, T. 128, G. 112,$_{16}$) oder die wahren Klagen der Liebe (les vraies plaintes de l'amour, T. 132, G. 115,$_{27}$) nachzuahmen; schon „wirklich" hätte hier helfen können, besser noch wäre eine kleine Verschiebung, etwa: „die Laute eines wirklich Sterbenden", „die Klagen wahrer Liebe". Ungewöhnlich ferner die Aufforderung, die Rameau an seine Frau richtet, wenn sie im Konzert singen soll: Entführt, überwindet! (enlevez, renversez. T. 176, G. 155,$_{16}$); wir würden dazu mindestens ein Objekt, „die Hörer", oder eine adverbiale Bestimmung, „durch Euern Gesang", erwarten. Recht steif auch T. 134, G. 118,$_7$ f.: à mesure qu'il se passionnait; nach Mafsgabe wie er sich mehr passionierte; u. a. m.

Anderes ist, wenn auch nicht gerade anstöfsig, so doch nicht einwandfrei; so die Wiedergabe von Wendungen wie T. 107, G. 95,$_{14}$ f. [ironische Worte] qui sauvassent du ridicule mon applaudissement solitaire; die mein einzelnes Klatschen vom Lächerlichen retteten; besser etwa: „die meinem einzelnen Klatschen seine Lächerlichkeit benahmen". T. 138, G. 121,$_{12}$ ff.: [ein Mann] qui sort d'un profond sommeil; der aus einem tiefen Schlaf — — hervortritt; besser doch wohl: „erwacht". T. 142, G. 124,$_{27}$ f.: les forces me manquent; die Kraft entgeht mir; der Deutsche braucht in dieser Verbindung „schwinden". Unnötige Abweichung vom Französischen dagegen T. 40, G. 36,$_{18}$ [Rameau gebärdet sich wie ein stark arbeitender Violinvirtuos,] m'offrant l'image du même supplice; das Bild einer ähnlichen Marter vorstellend; aber auch im Deutschen bietet man ein Bild, einen Anblick dar. Anstöfsig übrigens hier und öfters auch anderwärts das nachklappende Partizip.

VII.
Goethes Anmerkungen.

Wir erinnern uns aus der Entstehungsgeschichte des Goetheschen „Rameau", dafs der Plan, Diderots Text mit Anmerkungen zu begleiten, bereits im Dezember 1804, kurz nach Beginn der Übersetzung, feststand und alsbald eifrige und andauernde Studien Goethes auf dem Gebiete der französischen Litteratur zur Folge hatte. Zur Ausführung der Arbeit kam es jedoch erst Ende Februar, Anfang März 1805, wo Goethe etwa 8 bis 10, sowie gegen Ende April, wo er etwa vier Tage mit den Anmerkungen beschäftigt war. Es hat auf den ersten Anblick etwas Befremdliches, dafs er sich einer Aufgabe, die er so sorgfältig vorbereitet und deren Schwierigkeit er so wohl erkannt hatte, so eilfertig entledigte; der Grund dafür wird aber in Goethes unsicheren Gesundheitsverhältnissen zu suchen sein: die kaum begonnene Arbeit wurde am 8. März durch den zweiten Kolikanfall unterbrochen, der dritte, zu Beginn des April, brachte erneuten Aufschub, und die Lust zu nochmaliger eingehender Beschäftigung mit dem Gegenstande mochte sich um so weniger wieder einstellen, als inzwischen der Druck der Übersetzung flott fortgeschritten war. So fanden denn die Anmerkungen einen schnelleren Abschlufs, als es sonst wohl der Fall gewesen wäre, und vermochten offenbar auch ihren Verfasser nicht recht zu befriedigen. Der Brief Goethes, mit dem er am 23. April den gröfsten Teil der Anmerkungen an Schiller absandte, macht den Eindruck, als suche der Schreiber weniger den Adressaten als sich selbst über die Lückenhaftigkeit seiner Arbeit zu trösten, und Schillers Antwort, dafs er die Anmerkungen für so gut wie fertig halte, mag Goethe einen Stein vom Herzen genommen haben. Trotzdem klagte er noch zwei Tage darauf, als er den Rest der Handschrift ablieferte, über den extemporierten Charakter seiner Erläuterungen und sah der Aufnahme, die sie finden würden, mit mehr Resignation als froher Erwartung entgegen, während ein Brief Schillers, der unmittelbar zuvor mit der ersten Hälfte der Anmerkungen an Göschen abging, sie als sehr bedeutend und als eine wertvolle Beigabe zu Diderots Dialog rühmte. Wir lassen die Frage, ob wir dem zaudernden Goethe oder dem freudig anerkennenden Schiller zustimmen sollen, einstweilen noch unerledigt und wenden uns zunächst zu den vorbereitenden Studien Goethes, zu der Frage, aus welchen Quellen er den sachlichen Inhalt seiner Anmerkungen schöpfte.

Die Ausleihbücher der Weimarer Bibliothek verzeichnen in der Zeit von Dezember 1804 bis April 1805 eine stattliche Reihe von — vorwiegend französischen — Werken, die Goethe entliehen hat, offenbar in der Absicht, sich durch ihre Lektüre auf die Anmerkungen zum „Rameau" vorzubereiten. Aber die Ausbeute, die sich bei einer sorgsamen Prüfung dieser Bücher ergiebt, ist auffallend dürftig. Voller Vertrauen nimmt der Forscher wohl zunächst darstellende Werke zur Hand, aber nur um eine völlige Enttäuschung zu erleben. Gleich im Anfang, am 14. Dezember, stöfst man auf eine umfangreiche Litteraturgeschichte, auf das „Lycée" von Laharpe, aus dessen reichem Inhalte sich wohl manches zur Erklärung des „Rameau" hätte verwerten lassen, aber nicht eine Zeile der Goetheschen Anmerkungen steht in unmittelbarem und nachweislichem Zusammenhang mit den vierzehn entliehenen Bänden. Nicht ergebnisreicher verläuft die Prüfung von Bourdelots vierbändiger „Histoire de la musique" (entliehen am 17. Dezember); das 1725 erschienene Werk reichte für die Zeit, wo Diderots Satire spielt, nicht mehr aus, höchstens konnten die geistreichelnden Dialoge des zweiten Bandes, die mancherlei über Lulli und Quinault sowie deren Zeitgenossen und den alten Gegensatz von italienischer und französischer Musik beibrachten, einige allgemeine Belehrung geben. Das „Musikalische Lexikon" des Weimarers Walther (entliehen 2. März) erwies sich als nicht minder veraltet: es war bereits 1732 erschienen und bot nicht viel mehr als eine kümmerliche Kompilation von Namen und Thatsachen. Einen noch unglücklicheren Griff that Goethe, als er sich noch in letzter Stunde (23. April) über Theatergeschichtliches unterrichten wollte, denn die 18 Halbbände einer „Histoire universelle des théâtres" (1779 f.), die er in Weimar vorfand, kamen kaum über die Antike hinaus. Von Werken memoirenartigen Charakters verzeichnet das Ausleihbuch (12. Dezember) den ersten Band der „Nouveaux mélanges extraits des manuscrits de Mme Necker" (1801), aber obwohl diese fesselnde Sammlung von Gedanken und Fragmenten viele geistreiche Worte von und über Diderot und seinen Kreis enthält, scheint sie von Goethe nicht benutzt worden zu sein. Nur mag sie, neben Marmontels Memoiren, seinen Wunsch nach einer eingehenden Schilderung litterarisch einflufsreicher Damen (Artikel Madame de Tencin) wachgerufen haben, denn niemand spielt darin eine gröfsere Rolle als Madame Geoffrin, und auch Madame du Deffand wird häufig erwähnt. Marmontels eben genannte Erinnerungen lernte Goethe schon im Januar aus dem Exemplare Karl Augusts kennen; er entlieh sie gegen Schlufs seiner Arbeit (22. April) von der Bibliothek noch einmal. Auf ihren Einflufs werden wir weiter unten zurückkommen.

Wenigstens etwas ergebnisreicher verläuft die Musterung der französischen Texte, die Goethe studierte, wenn schon man auch hier über die Feststellung allgemeiner Anregungen kaum hinauskommt. Der Einblick in den ersten Band der „Encyclopédie" (28. Februar) mochte ihn dem Geiste des Dialogs näher bringen, die erneute Lektüre der „Religieuse" und des „Jacques le fataliste" (25. Februar) die Gestalt Diderots in festeren Umrissen vor sein Auge treten lassen; wenigstens auf den „Jacques" und seine Vortrefflichkeit nimmt denn auch eine Stelle der Anmerkungen (Artikel Rameaus Neffe) ausdrücklich Bezug. Von älteren Dichtern erscheinen Ronsard (Oeuvres, 5. März) und Marot (Oeuvres, 6. März), von denen aus Goethe den Weg zu du Bartas finden mochte, dessen der Artikel „Geschmack" so anerkennend gedenkt. In den drei entliehenen Bänden Molière fand er u. a. die „Femmes savantes", die als Vorbild von Palissots „Philosophen" für ihn in Betracht kamen. Unklar bleibt dagegen, zu welchem Zwecke er La Bruyère und dessen Vorbild Theophrast zur Hand nahm (25. Februar), und ich würde auf diese Lektüre gar kein Gewicht legen, wenn nicht bei La Bruyère ebenso wie bei Goethe (Artikel Geschmack) an einer Stelle die Namen Marot, Rabelais und Montaigne dicht bei einander stünden. Noch im letzten Augenblick (23. April) entlieh Goethe Montesquieus „Lettres persanes", die in den Anmerkungen gestreift werden. Damit wäre die Reihe der in Betracht kommenden Werke erschöpft, denn Tressans „Corps d'extraits de romans de chevalerie" (14. Januar), als Quelle von Wielands „Oberon" bekannt, dürfte zu den Arbeiten am „Rameau" kaum in Beziehung zu bringen sein, und zu Herders „Kritischen Wäldern" (18. April) werden Goethe schwerlich die paar Hinweise auf Diderot geführt haben. Die Entleihung einer russischen Reisebeschreibung endlich (20. März) steht wohl eher mit Goethes Interesse an der jugendlichen Grofsfürstin Maria Paulowna als mit Diderots Petersburger Aufenthalt in Zusammenhang.

Je ergebnisloser so die Prüfung von Goethes nachweislicher Lektüre verläuft, um so dringender erhebt sich die Frage: woher entnahm er die beträchtliche Menge von Thatsachen, die ihm gewifs nicht alle geläufig waren, woher die Jahreszahlen, die er doch keinesfalls am Schnürchen herzusagen wufste? Eine ganz erschöpfende Antwort vermag ich auf diese Frage nicht zu geben, namentlich nicht für die Artikel über Musiker. Die kurzen Bemerkungen über Alberti und Baron Bagge mögen aus einem Memoirenwerke stammen, die wichtigen Abschnitte über Lulli und Duni — in dem ersteren findet sich ein längeres, anscheinend aus dem Französischen übersetztes Citat — und wohl auch der über Dauvergne rühren vermutlich aus einem musikgeschichtlichen Werke her. Es läge nahe, an Rousseaus berühmte „Lettre sur la musique française" zu denken, doch bietet sie keinerlei Berührungspunkte mit Goethe, und des gleichen Verfassers „Dictionnaire de musique" kommt, als rein theoretisches Werk, überhaupt nicht in Betracht. So vermag ich denn nur über den Aufsatz „Rameau" Rechenschaft zu geben, der nach Goethes eigener Angabe aus Rousseau übersetzt ist: er giebt dessen „Extrait d'une lettre à M. Grimm sur les ouvrages de M. Rameau" (1752) wieder, der in jeder Rousseau-Ausgabe zu finden war. Unterdrückt sind nur der briefartige Eingangs- und Schlufspassus und ein kleines Beispiel, das Rousseau für den Unterschied zwischen Rameau und Lulli anführt.

Was die übrigen Abschnitte anbetrifft, so hat Goethe seine Quelle nur einmal verraten. Am 14. Januar 1805 schickt er an Schiller Marmontels Memoiren und fügt hinzu: „Sie werden darin ein paarmal auf den Finanzmann Bouret stofsen, der uns durch Rameaus Vetter interessant geworden. Haben Sie doch die Güte, mir nur die Pagina zu bemerken, ich kann die wenigen Züge sehr gut für meine Noten benutzen." In der That giebt der Artikel Bouret, wenn auch in ziemlich freier Form und nicht erschöpfend, doch nur Thatsachen wieder, die Marmontel erzählt, der somit hier als einzige Quelle gedient hat. Wer freilich bei Marmontel nach weiterem Einflufs auf Goethe sucht, wird enttäuscht; nur zweimal begegnet er uns noch: zunächst in dem Abschnitte über Madame de Tencin, wo unter Nennung seines Namens seiner reichhaltigen Mitteilungen über schöngeistige Damen gedacht wird, und zweitens in dem Artikel „Rameaus Neffe": denn kein anderer als Marmontel ist einer jener Freunde Diderots, die ihm vorwarfen, „er könne wohl vortreffliche Seiten, aber kein vortreffliches Ganzes schreiben": „aussi a-t-il écrit de belles pages, mais il n'a jamais fait un livre".

So wäre es also noch immer um unsere Kenntnis von Goethes Quellen schlecht bestellt, wenn nicht der Rameau-Forscher Anlafs hätte, die Werke eines Mannes zu studieren, der in Diderots Dialog eine beträchtliche Rolle spielt. Und dabei stellt sich das ergötzlichste Ergebnis heraus: um Goethe zur Erklärung Diderots behilflich zu sein, hat niemand mehr Material hergeben müssen als dessen Todfeind — Charles Palissot!

Fassen wir zunächst die drei Abschnitte ins Auge, die es im besonderen mit Palissot zu thun haben (Palissot, Die Philosophen, Voltaire an Palissot), so wird sofort ersichtlich, dafs Goethe sie nicht verfassen konnte, ohne vorher die Komödie „Les Philosophes" noch einmal durchgesehen zu haben. Er

griff zu diesem Zwecke aber nicht zu einer Einzelausgabe des
Stückes, sondern zu dem Drucke desselben in Palissots Werken.
In welcher Ausgabe ihm diese vorgelegen haben, vermag ich
nicht mit voller Bestimmtheit zu sagen, doch mufs der Band
davon, den er zur Hand genommen, dem zweiten der in Weimar
vorhandenen Londoner Edition von 1763 sehr ähnlich gewesen
sein, wenn er nicht gar damit identisch war.

Hier fand nun Goethe, mit einziger Ausnahme von Palissots
Geburtsdatum, alles und jedes, was seine drei Anmerkungen
an litterargeschichtlichem Material enthalten. Gleich an erster
Stelle stand die Komödie „Le Cercle ou les Originaux", von
deren Aufführung der Kampf zwischen Palissot und den Encyklopädisten seinen Ausgang nahm, und auch das zugehörige
allegorische Vorspiel fehlte nicht; das Datum der ersten Aufführung (die jedoch am 26., nicht am 6. November 1755
stattfand) war auf dem Titelblatte zu finden; über den festlichen Anlafs des Stückes und den Umstand, dafs Palissot
das Werk von seiner Vaterstadt in Auftrag bekommen hatte,
berichtete die Vorrede. Die Komödie selbst scheint Goethe
auch gelesen zu haben, jedoch nur flüchtig, denn es treten
darin zwar ein übertriebener Poet, eine gelehrte Frau und
ein Philosoph auf, aber nicht, wie Goethe behauptet, „anmafs-
liche Gönner und Gönnerinnen", denn einen protzenhaften
Financier und einen preciösen Arzt kann man kaum in diese
Klasse rechnen. Der Charakter des Stückes ist dementsprechend
auch nicht so ausschliefslich litterarisch, wie Goethe annimmt;
dagegen trifft, was seine Technik angeht, die Bezeichnung
„Schubladenstück" durchaus zu. Eine Reihe von Aktenstücken,
die Palissot hinter seinem Lustspiel abdrucken liefs, steuerte
Weiteres bei: der Verfasser gestand darin ausdrücklich, dafs
mit der Figur des paradoxen Philosophen Rousseau gemeint
sei, er berief sich zur Verteidigung seiner Satire auf das
Vorbild Molières; der ganze Streit, zu dessen Zeugen er uns
macht, dreht sich um eine Beschwerde, die d'Alembert beim
König Stanislaus Leszczinski gegen den „Cercle" eingereicht
hatte, nach Palissots (wahrscheinlich unwahrer) Behauptung
ohne besondern Erfolg. Alles dies weifs auch Goethes Note
über Palissot zu berichten.

Für den Artikel „Die Philosophen" genügte eine aufmerksame Lektüre dieses Lustspiels; die Inhaltsangabe Goethes ist gewissenhaft und klar; ob ihm das Stück in der älteren oder der veränderten Fassung vorgelegen hat, wird daraus allerdings nicht ersichtlich. Der zweite Band der Werke von 1763 enthält die ursprüngliche Fassung; doch kann Goethe, wie bereits angedeutet, wohl auch eine andere Ausgabe benutzt haben, wofür man anführen könnte, dafs er das Datum der ersten Aufführung der „Philosophen" dem Londoner Drucke, der es versehentlich übergeht, nicht hätte entnehmen können.

Merkwürdigerweise verdankt Goethe auch die Auszüge aus Briefen Voltaires an Palissot, die über die „Philosophen" und ihren Verfasser ein so vernichtendes Urteil fällen, diesem letzteren selbst: in schwer begreiflicher Naivetät oder Verblendung hatte Palissot die Korrespondenz, die er mit dem Alten von Ferney über seine Komödie geführt hatte, den „Philosophen" als Anhang beigegeben. Von den drei Briefen Voltaires hat Goethe nur die beiden ersten (Aux Délices, 4. Juni und 23. Juni 1760), und auch diese nur auszugsweise, übersetzt. Aus jenem hat er die Hauptstelle mit sicherer Hand herausgehoben; man könnte höchstens aussetzen, dafs sie in ihrer Vereinzelung einen viel feindseligeren Eindruck macht als im Zusammenhange des ganzen Briefes. Weniger Glück hatte Goethe mit dem zweiten Briefe, von dem er ungefähr die ersten zwei Drittel übertrug: er berücksichtigte nicht genügend, dafs die heftigen Vorwürfe sich hier gar nicht gegen die „Philosophen" selbst, sondern gegen eine von Palissot später unterdrückte Vorrede richteten. Auffallend ist ferner, dafs die Übersetzung mitten im Gedanken abbricht. Es könnten, so meint Voltaire, Palissots Anschuldigungen gegen die Encyklopädisten einem Fürsten oder einer hochgestellten Persönlichkeit in die Hände fallen, die wohl Zeit habe, Palissots Vorrede flüchtig zu lesen, aber nicht die Werke der angeschuldigten Autoren zu vergleichen. Das Original setzt dann die Gefahren, die daraus entstehen könnten, auseinander; Goethe dagegen läfst diese notwendige Ergänzung des Gedankens unterwegs, sodafs man fast annehmen möchte, er habe infolge der Unterbrechung seiner Arbeit bei Zusammenstellung der Anmerkungen eine unfertige Übersetzung in getrübter Erinnerung für vollständig angesehen. Einige kleinere Auslassungen haben ihre Ursache darin, dafs Palissot den Text der Voltaireschen Briefe nicht ganz vollständig giebt, was in einem Falle eine unrichtige Auffassung Goethes zur Folge gehabt hat: Voltaires Originalbrief kam darauf zu sprechen, dafs Abraham Chaumeix dem Minister Joly de Fleury ein Mémoire gegen die Encyklopädie eingereicht habe, worauf das Parlament dieser ihr Privileg entzogen habe. Palissot dagegen unterdrückt den Namen des Ministers sowohl wie die Erwähnung des Parlaments und seiner Mafsregel, bei ihm heifst es nur: „Un Abraham Chaumeix s'avise de donner . . . . . un mémoire contre l'Encyclopédie"; daraus hat denn Goethe eine blofse Schrift gegen die Encyklopädie gemacht, von der der Leser schwerlich begreifen wird, wie sie die Encyklopädie in so üble Umstände gebracht haben soll.

Bei seiner Beschäftigung mit Palissot mufs Goethe darauf aufmerksam geworden oder daran erinnert worden sein, dafs der federfertige Verfasser der „Philosophen" auch um den Ruhm eines wohlbeschlagenen Litterarhistorikers gebuhlt hatte: seine „Mémoires pour servir à l'histoire de notre littérature depuis François Ier jusqu'à nos jours", 1769 zum ersten Mal erschienen, lagen seit 1803 in einer neuen zweibändigen Ausgabe vor und empfahlen sich zur Benutzung schon durch ihre bequeme alphabetische Ordnung. Es ist gar kein Zweifel, dafs Goethe dieses Schriftstellerlexikon bei Abfassung seiner Anmerkungen ausgiebig zu Rate gezogen hat; er entnimmt ihm nicht nur Thatsächliches (so z. B. die Geburts- und Sterbedaten der Autoren mit allen Fehlern)[1], sondern, teils widersprechend, teils zustimmend, auch Palissotsche Gedanken und Urteile. Nicht minder dürfte die alphabetische Form der Goetheschen Erläuterungen auf das Vorbild des Franzosen zurückgehen.

Palissots Einflufs läfst sich in den Anmerkungen ohne Schwierigkeit auf Schritt und Tritt erkennen. So tritt er gleich zu Anfang, in der Note über d'Alembert, deutlich zu Tage:

---

[1] Verbessert ist nur d'Alemberts Todesdatum, 1783, nicht, wie bei Palissot steht, 1785.

Goethe weist darauf hin, dafs Mifsgünstige diesen Schriftsteller nur als Mathematiker, nicht als Litteraten wollten gelten lassen; solche feindselige Naturen, meint er, liebten es, treffliche Männer in ihr Verdienst gleichsam einzusperren und zu sagen, zu ihrem Ruhme hätten sie dieses und jenes nicht unternehmen sollen. Es ist niemand anders als Palissot, der Goethes Unwillen erregt: gerade er scheidet in der bezeichneten Weise zwischen dem Mathematiker und Litteraten d'Alembert, um schliefslich sein Urteil in den Satz zusammenzufassen: „nous croyons que, pour sa gloire, il eût dû se renfermer dans les sciences exactes". Der übernächste kleine Artikel „Baculard" liefs sich fast ganz aus Palissot zusammenstellen: dafs der Dichter früher den Namen d'Arnaud geführt habe, dafs er erst galante Gedichte, dann die Schauertragödien „Le comte de Cominges" und „Euphemie" verfafst, alles das stand dort zu lesen, und Palissot war es auch, der versicherte, in diesem letzteren Werke gebe es „des cercueils, des fosses entr'ouvertes, des ossemens, des têtes de mort, tout cet appareil funéraire"; mit nur geringer Änderung redet Goethe von dem „fürchterlichen Apparat von Gewölben, Gräbern, Särgen und Mönchskutten". Bei dem Stichwort „Bret" schliefst sich Goethe sogar dem Urteil seines Gewährsmannes eng an: der Autor ist schwach (comédies écrites sans verve) und nachlässig (et d'un style beaucoup trop négligé), und zu der von ihm veranstalteten Molièreausgabe reichten seine Kräfte nicht hin (le mérite commun de l'esprit ne suffisait pas pour se charger d'une pareille entreprise). Ganz ähnliche Berührungen begegnen unter „Dorat": wie Goethe nennt ihn auch Palissot einen „fruchtbaren, angenehmen Dichter" (esprit léger et agréable), dessen kleinere Stücke man wohl gelten lassen könne, während von dem Dramatiker nichts zu halten sei. Den Artikel „Fréron" ferner eröffnen bei Goethe die Worte: „Ein Mann von Kopf und Geist, von schönen Studien und mancherlei Kenntnissen", bei Palissot: „Avec beaucoup d'esprit naturel, une éducation cultivée" etc.; ganz ähnlich wie bei Goethe wird dann Frérons Neigung hervorgehoben, auf Kosten grofser Männer litterarische Pygmäen in die Höhe zu bringen, auch der Erfolg seiner Blätter und die unaufhörlichen Angriffe auf Voltaire werden hervorgehoben. Von den Noten über Marivaux, Palissot selbst und Poinsinet rühren nur die Jahreszahlen aus den „Mémoires" her, auch der Artikel d'Olivet benutzt sie höchstens als sekundäre Quelle. Dagegen findet bei der Würdigung Montesquieus wieder eine enge Berührung statt: Goethe und Palissot sind ganz einig darin, dafs in seinen „Lettres persanes" mehr zu suchen ist als blofser Scherz: „il y traite souvent les objets les plus graves avec cette hardiesse et cette profondeur qui ont caractérisé depuis l'immortel ouvrage de l'Esprit des loix" — „[es] weifs der Verfasser seine Nation auf die bedeutendsten, ja die gefährlichsten Materien aufmerksam zu machen, und schon ganz deutlich kündet sich der Geist an, welcher den Esprit des loix hervorbringen sollte". Über Piron kommt es umgekehrt zu einer scharfen Meinungsverschiedenheit: Goethe tadelt die lächerliche Anmafsung der französischen Kritiker, welche über mangelnde Strenge bei der Sammlung von Pirons Werken sehr wenig berechtigte Klage führten, und nimmt seinerseits gerade die leichteren Stückchen des gefälligen und liebenswürdigen Dichters entschieden in Schutz. Wie bei d'Alembert, so ist es auch hier Palissot, der ihn geärgert hat; dieser läfst von Piron aufser der „Métromanie" nur wenige kleinere Stücke gelten: „Tout cela", fügt er hinzu, „formerait à peine un volume; et des éditeurs indiscrets ont publié les œuvres de ce poète en sept gros tomes". Schliefslich zeigt sich Goethe noch bei Würdigung des Abbé Trublet abhängig von den „Mémoires", und zwar in besonders hohem Mafse: Trublet, so berichtet er, war durchaus Parteigänger von Fontenelle und La Motte, er „brachte überhaupt sein Leben in Beschauung und Anbetung dieser beiden Männer zu", und fast wörtlich so lesen wir bei Palissot: „M. l'abbé Trublet passa la meilleure partie de sa vie dans une respectueuse contemplation entre MM. de Fontenelle et de La Motte". Diese beiden letzteren Männer nennt Goethe „mehr zur Prosa als zur Poesie geneigt", wie sie sich denn auch bestrebt hätten, „die erstere auf Kosten der letzteren zu erheben". Wenigstens was La Motte anbetrifft, stimmt er auch hier zu Palissot, der dem Fabeldichter seine nüchtern-lehrhafte Manier und seine zähe Abneigung gegen den Vers nicht minder zum Vorwurf macht. Auch die mutwilligen Scherze Voltaires gegen Trublet und dessen beharrliches Warten auf einen Sitz in der Akademie sind in den „Mémoires" so wenig vergessen wie bei Goethe, dessen Abhängigkeit von Palissot wir nach alledem nicht gering werden anschlagen dürfen.

Neben diesen Hauptquellen für die litterarischen Anmerkungen müssen nun allerdings auch noch andere, minder wichtige in Betracht kommen, die zu entdecken mir nicht gelungen ist. Kleinere Artikel, wie die über Batteux, Carmontelle, Destouches, Marivaux, den Kardinal Tencin und ebenso der hervorragende über Voltaire liefsen sich freilich aus dem Ärmel schütteln, für einzelne Angaben, wie das Erscheinungsjahr von Brets „Faux généreux" oder Sabatiers „Histoire des trois siècles", genügte ein Blick auf das Titelblatt des betreffenden Werkes. Anderwärts scheint Goethe aber doch neben Palissot noch andere Gewährsmänner gehabt zu haben: so fehlt der Name Le Blanc in den „Mémoires" ganz; von Dorat versichert Palissot, dafs er gegen den Ruhm auffallend gleichgiltig gewesen sei, während Goethe behauptet, das unglückliche Bühnenschicksal seiner Dramen habe ihn sehr gekränkt; auch die Abschnitte über d'Olivet, Piron, Poinsinet und sogar der über Trublet enthalten sachliche Einzelheiten, die aus Palissot nicht zu entnehmen waren. Es läge nahe, an eine Benutzung von Sabatiers eben genannten „Trois siècles de la littérature française" zu denken, da dieses im Dialog erwähnte und Goethe wohlbekannte Werk demjenigen Palissots nach Charakter und Anordnung nahe verwandt war, aber eine Prüfung der einschlägigen Abschnitte verläuft gänzlich ergebnislos. Wir werden uns darüber umso eher trösten können, als es sich bei den Angaben, deren Herkunft wir somit nicht nachzuweisen vermögen, meist um unwesentliche Dinge handelt.

Inwiefern sind nun die Anmerkungen, in denen eine Fülle eigener Gedanken Goethes das dürre Thatsachenmaterial umrankt, dazu geeignet, den Leser in das Verständnis des Diderotschen Dialogs einzuführen?

Der Hauptaufgabe des Erklärers zunächst, das übersetzte Werk als Ganzes ins rechte Licht zu stellen, ist Goethe trotz der Knappheit seiner Würdigung vortrefflich gerecht geworden

(Anmerkung Rameaus Neffe); was ihm an äufseren Hilfsmitteln zur Erklärung des Dialogs abging, hat er durch feinen künstlerischen Sinn und tiefe Einsicht in Diderots Wesen und litterarischen Charakter reichlich ersetzt. Zwei Hauptfähigkeiten Diderots sind es, auf die er das künstlerische Ganze zurückführt: einmal sein vielbestrittenes, aber unzweifelhaft hervorragendes Kompositionstalent und zum andern seine geradezu geniale, erst neuerdings durch Marmontels Memoiren wieder in Erinnerung gebrachte Befähigung zur Konversation. Auch über die ideellen Elemente, aus denen der Dialog sich zusammensetzt, hat Goethe sich sorgsame Rechenschaft gegeben: er unterscheidet den Kampf gegen Heuchelei und Schmeichelei überhaupt, die Übertragung dieses Kampfes auf Diderots litterarische Gegner im besondern, und endlich die Erörterungen über französische Musik. Wenn ich ihn recht verstehe, nimmt er an, dafs diese drei Dinge im wesentlichen der Reihe nach abgehandelt werden, woraus hervorgehen würde, dafs er die Gliederung des Werkes wohl verstanden hätte. Befremdlich ist nur die generelle Bedeutung, die Goethe dem ersten der drei Teile beimifst; es wird sich dies aber einfach daraus erklären, dafs er den Neffen Rameaus als eine vorwiegend typische Gestalt ansah, ein Irrtum, der umso näher lag, als Goethe über den wirklichen Neffen und seine Persönlichkeit nicht unterrichtet sein konnte. Umso höher müssen wir es ihm anrechnen, dafs er es bei dieser typischen Auffassung nicht bewenden läfst: für ihn dient Rameaus Befähigung und Begeisterung für musikalische Kunst nicht nur dazu, den verächtlichen Gesellen in sympathischerem Lichte zu zeigen, sondern durch dieses künstlerische Talent wird der typische Vertreter der Schmeichelei und des Schmarotzertums zugleich doch auch ein besonderes Individuum, ein Wesen, das als ein Rameau, als ein Neffe des grofsen Rameau, lebt und handelt — ein kühner, aber jedenfalls geistvoller Versuch, auch dem musikalischen Teile im Gewebe des Ganzen seine rechte Stelle anzuweisen. Die kunstvolle Verschlingung dieser von vornherein angelegten Fäden, die trotz der einfachen Voraussetzungen so reiche Abwechslung des Dialogs, die überzeugend echte Darstellung des Pariser Milieus sind Goethe nicht ent-

gangen, und selbst der Gipfel der Keckheit scheint ihm mit
wohlüberlegtem Bewufstsein erreicht; kurz, aber scharf hebt
er diese Vorzüge des klassischen Werkes hervor.

Über seine Datierungsversuche ist bereits oben gesprochen
worden. Es verdient alle Anerkennung, dafs er sich durch
Auffindung eines späten Datums (Sabatiers „Trois siècles",
1772) nicht beirren liefs, sondern in klarer und sicherer Erkenntnis der hervorragenden Bedeutung, die Palissots „Philosophen" für den Dialog haben, dessen Entstehung annähernd
richtig ins Jahr 1760 setzte; die beiden anderen ihm bekannten
Daten — Brets „Faux généreux" von 1758 und Rameaus des
Onkels Tod, 1764 — mochten ihm allerdings diesen Entschlufs erleichtern.

Die übrigen Anmerkungen beschäftigen sich der grofsen
Mehrzahl nach mit Persönlichkeiten, die im Dialog eine Rolle
spielen oder wenigstens erwähnt werden. Wir erinnern uns,
dafs Goethe bei Übersendung des Manuskripts an Schiller
schrieb, er habe noch nicht die Hälfte der vorkommenden
Namen erschöpft, aber doch wohl die Hauptpunkte erledigt;
den mehr zufälligen und aufs Leben bezüglichen Dingen
könne man bei der zeitlichen und örtlichen Entfernung
doch nicht auf den Grund kommen, die Theaternamen seien
zudem bekannt und nicht von sonderlicher Bedeutung. Indessen läfst sich nicht verkennen, dafs Goethe hier aus der
Not eine Tugend macht: seine Anmerkungen, die nicht
einmal ein Drittel der vorkommenden Personen behandeln,
leiden unter dieser sehr begreiflichen und verzeihlichen
Lückenhaftigkeit doch ziemlich empfindlich, und ganz besonders
gilt dies von den Dingen, die das Tagesleben und das Theater
betreffen. Der Leser möchte gern mehr solche unterrichtende
Artikel haben wie den über den Financier Bouret oder den
blutigen Dilettanten Bagge, er fragt sich vergebens, wer denn
eigentlich Bertin ist, der doch im Dialog eine so überaus
wichtige Rolle spielt, wo er Montsauge und Vilmorien unterzubringen hat, wo Herrn Viellard, oder was es mit dem
Porzellan des Herrn von Montamy auf sich hat. Wohl mag
er die Namen Clairon, Préville, Dumesnil kennen, aber gewifs
nicht den der viel wichtigeren Mlle Hus, und für einen Wink,

dafs die Damen Deschamps und Guimard Baletteusen, die Herren Rebel und Francœur Direktoren der grofsen Oper waren, würde er sehr dankbar sein. Nicht viel besser steht es, wenn wir zu den Musikern übergehen: zwar über Haupterscheinungen, wie Lulli und Duni, zeigt sich Goethe ausreichend unterrichtet, aber dafs er in seiner Note über Rameau den Onkel einem so ausgesprochenen Parteigänger wie Rousseau das Wort erteilt, ist doch wohl nicht ganz unbedenklich. Man sieht auch nicht ein, warum so nebensächliche Figuren wie Alberti und Dauvergne ihre eigenen Noten bekommen, während Pergolese, Hasse, Jomelli, Traëtta und andere stillschweigend übergangen werden. Könnte man nun auch annehmen, dafs in allen diesen Fällen Goethes Schweigen ein mehr oder minder unfreiwilliges sei, so belehrt uns dagegen eine Musterung seiner Aussprüche über Dichter und Litteraten, dafs seine Arbeit doch auch von Flüchtigkeiten und Willkürlichkeiten nicht frei ist. Erst in letzter Stunde bemerkte er, dafs seine Anmerkungen den Dichter Le Mierre behandelten, während der Text von der gleichnamigen Schauspielerin redete; er widmete dem Dichter Destouches eine kurze Note, während Diderot unverkennbar von dem Musiker dieses Namens sprach. Es ist ferner nicht einzusehen, warum die Anmerkungen auf Marivaux zu sprechen kommen, auf den in einem Atem mit ihm genannten Crébillon dagegen nicht, weshalb d'Alembert genannt, Duclos und Helvétius aber übergangen werden, oder weshalb Voltaire, der im Dialog nur eine untergeordnete Rolle spielt, so eingehend gewürdigt wird. Überhaupt ist die Behandlung recht ungleichmäfsig: knappe, fast dürftige Notizen wechseln, ohne dafs der Gegenstand es immer rechtfertigte, mit breiten Erörterungen ab. Das Ganze trägt, wie Goethe selbst treffend bemerkte, einen ausgesprochen extemporisierten Charakter.

Trotzdem wäre es kleinliche Schulmeisterei, den Anmerkungen Goethes ihren Wert für die Erklärung des Dialogs absprechen zu wollen. Zwar kann kaum eine der anderen Noten so viel unmittelbare Bedeutung beanspruchen wie die eingehende Würdigung Palissots und seiner „Philosophen", die uns so recht in den Mittelpunkt von Diderots Satire führt und neben reichhaltigem Material eine treffliche, wenn auch durch Rücksicht auf den noch lebenden Helden hie und da etwas vorsichtige Charakteristik von Diderots Hauptfeind giebt; aber auch unter den übrigen, ob grofs oder klein, wird man wenige finden, die nicht über den Gegenstand, den sie behandeln, wenigstens genügende Auskunft geben; hie und da, wie in den Absätzen über d'Alembert und Montesquieu, werden auch Einzelstellen glücklich erklärt. Alles, was darüber hinausgeht — mag es nun Mitteilung von Thatsachen oder von eigenen Gedanken Goethes sein, müssen wir als Geschenk betrachten, als Entschädigung für das, was uns die Anmerkungen sonst vermissen lassen — und mit Geschenken, namentlich von seinem Eigenen, hat Goethe nicht gekargt.

Diese Betrachtungen Goethes sind es, die den hauptsächlichen Wert seiner Anmerkungen ausmachen: sie können sich zum grofsen Teil neben dem Geistvollsten und Vortrefflichsten sehen lassen, was wir von ihm besitzen, und es ist nicht genug zu bedauern, dafs sie sich an so entlegener Stelle verbergen. Für seine Kunst- wie seine Lebensanschauung enthalten sie Beiträge von hervorragender Bedeutung, die wohl eine eingehendere Würdigung verdienen.

Vor allem fesselte den Verfasser der Anmerkungen die Eigenart französischer Denk- und Kunstweise. Über die Litteratur unserer westlichen Nachbarn, die in Deutschland bisher meistens zu steif, das heifst entweder als Muster oder umgekehrt als Gegenstand feindseligen Mifswollens behandelt worden, sich einmal in freier Objektivität auszusprechen, dazu boten ihm die Erläuterungen zum „Rameau" eine willkommene Gelegenheit. Es soll nicht bestritten werden, dafs Goethe dabei das Werk, welches er erklärt, ziemlich weit aus den Augen verliert, aber doch wird gerade der verständnisvolle Leser lieber eine oder die andere Note sachlichen Charakters als diese geistvollen Erörterungen entbehren wollen. Seinen Ausgang nimmt Goethe von einer Stelle des Dialogs, an welcher Diderot seine Landsleute witzig verspottet, weil sie, mit oder ohne Begriff, immer das Wort „Geschmack" im Munde führen und einem Kunstwerke kaum einen schlimmeren Vorwurf glauben machen zu können, als wenn sie ihm den Geschmack absprechen. Für den Leser des „Rameau" würde die einfache Feststellung dieser Thatsache genügt haben; aber Goethe giebt sich nicht damit zufrieden, vielmehr nimmt er die Gelegenheit wahr, sich ernsthaft die Frage vorzulegen, was es mit diesem vielberufenen Geschmack denn eigentlich auf sich habe. Er vermag zwar noch nicht, wie die neuere Forschung, bis auf den Ursprung des Begriffes bei dem geistvollen Balthasar Gracian zurückzugehen, hat aber doch treffend beobachtet, daſs der Sinn des Wortes am Ende des siebzehnten Jahrhunderts noch nicht so fest steht wie später, daſs man in jener Zeit, um sich verständlich zu machen, noch von gutem und schlechtem Geschmack reden muſs. Erst das Siècle de Louis XIV. fixiert den Begriff. Diese Feststellung findet ihren Ausdruck darin, daſs jenes Zeitalter einer groſsen, aber vorwiegend verstandesmäſsigen Kultur alle Dicht- und Spracharten genau sondert, und zwar nach dem Gesichtspunkte des Stoffes: bestimmte Gedanken, Vorstellungen, Ausdrucksweisen werden an bestimmte Kunstgattungen festgeknüpft. Goethe spricht es nicht geradezu aus, daſs eine derartige Kunstauffassung nur in einer Zeit hoch entwickelter gesellschaftlicher Kultur zur Herrschaft kommen konnte, daſs die feste und überaus reiche Gliederung geselliger Konventionen auch in der Kunst zum Ausdruck kommen muſste: aber man liest diesen Gedanken zwischen den Zeilen, wenn er äuſsert, daſs man damals die verschiedenen Dichtarten wie verschiedene Sozietäten behandelt habe; kommt er doch auch an anderer Stelle (Anmerkung Madame Tencin), wo es sich darum handelt, den Einfluſs der Frauen auf die französische Litteratur zu erklären, auf die ausgesprochen gesellige Natur der ganzen Nation zurück.

Sobald diese konventionelle Kunstauffassung durchgedrungen war, sobald der „Geschmack" die Herrschaft erlangt hatte, konnte es nicht ausbleiben, daſs treffliche Leistungen der Vergangenheit einer unberechtigten Verachtung und Vergessenheit anheimfielen. .Denn beginnt schon ohnehin gegenüber dem genialen oder tüchtigen Manne, dem es nicht gelingen will, die Elemente seiner Schöpfung so recht zu einer Einheit zu verschmelzen, leicht ein Loben und Tadeln im einzelnen, so vermag er vor dem Richterstuhle so strenger Regeln garnicht zu bestehen: ein lehrreiches Beispiel hierfür bietet das Schicksal des braven Seigneur du Bartas, der trotz mancher schätzbaren Verdienste bei seinen Landsleuten nie mehr wird zu Ehren kommen können. Über die Wirkung eines solchen gefestigten Kunstprinzips auf die Zeitgenossenschaft und Folgezeit verrät die Anmerkung „Geschmack" nichts, wohl aber sprechen sich andere Noten Goethes (Piron, Duni, Musik) mehr oder minder deutlich darüber aus: danach hätte der frei schaffende Künstler, der Dichter sowohl wie der unter ähnlichen Voraussetzungen arbeitende Musiker und Maler, derartigen Anforderungen gegenüber einen schweren Stand. Ein befähigtes und glückliches Talent wie Piron liefs sich nach den herrschenden Anschauungen nicht rangieren und mufste sich den Vorwurf gefallen lassen, keinen Geschmack zu besitzen; Duni und seine Genossen stiefsen trotz ihrer trefflichen musikalischen Leistungen vielfach auf Widerstand, weil die Franzosen, ungeachtet aller Lebhaftigkeit, an hergebrachten Formen hängen und selbst in ihren Vergnügungen eine gewisse Eintönigkeit nicht gewahr werden. Mit der Zeit konnte es denn auch nicht ausbleiben, dafs dieses Hängen am Herkömmlichen zur Manier, zum Fratzenhaften wurde, wie wir es um die Mitte des 18. Jahrhunderts in französischer Poesie, Malerei, Musik wahrnehmen, bis der immer lauter werdende Ruf nach Natur ertönt und ein freieres Geschlecht an den alten Fesseln zu rütteln beginnt.

Trotzdem somit Goethe den übeln Wirkungen der französischen Geschmacksherrschaft gegenüber sein Auge keineswegs verschliefst, ist er doch weit davon entfernt, eine solche konventionelle Kunstauffassung, welche die Dichtungsarten fast wie verschiedene Sozietäten ansieht, zu verpönen; es ist ihm vielmehr mit der objektiven Würdigung dieser Erscheinung so völliger Ernst, dafs er zu dem Ergebnis kommen kann: „Man sollte darüber nicht mit ihm [dem Franzosen] rechten, sondern einzusehen trachten, inwiefern er recht hat. Man kann sich freuen, dafs eine so geistreiche und weltkluge Nation dieses Experiment zu machen genötigt war, es fortzusetzen genötigt ist." Zu Diderots Dialog, dessen Verfasser mit der klassischen Überlieferung in offenem Widerspruch stand, will diese Bemerkung freilich nicht recht passen, dagegen erinnert sie uns unwillkürlich an Goethes frühere Bemühungen, den ausartenden deutschen Theatergeschmack mit Hilfe Voltairescher Tragödien wieder ins Gleis zu bringen. Es scheint dies kein Zufall zu sein: gerade einen Tag, bevor Goethe Schiller mitteilte, daſs er in den Anmerkungen sich frei und unparteiisch über französische Litteratur auszulassen gedenke, am 25. Februar 1805, verzeichnet der Spielplan des weimarischen Theaters eine Aufführung des Goethe-Voltaireschen „Tankred"; vier Wochen zuvor, am 30. Januar, war Racines „Phädra", mit deren Übersetzung Schiller in Goethes Fuſstapfen getreten, zum erstenmal über die Bretter gegangen, und am 18. Februar wurde diese Vorstellung wiederholt.

So weitherzig sich Goethe aber auch der französischen Kunstauffassung gegenüber zeigt, so ist er doch keineswegs gewillt, ihr ernstere Zugeständnisse zu machen. Er stellt vielmehr dem französischen Ideal ein germanisches entgegen, wenn er nachdrücklich betont, daſs im höheren Sinne alles darauf ankomme, welchen Kreis seiner Wirksamkeit, welche Elemente zum Bilden das Genie sich selbst bezeichne. Es wird dabei teils durch eignen inneren Trieb, teils durch die Nation und das Jahrhundert bestimmt, für welches es schafft. Diese Rücksicht auf zeitliche und örtliche Bedingungen, weit entfernt, dem Genie zum Vorwurf zu gereichen, gestattet ihm vielmehr eine konzentriertere Anwendung seiner weitreichenden Kräfte und ermöglicht ihm eine reichere, vollere Einwirkung auf die genieſsende Menge: ein Shakespeare und Calderon bestehen vor dem höchsten ästhetischen Richterstuhl untadelig. Und mag auch die Sonderung der Dicht- und Redearten in der Natur der Sache liegen, niemand kann sie doch vornehmen als der Künstler selbst, der aus seinem glücklichen Gefühl heraus schon die rechte Entscheidung treffen wird. Denn der Geschmack ist dem Genie angeboren, wenn er auch nicht bei jedem zur vollkommenen Ausbildung gelangt. Wohl mag es gut sein, wenn nebenher auch die Nation Geschmack hat: nur leider ist der Geschmack unproduktiver Naturen meist verneinender Art und für den Schaffenden eher hemmend als fördernd. Wenn es den Griechen geglückt ist, die Dichtarten geschmackvoll zu läutern und zu sondern, so ist doch ihr

Muster für uns nicht unbedingt verbindlich: „Wir haben uns anderer Voreltern zu rühmen und haben manch anderes Vorbild im Auge. Wäre nicht durch die romantische Wendung ungebildeter Jahrhunderte das Ungeheure mit dem Abgeschmackten in Berührung gekommen, woher hätten wir einen Hamlet, einen Lear, eine Anbetung des Kreuzes, einen standhaften Prinzen? Uns auf der Höhe dieser barbarischen Avantagen, da wir die antiken Vorteile wohl niemals erreichen werden, mit Mut zu erhalten, ist unsere Pflicht, zugleich aber auch Pflicht, dasjenige, was andere denken, urteilen und glauben, was sie hervorbringen und leisten, wohl zu kennen und treulich zu schätzen." Unter welchen Einwirkungen Goethe diese Gedankenreihe entwickelte, kann kaum einem Zweifel unterliegen. Schon bei Shakespeares Namen könnte man sich daran erinnern, dafs in den Jahren 1797 bis 1801 die ersten sechzehn Stücke von August Wilhelm Schlegels Verdeutschung erschienen waren, die nicht verfehlen konnten, Goethes Verehrung für den grofsen Briten neu zu beleben, wie er denn auch vor kaum anderthalb Jahren, im Oktober 1803, den Versuch gewagt hatte, den „Julius Cäsar" in der Schlegelschen Fassung auf die Weimarer Bühne zu bringen. Sicher weist auf Einflüsse von dieser Seite die Erwähnung Calderons hin: kein anderer als wiederum August Wilhelm Schlegel war es gewesen, der durch seine Übersetzungen, namentlich durch die „Andacht zum Kreuze" und den „Standhaften Prinzen", die er beide Goethe 1802 und 1804 noch in der Handschrift mitteilte, dessen Herz für den spanischen Meister im Sturm erobert hatte. Nicht minder aber als Goethes uneingeschränkte Bewunderung für die beiden Haupttheiligen des jungen Geschlechts weist die Art und Weise, wie er die unleugbare Bedeutung des Mittelalters nicht nur für Shakespeare und Calderon, sondern auch für die Gegenwart anerkennt, auf seine Berührung mit der Romantik hin. Aber eben hier ist es auch, wo Goethe mit fester Hand die Grenze zieht, die ihn von den Romantikern scheidet: die Vorteile, die uns das Mittelalter gegeben, werden rundweg als barbarische bezeichnet, die wir ungebildeten Jahrhunderten verdanken und nur deshalb benutzen und bewahren sollen, weil wir die antiken Vorzüge doch wohl nie erreichen werden.

Das war üble Musik für die Schlegel und Genossen, und die Art, wie August Wilhelm Schlegel Goethes Worte aufnahm, zeigt, daſs er recht gut verstand, was sie zu bedeuten hatten.

Wie sich hier Betrachtungen über das Wesen des französischen Geistes und des Genies begegnen, so ähnlich in dem vielberufenen Abschnitte über Voltaire. Es ist bekannt, wie hoch Goethe diesen einzigartigen Mann schätzte; es ist auch begreiflich genug, weshalb sein Bild auch ohne äuſseren Anlaſs dem Übersetzer des „Rameau" wieder besonders deutlich vor Augen trat. Goethe hat in späteren Jahren einmal den Ausspruch gethan, es sei eigentlich Voltaire gewesen, der Geister wie Diderot, d'Alembert, Beaumarchais heraufgehetzt habe; gewiſs begleitete ihn schon bei seiner Arbeit 1805 ein ähnliches Gefühl: wer so wie Goethe mit Voltaire vertraut war, mochte in Diderots Dialog wohl manchen Funken seines Geistes aufblitzen sehen. Ist doch für Goethe Voltaire der französische Schriftsteller $\kappa\alpha\tau'$ $\dot{\varepsilon}\xi o\chi\dot{\eta}\nu$, ähnlich wie Ludwig XIV. der französische König im höchsten Sinne ist: in ihm verdichten sich Eigenschaften und Fähigkeiten zahlloser Vorgänger, um dadurch nur umso klarer und bestimmter zum Ausdruck zu kommen. Um die Vielseitigkeit der Voltaireschen Begabung ins rechte Licht zu setzen, entwirft dann Goethe eine umfängliche, freilich nicht allzu sorgsam geordnete Liste derjenigen Eigenschaften, die man im allgemeinen und ganz besonders in Frankreich von einem geistvollen Manne fordere. Wohl gemerkt: von einem **geistvollen Manne** — der Schriftsteller, der die ganze französische Litteratur in sich konzentriert, wird trotzdem nicht, wie Shakespeare und Calderon, in die Klasse der Genies gerechnet; er hat, wie es später heiſst, „mit seinen Fähigkeiten und Fertigkeiten die **Breite** der Welt ausgefüllt — — und dadurch seinen Ruhm über die Erde ausgedehnt"; die **Tiefe** der Anlage, und damit doch wohl auch die Wirkung in die Tiefe, wird ihm neben der Vollendung ausdrücklich abgesprochen. Aufs deutlichste geht daraus wieder hervor, daſs Goethes Hochachtung vor der französischen Litteratur ihre Grenzen hat, und zwar ist es auch hier wieder der vorwiegend konventionelle Charakter dieser Litteratur, der ihm Zurückhaltung auferlegt. Das läſst sich, wie mir scheint, aus seiner Aufzählung der Eigenschaften des „geistvollen Mannes" deutlich genug ersehen: wohl besitzt dieser eine Fülle der schönsten Gaben der Natur und des Geistes, aber daneben eine noch beträchtlichere Menge von allerlei geselligen und gefälligen Talentchen, denen vergleichsweise nur geringes Gewicht zukommen kann. Neben Genie, Talent, Verstand, Richtigkeit, Gefühl, Sensibilität sind zunächst (lebendige) Anschauung, Erhabenheit (der Empfindung), Mannigfaltigkeit, Fülle, Reichtum, Fruchtbarkeit, Wärme, Magie sein eigen; unter seinen menschlichen Qualitäten stechen Naturell (wir würden sagen: Persönlichkeit), Verdienst und Adel (der Gesinnung) hervor. Alle diese Eigenschaften teilt er noch mit dem Genie: aber schon der „schöne Geist" und der „gute Geschmack" führen uns ins Gebiet der Konvention; gesellschaftliche Vorzüge wie „Schickliches, Ton, guter Ton, Hofton" werden wir erst recht von dem wahrhaft Grofsen nicht fordern, und „Anmut, Grazie, Gefälligkeit, Leichtigkeit, Lebhaftigkeit, Feinheit, Brillantes, Saillantes, Petillantes, Pikantes, Delikates, Ingenioses" überall eher suchen als beim Genie, dem wir sogar seine Sünden gegen „Stil, Versifikation, Harmonie, Reinheit, Korrektion, Eleganz" gern verzeihen. Auch wenn Voltaires Name nicht genannt wäre, würde man nicht zweifeln können: der „geistvolle Mann", dessen Typus Goethe hier aufstellt, ist ein Franzose, eine Erscheinung, die in Deutschland kaum möglich wäre. Sind doch sogar die Bezeichnungen, mit denen er charakterisiert wird, zu einem guten Drittel französische, zu einem weiteren Drittel aus dem Französischen übersetzt. So ist denn zwar zuzugeben, dafs die von Goethe geforderte „historische Darstellung der französischen Ästhetik von einem Deutschen" manches Licht über diese Begriffe verbreiten könnte; ob aber der Vergleich zwischen den von Goethe gebrauchten Worten und den entsprechenden französischen so lehrreich ausfallen würde, wie er selbst annimmt, mufs dahingestellt bleiben.

Neben der Litteratur spielt in Diderots Dialog die Musik eine hervorragende Rolle; Goethe war auf diesem Felde wenig bewandert, und seine Anmerkungen über die grofsen Meister der italienischen und französischen Schule erscheinen unselbständig und von geringer Bedeutung. Dagegen hat er sich in der Note „Musik" über Wesen und Werden der Tonkunst des näheren ausgelassen und sich seiner Aufgabe mit ebenso viel Geschick als feinem Sinn entledigt. Die Grundlage seiner Auffassung hatte ihm der Dialog selbst zubereitet: Diderot, der im Geiste seiner Zeit auch die musikalische Kunst als „Nachahmung der Natur" auffaſste, hatte zwei Gattungen von Musik unterschieden: der einen dient als Nachahmungsgegenstand die natürliche Tonwelt, der anderen der Schrei der menschlichen Leidenschaft. Goethe streifte dem Gedanken Diderots sein barockes Gewand ab, denn „das halbwahre Evangelium der Nachahmung der Natur, das allen so willkommen ist, die bloſs ihren Sinnen vertrauen und dessen, was dahinter liegt, sich nicht bewuſst sind," (Note Batteux) war ihm von altersher ein Greuel; in der Sache aber schloſs er sich eng an Diderot an: auch er unterscheidet die Auffassung, welche die Musik „als eine selbständige Kunst betrachtet, sie in sich selbst ausbildet, ausübt und durch den verfeinerten Sinn genieſst", von jener anderen, welche „sie in Bezug auf Verstand, Empfindung, Leidenschaft setzt und sie dergestalt bearbeitet, daſs sie mehrere menschliche Geistes- und Seelenkräfte in Anspruch nehmen könne." Zeigt er sich schon hier an Feinheit der Auffassung Diderot sehr überlegen, so überrascht er uns weiter mit der klaren und treffsicheren Aufstellung, daſs jene erste Art den Italienern, die andere den Deutschen, Franzosen und allen Nordländern eigen sei; doch verkennt er deshalb nicht, daſs gerade die Deutschen die Instrumentalmusik in ähnlichem Sinne selbständig ausgebildet haben wie die Italiener die Vokalmusik. Mit seiner Scheidung zwischen „Musik als Form" und „Musik als Ausdruck", wie wir heute sagen würden, getraut er sich, das ganze Durcheinander der Musikgeschichte zu entwirren. Partei zu ergreifen liegt ihm hier, wie überall, fern: mit erstaunlicher Objektivität würdigt er die Vorzüge beider Gattungen; den Gipfel der Kunst sieht er da erreicht, wo ein glückliches Talent beide vereint. Wir würden wohl eher sagen, daſs er da liegt, wo jede Nation das ihr Eigentümliche mit voller Kraft ins Leben setzt — aber auch Goethes Auffassung hat, selbst wenn wir geschichtliche Gesichtspunkte auſser Acht lassen, ihre gute Berechtigung. Nicht minder dürfte Goethe Zustimmung verdienen, wenn er (Anmerkung Lulli) das Elend des Opernwesens darauf zurückführt, dafs diese Kunstgattung zu einer Zeit entstanden sei, wo die Entwicklung der Musik zu derjenigen der theatralischen Technik noch in keinem Verhältnis gestanden habe; dafs unter diesen Umständen auch die Poesie zu kurz kommen mufste, spricht Goethe zwar nicht aus, der Leser kann es aber leicht selbst ergänzen. Nicht einzusehen vermag ich dagegen, weshalb dieses Unglücks wegen die Oper in alle Ewigkeit verdammt sein soll, weshalb nicht eine proportionale Entwicklung sämtlicher an ihr beteiligten Künste das denkbar Höchste sollte leisten können.

Auf die selbständige und unparteiische Würdigung der französischen Litteratur und die Betrachtungen über Musik hatte Goethe in seinen Briefen an Schiller besonders hingewiesen. Wir dürfen aber auch einer dritten Andeutung Goethes nicht vergessen: bei recht treuer Darstellung der französischen Erscheinungen, hatte er gemeint, finde sich gerade das, was man jetzt auch erlebe. Man darf danach von vornherein annehmen, dafs eine solche Auffassung der Dinge auch in den Anmerkungen selbst zu Tage tritt. Das ist auch thatsächlich der Fall: zwar unmittelbare Hinweise auf die deutsche Gegenwart sind ziemlich selten, wohl aber liebt es Goethe, aus den französischen Vorgängen verallgemeinernde Schlüsse zu ziehen, hinter denen sich Anspielungen auf zeitgenössische Verhältnisse bald mehr, bald minder deutlich erkennen lassen.

So ist es offenbar nicht d'Alembert allein, in dessen Interesse sich Goethe so sehr erhitzt, wenn er Palissots Versuch, den Mathematiker aus der Litteratur zu verweisen, entschieden ablehnt: seine Bemerkung, dafs selbst bei den gründlicheren Deutschen die Neigung bestehe, den Schriftsteller und Gelehrten gildemäfsig zu scheiden, zeigt deutlich, wo er hinaus will: wie der Schriftsteller d'Alembert in die Mathematik, so war mehr als einmal umgekehrt der Naturwissenschaftler Goethe in die schöne Litteratur verwiesen worden; an diese schmerzliche Erfahrung wurde er jetzt erinnert und seine Schutzworte für den französischen Leidensgenossen gestalten sich zu einer kurzen und energischen Einspruchsrede pro domo. Ähnlich dürfte es sich mit seinem entschiedenen Eintreten für Pirons kleine Schriften verhalten: dafs die Kritik einem guten Kopfe Kompositionen leichterer Art nicht ungestraft durchgehen liefs, davon wufste auch der Verfasser des „Grofskophta" und des „Bürgergenerals" ein Lied zu singen. Anderwärts scheint der Bühnenleiter Goethe seine reichen Erfahrungen zu verwerten (Anmerkungen Dorat, Marivaux): dafs das Theater manchen produktiv mache, der eigentlich gar kein Talent dazu habe, dafs die Begierde, fürs Theater zu arbeiten, selbst bei den stillen Deutschen zur Seuche geworden sei, hatte er gewifs Gelegenheit zu erfahren. Vielleicht darf man hier an die Brüder Schlegel denken, denn obwohl Goethe sich des „Ion" von August Wilhelm und des „Alarcos" von Friedrich anfänglich mit aller Wärme angenommen und sein Möglichstes gethan hatte, um ihnen bei den Weimarer Aufführungen im Januar und Mai 1802 zu einem Erfolg zu verhelfen, so hatte doch die unverkennbare Ablehnung beider Stücke ihm Anlafs zur Nachprüfung seines Urteils gegeben: schon im Herbst des gleichen Jahres stand er dem „Ion" kühl bis ans Herz gegenüber, und der „Alarcos" war ihm gar derartig zuwider geworden, dafs er Humboldt gegenüber den scharfen Ausspruch that: „Verfluchen mufs man das Produkt." Eine bestimmte Anregung möchte man auch gern für die treffliche Darstellung finden, wie das Publikum den Neuling auf der Bühne anfänglich verwöhnt, um ihn nachher fallen zu lassen; aber ein unmittelbarer Anlafs zu dieser Äufserung läfst sich nicht recht finden. Ähnliches gilt von der Bemerkung, dafs der Erfolg eines mittelmäfsigen Talentes unter seinesgleichen grofse Hoffnungen und lebhafte Bewegungen hervorzurufen pflege (Anmerkung Le Blanc), wobei es allerdings nicht nötig ist, gerade ans Theater zu denken. Mehr auf eine nicht allzu ferne Vergangenheit als auf die unmittelbare Gegenwart zielte ferner Goethe, wenn er den Schauertragödien d'Arnauds einen Seitenhieb versetzte, der mindestens in gleichem Mafse wie den Franzosen das deutsche Ritterdrama traf.

Nach bestimmten Gestalten aus Goethes persönlicher und litterarischer Umgebung zu suchen, reizt weiterhin der verallgemeinernde Teil der Note über Poinsinet an. Aber es fehlt an einer „kleinen, wunderlichen, purzligen Figur" von Talent und vordringlichem Charakter, die, mit sich selbst zufrieden, die anderen unwillkürlich amüsierte; wen man auch heranziehen mag, es ist niemand zu finden, der sich gleichzeitig an Fülle der Originalität und an Narrheit mit Poinsinet vergleichen liefse, und man thut auch hier wohl besser, ein „non liquet" auszusprechen, als sich in kühne Hypothesen zu verlieren.

Umso zweifelloser läfst es sich erweisen, dafs Goethe die Anmerkungen benutzt hat, um mit einem seiner Hauptfeinde ernste Abrechnung zu halten.

Im Mai des Jahres 1801 war August von Kotzebue aus Rufsland zurückgekehrt und hatte in seiner Vaterstadt Weimar Wohnsitz genommen, offenbar in der Absicht, auch dort seinen billig erworbenen Ruhm strahlen zu lassen und sich als Grofsen neben die anderen Grofsen Weimars zu stellen. Es ist bekannt, wie er sich in Goethes sogenannte „Cour d'amour" einzudrängen suchte und wie energisch der Altmeister sich den ungebetenen und unerfreulichen Gast vom Halse zu halten wufste. Eine grofsartige Verherrlichung Schillers, die für den 5. März 1802 im Stadthause geplant war, sollte Kotzebue zur Rache für den angethanen Schimpf dienen, aber der wohlüberlegte Plan wurde, nicht ohne dafs Goethe die Hand im Spiel gehabt hätte, zu Wasser: die Stadt gab den Saal, die Bibliothek Danneckers Schillerbüste nicht her. Verschärft wurde der Gegensatz der beiden Männer noch durch den Konflikt, der fast gleichzeitig, Ende Februars, zwischen ihnen wegen der geplanten Aufführung des Kotzebueschen Lustspiels „Die deutschen Kleinstädter" ausbrach. Mit souveräner Rücksichtslosigkeit, die vielleicht vor dem Richterstuhle streng formaler Gerechtigkeit nicht bestehen kann, einem Ungezogenen gegenüber aber gewifs durchaus am Platze war, hatte Goethe in dem Stücke alle die boshaften Stichelein getilgt, mit denen Kotzebue seine Todfeinde, die Brüder Schlegel, und Goethes Schwager Vulpius bedacht hatte; Kotzebue erhob dagegen lebhaften Einspruch und die Sache endete damit, dafs er sein Stück zurückzog. War Kotzebue schon durch diese Vorfälle aufs äufserste erbittert, so mufste es seine

Wut doppelt entfachen, wenn er betrachtete, wie ganz anders gleichzeitig die Gebrüder Schlegel behandelt wurden: Nach der Aufführung des Wilhelm Schlegelschen „Ion" im Januar 1802 hatte Goethe alles aufgeboten, um eine dem Dichter wie der weimarischen Theaterleitung ungünstig gesinnte Anzeige Böttigers nicht zum Drucke gelangen zu lassen, und etwas später, im Mai, warf er während der Vorstellung selbst seine ganze Autorität in die Wagschale, um Friedrich, Schlegels „Alarcos" vor einem Mifserfolge zu schützen; als das Publikum trotz Goethes Eintreten für die Tragödie an einer allerdings recht absonderlichen Stelle in Lachen ausbrach, soll er sich von seinem Sitz erhoben und zornig ausgerufen haben: „Man soll nicht lachen!"

Kotzebue sann auf Rache und machte sich zu Beginn des nächsten Jahres ans Werk. Er war inzwischen nach Berlin übergesiedelt, wo sein würdiger Genofs, der Livländer Garlieb Merkel, bereits seit 1801 dem löblichen Geschäft oblag, in „Briefen an ein Frauenzimmer" Goethe und die ihm ergebenen Romantiker zu begeifern. Die Zeitschrift „Der Freimütige" trieb es in ihrer ersten Zeit, Januar bis September 1803, wo Kotzebue der alleinige Herausgeber war, noch ärger. Sie strotzt von den gemeinsten Angriffen auf Goethe, bei denen der zweifelhafte Böttiger von Weimar aus Kotzebue unterstützt zu haben scheint: nicht nur dem Dichter wird in der kleinlichsten Weise am Zeuge flickt, auch der Mensch Goethe mufs herhalten: die sämtlichen Skandalgeschichten des Jahres 1802 werden wieder aufgewärmt und mit hämischem Behagen umgerührt, rücksichtsloser Despotismus in litterarischen Dingen, Mifsbrauch seiner amtlichen Gewalt in Sachen des Geschmacks, Ungerechtigkeit und Empfänglichkeit für die niedrigste Schmeichelei werden Goethe im Anschlufs daran zum Vorwurf gemacht. Genau dasselbe, was der „Freimütige" in Prosa, brachte dann im Oktober 1803 nach Kotzebues Abreise von Berlin ein nichtswürdiges Pamphlet, „Expektorationen", in Versen und dramatischer Form noch einmal vor. Es ist keine Frage, dafs auch sein Verfasser Kotzebue ist: er selbst hat es nach anfänglichem frechen Leugnen, durch die „Zeitung für die elegante Welt" in die Enge getrieben, zugestehen müssen. Näheres Eingehen auf den Inhalt des widerwärtigen Machwerks sei uns erspart; nur soviel mag angedeutet werden, dafs Goethe auch hier wieder als der eitelste, aufgeblasenste, charakterloseste Patron, als rücksichtsloser Geschmackstyrann und Schutzherr der ihm ergebenen Talentlosigkeit erscheint, der sich die Speichelleckerei der beiden Schlegel und Falks mit Behagen gefallen läfst.

Goethe schwieg zu alledem, war aber trotzdem ohne Zweifel tief verletzt. Schon die Angelegenheit mit den „Kleinstädtern" hatte ihn schwer gekränkt: ein Brief, mit dem er am 3. März 1802 eine Einmischung von Kotzebues Mutter zurückwies, gehört zum Gröbsten, was er in reiferen Jahren geschrieben; die Auflösung seiner Cour d'amour und überhaupt der Streit in der Weimarer Gesellschaft, den die Konflikte mit Kotzebue zur Folge hatten, traf ihn empfindlich. Dafs er auch den „Freimütigen" nicht unbeachtet liefs, bezeugen seine poetischen Invektiven gegen Kotzebue und Böttiger, die sich getrost mit den witzigsten und schärfsten Ausfällen der Brüder Schlegel messen können. Aber er liefs diese Gedichte ruhig in seinem Pulte liegen und verschmähte es einstweilen, an seinem unwürdigen Gegner öffentliche Rache zu nehmen.

Aber bei Abfassung der Anmerkungen zum „Rameau" drängten sich, hervorgerufen durch verwandte, im Dialog erwähnte Ereignisse, die Erinnerungen an die Vorgänge der letzten Jahre so lebhaft auf, dafs er es nicht unterlassen konnte, auf sie anzuspielen. Wir dürfen uns jedoch nicht vorstellen, dafs es sich um versteckte Angriffe handle: wenigstens für die Zeitgenossen war dasjenige, was Goethe verhüllt aussprach, deutlich genug. Wenn er sich scheut, die unerquicklichen Dinge geradezu anzufassen, so ist das nur ein Zeichen vornehmen Naturells, und vornehm und ruhig ist denn auch sein ganzes Urteil.

Was ihm zunächst Kotzebue und seine Gesellen in Erinnerung brachte, war die Gestalt Frérons. Wie dieser durch seine Opposition gegen Voltaire, so hatte sich Kotzebue durch Anfeindung Goethes bedeutend zu machen gesucht, und wenn es in der Anmerkung heifst: „seine Kühnheit, sich diesem aufserordentlichen, hochberühmten Manne zu widersetzen, behagte einem Publikum, das einer heimlichen Schadenfreude sich nicht erwehren kann, wenn vorzügliche Männer, denen es gar manches Gute schuldig ist, herabgesetzt werden, da es sich von der andern Seite einer strenge behandelten Mittelmäfsigkeit gar zu gern liebreich und mitleidsvoll annimmt", so pafst das viel eher auf Kotzebue als auf Fréron: man erinnere sich nur der Meinungsdifferenzen, welche die Konflikte des Jahres 1802 in Weimar hervorriefen, und des liebevollen Anteils, den namentlich die Damen dem schlecht behandelten Kotzebue widmeten. Weiter heifst es im gleichen Artikel „Fréron": „Derjenige, der aus Mangel von Sinn und Gewissen das Vortreffliche herunterzieht, ist nur allzu geneigt, das Gemeine, das ihm selbst am nächsten liegt, heraufzuheben und sich dadurch ein schönes mittleres Element zu bereiten, auf welchem er als Herrscher behaglich walten könne. Dergleichen Niveleurs finden sich besonders in Litteraturen, die in Gährung sind, und bei gutmütigen, auf Mäfsigkeit und Billigkeit durchaus mehr als auf das Vortreffliche in Künsten und Wissenschaften gerichteten Nationen haben sie starken Einflufs." Es ist zunächst keine Frage, dafs hier auf die deutsche Nation, die deutsche Litteratur gezielt wird; unter dem „Niveleur" könnte man zunächst vielleicht Merkel verstehen, der es fertig brachte, Goethe herunterzusetzen und dafür Collin und Kotzebue als dramatische Genies ersten Ranges anzupreisen. Aber auch an Kotzebue läfst sich denken, obwohl dieser im Verkleinern der Grofsen stärker war als im Vergröfsern der Kleinen, sich selbst freilich ausgenommen; Goethe betrachtete es auch sonst als ein besonderes Kennzeichen seines Feindes, nichts Grofses ertragen zu können: „Er kann nun einmal nichts Berühmtes um, über und neben sich leiden, und wenn es ein Land, und wenn es eine Stadt, und wenn es eine Statue wäre", soll er einmal zu Falk über Kotzebue geäufsert haben; „Kotzebue hatte bei seinem ausgezeichneten Talent in seinem Wesen eine gewisse Nullität, die niemand überwindet, die ihn quälte und nötigte, das Treffliche herunterzusetzen, damit er selber trefflich scheinen möchte", heifst es in den „Biographischen Einzelheiten", und „zu schätzen mit Freude fremdes Verdienst" war auch die Gabe, die ein Gedicht Goethes dem begabten, aber gewissenlosen Gegner absprach.

Noch näher lag es, bei Gelegenheit Palissots und seiner „Philosophen" an Kotzebue zu denken. Schon bei der — freilich etwas milde ausgefallenen — Gesamtcharakteristik dieses Dichters könnte man an seinen deutschen Genossen denken: die Vorwürfe gegen Fréron kehren hier in etwas abgeschwächter Form wieder. Anderwärts sind die Beziehungen deutlicher: auch Kotzebue hatte als Schriftsteller fortgefahren, wie er angefangen hatte, auch er war ein mittleres Talent, in dessen erstem (entscheidenden) Werke, „Menschenhaſs und Reue", alle übrigen so ziemlich enthalten waren. Wie Palissot war er als beschränkter Widersacher gegen neue geistige Regungen zu Felde gezogen und hatte auf ein beschränktes, leidenschaftliches Publikum zu wirken gewuſst. Daſs derartige neue Regungen in Kunst und Wissenschaft oft etwas Beunruhigendes haben, daſs der gemeine Sinn vor der falschen Anwendung höherer Maximen auf die Wirklichkeit oft erschrickt, verhehlt sich Goethe nicht, er erkennt auch an, daſs alle zurückgezogenen Naturen vor der Welt ein fremdes Ansehen haben, welches man gern lächerlich findet, daſs der, welcher ihr Verdienst nicht versteht, solche Männer leicht für übermütig, grillenhaft und eingebildet hält; aber er verargt es Palissot doch sehr, durch seine Angriffe auf die Encyklopädie und ihre Schöpfer diese Übel ärger gemacht zu haben und in seiner Satire nicht über ein Zerrbild hinausgekommen zu sein. Dieses Vergehens hatte sich auch Kotzebue schuldig gemacht, nicht nur im „Freimütigen", sondern auch, wie Palissot, als dramatischer Dichter: sein „Hyperboreischer Esel" (1799) hatte die kühnen und freilich recht befremdlichen Maximen der jungen Romantik aus dem „Athenäum", sein Rührstück „Der Besuch" (1801) die Moral Kants und seiner Jünger satirisch aufs gemeine Leben angewandt und so der Plattheit des Philistertums zum besten gegeben, die „Expektorationen" hatten unverstandene Eigenheiten Goethes durchgehechelt und ihn böswillig genug als launenhaft und eitel hingestellt. Goethes grundsätzliches Urteil über derartige Dinge paſst nicht minder auf Kotzebue als auf Palissot, es erinnert sogar deutlich an die „Kleinstädter"-Angelegenheit: „Überhaupt", entscheidet er, „gehört nichts weniger aufs Theater als Litteratur und ihre Verhältnisse.

Alles, was in diesem Kreise webt, ist so zart und wichtig, dafs keine Streitfrage aus demselben vor den Richterstuhl der gaffenden und staunenden Menge gebracht werden sollte."

In der Anmerkung „Rameaus Neffe" kommt Goethe auf Palissots „Philosophen" und damit auch auf Kotzebue zurück. Die Beziehung wird hier noch deutlicher als zuvor. Auch in Deutschland, so meint Goethe, kommen Fälle vor, „wo Mifswollende teils durch Flugschriften, teils vom Theater herab andern zu schaden gedenken". Dabei steht uns gewifs zunächst der Autor des „Hyperboreischen Esels" und der „Expektorationen" vor Augen, und wenn man einwenden sollte, dafs diese Stücke wohl nie auf die Bretter gekommen, so wäre darauf zu verweisen, dafs Kotzebue gerade um die Wende des Jahrhunderts auch in zahlreichen andern Stücken die Gelegenheit vom Zaun brach, seine Gegner wenigstens gelegentlich anzuzapfen. Nebenher könnte man freilich auch an des Mannheimer Schauspielers Beck Komödie „Das Chamäleon" denken, die nicht allein die Hauptvertreter der Romantik im allgemeinen dem öffentlichen Gelächter preisgab, sondern noch insbesondere Tiecks sittlichen Charakter und gesellschaftliche Stellung im nachteiligsten Lichte erscheinen liefs, was nicht hinderte, dafs Iffland 1800 das Stück in Berlin auf die Bühne brachte. Mit grofser Gelassenheit beurteilt Goethe die Wirkungen eines solchen Verfahrens: nur Anmafslichkeit und Scheinverdienst haben sich davor zu fürchten, der ernste Mann kann den Verlauf ruhig abwarten: „Alles Echte, es mag angefochten werden, wie es will, bleibt der Nation im Durchschnitt wert, und man wird den gesetzten Mann, wenn sich die Staubwolken verzogen haben, nach wie vor auf seinem Wege gewahr." Bei dem unzusammenhängenden Zustande Deutschlands kann es ihm gleichgiltig sein, ob es draufsen tobt und stürmt: nichts hindert ihn, in seiner Stadt, in seinem Kreise ungestört fortzuwirken.

Begnügt sich Goethe hier damit, über die Ohnmacht seines Gegners mit leichtem Fufs hinwegzuschreiten, so ruft ihn dagegen unmittelbar darauf die Anmafsung, mit welcher dieser ihn vor den Richterstuhl der Moral gefordert, zu entschiedenem Einspruch auf. Das Publikum, so meint er, vermag ein Talent nicht zu beurteilen, wohl aber sittliche Handlungen: „Dazu giebt jedem sein eigenes Gewissen den vollständigsten Maſsstab, und jeder findet es behaglich, diesen nicht an sich selbst, sondern an einem andern anzulegen. Deshalb sieht man besonders Litteratoren, die ihren Gegnern vor dem Publikum schaden wollen, ihnen moralische Mängel, Vergehungen, mutmaſsliche Absichten und wahrscheinliche Folgen ihrer Handlungen vorwerfen". Eben das war es ja, was der „Freimütige" und nach ihm die „Expektorationen" gethan hatten! Aber in echt vornehmer Weise verzichtet Goethe darauf, solche Vorwürfe von sich persönlich abzuweisen, vielmehr spricht er ihnen, wohl angeregt durch Äuſserungen, die Diderot im Anfang seines Dialogs bei der Würdigung Racines hatte fallen lassen, die grundsätzliche Berechtigung ab mit den beherzigenswerten Worten: „Der eigentliche Gesichtspunkt, was einer als talentvoller Mann dichtet oder sonst leistet, wird verrückt, und man zieht diesen zum Vorteile der Welt und der Menschen besonders Begabten vor den allgemeinen Richterstuhl der Sittlichkeit, vor welchen ihn eigentlich nur seine Frau und Kinder, seine Hausgenossen, allenfalls Mitbürger und Obrigkeit zu fordern hätten. Niemand gehört als sittlicher Mensch der Welt an. Diese schönen, allgemeinen Forderungen mache jeder an sich selbst; was daran fehlt, berichtige er mit Gott und seinem Herzen, und von dem, was an ihm wahr und gut ist, überzeuge er seine Nächsten! Hingegen als das, wozu ihn die Natur besonders gebildet, als Mann von Kraft, Thätigkeit, Geist und Talent, gehört er der Welt. Alles Vorzügliche kann nur für einen unendlichen Kreis arbeiten, und das nehme denn auch die Welt mit Dank an und bilde sich nicht ein, daſs sie befugt sei, in irgend einem andern Sinne zu Gericht zu sitzen!"

Unsere Gegenwart hätte allen Anlaſs, sich diese Worte, die nicht nur für Kotzebue geschrieben sind, sondern dauernde Geltung beanspruchen können, fest einzuprägen und ihr Urteil über Tote und Lebende danach zu richten. Mit Bewunderung aber wird den ernsten Betrachter das Schauspiel erfüllen, wie ein Groſser im Vollgefühl seiner Würde den Würdelosen von sich abweist.

VIII.
Die Aufnahme der Goetheschen Übersetzung.

Dem Erfolg der Goetheschen Übersetzung sah besonders Schiller mit froher Zuversicht entgegen. Schon zu der Zeit, wo er noch in Göschens Auftrag mit dem Freunde verhandelte und dieser kaum Hand ans Werk gelegt hatte, glaubte er mit der Möglichkeit einer zweiten Auflage rechnen zu dürfen und zweifelte nicht daran, dafs Göschen 1500 Exemplare absetzen und dadurch in die Lage kommen würde, der deutschen Ausgabe des „Rameau" eine französische auf dem Fufse folgen zu lassen (an Göschen, 10. Dezember 1804). Leider gingen diese schönen Hoffnungen nicht in Erfüllung; wir wissen zwar nichts Genaueres über den buchhändlerischen Erfolg des Dialogs; aber die Thatsache, dafs der Druck des französischen Originals, den Göschen noch kurz vor Erscheinen der Übersetzung als unbedingt fest- und unmittelbar bevorstehend betrachtete (an Schiller, 28. April 1805), völlig unterblieb, redet laut genug. Schiller hatte wieder einmal vom deutschen Publikum zu hoch gedacht, und eine böse Enttäuschung blieb ihm nur erspart, weil der Tod ihn zuvor hinwegnahm.

Über diese geringe Wirkung seiner Arbeit hat sich Goethe im Jahre 1823 an zwei verschiedenen Stellen ausgesprochen, beidemal ziemlich im gleichen Sinn. Bei der Sorge, meint er, die zur Zeit der Veröffentlichung wegen der drohenden Kriegsgefahr in Deutschland geherrscht, habe das Werk nicht recht eingreifen können. Durch den Einfall der Franzosen in Norddeutschland 1806 sei denn auch der Druck des Originals unrätlich, ja unthunlich geworden, denn in der Zeit der langandauernden Fremdherrschaft habe niemand das Bedürfnis gefühlt, sich mit den verhafsten Eindringlingen und ihrer Litteratur näher abzugeben. Das sei auch für die Übersetzung verhängnisvoll geworden, die unter so ungünstigen Umständen bald in Vergessenheit geraten sei.

Dafs die 1805 in Deutschland herrschende Gesinnung gegen das Franzosentum wenig geeignet war, dem „Rameau" die Wege zu ebnen, dürfen wir wohl ohne weiteres glauben; mit seinen übrigen Angaben aber wird Goethe kaum das Rechte treffen. Als im Oktober 1806 die Schlacht bei Jena geschlagen war, hatte Göschen schon anderthalb Jahre Zeit gehabt, den „Neveu de Rameau" zum Abdruck zu bringen; er hatte jedoch nichts dergleichen gethan, sondern aller Wahrscheinlichkeit nach schon ein Jahr vor dem französischen Einbruch sein Manuskript nach Petersburg zurückgesandt — doch offenbar weil schon damals feststand, dafs mit dem Abdruck kein Geschäft zu machen sei. Dementsprechend bedurfte es wohl kaum erst der Zeit der Fremdherrschaft, um Goethes Verdeutschung in Vergessenheit geraten zu lassen — ihr Schicksal war ohne Zweifel schon vorher besiegelt.

Dagegen wird ein anderer Umstand, auf den uns ebenfalls Goethe selbst hinweist — freilich weniger um die üble Aufnahme des Dialogs als um die Entstehung seiner Anmerkungen zu erklären —, entschieden Beachtung verdienen. Goethe macht darauf aufmerksam, dafs zwar ihm selbst, dank seiner langjährigen engen Fühlung mit der französischen Litteratur des 18. Jahrhunderts, das Verständnis des Diderotschen Dialogs keinerlei ernstliche Schwierigkeiten gemacht habe, dafs er aber bei der Leserschaft des Jahres 1805 eine gleiche Vertrautheit mit den vorkommenden Personen und geschilderten Zuständen nicht habe voraussetzen können. Die Ereignisse der Revolution hätten damals das Bild von Ludwigs XV. Regierungszeit schon ganz verdunkelt und von solchen Frechheiten eines müfsigen, beschaulich-humoristischen Lebens, wie der Dialog es schildere, habe die Rede nicht mehr sein können. Diese Unbekanntschaft des Publikums mit den Voraussetzungen des Dialogs war entschieden ein schlimmer Mifsstand, doppelt schlimm, da es sich um ein Werk satirischen Charakters handelte, und wenn auch Goethes Anmerkungen sich redlich bemühten, dem Übel abzuhelfen, so setzten sie doch einen Leserkreis voraus, der nicht nur Anregung und Unterhaltung, sondern auch ernsthafte Belehrung suchte; ein solcher aber wird immer schwer zu finden sein. Fügen wir noch hinzu, dafs in den 44 Jahren, die seit Abfassung des Dialogs verstrichen waren, nicht nur Personen und Sachen, sondern auch Anschauungen und Gesinnungen durchaus gewechselt hatten, so werden wir die geringe Wirkung der Diderotschen Satire erst recht begreifen: zu einer Zeit, wo in Deutschland die Romantik in voller Entwicklung stand, konnte ein so ausgesprochener Gegenfüfsler ihrer Anschauungen, wie der Herr und Meister der Encyklopädie es war, auf keinen herzlichen Empfang rechnen; war er doch selbst denjenigen, die nicht mit den Führern der neuen Richtung in ein Horn stiefsen, längst fremd geworden.

So fand denn der „Rameau" freudige Zustimmung nur in Goethes nächster Umgebung, vor allem bei demjenigen, der die Übersetzung mit so vieler Lebhaftigkeit angeregt hatte, bei Schiller. Seine mündlichen Urteile über das Werk waren Goethe vor allen lieb und wert, sodafs er noch am letzten Tage von Schillers Todesjahr 1805 in einem Briefe an Eichstädt klagte: „Ach! warum steht nicht auf dem Papiere, was Schiller über das Werk und meine Arbeit geäufsert." Wie wohl berechtigt dieser herzliche Wunsch Goethes war, davon giebt uns das Wenige, was sich in Schillers Korrespondenz an Aussprüchen über „Rameaus Neffen" findet, einen glücklicherweise ziemlich deutlichen Begriff: sein Urteil über den Text sowohl wie über die Anmerkungen verdient eingehendere Betrachtung.

In einem Briefe an Körner vom 25. April 1805, dem letzten, den er überhaupt schrieb, spricht Schiller sich zunächst über den Dialog selbst aus: „Diderots Geist lebt ganz darin, und auch Goethe hat den seinigen darin abgedruckt. Es ist ein Gespräch, welches der (fingierte) Neffe des Musikus Rameau mit Diderot führt; dieser Neffe ist das Ideal eines Schmarotzers, aber eines Heroen unter dieser Klasse, und indem er sich schildert, macht er zugleich die Satire der Sozietät und der

Welt, in der er lebt und gedeiht. Diderot hat darin auf eine recht leichtfertige Art die Feinde der Encyklopädisten durchgehechelt, besonders Palissot, und alle guten Schriftsteller seiner Zeit an dem Gesindel der Winkelkritiker gerächt — dabei trägt er über den grofsen Streit der Musiker zu seiner Zeit seine Herzensmeinung vor und sagt sehr viel Vortreffliches darüber."

Ich stehe nicht an, diese wenigen Worte dem Vortrefflichsten und Förderlichsten beizuzählen, was je über den „Rameau" gesagt worden ist; sie behaupten ihren Platz noch vor dem kundigen und feinsinnigen Urteil Goethes. Zwar, wenn Schiller in der Gestalt des Neffen das „Ideal eines Schmarotzers" sehen will, so schiebt er dem Naturalisten Diderot unwillkürlich seine eigene Kunstauffassung unter: wir können heute nicht mehr zweifeln, dafs die lebensvolle Figur nicht auf dem Wege der Typenbildung, sondern durch einfache Nachahmung der Natur zustande gekommen ist; aber Schillers Mifsverständnis lag für denjenigen, der von der Existenz des wirklichen Neffen nichts wufste, aufserordentlich nahe, und auch Goethe war diesem Irrtum nicht entgangen. Dagegen trifft der Ausspruch, dafs Rameau, indem er sich schildere, zugleich die Satire der Sozietät und der Welt mache, in der er lebe und gedeihe, mitten ins Schwarze, und zwar mit einer Sicherheit, die bis auf den heutigen Tag unerreicht geblieben ist. Schiller ist geradezu der Einzige, der erkannt hat, in welchem engen ideellen Zusammenhang die breit angelegte Charakterschilderung des Helden mit der Satire auf die Palissot und Genossen steht, mit der Weltsatire, zu der sich das Ganze schliefslich immer deutlicher erweitert: Alles, was der verkommene Musikant von seiner eigenen Bosheit und Schlechtigkeit zu berichten weifs, fällt mittelbar oder unmittelbar auf seine engere und weitere Umgebung zurück — das ist der von Schiller zuerst aufgestellte Gesichtspunkt, der einzige, unter dem sich Diderots Dialog als ein einheitliches, geschlossenes Kunstwerk satirischer Gattung erkennen läfst. Bei dieser Auffassung des Werkes konnte es Schiller wohl ebensowenig entgehen, dafs der Kampf gegen die Feinde der Encyklopädie den eigentlichen Mittelpunkt des Ganzen bildete, wie dafs der an sich vortreffliche Exkurs über die zeitgenössische Musik aus dem Zusammenhang herausfiel; wir werden daher wohl kaum allzu kühn verfahren, wenn wir ein solches Urteil aus seinen Worten herauslesen.

Teils am gleichen, teils schon am vorhergehenden Tage hatte Schiller in Briefen an Goethe seiner Meinung über die Anmerkungen Ausdruck gegeben. Das Urteil über die Hauptmasse (24. April) ist durchaus zustimmend und infolge davon leider etwas summarisch ausgefallen, man wird es aber fast durchweg unterschreiben können und sich darüber freuen, dafs auch dem Blicke Schillers die zwischen den Zeilen versteckten Anspielungen auf deutsche Verhältnisse nicht entgangen sind. „Die Anmerkungen", so schreibt er, „lesen sich vortrefflich und auch unabhängig von dem Text, auf den sie übrigens ein sehr helles Licht verbreiten. Was über französischen Geschmack, über Autoren und Publikum überhaupt und mit einem Seitenblick auf unser Deutschland gesagt wird, ist ebenso glücklich und treffend, als die Artikel von Musik und Musikern, von Palissot und andern für das kommentierte Werk passend und unterrichtend sind. Auch Voltaires Brief an Palissot und Rousseaus Stelle über Rameau machen eine gute Figur. Ich habe Weniges zu bemerken gefunden und auch dieses nur in Beziehung auf den Ausdruck, eine einzige kleine Stelle im Artikel „Geschmack" ausgenommen, die mir nicht ganz einleuchtete." Welches diese Stelle gewesen sei, und ob sie auf Schillers Anregung hin geändert worden, steht dahin; ebenso mag dem Leser die nicht allzu schwere Aufgabe überlassen bleiben, aus den Anmerkungen bis zum Artikel „Rameau" einschliefslich die fünfzehn herauszusuchen, die nach Schillers Ansicht ein selbständiges Interesse beanspruchen konnten.

Tags darauf (25. April) sah Schiller den kleinen Rest der Anmerkungen durch und stiefs dabei auf einen der interessantesten Artikel, den über Voltaire, über welchen er sich des weiteren ausliefs: „Die Anmerkungen schliefsen mit Voltaire lustig genug, und man bekommt noch eine tüchtige Ladung auf den Weg. Indessen sehe ich mich gerade bei diesem letzten Artikel in einiger Kontrovers mit Ihnen, sowohl was das Register der Eigenschaften zum guten Schriftsteller, als was deren Anwendung auf Voltaire betrifft. Zwar soll das Register nur eine empirische Aufzählung der Prädikate sein, welche man bei Lesung der guten Schriftsteller auszusprechen sich veranlaſst fühlt; aber stehen diese Eigenschaften in einer Reihe hintereinander, so fällt es auf, Genera und Species, Hauptfarben und Farbentöne nebeneinander aufgeführt zu sehen. Wenigstens würde ich in dieser Reihenfolge die groſsen viel enthaltenden Worte Genie, Verstand, Geist, Stil etc. vermieden und mich nur in den Schranken ganz partieller Stimmungen und Nuancen gehalten haben. Dann vermisse ich doch in der Reihe noch einige Bestimmungen, wie Charakter, Energie und Feuer, welche gerade das sind, was die Gewalt so vieler Schriftsteller ausmacht und sich keineswegs unter die angeführten subsumieren läſst. Freilich wird es schwer sein, dem Voltairischen Proteus einen Charakter beizulegen. Sie haben zwar, indem Sie Voltairen die Tiefe absprechen, auf einen Hauptmangel desselben hingedeutet, aber ich wünschte doch, daſs das, was man Gemüt nennt, und was ihm sowie im ganzen allen Franzosen so sehr fehlt, auch wäre ausgesprochen worden. Gemüt und Herz haben Sie in der Reihe nicht mit aufgeführt; freilich sind sie teilweise schon unter andern Prädikaten enthalten, aber doch nicht in dem vollen Sinn, als man damit verbindet."

Schillers wohlüberlegte Einwände haben auf den ersten Anblick etwas derartig Bestechendes, daſs man kaum begreift, wie Goethe so völlig achtlos daran vorübergehen konnte. Namentlich der Vorwurf, daſs die Aufzählung von den Eigenschaften eines geistvollen Mannes allzu ungeordnet sei, scheint durchaus zuzutreffen und läſst sich durch den Hinweis darauf, daſs eben eine solche freie Anordnung dem improvisatorischen Charakter der Anmerkungen vortrefflich entspreche, wohl kaum aus der Welt schaffen. Trotzdem vermag ich der Ansicht Schillers nicht beizutreten; mir scheint, er geht von einer falschen Voraussetzung aus: nicht das Bild eines idealen, sondern dasjenige eines geistvollen Schriftstellers will Goethe entwerfen, und für einen solchen dürfte die Vermischung von ganz hervorragenden Eigenschaften mit solchen von zweitem und drittem Grade ganz besonders charakteristisch sein; wir

werden uns vielleicht auch nicht darüber wundern dürfen,
wenn bei ihm der Charakter zum Naturell, die Energie zur
Lebhaftigkeit, das Feuer zur Wärme herabgedämpft erscheinen
und neben den gefälligen und geselligen Tugenden Herz und
Gemüt zu kurz kommen. Wir haben es mit der Schilderung
eines bei aller Fülle schliefslich doch begrenzten Geistes zu
thun, die auf einen wahrhaft grofsen Künstler nicht passen
würde, weder auf Shakespeare und Calderon, welche doch
nach Goethe vor jedem Richterstuhl untadelig bestehen, noch
auf einen von den grofsen Meistern der Antike.

Noch einen zweiten, minder wesentlichen Einwand fand
Schiller gegen den Artikel „Voltaire" vorzubringen: Goethe
hatte Voltaire als französischen Dichter κατ' ἐξοχήν hingestellt
und ihn mit Ludwig XIV. als dem spezifisch französischen
König verglichen. Diese Auffassung des „Roi soleil" wollte
Schiller nicht gelten lassen: „Schliefslich", schrieb er, „gebe
ich Ihnen zu bedenken, ob Ludwig XIV., der doch im Grund
ein sehr weicher Charakter war, der nie als Held durch seine
Persönlichkeit viel im Kriege geleistet, und dessen stolze
Repräsentationsregierung, wenn man billig sein will, zunächst das Werk von zwei sehr thätigen Ministerialregierungen
war, die ihm vorhergingen und das Feld rein machten, ob
Ludwig XIV. mehr als Heinrich IV. den französischen Königscharakter darstellt." Auch diesen Einwurf hat Goethe unberücksichtigt gelassen, und zwar nach meinem Gefühl wieder
mit Recht: wie Schiller zuvor an den idealen Schriftsteller
gedacht hatte, wo Goethe nur vom geistvollen redete, so
verwechselt er jetzt in sehr bezeichnender Weise den französischen König im höchsten, d. h. reinsten Sinne mit
dem Ideal eines französischen Königs. Anders wenigstens
vermag ich mir seine Bedenken nicht zu erklären, bei richtiger
Auffassung der Goetheschen Meinung haben sie gar keinen
Sinn. Könnte man doch sogar versucht sein zu behaupten,
dafs gerade die Schwächen, die Schiller an König Ludwig
tadelt, unlösbar mit dem Wesen eines spezifisch französischen
Königs verbunden seien.

Trotz solcher kleiner Irrtümer Schillers werden wir uns
vergeblich nach einem zeitgenössischen Urteil über den Dialog

und die Anmerkungen umsehen, das an Reife und Gediegenheit dem seinigen gleichkäme. Selbst an Wärme und Herzlichkeit wird es nur von einem einzigen erreicht, demjenigen Zelters, der allerdings als Musiker von Fach von vornherein ein besonders günstiges Publikum abgab. In ehrlicher Begeisterung schreibt dieser am 8. (oder 11.) Juni 1805 an Goethe: „Rameaus Neffen habe ich gestern zum erstenmale mit grofsem Genusse gelesen, und es hat mich nicht wenig gekränkt, dafs Sie und er mehr von der Musik verstehen als ich. Ich habe niemals etwas gelesen, das mir die Augen so mit Zangen aufgerissen hätte, wie diese Schrift. Man kann über sich selbst erstaunen, dies Buch zu verstehen, und ich denke mir: Sie haben nicht widerstehen können es zu übersetzen, wenn es übersetzt ist. Ihre Anmerkungen über die Personen, von denen im Buche die Rede ist, sind so trefflich, dafs ich Sie deswegen verehren müfste, wenn Sie auch nichts weiter geschrieben hätten". Sehr bemerkenswert ist dabei Zelters Zweifel, ob er es wirklich mit einer Übersetzung zu thun habe. Er scheint nicht der Einzige gewesen zu sein, der auf den merkwürdigen Gedanken verfiel, es könne sich um eine Mystifikation von seiten Goethes handeln; wenigstens weifs Soret in einem Bericht über ein Gespräch mit Goethe vom 2. April 1823 zu melden, dafs (anscheinend damals noch) verschiedene Deutsche geglaubt hätten, das Original habe niemals existiert, und alles sei Goethes eigene Erfindung. Trotz dieser seltsamen Meinung des Freundes und seiner etwas kritiklosen Bewunderung scheint Zelters Brief als eines der wenigen Zeichen freudiger Zustimmung Goethes Herzen sehr wohl gethan zu haben. Seine Antwort vom 19. Juni spiegelt trotz ihrer schlichten Worte die dankbare Befriedigung, welche ihm der Beifall gerade dieses musikalischen Freundes gewährt, deutlich wieder: „Indem ich an Rameaus Neffen und dessen Zubehör arbeitete, habe ich oft an Sie gedacht und mir nur wenige Stunden Unterhaltung mit Ihnen gewünscht. Ich kenne Musik mehr durch Nachdenken als durch Genufs und also nur im allgemeinen. Mich freut, dafs Ihnen dieses Bändchen eine gute Unterhaltung gegeben. Das Gespräch ist aber auch ein wahrhaftes Meisterwerk."

Erst ein Jahr nach Erscheinen des Werkes, am 12. April 1806, sprach Wilhelm von Humboldt in einem Briefe aus Rom dem Übersetzer des „Rameau" seine ehrliche Anerkennung aus: „Winckelmann[1]) und Rameau haben mir eine unendliche Freude gemacht. In beiden ist reges Leben und gediegene Erfahrung. — — Rameau giebt Anlafs und die Noten Stoff zu vielen interessanten Betrachtungen über Nationalverschiedenheiten. Beide Bücher stellen sich sehr glücklich in den Anfang eines neuen Jahrhunderts. Sie sind ein Rückblick auf das vergangene und ein Vermächtnis für das folgende."

Was sonst noch an Beurteilungen des „Rameau" bekannt geworden ist — es ist auffallend wenig —, trägt durchweg unfreundlichen, wenn nicht gar feindseligen Charakter.

Voran stehen zwei eingehende Besprechungen in Zeitschriften, die einzigen ihrer Art, die ich habe ermitteln können; sie gehen beide von Stellen aus, wo man Goethe von vornherein übel gesinnt war. Ganz auffallend früh, schon am 25. Mai 1805, erschien der „Freimütige" auf dem Plan, ein deutliches Zeichen dafür, wie aufmerksam man im Hauptquartier der Feinde Goethes Thun und Treiben im Auge behielt. Die Anzeige ist mit G. M. unterzeichnet, ihr Verfasser ist demnach Garlieb Merkel, der damals in Kotzebues Abwesenheit alleiniger Herausgeber des Blattes war. Wenn wir uns daran erinnern, wie entschieden sich Goethe, freilich ohne Namen und Personen zu nennen, in seinen Anmerkungen gegen die perfiden Angriffe des „Freimütigen" zur Wehr gesetzt hatte, so werden wir diese Kritik nicht ohne Spannung zur Hand nehmen. Aber es stellt sich heraus, dafs die Herren vom „Freimütigen" doch schlauer sind, als man ihnen zutrauen sollte: mit grofser Gewandtheit spielt der edle Merkel den völlig Unbefangenen. Erst am Schlufs seiner Beurteilung kommt er ganz kurz auf Goethes Anteil an der Arbeit zu sprechen und lobt nicht nur die schöne Übersetzung, die man von ihrem Verfasser habe erwarten dürfen, sondern auch den litterarhistorischen Anhang, der manche sehr belehrende interessante

---

[1]) „Winckelmann und sein Jahrhundert", welches Werk gleichzeitig mit dem „Rameau" erschien.

Bemerkungen enthalte. „Vorzüglich ist das sehr wahr", fügt er unverfroren hinzu, „was S. 470 und 471 über die Versuche gesagt wird, Schriftsteller, über deren Talente allein dem Publikum zu richten gebührt, durch Herabsetzung ihres moralischen Charakters zu verkleinern"; freilich sei Diderots Dialog eine etwas merkwürdige Illustration zu diesem Satze. Man glaube nur nicht, dafs Merkel wirklich aus purster Unschuld gerade diese Stelle rühmend hervorgehoben habe, die den „Freimütigen" am empfindlichsten traf. Als es ein paar Wochen später darauf ankam, dem verhafsten Gegner seine Sünden gegen Kotzebue und den „Freimütigen" vorzurechnen, stellte sich (25. Juli) ein — wirkliches oder angebliches — Schreiben „An den Redakteur des Freimütigen" ein, in dem der „Rameau" nicht vergessen war: „Zuerst", heifst es, „trat der alte ‚Erselbst' in den Anmerkungen zu der Übersetzung von — — mit einer Apologie und mit Ausfällen auf, die freilich nur noch wenig Kraft, aber doch noch genug bösen Willen zeigen;" Merkels Antwort auf diese Zuschrift verrät nicht, dafs ihm eine solche Auffassung der Anmerkungen neu gewesen wäre.

Um zu Merkels eigentlicher Kritik zurückzukehren, so beschäftigt sie sich, wie schon angedeutet, in der Hauptsache mit Diderot, aber, wie mir scheinen will, durchaus nicht ohne geheime Rücksicht auf Goethe; konnte man dem Grofsen selbst gerade nichts am Zeuge flicken, so mufste dafür das, was er hoch schätzte, in den Staub gezerrt werden. Ein unbekanntes Werk Diderots, so beginnt Merkel, von Goethe übersetzt, werde zweifellos mit grofser Freude aufgenommen werden, und mit Recht — wenn auch nicht um seiner Vortrefflichkeit, so doch um seiner Merkwürdigkeit willen. Freilich sei Diderot dank seinem feurigen Geiste, seinem scharfblickenden Verstande und seiner glänzenden Dialektik in Rücksicht der Gedanken und des Vortrags ein vortrefflicher Schriftsteller, aber — und damit setzt Merkels tadelnde Kritik am gleichen Punkte ein wie Goethes lobende — es fehle ihm durchaus das Kunsttalent, einen Plan zu entwerfen, es fehle ihm Gefühl und wenigstens in der dichterischen Praxis auch Geschmack; unter den Werken, die dies beweisen sollen, ist der von Goethe rühmend hervorgehobene „Jacques le fataliste" nicht vergessen.

Vom „Neffen Rameaus" im besonderen heifst es dann: „Das vorliegende Werk hat alle Fehler der früher gedruckten, und noch dazu den, dafs seine Bestimmung unedel, sein Gegenstand noch zurückstofsender ist, als es bei jenen der Fall war. Erbittert durch die Bosheit seiner Feinde, die alle Schonung gegen ihn und die übrigen Mitarbeiter an der Encyklopädie aus den Augen setzten, schrieb er diesen langen, sehr langen Dialog, zwischen einem rechtlichen Gelehrten und einem litterarischen — Lumpenhunde — zarter weifs ich ihn nicht zu nennen —, einem jener Menschen, die ihre unvollkommene Anlage für Talente, für einen Beruf zur Wissenschaft und zu den Künsten ansehn, die aber, weil es denn doch keine Talente sind, nichts daraus machen können, und nun ins Elend und durch dieses in Verworfenheit und Ehrlosigkeit herabsinken: kurz, einem Menschen, der zur litterarischen Canaille gehört, von der Voltaire mit Recht sagte, dafs sie sehr viel verworfener sei als die der Hallen, des Fischmarkts. Diesen Menschen läfst Diderot sich selbst als eine der scheufslichsten Karikaturen von Niedrigkeit und halbem Wahnsinn bekennen, stellt, wo sich nur eine Gelegenheit findet, seine eignen Feinde dem Scheusal als Kameraden zur Seite und — läfst ihn ein Neffe des berühmten Komponisten Rameau sein, um dabei über Musik zu räsonnieren. Will man dies Buch für eine Sitten- und Charakterschilderung erkennen, so ist es das Gemälde eines in der ekelhaftesten Fäulnis zerfliefsenden Leichnams; will man es als eine Streitschrift betrachten, so ist es eine so boshaft-gemeinte, dafs man sich mit Widerwillen wegwendet; — und was die Kunst-Räsonnements betrifft, — was von diesen nicht zu spät kommt, ist wenigstens in diesem Werke sehr am unrechten Ort."

Ich glaube aus dieser Besprechung den Schlufs ziehen zu dürfen, dafs es dem Verfasser bei gutem Willen an den Voraussetzungen zum richtigen Verständnis des Dialogs durchaus nicht gefehlt hätte: trotz seiner Vorwürfe gegen die Komposition unterscheidet er klar und deutlich Satire und Charakterschilderung, sogar von der Verwebung der beiden Elemente miteinander hat er eine gewisse Vorstellung und kommt damit Schiller so nahe wie kein zweiter; ein ganz richtiges Gefühl ist es auch, das ihn die musikalisch-ästhetischen Erörterungen als Episode empfinden läfst. Er ist ferner geradezu der erste, der richtig erkennt, dafs die Figur des Neffen kein Typus oder Idealbild, sondern eine Charakterdarstellung ist, und das ist ihm umso höher anzurechnen, als er von dem Modell Diderots ebensowenig etwas wissen konnte, wie Goethe und Schiller. Umso stärker aber wird nach alledem der Verdacht, dafs sein feindseliges Urteil zum grofsen Teil von bösem Willen eingegeben sei. Zwar wenn ihm der Titelheld des Werkes als ein pechschwarzer Bösewicht erscheint, so mag dem Freunde Kotzebues ein derartig rückständiges psychologisches Urteil immerhin zuzutrauen sein; wenn er aber die Darstellung einer derartigen, angeblich ekelerregenden Gestalt Diderot zum Vorwurf macht, wenn er vorgiebt, sich von der Satire mit Widerwillen abwenden zu müssen, so tritt seine Absicht deutlich hervor. Der deutsche Philister sollte hier zwischen den Zeilen lesen: Seht! solche unästhetische und unmoralische Dinge wagt euer vielgepriesener Goethe euch vorzusetzen — zieht daraus den Schlufs, wes Geistes Kind er ist! Wenn Merkels Besprechung nach alledem noch die kräftige Zeichnung und das lebhafte Kolorit der Schilderungen, die philosophische Unbefangenheit der Ansichten und den grofsen Reichtum an blendenden und treffenden, energisch ausgedrückten Reflexionen zu rühmen weifs, so vermag das den übeln Eindruck der ganzen Besprechung doch nicht zu verwischen.

Eine noch eingehendere, fast acht Spalten füllende Kritik des „Rameau" erschien am 14. Dezember 1805 in der Halleschen „Allgemeinen Litteraturzeitung". Die Redaktion dieses Blattes hatte nicht gerade Anlafs, Goethe besonders günstig gesinnt zu sein. Als die Bemühungen der preufsischen Regierung, die Litteraturzeitung mit dem Beginn des Jahres 1804 von Jena nach Halle hinüberzuziehen, sich als erfolgreich erwiesen und die Kotzebue und Genossen über diese schwere Schädigung der Jenaer Universität schon ein schadenfrohes Jubelgeschrei erhoben, war es Goethe gewesen, auf dessen Veranlassung und unter dessen thätigster Beihilfe die weimarische Regierung sich bemüht hatte, für diesen Verlust einen Ersatz zu schaffen: gleichfalls mit dem Jahre 1804 war unter Eichstädts Redaktion eine neue Jenaische Litteraturzeitung ins Leben getreten. Es wäre nun wohl möglich, dafs diese Rivalität zwischen Halle und Jena sich in der auffallend unfreundlichen Anzeige der Goetheschen Übersetzung wiederspiegelte; ich möchte es aber doch nicht bestimmt behaupten, da das Urteil des Kritikers zwar ohne Frage beschränkt und rücksichtslos, aber nach meinem Gefühl nicht eigentlich unehrlich erscheint. Es ist nach Düntzer eine Leistung des Politikers August Wilhelm Rehberg in Hannover, mit der wir es zu thun haben, und daraus erklärt es sich wohl, dafs die Recension künstlerische Gesichtspunkte in so auffallender Weise vernachlässigt. Wie Merkel, so geht auch Rehberg von einer Würdigung des ganzen Diderot aus. Er kann nicht umhin, die glänzenden Vorzüge des geistvollen Schriftstellers rückhaltlos anzuerkennen, meint aber, der grofse Franzose zwinge den Leser vor allem deshalb so unwiderstehlich in den Bann seiner Phantasie, weil er selbst deren Spiel sei. Moral und Unsittlichkeit, metaphysische Schwärmerei und Atheismus, zarte Empfindsamkeit und Freude an schmutziger Ausschweifung wohnten bei ihm eng aneinander, ohne dafs er deshalb eigentlich unehrlich oder ein Sophist sei. „Sein Gehirn", so drückt sich Rehberg wenig geschmackvoll aus, „war verbrannt, ehe er anfing, andre anzuzünden." Diderots Schriften haben infolgedessen stets etwas so Unmittelbares, wie keine Kunst es zu geben vermag, daneben aber auch fast immer etwas Forciertes. Sie haben zum Teil nur geringen Wert, gerade die originellsten sind erst nach seinem Tode gedruckt worden, teils weil es Diderots Eitelkeit schmeichelte und für seine Kasse vorteilhafter war, zunächst nur für ein Publikum von Prinzen zu arbeiten, teils weil die Veröffentlichung ihm Gefahr gebracht hätte. So malte sich das Bild Diderots im Kopfe eines deutschen Philisters!

Noch befremdlicher ist, was Rehberg über „Rameaus Neffen" zu sagen weifs: „Diesen Dialog trifft alles Schlimme, was von Diderots Manier zu sagen ist. Von dem Guten nur Weniges; und man müfste in der That den „Hausvater", die Bemerkungen über die Gemälde-Ausstellungen, und in andrer Absicht sogar den „Jacques le fataliste" ganz vergessen, um jenes früher verfertigte und wahrscheinlich vom Verfasser selbst der Vergessenheit übergebene Werk, mit dem deutschen Herausgeber, zu den vorzüglichsten Produkten von Diderots Feder zu rechnen. Es wird hier unter dem Namen von Rameaus Vetter ein Mensch von musikalischem Talente und von vielem natürlichen Verstande aufgeführt, der durch sein Leben und seine Erfahrungen (in dem verdorbensten Kreise der üppigen Hauptstadt des leichtsinnigsten Volkes) dahin gekommen ist, alle Tugend für Hirngespinst und sittliches Gefühl für Albernheit zu erklären, weil sie in der Welt zu nichts führen als zum Verhungern: da doch die erste Bedingung des Lebens ist, dafs man esse. Beiher ist es eine Satire, und mitunter eine witzige Satire auf die Sitten der Grofsen und Reichen und ihrer Schmeichler. Aber dies ist nicht die Hauptsache, wiewohl es so scheinen möchte. Es ist auf die ganze Moralität in der bürgerlichen Welt abgesehen. Die Reflexionen des angeblichen Rameauschen Vetters sind zu solcher Allgemeinheit erhoben, sie greifen so tief in das ganze Wesen der menschlichen Verhältnisse, dafs Tugend und Rechtschaffenheit damit, wo nicht ganz verschwinden, doch wenigstens in die niedern Kreise der Geschöpfe verbannt werden, deren Bestimmung es ist, mit gemeiner Händearbeit das Brot des Tages zu verdienen, und dafür mächtigern Raubvögeln zu fröhnen. Der Hieb gegen die bürgerliche Verfassung und gegen die Regenten, womit der Dialog schliefst, zeigt deutlich genug, dafs es nicht blofs den schwelgenden Pflanzen gilt, die sich an den Stamm der menschlichen Gesellschaft ansetzen, sondern ihrer eignen innersten Konstitution". Ein solcher Ausbruch des Unmutes, heifst es dann, habe bei einem bedeutenden Manne, der am Gelingen guter Absichten verzweifle, zwar etwas Erhabenes; aber solche Unmoralitäten stundenlang anzuhören, sei denn doch gar zu arg.

Man wird Rehberg nicht abstreiten können, dafs dieses sein Urteil an Schiefheit so ziemlich das Menschenmöglichste leistet. Die Satire, um die das Ganze sich dreht, ist ihm etwas Nebensächliches, von dem Vorhandensein eines Charakterbildes hat er keine Ahnung, und mit einem erstaunlichen Mangel des einfachsten künstlerischen Gefühls macht er Diderot für alles verantwortlich, was er seinen Helden sagen läfst, legt daran den Mafsstab eines Hüters der Tugend und socialen Ordnung und erschrickt nicht wenig über das Ergebnis, das sich dabei herausstellt.

Auf diesem einmal eingeschlagenen falschen Wege schreitet nun Rehberg rüstig weiter: er tadelt Diderot, dafs er seinem Helden zuviel von seinem Eigenen geliehen, er findet, dafs Lukians Abhandlung von den schmeichelnden Gelehrten erquicklicher und minder abstofsend wirke, dafs Klingers „Weltmann und Dichter" den Konflikt zwischen praktischem Verstand und moralischem Ideal edler zum Ausdruck bringe als „Rameaus Neffe"; ja, er zeigt sogar nicht übel Lust, sich der Palissot und Genossen anzunehmen, deren Hauptverbrechen in Diderots Augen sei, dafs sie die „gefährlichen Narrheiten" der Philosophen eher durchschaut hätten als andere Leute. Den närrischen Musikanten Rameau läfst Rehberg gelten, den ernsthaften nicht — aber nicht etwa, weil seine Kunstanschauungen zu wohlgeordnet seien, sondern weil solche Feinfühligkeit zu seinem moralischen Charakter nicht passe! Also nicht einmal so weit hatte Rehberg die Charakterschilderung verstanden, um diesen einfachen Widerspruch zu lösen. So werden wir uns denn nicht wundern, wenn er schliefslich Goethes lobende Worte über den wohldurchdachten Plan des Ganzen zurückweist und meint, Diderot habe den Dialog nicht zum Drucke gelangen lassen, weil seine Äufserungen über Musik ihm selbst zu dürftig erschienen seien. Goethes Anmerkungen werden nicht ohne Anerkennung genannt, aber der Kritiker bedauert, dafs sie einer so unwürdigen Arbeit angehängt seien: „Wie man ein Buch als Rameaus Vetter schreiben kann, wenn man Diderot ist, das begreift sich. Wie man sich aber, wenn man Goethe ist, wochenlang mit einem solchen Werke beschäftigen mag, das ist in der That nicht einzusehen." Zudem sei die Übersetzung solcher Werke undankbar: in der fein ausgebildeten französischen Sprache lasse sich manches minder anstöfsig und beleidigend sagen als im Deutschen, so z. B. wirke das bei Goethe so häufig vorkommende Wort „Schuft" höchst unangenehm; aber auch abgesehen von solchen Bedenken, scheine es wohl möglich, französische Gewandtheit besser zu erreichen, als es Goethe gelungen sei. Der arme Rehberg hat Unglück in allem, was er sagt: auf hundert Werke mag zutreffen, was er über den Unterschied des Französischen und Deutschen bemerkt — nur gerade auf Diderots „Rameau" nicht, dessen Grobheit man getrost als eine echt germanische bezeichnen kann!

Damit hätte wohl Rehbergs Kritik ihr Ende erreicht, wenn nicht noch eine Stelle der Anmerkungen wäre, die seinem moralischen Gewissen besonderen Schmerz verursachte — es ist eben dieselbe, über welche der gewandte Merkel so graziös hinweghüpfte. Der Behauptung Goethes, dafs es unzulässig sei, bei Beurteilung eines dichterisch oder sonstwie hervorragenden Mannes den rechten Gesichtspunkt zu verrücken und statt seiner Leistungen seine moralischen Handlungen vor den Richterstuhl der Kritik zu ziehen, tritt Rehberg mit gröfster Entschiedenheit entgegen; aber die Art und Weise, in der das geschieht, belehrt uns schnell, dafs er wieder gar nicht verstanden hat, worum es sich handelt. Seine Behauptung, dafs sich die Persönlichkeit des Künstlers in seinem Werke viel zu scharf abzudrücken pflege, als dafs man den Menschen vom Künstler trennen könne, ist ja gewifs wahr — aber ich sehe auch gar nicht, dafs Goethe dies bestritten hätte. Nicht dagegen verwahrt er sich, dafs man die Leistungen des Künstlers auf ihren persönlichen und sittlichen Gehalt prüfe, sondern dafs man statt der Leistungen die sittliche Persönlichkeit beurteile. Es ist also eigentlich Goethe selbst, der gegen die unzulässige Scheidung von Mensch und Künstler protestiert, die sich überall da einfindet, wo ein ohnmächtiger Neid an den — künstlerischen sowohl wie sittlichen — Wert der Werke nicht mehr hinanzureichen vermag und daher dem Menschen etwas anzuheften versucht. Wir brauchen demnach auf Rehbergs Erörterung, dafs die Verbannung aller moralischen Rücksichten aus dem ästhetischen Urteil die Kunst entwürdigen würde, gar nicht näher einzugehn — ob falsch, ob richtig, sie gehört jedenfalls gar nicht zur Sache. Und wenn er alsdann mit Goethe vom Künstler zum talentvollen Manne übergeht, so bewegt er sich dabei mutatis mutandis in dem gleichen Mifsverständnis wie zuvor: sein mannhaftes Eintreten für die moralische Energie, die er dem Genie vorziehen will, ist wiederum ein Kampf gegen Windmühlen. Nicht vergessen wollen wir aber, dafs unser Kritiker am Schlusse auch die Ursachen und Wirkungen grofser Kunst in erster Linie ins Sittliche setzt — welchen Befähigungsnachweis zum künstlerischen Urteil er sich damit ausstellt, möge der Leser sich selbst sagen.

Man wird sich nicht wundern, dafs diese platte Recension Goethes gröfsten Unwillen erregte, und ihm nicht verargen können, dafs er sogar — meines Erachtens mit Unrecht — den guten Glauben des Verfassers in Zweifel zog. „Gegen Rameaus Neffen", schrieb er am 31. Dezember 1805 an Eichstädt, „haben sich die Herrn Hallenser in ihrer wahren Natur gezeigt. Man weifs nicht, ob man die Beschränktheit oder den bösen Willen mehr bewundern soll. Wie schön nimmt sich dagegen der Dezembermonat Ihres Blattes aus!" Dieses Blatt, die Jenaische Litteraturzeitung, war mit seiner Anzeige des „Rameau" noch im Rückstand; Eichstädt hatte zwar bereits an Rochlitz die Aufforderung gerichtet, das Werk zu besprechen, dieser hatte jedoch in einem Briefe vom 12. Dezember das Anerbieten abgelehnt, weil er überlastet sei, und Einsiedel als Referenten empfohlen. Mit Bezug darauf schrieb Goethe an Eichstädt weiter: „Dafs R. [ochlitz] die Recension des „Neffen" ablehnt, wundert mich nicht. Ob E. [insiedel] die Quästion ein- und übersehe, darüber ist wohl nicht die Frage, ob er aber animi sensa in eine förmliche, stringente Recension zu verwandeln und einzufleischen wisse, wage ich nicht zu entscheiden. Von einer Probe will ich nicht abraten." Daran schliefst sich die bittere Klage, dafs Schillers Äufserungen über das Werk nicht erhalten seien. Zu einer Besprechung des „Rameau" in der Jenaischen Litteraturzeitung ist es leider nicht gekommen, obwohl man den Plan anscheinend noch nicht gleich fallen liefs; wenigstens bat sich Eichstädt noch im Februar 1806 — freilich vergeblich — von Goethe ein Exemplar des Werkes aus (Goethe an Eichstädt, 19. Februar).

Den beiden gedruckten Urteilen, die wir besprochen, stehen zwei briefliche an Unfreundlichkeit leider durchaus nicht nach. Von August Wilhelm Schlegel werden wir von vornherein das Beste nicht erwarten: der Führer der Romantik stand zu Diderot in ausgesprochenem Gegensatz; mit dem naturalistischen Ästhetiker hatte er nichts gemein, und gegen den Begründer des „Drame bourgeois" wollte er sogar die französischen Klassiker in Schutz nehmen. Dennoch gilt sein Unwille weniger dem Verfasser des Originals als dem Übersetzer und Erklärer; aus dem Schreiben, das er am 11. Mai 1806 aus Genf an Fouqué sandte, sehen wir mit Erstaunen, welch tiefe Kluft sich seit den Tagen des „Ion" zwischen Goethe und seinem Schützling aufgethan hatte. „Was soll uns", ruft Schlegel aus, „eine steife, ganz französisch lautende Übersetzung eines Dialogs, den Diderot selbst vermutlich verworfen hat? Ich habe recht über die barbarische Avantage lachen müssen, die Shakespeare und Calderon bei ihren Stücken gehabt haben sollen. Dies ist eine wahrhaft barbarische Art zu schreiben, dergleichen sich jene Grofsen nie zu schulden kommen lassen." Schon die Bemerkungen über die Übersetzung machen einen höchst unerquicklichen Eindruck. Von Schlegel, der selbst ein vorzüglicher Übersetzer war, sollte man am wenigsten erwarten, dafs er über Goethes liebevolle Arbeit so dünkelhaft und leichtfertig abspräche, und seine Vermutung, dafs Diderot selbst den Dialog verworfen habe, ist gar völlig aus der Luft gegriffen. Noch unangenehmer aber wirkt der hämische Ton, in dem er sich über eine der markantesten Stellen aus den Anmerkungen ausläfst. Entweder es war wirklich nur der Ausdruck „barbarische Avantagen", woran er Anstofs nahm — dann stünde seine Aufregung zu dem unbedeutenden Anlafs in auffallendem Mifsverhältnis; oder aber, was mir wahrscheinlicher vorkommt, er glaubte seine Abgötter Calderon und Shakespeare durch die Zuerkennung nur barbarischer Vorzüge vor der Antike gekränkt — alsdann erntete Goethe übeln Dank dafür, dafs er unter Schlegels eigenem Einflufs der Romantik derartig entgegengekommen war, dafs er vor den beiden Haupthelden, die sie verehrte, in ehrlicher und warmer Bewunderung seine Degenspitze gesenkt hatte. Dafür, dafs sein Urteil dem Vorwurf der Parteilichkeit nicht entgehe, hat übrigens Schlegel selbst gesorgt. Unmittelbar nach den Bemerkungen über den „Rameau" fährt er fort: „Man versichert uns, dafs Goethe im Gespräch unverhohlen Partei gegen die neue Schule nimmt, und das ist ganz in der Ordnung. Warum zieht er nicht gedruckt gegen sie zu Felde?" Also weniger dem Freunde Diderots als dem Gegner der Romantik galt Schlegels Groll — hinc illae lacrimae!

Auch das zweite briefliche Urteil, das wir zu verzeichnen haben, kommt, wenn wir den Begriff nicht allzu eng fassen, aus dem romantischen Lager. Wir finden es im Briefwechsel Friedrichs von Gentz mit dem zerfahrenen und wirrköpfigen Adam Heinrich Müller. Gerade in den Tagen, wo die letzten Blätter von Goethes Anmerkungen in die Druckerei wanderten, Ende Aprils 1805, war Adam Müller in den Schofs der allein seligmachenden Kirche zurückgekehrt, ein Schritt, den sein Freund Gentz in seinem Tagebuche von ganzem Herzen guthiefs; wir werden unsere Erwartungen von ihrem Urteil danach zu richten haben. Dasjenige Müllers ist — ich will ganz ehrlich sagen: zum Glück — nicht erhalten; seine Äufserungen über den „Rameau" sowohl wie über „Winckelmann" gaben aber Gentz Anlafs, sich am 13. Juli 1805 über beide Werke Goethes ebenfalls auszusprechen: „Was mich in Ihrem Briefe aufserordentlich frappiert hat, ist Ihr Urteil über die beiden neuesten Produkte von Goethe. Ich kenne sie beide, hätte es aber nie gewagt, so davon zu sprechen. Dafs ich so, nur noch etwas weniger gut, davon denke, will ich nicht leugnen. Die Noten zum Rameau sind blofs trivial und platt; über Voltaire und d'Alembert heute noch so zu faseln, ist doch wirklich einem Goethe nicht erlaubt. Die Aufsätze über Winckelmann sind gottlos. — — Nein! von diesen beiden Büchern steht selbst Goethe sobald nicht wieder bei mir auf! Solche hatten wir von Schiller nie zu besorgen". Hinzuzufügen ist dem wohl nichts.

Diese Urteile stellen der deutschen Kritik eben kein Ehrenzeugnis aus, und die Verpflichtung des Forschers, sie wieder ans Tageslicht zu ziehen, ist nicht eben beneidenswert. Glücklicherweise sind sie ohne Nachahmung geblieben, nur Gervinus hat sich durch seine bekannte Abneigung gegen den späteren Goethe verleiten lassen, mit den Merkel und Gentz in ein Horn zu stofsen; trösten wir uns damit, dafs in Frankreich der geistvolle Sainte-Beuve mit Diderots Werk auch nicht eben glimpflich verfahren ist. Die Gleichgültigkeit gegen den deutschen „Rameau" ist leider bis auf den heutigen Tag noch nicht überwunden; doch bekunden die Arbeiten Geigers im Goethejahrbuch von 1882 und Düntzers Einleitung zu seiner Ausgabe in Kürschners „Nationallitteratur" wenigstens ein steigendes Interesse an dem wertvollen Werke, das Goethe seiner Nation nicht umsonst geschenkt haben sollte.

IX.
„Nachträgliches zu Rameaus Neffe".

Mit der Übersetzung und Erklärung des „Neveu de Rameau" hatte der langjährige Entwicklungsgang, in dessen Verlauf Goethe Diderot immer näher gekommen war, seinen Höhepunkt, aber keineswegs sein Ende erreicht. Bei der Vielseitigkeit von Goethes Interessen und Arbeiten war es gar nicht anders möglich, als dafs er immer wieder von Zeit zu Zeit an Diderot überhaupt sowohl wie an „Rameaus Neffen" im besonderen erinnert wurde und die Gedankenfäden weiterspann, die ihn mit dem Meister und seinem Werke verknüpften. Wenn er im Juli 1810 in Karlsbad Voltaires Korrespondenz aus den Jahren 1755—1761 studierte, so mochten ihm dabei die Briefe an Palissot wieder begegnen, die er 1805 auszugsweise übersetzt hatte. Eine neue Ausgabe von Madame du Deffands Briefen an Horace Walpole und Voltaire, deren Lektüre ihn im Februar 1812 beschäftigte, mufste seine Aufmerksamkeit auf die litterarisch bedeutsamen Frauen zurücklenken, an denen schon der Verfasser der „Anmerkungen" so lebhaften Anteil genommen hatte. 1813 erschienen in Schellings „Allgemeiner Zeitschrift von Deutschen für Deutsche" (ersten Bandes zweites Heft) Madame Vandeuls Erinnerungen an ihren Vater Diderot zum erstenmal im Druck; dafs sie Goethes Aufmerksamkeit nicht entgingen, bezeugt sein Tagebuch, das unterm 20. August 1813 notiert: „Diderots Leben." Bald darauf, am 12. Oktober 1813, verfafste er das Gedicht „Offne Tafel"; der Rundreim des Vorbildes dazu, das „Va-t'en voir s'ils viennent, Jean" von Houdard de la Motte, war ihm zum erstenmal im „Rameau" begegnet. Auch die verschiedenen selbstbiographischen Arbeiten, die spätestens 1809 begannen,

mußten mehr als einmal Erinnerungen an Diderot und seine
Einwirkung wachrufen. In besonders hohem Maße geschah
dies im Jahre 1812. Als Goethe an die Darstellung seines
Straßburger Aufenthaltes für „Dichtung und Wahrheit" heran-
trat, entlieh er am 10. oder 12. Oktober von der weimarischen
Bibliothek die fünf ersten Bände von Grimms „Correspondance
littéraire", die damals gerade im Druck erschienen waren, und
war bis zum 21. fast täglich, einmal sogar nächtlicherweile,
auf das lebhafteste damit beschäftigt. Über den Eindruck
berichtet ein Brief an Knebel vom 17. Oktober: danach sammelte
Goethe aus der Korrespondenz die Scheltworte, um daraus
einen „Dictionnaire détractif" zusammenzustellen, eine Art
Supplement zu des Franzosen Pougens 1794 erschienenem „Voca-
bulaire de nouveaux privatifs". Geisterhebendes fand er in
der „Correspondance" wenig; das Bild der französischen Litteratur, welches sich ihm daraus ergab, erschien ihm, ähnlich,
wie er es gleichzeitig in „Dichtung und Wahrheit" darstellt,
als abgelebt und greisenhaft; aber schließlich heißt es: „Zwei
einzige Figuren halten sich aufrecht in dem socialen, politischen,
religiösen Konflikt, wo immer einer den andern zu vernichten
sucht, und die beiden sind Diderot und Galiani". Offenbar
ebenfalls für die Darstellung der französischen Litteratur-
verhältnisse in seiner Selbstbiographie zog Goethe in den
nächsten Tagen — vom 25. bis 27. Oktober — seine Anmerkungen zu „Rameaus Neffe" zu Rate; am 3. und 15. November kehrt die Erwähnung des Werkes im Tagebuch wieder.
Das Studium wurde also wohl fortgesetzt. Auch den geplanten
„Dictionnaire détractif" verlor Goethe nicht ganz aus dem
Auge: ein Stückchen davon bearbeitete er im Oktober 1817,
um es in „Kunst und Altertum" (ersten Bandes drittes Heft) zu
veröffentlichen; zwei Jahre später, im November 1819, regte
ihn eine französische Kritik dieses Versuches zu einer Erwiderung an, die Anfang 1820 ebenfalls in „Kunst und Altertum" (zweiten Bandes zweites Stück) erschien. Goethe erinnerte
sich hier mit Dank daran, was ihm die „Correspondance" in
den achtziger Jahren gewesen, und verweilte mit sichtlicher
Freude bei der Schilderung des Eindrucks, den damals „die
herrlichsten Arbeiten Diderots", der „Jacques", die „Religieuse"

und andere mehr, stückweise wie sie nach Weimar kamen, auf ihn gemacht hatten.

So war also Goethe weder Diderot noch dem „Rameau" ernstlich entfremdet, als 1821 die Rückübersetzung des Dialogs von de Saur und de Saint-Geniès erschien.

Der Plan zu dieser Übersetzung war nicht von den Franzosen selbst ausgegangen, vielmehr hatte der deutsche Publizist und Litteraturfreund Konrad Engelbert Oelsner (1764 bis 1829), der, schon längst in Frankreich kein Fremder mehr, seit 1818 als preufsischer Legationsrat in Paris lebte, den jungen Vicomte de Saur zu der Arbeit angeregt; dafs dieser dabei seinen Freund Saint-Geniès — der später ebensowohl wie Saur die Verantwortung für das Werk auf sich nahm — zu Rate zog, scheint Oelsner nicht gewufst zu haben. Mit einem Briefe vom 15. November 1821 sandte Oelsner das am 3. erschienene Buch an Varnhagen von Ense nach Berlin: „Da ich vermute, dafs Sie mit Herrn von Goethe in Beziehung stehen, so nehme ich mir die Freiheit, Ihnen beifolgendes Werk zu senden, mit der Bitte, es ihm zukommen zu lassen. Es ist eine Übersetzung seiner Übersetzung. Ich habe den jungen Saur zu der Arbeit veranlafst. Sein Verleger hat für gut befunden, die Goetheschen Noten bis zur zweiten Auflage unterzuschlagen, und will sie dann als Broschüre herausgeben. Der Kniff ist ihm geglückt. Das Buch geht reifsend ab, wiewohl die Zensur den Journalen nicht erlaubt, es anzupreisen. Jedermann glaubt, das Original zu lesen. Solches wäre noch mehr, wenn sich der Übersetzer strenger an den deutschen Text gehalten hätte. Umsonst versuchte ich, den jungen Sprudelkopf zum völligen Gehorsam zu bringen. — — Empfangen Sie aus Weimar ein freundliches Wort für meinen Hitztum, so teilen Sie es mit". Am 26. November sandte Varnhagen das Werk an Goethe, mit einem Briefe, der die eben mitgeteilten Bemerkungen Oelsners, abgesehen vom Eingangs- und Schlufssatz, citierte; am 3. Dezember traf die Sendung in Weimar ein, und Goethe widmete ihr den Abend darauf eine wohl nur flüchtige Durchsicht. Unterdessen hatte Varnhagen am 30. November seinem Freunde angezeigt, dafs er die Bestellung an Goethe ausgerichtet habe. Der alte Herr, meinte er, werde ohne Zweifel grofses Vergnügen an dem Buche finden, wenn auch die List des Buchhändlers, die Arbeit für das Original auszugeben, den reinen Eindruck etwas stören müsse. Übrigens werde er nicht verfehlen, eine etwaige Antwort aus Weimar sofort mitzuteilen. Am 14. Dezember hatte sich Goethe noch nicht geregt, und auch noch am 27. mufste Varnhagen trösten: „Goethe ist sparsam in Antworten, er entschuldigt sich deshalb im allgemeinen in dem letzten Hefte von „Kunst und Altertum"; vielleicht redet er künftig an diesem Orte von der ihm doch gewifs merkwürdigen und schmeichelhaften Erscheinung." Erst ein Jahr später ging diese Hoffnung in Erfüllung: Ende Novembers 1822 wanderte eine kurze Anzeige Goethes in die Druckerei, um 1823 im ersten Hefte des vierten Bandes von „Kunst und Altertum" zu erscheinen. Sie gab einen knappen Hinweis auf die ungünstigen Schicksale des deutschen „Rameau", erwähnte Deppings Inhaltsangabe des Dialogs im Ergänzungsbande zur Diderot-Ausgabe von 1818 und desselben Versuch, einige Stellen zurückzuübersetzen, und kam dann auf die neue Erscheinung zu sprechen; diese habe sich zwar für das Original ausgegeben, aber die „humoristische Schelmerei einer Rückübersetzung" sei inzwischen bereits entdeckt worden. Er selbst — Goethe — habe noch keine Vergleichung angestellt, Pariser Freunde jedoch, welche die Veranlassung gegeben und den Unternehmer Schritt für Schritt begleitet hätten, versicherten, dafs die Übersetzung wohl geraten, wenn auch etwas reichlich frei sei. Den Namen des Übersetzers zu nennen, halte er sich nicht für berechtigt.

Es dürfte hier wohl der Ort sein, diese viel berufene, aber selten gelesene Rückübersetzung einer kurzen Würdigung zu unterziehen. Leichtfertiger und frivoler als die beiden jungen Franzosen ist wohl nicht leicht jemand mit fremdem geistigen Eigentum umgesprungen. Gerade sie hätten allen Anlafs gehabt, bei ihrer schwierigen Arbeit mit der ängstlichsten Vorsicht zu Werke zu gehen — statt dessen behandeln sie den Goethe-Diderotschen Text mit einer Willkür, die schwerlich ihres gleichen hat. Ich weifs nicht, hat die Eitelkeit sie gekitzelt, ihr kümmerliches Lämpchen für die grofse Fackel Diderots auszugeben, oder aber schien ihnen der Dialog nicht umfangreich oder wirksam genug — kurz, sie haben das Bedürfnis empfunden, ihn allerwärts mit den fadesten Zusätzen und Zusätzchen zu spicken; auf jeder Seite finden sich solche Erweiterungen, und häufig geben sie dem Text ein so fremdes Aussehen, dafs man Goethes Übersetzung kaum wieder erkennt, von Diderots Original ganz zu schweigen. Auch was nicht Zusatz ist, kann eher Paraphrase als Übersetzung genannt werden, der Wortlaut der Vorlage wird kaum einmal beachtet. Wenigstens das eine und andere Beispiel: „Nach Tische denkt er auf eine Gelegenheit zum Nachtessen", heifst es gleich im Anfang von „Rameaus Neffen", „und auch die Nacht bringt ihm neue Sorgen. Bald erreicht er zu Fufs ein kleines Dachstübchen, seine Wohnung, wenn nicht die Wirtin, ungeduldig, den Mietzins länger zu entbehren, ihm den Schlüssel schon abgefordert hat." Das klingt den Herren Saur und Saint-Geniès viel zu dürftig, sie wissen besser, was wirkt, und schreiben: „Le dîner trouvé, nouveau sujet de méditations: où soupera-t-il? et lors même qu'il a réussi à dîner et à souper tous les soucis de la journée ne sont pas épuisés. Il faut se coucher quelque part. Heureux, cent fois heureux, lorsque regagnant à pied sa modeste hôtellerie, il a pu rentrer dans la petite chambre au septième étage, qu'on lui a louée sans informations et que la maîtresse d'auberge, lasse d'attendre ses dix francs d'un mois de loger, ne lui a pas déjà redemandé sa clef!" Oder es heifst von Herrn von Bissy: „Der ist als Schachspieler, was Demoiselle Clairon als Schauspielerin ist; beide wissen von diesen Spielen alles, was man davon lernen kann." Wie platt und kahl im Vergleich zu der ungemein witzigen und reichhaltigen Rückübersetzung! „M. de Bussy est joueur d'échecs", heifst es dort, „comme Mlle Clairon est actrice. Rempli de connaissances, ayant tout pour réussir, au talent près, c'est un homme qui sait et qui explique à merveille comment et pourquoi on joue bien: il n'y a que le bien jouer qui lui manque." Im Original steht zwar so ziemlich das Gegenteil von alledem — aber die Umarbeitung nimmt sich doch gut aus. Man mufs noch obendrein zufrieden sein, wenn die saubern Gesellen ihre Vorlage wenigstens halbwegs verstanden haben; wo dies nicht der Fall ist, phantasieren sie wie toll drauf los. So sagt Rameau einmal: „Uns hatte die Vorsehung von Ewigkeit her bestimmt, Gerechtigkeit zu üben am jedesmaligen Bertin, und wer uns unter unsern Enkeln gleicht, ist bestimmt, Gerechtigkeit zu üben an den Montsauges und Bertins der Zukunft." Und was lesen wir in der Übersetzung? „La Providence a promis (!) de nous rendre justice (!) dans l'éternité à venir (!!), et de payer le salaire de leurs actions à tous les Bertin passés, présents et futurs. En attendant l'éternité, et que justice se fasse dans l'autre vie (!!), elle est mieux rendue qu'on ne pense dans celle-ci." In der That eine tüchtige Leistung! Gesellt sich ab und zu zur Dreistigkeit die Gedankenlosigkeit, so kommt nicht weniger Ergötzliches zu Tage: Rameau spielt den grofsen Mann und sieht im Geiste seine Kreaturen um sich herumschwänzeln: „Er sah Palissot, Poinsinet, die Frérons, Vater und Sohn, La Porte" etc.; Saur und Saint-Geniès fügen hinzu: „et d'autres assis près de nous dans le café" und halten auch weiterhin an der Vorstellung, dafs die Palissot und Genossen thatsächlich während des Dialogs im Café de la Régence gegenwärtig sind, unbedenklich fest. Manchmal ist ihnen auch die Vorlage nicht derb genug: statt „der kleinen Hus" mufs es heifsen „d'une catin", statt „die gefährlich krank scheint" „qui crie comme une chatte en chaleur"; Palissot hat nicht Geld geliehen, „um sich kurieren zu lassen" sondern „pour se faire guérir de la v . . .". Ab und zu begegnen auch ganz freie Erfindungen. So verläuft zum Beispiel den Herren der Schlufs des Dialogs zu sehr im Sande, und sie halten es für notwendig, ein Stückchen anzuflicken, in dem Diderot den Neffen Rameaus zum Abendessen einladet!

Namen und Citate müssen sich dem souveränen Willen der Herren Saur und Saint-Geniès fügen: der Tanzlehrer Javillier wird in einen Abraham verwandelt, Montsauge und Vilmorien werden in Mésenge und Villemorin umgetauft, Corbie und Moette in Corbié und Motté. „Aspettare e non venire" berichtigen sie in „aspettarsi (!) non venire", die Arie „j'attendrai" heifst bei ihnen „j'attendrai l'aurore". Hin und wieder begegnen widersinnige Verdrehungen: „ich will nicht Euern

Onkel zum Beispiel nehmen" heifst: „je vais prendre votre oncle pour exemple", oder „Ihr habt an mir immer einigen Anteil genommen": „J'ai toujours pris quelque intérêt à moi-même". Die lächerlichsten Mifsverständnisse — wovon schon oben ein Beispiel — begegnen in Menge, und nur schwer widersteht man der Versuchung, ganze Seiten mit diesen kostbaren Proben unfreiwilligen Humors zu füllen: „Hole der Henker die beste Welt", sagt Rameau, „wenn ich nicht dabei sein soll": „que le diable emporte les hommes parfaits, pourvu que je ne sois pas emporté avec eux". „Du warst genährt, Mund, was begehrst du? und nun halte dich wieder an die Höken", heifst es anderwärts; dafür im Französischen: „Tu étais nourri au delà de tes souhaits; à présent je t'ai encore sur les épaules." Ferner: „den H—n küssen": „baiser des catins"; „Da fing er an —— mit verwirrtem Blick an der Decke herzusehen": „d'un air égaré il regarde le tapis qui couvrait la table"; „frisch wie eine Weide" (= franc comme l'osier): „uni comme un gazon"; „Rockentheologie": „théologie de Roch"; „Pinselgesicht": „pintrichon"; „das ganze Gezücht der Blättler": „tous les gueux de cette espèce"; und schliefslich wird gar der Satz: „sie wissen noch nicht, was sie in Musik setzen sollen, und daher auch nicht, was dem Tonkünstler frommt" wiedergegeben durch: „ils ne savent pas encore ce qu'ils mettront en musique. Cela rend les compositeurs tout-à-fait pieux", worauf noch der erklärende Zusatz folgt: „N'ayant point d'opéra sur le métier, ils ne font plus que de la musique d'église." Ich denke, der Leser wird übergenug haben und sich sein Urteil über das saubere Machwerk selbst bilden.

Im Frühjahr 1823 folgte der Rückübersetzung des Dialogs die Übertragung der Anmerkungen unter dem Titel „Des hommes célèbres de France au dix-huitième siècle ... par M. Goëthe: Traduit de l'Allemand par MM. de Saur et de Saint-Geniès; et suivi de notes des traducteurs, destinées à développer et à compléter sur plusieurs points importants les idées de l'auteur"; der Verleger war jedoch nicht mehr Delaunay, sondern Renouard. Auch dieses Werk gaben die Verfasser zunächst in Oelsners Hände, der es diesmal aber nicht an Varnhagen, sondern an Goethes Freund, den Grafen Reinhard, weiter beförderte. Die erste Kunde von dem Buche erhielt Goethe durch ein Schreiben Reinhards aus Frankfurt vom 11. April 1823, dem ein Auszug des Oelsnerschen Briefes beilag. Reinhard giebt seiner Freude darüber Ausdruck, dafs man jetzt in Paris Goethes auf vielfache Weise gedenke, teilt dann einiges über Oelsners Persönlichkeit und Schriftstellerei mit und fährt fort: „Der Gegenstand ihrer Bearbeitung konnte von den beiden jungen Männern, deren der eine, Saur, Sohn des ehemaligen Senateurs aus dem Roer-Departement, der andere, St. Geniès, Übersetzer des Tibulls ist, für französischen Sinn nicht glücklicher gewählt werden; denn eben in jenen Ihren Urteilen über französische Schriftsteller spricht sich vollkommene Kenntnis der Nationalität, der diese angehören, in höchst glücklicher Verschmelzung mit den eigentümlichen Ansichten, sei's des deutschen — sei's Ihres individuellen Geistes, aus. Was nun freilich die vorangedruckte notice [über Goethes Leben und Werke] betrifft, so hat mir diese mehr als einmal ein zwar zuweilen schadenfrohes, aber doch immer ganz gutmütiges Lächeln abgewonnen. Ob sie aus dem Konversationslexikon geschöpft sei, weifs ich nicht, denn ich habe den Artikel nicht gelesen; mir scheint jedoch, die beiden Verfasser haben nicht nur Ihre Schrift, sondern auch Ihre Person recht eigentümlich ins Französische übersetzt. Dafs nun die Reihe der Übersetzung an Meister Wilhelm kommen soll,[1]) dabei, dünkt mich, haben Sie, nach der vorliegenden Probe zu urteilen, nichts zu wagen; denn wiewohl ich diese mit dem deutschen Text noch nicht verglichen habe, so scheint mir doch Herr Oelsner mit Unrecht den jungen Männern eine geringe Kenntnis der deutschen Sprache zuzutrauen; die eigne kennen sie vollkommen und wissen sie auf eine geistreiche Weise zu gebrauchen. — — Wie dem sei, so bin ich gewifs, Sie werden dem reinen Willen und der innigen Verehrung für Sie Ihr Wohlwollen, dem Erfolg Ihre Zufriedenheit nicht versagen und durch den Ausdruck Ihres Beifalls Herrn Oelsners

---

[1]) Saur und Saint-Geniès planten eine Übersetzung von „Wilhelm Meister".

und meine Hoffnung und den Wunsch der Akoluthen erfüllen." Aufser an Goethe wollte Reinhard auch noch an den Kanzler von Müller ein Exemplar abgehen lassen, welches für den Grofsherzog Karl August bestimmt und von einem Huldigungsschreiben der Übersetzer begleitet war. Auch für diese Sendung sollte Goethe einen Dank erwirken. Dringender, aber auch leichtfertiger konnte man sich nicht wohl bemühen, Goethe ein günstiges Vorurteil für das französische Werk beizubringen.

Aufser dem Buche selbst erhielt Goethe gleichzeitig mit Reinhards Brief ein Schreiben der Herren Übersetzer vom 26. März, das in der Hauptsache aus nichtssagenden Komplimenten besteht; zwischendurch wird die geplante Übersetzung des „Wilhelm Meister" angezeigt, und zum Schlufs haben die saubern Gesellen die Unverfrorenheit, ihre fragwürdige Leistung geradezu dem Urteil Goethes zu unterbreiten. Dieser scheint die Sendung am 17. April erhalten zu haben, wo sein Tagebuch verzeichnet: „Betrachtungen über die französische Übersetzung meiner Noten zu Rameau Des hommes célèbres." Tags darauf meldete er Reinhard die Ankunft des Pakets, das ihm viel Vergnügen gemacht habe. „Zuvörderst also hab' ich mich selbst in fremder Sprache wieder zu studieren, denn ich erinnere mich kaum jenes früheren Unternehmens; so viel aber weifs ich recht gut, dafs ich damals meinen Landsleuten den Genufs des wundersamen Dialogs, der mich so sehr interessierte, möglichst zu fördern wünschte. Wie es sich nun jetzt als selbständiges, als bedeutend angekündigtes Werk ausnehme, mufs ich erwarten. Auf alle Fälle kann ich zum voraus versprechen, dafs ich den Übersetzern und Kommentatoren ein freundlich Wort sagen werde, dem ich aber auch einigen Gehalt verleihen möchte, den ich nur aus näherer Kenntnis des Büchleins selbst zu schöpfen imstande bin. — — Herrn Oelsner danken Sie für seine Teilnahme. — — Schliefslich bemerke ich noch, dafs Herr Kanzler von Müller jenen Auftrag gern übernommen hat, wobei zu wünschen ist, dafs ihm das Geschäft gerate." Am 26. April heifst es dann im Tagebuch: „Herr Professor Riemer; Abrede mit demselben wegen des französischen Werkes."

Inzwischen urteilten andere Leute weniger leichtsinnig über die „Hommes célèbres" als Graf Reinhard. Ein Exemplar des Buches war in die Hände einer geistreichen Dame, der Frau Geh. Regierungsrat von Voigt geb. Ludecus gefallen, die daraufhin dem weimarischen „Journal für Litteratur, Kunst, Luxus und Mode" eine Besprechung einsandte, welche die Anmaſsung der Franzosen scharf zurückwies. Der Herausgeber, Oberkonsistorialdirektor Karl Friedrich Peucer, war vorsichtig genug, diesen Artikel zunächst an Goethe zu senden, mit der Bemerkung, daſs er ohnehin entschieden gewesen sei, die Anzeige, so wie sie vorliege, nicht zum Abdruck zu bringen, sondern sie teils zu ändern, teils durch Zusätze zu mildern; er erbat sich auſserdem Goethes Meinung darüber. Daraufhin erfolgte, laut Tagebuch, am 29. und 30. April von Goethes Seite ein „Promemoria an Herrn Peucer wegen der Recension des Pariser Werks", des Inhalts, daſs Goethe selbst eine Besprechung liefern werde. Nach einem Schreiben Riemers an Goethe vom 2. Mai sprach Peucer dafür seinen herzlichsten Dank aus, was ihn jedoch nicht hinderte, noch im gleichen Monat (Nr. 36) eine Notiz zum Abdruck zu bringen, welche anscheinend die Beurteilung der Frau von Voigt in zwar etwas veränderter, aber doch noch genügend scharfer Fassung wiedergiebt oder doch wenigstens den gleichen Standpunkt vertritt wie diese. Unter der Überschrift „Goethe und Voltaire" geiſselt der kurze Artikel zwar scheinbar nicht so sehr die „Hommes célèbres" selbst als eine Anzeige derselben im „Miroir", aber die Beispiele französischer Anmaſsung und Unwissenheit, die angeführt werden, sind zum gröſsten Teil nicht Eigentum der Recensenten im „Miroir", sondern der Herren Saur und Saint-Geniès selbst, und es wäre nicht unmöglich, daſs der deutsche Beurteiler dies wohl gewuſst und nur in Rücksicht auf höheren Wunsch nicht ausgesprochen hätte. Merkwürdigerweise scheint Goethe von diesem seiner eigenen Auffassung so auffallend widersprechenden Aufsatz nichts erfahren zu haben. Inzwischen war er selbst ans Werk gegangen. Am 3. Mai schon wurde nach seinem Tagebuch „Verschiedenes auf die Übersetzung der Hommes célèbres de France diktiert", am 4. heiſst es: „Einiges an meiner französischen Übersetzung", am 5.: „Einiges zur vorläufigen Recension des französischen Litteraturwerkes", am 6.: „Aufsatz über das französische Werk Hommes célèbres de France", am 7.: „Abends Hofrat Meyer, Professor Riemer; den Aufsatz über das französische Werk gelesen", am 9.: „Nochmalige Abschrift der Hommes célèbres etc. für Herrn Grafen Reinhard." Diese Abschrift ging am 17. Mai mit einem Briefe an Reinhard ab. Es heifst darin: „Die beiden hierher gesandten Exemplare, mein Teuerster, und einige andere von Leipzig angekommene brachten sogleich unter den hiesigen Litteratoren grofse Bewegung hervor; da nun das Verneinen sich immer lebhafter bezeugt als das Bejahen, so war im Augenblick schon eine mifswollende Recension auf dem Wege zur Presse, die freilich im eigentlichen Sinne nicht Unrecht hatte, weil sie sich auf die einem Deutschen leicht zu entdeckenden Irrtümer der französischen jungen Männer warf,[1]) aber eben deswegen ungrazios einen üblen Effekt hätte thun müssen. Ich erregte darauf die um mich versammelten mäfsig denkenden Freunde zu einem kleinen Aufsatz, wodurch denn auch jener erster Versuch verdrängt ward.[2]) Ich lege die Abschrift bei zu gefälliger Mitteilung an die Pariser Freunde, dafs sie wenigstens vorläufig einen guten Willen von unserer Seite gewahr werden." Reinhard liefs sich durch dieses Versteckspiel — auch in dem Aufsatz selbst redet Goethe von sich in der dritten Person — nicht darüber täuschen, dafs Goethe der Verfasser sei. Er antwortete am 28. Mai: „Die wohlwollende Aufnahme, die Sie dem Versuch der Pariser Freunde gewährten, ist mir sehr erfreulich. Die Akten hierüber sind vor wenigen Tagen an Herrn Oelsner abgegangen; Herr von Müller hatte sie durch die Antwort des Grofsherzogs vervollständigt. Ihr Urteil über die Schrift ist zugleich belehrend und belohnend, besonders da Sie dadurch einer ungünstigen und, bei so deutlich ausgesprochenem guten Willen der Verfasser, schon dadurch schiefen Beurteilung zuvorkommen."

Zu Anfang des Juni erschien Goethes Anzeige anonym im Modejournal Nr. 45. Schon kurz zuvor hatte sie Peucer

---

[1]) Trifft auf die Anzeige im Modejournal vom Mai zu.
[2]) Vgl. dagegen oben.

zur grofsen Befriedigung des Verfassers ins Französische übersetzt, und Goethe versprach, die Übertragung an Reinhard weiter zu befördern. Hiermit noch nicht zufrieden, wandte sich Peucer zunächst an den Obermedizinalrat von Froriep mit der Bitte, sie irgendwie in Pariser Journalen abdrucken zu lassen oder aber als Beilage zum Modejournal zu veröffentlichen. Er glaube, Goethe geschähe damit ein Gefallen. Froriep sandte daraufhin die Übersetzung an Julien, den Redakteur der „Revue encyclopédique"; ob dieser sie zum Abdruck gebracht, weifs ich nicht. Ein Brief Peucers an Böttiger ferner, vom 8. Juni, bittet diesen, doch für einen Abdruck in der „Allgemeinen Zeitung" Sorge zu tragen, die in Paris stark gelesen werde. Sowohl Froriep als auch Böttiger gegenüber bekannte Peucer, dafs Goethe der Verfasser der Besprechung sei.

Am 11. Juni sandte Goethe Peucers Übersetzung an Reinhard: „Dafs Sie, teuerster Verehrter, meinen kleinen Aufsatz billigen, ist mir höchst erwünscht, denn er war in unruhiger Zeit und nicht sonderlich vorbereitet geschrieben; der gute Wille mag dabei das Beste gethan haben. Den Abdruck lege bei, nicht weniger eine französische Übersetzung, verfafst von dem Redakteur, welcher mir vielen Dank wufste, dafs ich ihm von jener mifswollenden Anzeige loshalf.[1]) Man hat nur immer zu thun, um die Verwirrungen, die mehr durch vorlaute als bösartige Menschen eingeleitet werden, wieder ins Gleiche zu bringen." Reinhards Antwort auf diese Briefe ist leider nicht erhalten.

Es möge hier zunächst eine kurze Inhaltsangabe der Goetheschen Anzeige folgen. Goethe erklärt zunächst, dafs es sich bei den „Hommes célèbres" um eine Bearbeitung der Anmerkungen zum „Rameau" handle, und berichtet über die Schicksale des Werkes bis zum Jahre 1821. Jetzt habe der Herausgeber des französischen „Rameau" in Saint-Geniès einen Mitarbeiter herangezogen und die Anmerkungen, nicht in der ursprünglichen alphabetischen, sondern in einer dem Wert und der Würde der Personen und Gegenstände mehr angemessen

---

[1]) Sollte das wirklich der Fall gewesen sein, so würde Peucer in eigentümlichem Lichte erscheinen.

scheinenden Folge übertragen. „Durch dieses Umstellen jedoch wird die Vergleichung des Übertragenen mit dem Original sehr erschwert, und es wird nicht deutlich, was eigentlich dem Deutschen und was den Franzosen angehöre. Da wäre denn zu untersuchen: inwiefern sich die Übersetzer ans Original gehalten, sich von demselben entfernt, Gedanken entwickelt, Meinungen substituiert und sonst Veränderungen vorgenommen haben, um ihrer Nation das günstige Urteil eines Fremden über ihre vorzüglichsten Männer noch erst recht eingänglich und schmackhaft zu machen." Von den Noten hat er mit Vergnügen Kenntnis genommen: vor allem interessiert ihn der Hinweis auf Mercier, aus dessen Mitteilungen hervorgehe, dafs Rameaus Neffe wirklich existiert habe. Auch Diderots Verfasserschaft werde aufser Zweifel gesetzt, über Piron und andere Bemerkenswertes beigebracht. Höchst merkwürdig sei es, wie die Übersetzer den Zwiespalt französischer und deutscher Denkweise oft unbewufst aussprächen: „Es sind nun einmal gewisse Dinge, von denen sie nicht abgehen, andere, die sie sich nicht zueignen können; doch sucht ihr Urteil überall irgend eine Vermittlung." Ihr Streben wird aber dankbar anerkannt, wenn sie sich auch schliefslich den Rat gefallen lassen müssen, sich künftig von dem Leben und Wirken deutscher Schriftsteller genauer zu unterrichten.

Wer Goethes Anzeige unbefangen liest, wird daraus ohne Zweifel die Vorstellung gewinnen, als handle es sich bei den „Hommes célèbres" um ein zwar nicht tadelloses, aber doch immerhin tüchtiges und anerkennenswertes Buch. Man verspürt Lust nach seiner Lektüre, man möchte gern Goethes Winken folgen und durch Vergleich mit der Vorlage den interessanten Unterschied zwischen französischer und deutscher Denkweise feststellen. Aber nur zu bald legt man es, aufs ärgste enttäuscht, aus der Hand, und der Gewissenhafte wird sich zehnmal besinnen, ehe er unsern geistreichen Nachbarn im Westen den Schimpf anthut, die losen Vögel Saur und Saint-Geniès als berufene Vertreter französischen Geistes anzuerkennen. Man fragt sich vergeblich: wie konnte Goethe ein solches Buch so anzeigen, man verspürt brennende Lust, sich der schwergekränkten Frau von Voigt, die Goethes litterarische Ehre besser wahrnahm als er selbst, aufs entschiedenste anzunehmen. Es ist ja richtig, dafs Goethes Recension unter sehr erschwerenden Umständen verfafst wurde: Reinhard übte den stärksten Druck aus, um ihn günstig zu stimmen, und Goethe gab unüberlegt das Versprechen, ein freundliches Wort zu sagen, ohne das Werk genauer angesehen zu haben; seine Anmerkungen waren ihm anfänglich nicht gegenwärtig, die Recension entstand zu übler Stunde und war mangelhaft vorbereitet. Aber ein Rätsel bleibt sie trotz alledem: dafs die Franzosen seinem geistigen Eigentum Gewalt angethan und ihm fremde Ansichten untergeschoben hatten, war ihm kein Geheimnis, über die Mängel der biographischen Einleitung konnte niemand weniger im Zweifel sein als er selbst — und doch kein Wort der Mifsbilligung, vielmehr die ausgesprochenste Neigung, den vermeintlichen guten Willen der jungen Leute für die That zu nehmen. Es ist schwer verständlich, wie Goethe — wenigstens vorübergehend — in solche Selbsttäuschung verfallen konnte. Die Freude, in Frankreich ernsthaft berücksichtigt zu werden, konnte wohl kaum besonders grofsen Anteil daran haben — wer den Beifall der Frau von Staël und Victor Cousins gefunden hatte, bedurfte doch wahrhaftig nicht mehr der Saur und Saint-Geniès!

Es mufs gerade heraus gesagt werden: die „Hommes célèbres" sind ein wahres Muster von Liederlichkeit, Frechheit und Unwissenheit, wie man wohl so leicht kein zweites finden wird. Schon der flüchtigste Anblick zeigt, dafs es sich um eine ganz gewöhnliche Spekulation handelt: aus den wenigen Bogen der „Anmerkungen" ist ein Buch von rund 300 Seiten geworden. Wenn die ersten dreifsig Seiten mit einer kurzen Würdigung Goethes angefüllt werden und den einzelnen Abschnitten des Werkes Noten der Übersetzer folgen, so kann man dagegen ja grundsätzlich nichts einwenden, wenn aber auf S. 230 die „Notes des traducteurs" noch einmal von frischem beginnen und teils zur Biographie und Würdigung Goethes, teils zum Text noch neue Nachträge bringen, so giebt es für dieses schludrige Verfahren nur eine Erklärung: das Buch war noch nicht dick genug, und es mufsten noch ein paar Bogen angestoppelt werden. Und welch ein Produkt ist die „Notice" über Goethe! Freilich wird kein billig Denkender verlangen, dafs eine französische Würdigung Goethes von 1823 heute noch befriedige, aber ein solcher Wust von Unsinn und Unwissenheit, wie er sich hier findet, ist denn doch unerhört. Nachdem der Lebensgang bis zur Wetzlarer Zeit ziemlich richtig dargestellt worden, wird uns berichtet, dafs Goethe in seiner Jugend auch eine französische Reise unternommen habe und mit den bedeutendsten Geistern Frankreichs in persönliche Berührung getreten sei; es ist damit nicht etwa der Strafsburger Aufenthalt gemeint, denn dieser ist bereits zuvor erwähnt worden, vielmehr schwebt den Biographen offenbar eine Reise nach Paris vor, und ausdrücklich wird denn auch an anderer Stelle Baculard d'Arnaud als einer der Männer genannt, denen Goethe näher getreten sei. Es handelt sich hier fraglos um eine bewufste Fälschung: den Übersetzern kam es nur darauf an, ihrem Buche einen gröfseren Absatz zu verschaffen, indem sie ihren Lesern aufbanden, Goethes Bewunderung für die Franzosen des 18. Jahrhunderts zeige sich an allen Ecken und Enden — denn diese Behauptung, die noch oft wiederholt wird, folgt der Geschichte von der französischen Reise auf dem Fufse. So wird denn auch die Emanzipation des jungen Goethe von französischen Vorbildern eingehend entschuldigt und als berechtigt nachgewiesen, und in der Würdigung des Goethe von heute, die auf eine kurze Besprechung der italienischen Reise folgt, wird nicht versäumt, darauf hinzuweisen, dafs der grofse Mann Korrespondent des „Institut de France" und, dank seiner Unterredung mit Napoleon, Ritter der Ehrenlegion sei. Von den Werken sind bisher nur besprochen der „Werther", über dessen Wirkung die Herren Biographen ziemlich gut unterrichtet sind, während sie sich über den Inhalt ausschweigen; ferner der „Faust", von dem sie offenbar nicht allzuviel wissen, und endlich der „Götz", den sie für ein Stück in Versen zu halten scheinen. Nach einem kurzen Hinweis auf den „Triumph der Empfindsamkeit" und die antikisierende „Iphigenie" geht nun eine ergötzliche Vorlesung über den „Meister Vilhem" los, der als philosophischer Roman mit Diderots „Jacques le fataliste" und Voltaires „Candide" verglichen wird. In diesem Werke giebt es nach

Saur und Saint-Geniès ein sehr merkwürdiges Kapitel, in welchem Gefühl und Phantasie auf Kosten des berechnenden Verstandes gepriesen werden — gemeint sind wohl die „Bekenntnisse einer schönen Seele"; damit hat Goethe in Deutschland großes Unheil angerichtet: einer seiner Schüler machte die hier gepredigten Grundsätze zum Mittelpunkte eines Systems der moralischen Ästhetik, ein zweiter schritt, mit noch größerem Erfolg, zum Mysticismus und zur religiösen Ästhetik fort — kurz, Goethe war auf dem besten Wege, zum Haupte einer neuen Sekte zu werden. Die protestantische Geistlichkeit schlug Lärm, da die neue Lehre zum Katholicismus führe, und Goethe, den es mehr reizte, ein zweiter Voltaire als ein zweiter Luther zu sein, steuerte selbst dem Unwesen, indem er — — den „Neveu de Rameau" übersetzte! So malte sich in den Köpfen der Herren in Paris Goethes Verhältnis zur Romantik!

Es folgt eine Besprechung von Goethes Werken, sauber nach Gattungen geordnet. Gelesen haben die Herren Saur und Saint-Geniès allerdings bestenfalls nur den „Egmont", den „Tasso", den „Faust" und von Gedichten den „Gott und die Bajadere", den „Neuen Pausias" und den „Zauberlehrling". Trotzdem wissen sie über alles zu reden: der „Großkophta" ist eine Tragödie hohen Stils, unter den bürgerlichen Stücken (Drames) ist das beste „La vie et l'apothéose de l'artisan", unter den in Deutschland häufig aufgeführten Lustspielen figuriert ein Stück „Le sonneur des cloches". Epische Hauptwerke sind „Hermann und Dorothea" und „Renard de Reineck", von kleineren Stücken ist „La mission de Jean de Saxe" erwähnenswert, unter den Romanen erscheinen „Les années de l'apprentissage de Vilhelm Meister" noch einmal, sie scheinen aber ein anderes Werk zu sein als der bereits genannte „Meister Vilhem". „Benvenuto Cellini" ist ein selbständiges Werk Goethes, auch giebt es Memoiren von ihm, welche bis zum Schluß der italienischen Reise reichen, und neben naturwissenschaftlichen Schriften hat er auch juristische und mathematische verfaßt. In Anbetracht aller dieser Verdienste rufen die Deutschen mit gerechtem Stolze aus: Goethe ist unser Voltaire, und der große Mann fühlt sich durch eine solche Huldigung höchlich geschmeichelt. Doch übergenug des Unsinns! Die bodenlose Leichtfertigkeit der Biographen liegt zu sehr auf der Hand; haben sie es doch nicht einmal für nötig gehalten, das von ihnen citierte Buch „De l'Allemagne" von Frau von Staël gewissenhaft zu Rate zu ziehn!

Wie steht es nun aber mit der Hauptsache, der angeblichen Übersetzung der Goetheschen Anmerkungen? Schon bei der Rückübersetzung des „Rameau" mufsten wir die Kunst bewundern, mit welcher Saur und Saint-Geniès ihrem Texte einen wesentlich gröfseren Umfang zu geben wufsten. Aber dort beruhten doch immer noch wesentlich zwei Drittel der Rückübersetzung auf der Vorlage: in den „Hommes célèbres" stehen die Dinge noch viel schlimmer. Es ist durchaus keine Übertreibung, wenn man behauptet, dafs Saur und Saint-Geniès die angebliche Übersetzung der Anmerkungen auf den vierfachen Umfang des Originals gebracht haben. Das Hauptmittel, das sie zu diesem löblichen Zwecke anwenden, besteht einfach darin, Goethes Gedanken zwar im wesentlichen beizubehalten, aber mit einem ungeheueren Aufwand von Worten wiederzugeben. Es hat dies die gleiche Wirkung, wie wenn man starken Wein mit einem dreimal gröfseren Zusatz von Wasser verdünnt, aber ohne jeden Skrupel verzapfen die saubern Herren dies jämmerliche Getränk als echtes Produkt der Goetheschen Kelter. Wieviel Plattes und Schiefes dies unwürdige Verfahren mit sich bringt, läfst sich leicht denken — aber was thut's? Die Seiten werden gefüllt, und die Herren Übersetzer haben das erhebende Bewufstsein, dafs sie noch viel mehr zu sagen haben als der grofse Goethe! Scheuen sie sich doch nicht einmal, Goethes Worte gelegentlich zu verdrehen und verfälschen, ja, ihm ihre eigene kümmerliche Weisheit in den Mund zu legen. Nicht einmal die neue, angeblich sachgemäfse Anordnung des Stoffes ist mit Liebe und Sorgfalt durchgeführt: zwar hie und da erkennt man einen leitenden Gesichtspunkt, so wenn die Encyklopädisten und ihre Genossen zusammengestellt sind, wenn im Anschlufs an den Artikel „Musik" Rameau, Lulli und Duni abgehandelt werden; dazwischen aber herrscht die bunteste Unordnung: so steht Dorat zwischen den Artikeln „Geschmack" und Fréron, d'Olivet zwischen Marivaux und Palissot, und am Schlufs haben gar vierzehn überschüssige Artikel, die nicht ganz bequem unterzubringen waren, die alphabetische Ordnung des Originals unbedenklich beibehalten!

Um von dem saubern Übersetzungsverfahren einen klareren Begriff zu geben, diese und jene Probe! Aus der Überfülle des Materials greife ich blindlings das erste beste heraus und stofse dabei gleich auf eine Stelle, in welcher sich elastische Ausdehnung des Textes und Verfälschung der Goetheschen Meinung aufs schönste vereinen. „Piron", sagt Goethe, „war einer der besten, geistreichsten Gesellschafter, und auch in seinen Schriften zeigt sich der heitere, freie Ton anziehend und belebend"; statt dessen in der Übersetzung: „L'un des hommes les plus spirituels qu'ait produits la France, si riche et si féconde en ce genre; le plus véritablement bon vivant (comme disent ses compatriotes), le plus inépuisable diseur de bons mots, le plus amusant convive de son temps. Ses ouvrages respirent cette gaîté franche et communicative. Il la répand sur tous les sujets, et l'inspire à tous ses lecteurs." Oder es heifst bei Gelegenheit von Marivaux' ersten Bühnenerfolgen: „Das Neue hat als solches schon eine besondere Gunst"; dafür im Französischen, ohne jede Erweiterung des eigentlichen Gedankens: „Remarquons d'abord que les ouvrages, objets de ces faveurs imméritées, ont été la plupart les coups d'essais d'auteurs débutant dans la carrière. L'attrait de la nouveauté, si puissant sur nos esprits, explique dès lors une partie de prodige. On jouit plus en imagination qu'en réalité; et pour le public, l'espérance est souvent le premier des plaisirs." Und so weiter ad infinitum!

Auch an Beispielen für absichtliche Fälschung Goethescher Meinungen ist kein Mangel; vor Voltaire liegt der Altmeister auf den Knien: „Voltaire sera toujours regardé comme le plus grand homme en littérature des temps modernes, et peut-être même de tous les siècles"; er preist mit vollen Backen die Encyklopädie, er lobt d'Alembert, dem er als mathematischer Schriftsteller (!) so viel verdanke — kurz, alles Französische mufs er bestaunen, wie es dem Angehörigen einer halbbarbarischen Nation geziemt; schade nur, dafs man diese kostbaren Stellen im Urtexte vergeblich sucht! In dem Artikel „Geschmack" kommt Goethes Original auf Bartas zu sprechen, dessen altväterliche Poesie schon alle Elemente der französischen Dichtung enthalte und den Eindruck einer gutmütigen Karikatur mache, obwohl manches Gute darin sei; in der Übersetzung sind wir Deutsche von der Großsartigkeit dieses Werkes entzückt, und Bartas kann nach Goethes Meinung sich neben den größten französischen Meistern sehen lassen; freilich sei in Frankreich seitdem die herrliche Epoche Ludwigs XIV. vorübergegangen, deren vollendetere Leistungen auf dem Studium und der Nachahmung der Antike beruhten. Dafür hat Deutschland aber vor Frankreich voraus, daß es ein wahres Eldorado für Schriftsteller ist: die litterarische Satire ist dort ohne Einfluß, und das Publikum verteidigt einen angegriffenen Mann von Genie wie seinen Freund; im Original (Artikel Rameaus Neffe) steht freilich nur, daß der deutsche Schriftsteller von Verdienst auch bei den schlimmsten Angriffen dem Publikum im Durchschnitt wert bleibt.

Welche Vorstellung sich die Übersetzer von Goethes ästhetischer Denkweise machen, dafür folgende Beispiele: sie lassen ihn „Rameaus Neffen" preisen, weil das Werk instruktiv für den Philosophen und nützlich für den honnête homme sei; er lobt die moralische Wirkung des Dialogs, der durch die Darstellung des Lasters die Tugend ins glänzendste Licht stelle und dem Leser das erhebende Gefühl gebe, daß er dem genialen Lumpen als sittliche Persönlichkeit weit überlegen sei. In den Artikel „Geschmack" wird eine lange Stelle eingeschoben, in der es u. a. heißt: „La juste appréciation de ce qui doit plaire, en tel pays ou à telle époque d'après l'état moral des esprits, voilà ce qui constitue le goût", und diesem schönen Grundsatze zu Liebe werden Goethes sämtliche Äußerungen zurechtgeschoben. Palissots „Philosophen" haben nach Pseudo-Goethe ihren Zweck verfehlt, weil sie die Aufgabe der Charakterkomödie, durch Lachen zu bessern, nicht im Auge behalten, und im Artikel „Batteux" muß Goethe sich gar zu dem Glauben bekennen, Kunst sei verschönernde Nachahmung der Natur! Wer dies und manches andere zu dem Nachweis benutzen will, daß Saur und Saint-Geniès nicht nur Goethes Worte, sondern auch seinen Geist ins Französische übersetzt haben, mag es versuchen! Ich für mein Teil verzichte gern auf diese Aufgabe!

Und dabei haben die beiden Gesellen noch die Frechheit, dem Ganzen einen Artikel „Des traductions" voraufgehen zu lassen, den Goethe nie geschrieben hat! Oft, heifst es darin unter anderem, seien Übersetzungen nicht besser als üble Nachrede und gäben dem übersetzten Autor fast das Recht, seine Übersetzer, die bei einer fremden Nation sein Ansehen schädigten, wegen Verleumdung zu belangen! Und das schreiben Saur und Saint-Geniès, ohne sich selbst getroffen zu fühlen. Diese Verlogenheit setzt denn doch allem die Krone auf!

Endlich noch ein paar ergötzliche Kleinigkeiten: Goethe mufs den etwaigen Besitzer einer französischen Kopie des „Rameau" auffordern, diese zu veröffentlichen — das geht natürlich auf die Rückübersetzung von 1821, und damit deren Abweichungen vom Original erklärt werden, heifst es weiter, in der deutschen Übersetzung habe das Werk die Hälfte seines Wertes verloren; die Herren Übersetzer waren gewifs überzeugt, das Verlorene aus eigner Kraft vollkommen wieder eingebracht zu haben! Gozzi halten sie für einen deutschen Dichter, von Païsiello behaupten sie, er sei in Italien durch einen neueren Komponisten (das Original zielt auf Mozart und Deutschland) verdrängt worden. Die „Propyläen" schliefslich sind ein Werk Goethes, in dem mehrere Paradoxe Diderots über dramatische Kunst widerlegt werden, insonderheit die „Entretiens sur le fils naturel".

Auf die Noten näher einzugehen, möge mir erspart bleiben; erwähnt sei nur, dafs von den nachträglich angeflickten eine den Inhalt des „Faust" nach einer eben erschienenen Übersetzung, eine andere den der „Braut von Korinth" mitteilt. Auch auf den „Cellini" wird jetzt nachträglich etwas näher und richtiger eingegangen. Wirklich wertvoll ist von alledem nur der Abdruck von Merciers Bericht über Rameaus Neffen, der für das richtige Verständnis des Dialogs allerdings von wesentlicher Bedeutung war.

Es ist kein erfreulicher Anblick, wenn Goethe mit seiner wohlwollenden Anzeige den zweideutigen Pariser Litteraten den Weg ebnet; „es thut mir in der Seele weh, wenn ich dich in der Gesellschaft seh'," möchte man mit Gretchen sprechen. Aber erfreulicherweise dauerte seine Selbsttäuschung nicht lange an, die Augen wurden ihm geöffnet, und sein Urteil schlug ins genaue Gegenteil um. Am schärfsten spricht sich diese neue Ansicht in einem Briefe an Zelter vom 11. April 1825 aus: „Die Franzosen haben gegen die deutsche Litteratur eine wunderliche Lage; sie sind ganz eigentlich im Fall des klugen Fuchses, der aus dem langen Halse des Gefäfses sich nichts zueignen kann; mit dem besten Willen wissen sie nicht, was sie aus unsern Sachen machen sollen, sie behandeln alle unsere Kunstprodukte als rohen Stoff, den sie sich erst bearbeiten müssen. **Wie jämmerlich haben sie meine Noten zum Rameau durcheinander entstellt und gemischt. Da ist auch gar nichts an seinem Fleck stehen geblieben.**" Woher aber diese merkwürdige Umkehr? Ich glaube, die Antwort auf diese Frage ist nicht schwer zu finden.

Am 27. Juli 1823, also kaum anderthalb Monate nach Erscheinen der Goetheschen Recension, hatte der Buchhändler Brière nebst einem Exemplar seiner Ausgabe des „Neveu de Rameau" jenen Brief an Goethe abgeschickt, in welchem er den Altmeister anflehte, in dem Streite zwischen ihm und den Rückübersetzern, die ihre Ausgabe zwar nicht mehr für Diderots Original erklären konnten, aber nunmehr frech behaupteten, auch Brières Text sei eine Fälschung, das entscheidende Wort zu sprechen. Nun war ja gewifs auch Brière keine unbedingt einwandfreie Persönlichkeit, wenn er aber bei Goethe über die Herren Saur und Saint-Geniès bittere Klage führte, so war er ohne Frage im besten Recht; zudem war er in der Lage, den Beweis dafür zu erbringen, dafs die sauberen Herren nicht nur mit seiner Buchhändlerehre, sondern auch mit dem Texte der Goetheschen Übersetzung auf das keckste umgesprungen waren: er fügte ein Exemplar ihrer Ausgabe bei, in dem er einen Teil der vielen Schnitzer und willkürlichen Zusätze am Rande angemerkt hatte, dazu noch den Journalartikel, in welchem sie über den vermeintlich unechten Text Brières so hochmütig absprachen. Man könnte demgegenüber freilich darauf hinweisen, dafs auch Brières Text nicht der tadelloseste sei, dafs seine Angaben über das von ihm benutzte

Manuskript und über seinen Prospekt von 1821 nicht alle auf Wahrheit beruhen; aber selbst wenn hier absichtlich falsche Angaben des Buchhändlers vorlägen, was allerdings wahrscheinlich ist, so war Goethe doch nicht imstande, sie als solche zu erkennen, während er über die Qualitäten der Herren Saur und Saint-Geniès nach dem Briefe Brières kaum länger im Zweifel sein konnte.

Goethe beantwortete Brières Schreiben erst einige Monate später, am 16. Oktober 1823, und zwar mit warmem Danke. Schon der erste Eindruck der Lektüre habe ihn davon überzeugt, dafs hier das Original vorliege, eine Vergleichung mit der Übersetzung diese Annahme durchaus bestätigt. Er freue sich, dafs er gar manche Stelle finde, welche ihn befähige, seiner Arbeit, wenn er sie weiter danach ausbilde, einen gröfseren Wert zu geben. Leider ist es bei diesen schönen Vorsätzen geblieben: in die letzte eigenhändige Ausgabe des Goetheschen „Rameau" ist aus Brières Text nichts weiter übergegangen als ein paar Entstellungen von Namen und Citaten, die Brière seinerseits aus Saur entlehnt hatte. Über die Gegner Brières schwieg sich Goethes Brief vorsichtig aus; anders konnte und wollte er wohl nicht verfahren.

Dieser kurze Briefwechsel gab Goethe im Oktober 1823 — zwischen dem 16., wo sein Schreiben an Brière abgefafst wurde, und dem 20., von dem der Schlufs seiner gleich zu erwähnenden Arbeit zum „Rameau" datiert ist — Gelegenheit, in einem kurzen Aufsatze noch einmal die gesamten Schicksale des „Rameau" vom Jahre 1805 ab bis auf die Gegenwart an seinen Augen vorüberziehen zu lassen. Die beiden früheren Arbeiten aus „Kunst und Altertum" und dem „Modejournal" wurden dabei benutzt. Merkwürdigerweise werden auch jetzt noch immer Saur und Saint-Geniès, sowohl was den „Rameau" als was die Anmerkungen angeht, äufserst glimpflich behandelt. Es kann dies aber nur Rücksicht auf Reinhard gewesen sein, denn ein erhaltener Entwurf zu dem Aufsatze stimmt völlig zu Goethes späterem Brief an Zelter. Es heifst darin: „Übersetzung als Original gegeben — Keineswegs glücklich — Allzu willkürliche Abweichung vom Text. — Hätte man sich mit Geist daran gehalten, so wäre das Original ganz nahe wieder herzustellen gewesen. Eine ähnliche wilde willkürliche Behandlung meiner Noten." In einigem Widerspruch damit steht allerdings wieder die Art und Weise, wie Goethe am 12. Dezember 1823 Sulpiz Boisserée auf Brières Ausgabe des Diderotschen Werkes hinweist: „Lesen Sie es ja gleich, wenn es noch nicht geschehen wäre; was man mich als Vorredner sagen läfst, darf ich allenfalls anerkennen, es ist jedenfalls ganz in meinem Sinne geschrieben." Diese Worte beziehen sich auf die Einleitung, welche Brière aus den „Hommes célèbres" von Saur und Saint-Geniès entlehnt hatte und die, wie alles in diesem Buche, nur eine kühne Paraphrase Goethescher Ansichten enthielt. Trotz seiner inzwischen erlangten Einsicht ging also Goethe den beiden Franzosen wieder ins Garn.

Am 25. Oktober scheint Goethe seinen eben genannten Aufsatz erweitert zu haben, indem er die von Saur und Saint-Geniès aus Mercier beigebrachte Stelle verdeutschte; wenigstens liegt sie in gleicher Form und Schreiberhand vor, und das Tagebuch verzeichnet am 26.: „Die gestrige Übersetzung durchgesehen." Dem Ganzen sollte dann der Brief Brières in seiner Originalfassung angehängt werden.

Für einstweilen trat nur ein kleiner Teil dieser Arbeit hervor, derjenige, der sich auf die neuesten, mit Brières Brief in Verbindung stehenden Ereignisse bezog. Am 6. November 1823 wird diese „Notiz wegen Rameaus Neffen" im Tagebuch erwähnt, im Dezember ging sie in Druck und erschien Anfang 1824 im vierten Bande von „Kunst und Altertum" (Heft 3).

Der gesamte Aufsatz trat erst nach Goethes Tode ans Licht, 1833, im 46. Bande der Werke. Die Darstellung der Schicksale des „Rameau" hatte Riemer durchkorrigiert, die Übersetzung aus Mercier kam überhaupt gar nicht in Goethes Fassung, sondern in einer Übersetzung von Eckermann zum Abdruck, wohl weil diesem die Goethesche Arbeit nicht druckreif vorkam; es scheint, dafs die zum „Rameau" gehörigen Arbeiten eben samt und sonders das Schicksal haben sollten, von Unberufenen entstellt zu werden. Den echten Text des Goetheschen Aufsatzes von 1823 hat erst 1900 die weimarische Ausgabe gebracht. Auf die Arbeit Goethes näher einzugehen, erübrigt sich, da sie von uns zur Darstellung der Schicksale des „Rameau" bereits ausgiebig benutzt worden ist.

Seiner Vorliebe für Diderot blieb Goethe auch in den letzten Jahren seines Lebens treu. Mehr als einmal begegnet sein Name in den Gesprächen mit Müller und Eckermann, aber nie wird er anders genannt als mit der gröfsten Hochachtung. „Die Franzosen", heifst es u. a. einmal (Gespräch mit Müller, 24. April 1830) „bekommen doch kein achtzehntes Jahrhundert wieder, sie mögen machen, was sie wollen. Wo haben sie etwas aufzuweisen, das mit Diderot zu vergleichen wäre? Seine Erzählungen, wie klar gedacht, wie tief empfunden, wie kernig, wie kräftig, wie anmutig ausgesprochen! Als uns das durch Grimms Korrespondenz in einzelnen Fragmenten zukam, wie begierig fafste man es auf, wie wufste man es zu schätzen! Ja, das war noch eine Zeit, wo etwas Eindruck machte; jetzt läfst man alles leichtsinnig vorübergehen." Und noch ein Jahr vor seinem Tode, am 9. März 1831, sprach Goethe Zelter gegenüber in einem Briefe das schwerwiegende Wort aus: „Diderot ist Diderot, ein einzig Individuum; wer an ihm oder seinen Sachen mäkelt, ist ein Philister, und deren sind Legionen. Wissen doch die Menschen weder von Gott noch von der Natur noch von ihresgleichen dankbar zu empfangen, was unschätzbar ist."

Als ein Zeugnis dankbarer Empfängnis dessen, was Diderot und Goethe vereint Unschätzbares geboten, möge dagegen die vorliegende Arbeit gelten dürfen!

X.

Anhang.

Fortlaufende Erläuterungen zu Goethes Übersetzung.

3,4. Bank d'Argenson. Genauer Bank in der Allée d'Argenson. Diese Allee, im Garten des Palais-Royal, führte ihren Namen von dem nahe gelegenen Hôtel d'Argenson Nach Briefen Diderots an Sophie Volland vom 12. August und 11. Oktober 1759 diente die Bank den beiden öfters als Ort ihrer Zusammenkünfte.

9 f. Allée de Foi. Sie mündete in den Garten des Palais-Royal und führte ihren Namen nach einem berühmten Café.

17. Café de la Régence. An der Place du Palais-Royal.

21. Rey. Wirt des Café de la Régence.

22. Légal. M. de Kermuy, sieur de Légal (oder Le Gal), ein bretonischer Edelmann, berühmter Schachspieler.

22. Philidor. François-André Danican, genannt Philidor (1726—1795), gleich hervorragend als Schachspieler wie als Komponist. — Mayot. Von ihm ist Näheres nicht bekannt.

4,5. Foubert. Wahrscheinlich ein Chirurg.

7,19 ff. Der so viel — — über die Theorie der Musik schrieb. Zwischen 1722 und 1762 schrieb Rameau der Onkel in der That nicht weniger als zwanzig Abhandlungen über musikalische Theorie.

8,6. Marivaux. Pierre Charlet de Chamblain de Marivaux (1688—1763), der bekannte feinsinnige Komödiendichter und Romanschriftsteller, der damals schon seit Jahren nichts

Nennenswertes mehr veröffentlicht hatte und mehr und mehr in Vergessenheit geriet. Vgl. Goethes Anmerkung.

6 f. Crébillon, der Sohn. Claude-Prosper Jolyot de Crébillon (1707—1777), weit bekannt als Verfasser schlüpfriger Romane. Zur Zeit unseres Dialogs war der Verfasser des „Sopha" bereits aus der Mode.

21. Herr von Bissy. Claude-Henry de Bissy, comte de Thiard (1721—1810), seit 1750 Mitglied der Akademie.

23. Demoiselle Clairon. Die berühmte Schauspielerin Claire-Joséphine Clairon († 1803), die Diderot aufserordentlich schätzte. Sie verliefs die Bühne 1765. Über ihre Weigerung, in Palissots „Philosophen" eine Rolle zu übernehmen, vgl. S. 65.

11,5. Seine Tochter und Frau. Der Onkel Rameau war seit 1726 verheiratet und hatte auch eine Tochter, Marie-Alexandrine.

23 f. Die Weisheit des Mönchs im Rabelais. Gemeint ist Frère Jean des Entommeurs, Pantagruel Liv. I, ch. XXXIX f.

12,7. Eines königlichen Ministers. Tourneux denkt an den Duc de Choiseul. Über die Berührung unserer Stelle mit einem Briefe Diderots an Falconet vgl. S. 23 f.

16 f. Ins Wasser werfen. Im Original M. 12: jetter au Cagniard. Die Herausgeber deuten und schreiben das Wort verschieden; die Majuskel in Diderots eigener Handschrift spricht für Monvals Erklärung, nach welcher „Le Caignard" eine Kloake am linken Seine-Ufer gewesen wäre. Goethe, der das Wort nicht verstand (s. Weimar. Ausgabe S. 337) hätte also sehr gut geraten.

15,19 ff. Racine. Über eine verwandte Äufserung Diderots in einem Briefe an Sophie Volland vgl. S. 20 f.

21. Briasson. Antoine-Claude Briasson († 1775), Buchhändler, einer der Verleger der Encyklopädie.

21 f. Barbier. Grofshändler in Seide.

27 f. Andromache, Britannicus, Iphigenia, Phädra und Athalia. Die Aufzählung von Racines Meisterwerken erfolgt in geschichtlicher Reihenfolge: 1667; 1669; 1674; 1677; 1691.

18,26 ff. So sanft wie Duclos, so offen wie der Abbé Trublet, so gerade wie der Abbé d'Olivet. Die ganze Stelle ist offenbar ironisch gemeint: Charles Pinot Duclos (1704—1772), seit 1747 Mitglied der Akademie, ein namhafter Schriftsteller, galt für einen Grobian, Nicolas-Charles-Joseph Trublet (1697—1770) für einen geriebenen Gesellen, Pierre-Joseph Thoulier d'Olivet (1682-1768) für einen Heuchler. Über die beiden letzteren vgl. Goethes Anmerkungen.

19,9. Greuze. Jean-Baptiste Greuze (1725—1805), der bekannte Genremaler, Diderots Liebling.

13. Merope. Diese Tragödie Voltaires wurde 1743 zum erstenmal aufgeführt.

21,4. Mahomet. Erste Aufführung 1742. — Lobrede auf Maupeou. Vgl. S. 25.

7. Die Ouverture der galanten Indien. „Les Indes galantes" ist der Titel eines dreiaktigen heroischen Ballets von Rameau dem Onkel, Text von Fuzelier. Erste Aufführung 1735, wiederholt aufgenommen bis 1771, besonders 1743, 1751, 1761. Über die Aufführungen in letzterem Jahre vgl. S. 16 f.

22,17. Palissot, Poinsinet, die Frérons, Vater und Sohn, La Porte. Über Charles Palissot de Montenoye (1730—1814) vgl. S. 59 ff. und Goethes Anmerkung. Unter Poinsinet ist wohl nicht der Tragödiendichter Louis Poinsinet de Sivry, sondern dessen Vetter Antoine-Henri Poinsinet de Noirville (1734—1769) zu verstehen. Über letzteren vgl. Goethes Anmerkung. Fréron der Vater ist Elie-Cathérine Fréron (1719—1776), vgl. Goethes Anmerkung, über den Sohn Stanislas-Louis-Marie (geb. 1754) vgl. S. 25. Der Abbé Joseph de La Porte (1718—1779) war Herausgeber des „Observateur littéraire", vgl. S. 16.

22. Geschichte der drei Jahrhunderte. Vgl. S. 11 und 25. Sabatiers Werk war den Encyklopädisten feindlich gesinnt.

25,4 f. Sein Kollege. Gemeint sein könnte entweder Fréron oder Louis Poinsinet; beide waren gleich Palissot Mitglieder der Akademie zu Nancy.

26,20 f. Kutscher des Herrn von Soubise. Das Hôtel de Soubise besaſs groſse Stallungen, die wohl Obdachlosen zur nächtlichen Unterkunft dienten.

21. **Freund Robbé.** Pierre-Honoré Robbé de Beauveset (1712—1792), obscöner Dichter, Verfasser einer Poesie „Sur la Vérole". Auch in Palissots „Dunciade" (1764) wird er mit „Ami Robbé" angeredet.

28,16. Herr Viellard. Über ihn und seine Beziehungen zur kleinen Hus vgl. S. 15 und 19.

18. **Kleine elende Komödiantin.** Adélaïde-Louise-Pauline Hus, geb. zu Rennes 1734, Mitglied der Comédie française seit 1753. Sie verliefs die Bühne 1780, starb aber erst 1805, in dürftigen Verhältnissen. Vgl. S. 39 f, 63, 65.

21. **Sohn des Herrn Rameau, Apothekers von Dijon.** Über diesen Irrtum Diderots vgl. S. 49.

27. **Carmontelle.** Louis Carrogis de Carmontelle (1717—1806), Verfasser von „Proverbes dramatiques" (vgl. Goethes Anmerkung), auch als fertiger Zeichner bekannt. Das Kupferstichkabinett der Bibliothèque nationale besitzt ein Bildnis Rameaus von ihm in zwei Plattenzuständen.

29,1. Stücke fürs Klavier. Vgl. S. 39 ff.

22. **Bergier.** Wahrscheinlich Nicolas S. Bergier (1718—1790), Theolog und Verfasser zahlreicher Schriften gegen die philosophisch-encyklopädistische Richtung. Sein „Examen du Matérialisme", eine Gegenschrift gegen Holbachs „Système de la Nature", erschien 1771. Isambert meint, da Bergier sich zur Zeit des Dialogs bei den Philosophen noch nicht mifsliebig gemacht habe, müsse hier ursprünglich ein anderer Name gestanden haben.

22 f. **Madame de La M—.** Der französische Text hat den vollen Namen de La Marck. Marie-Antoinette-Françoise de Noailles, geb. 1719, 1744 mit dem Comte de La Marck verheiratet, war Palissots Beschützerin; ihr waren seine „Tuteurs" (1754) und seine „Petites lettres sur de grands philosophes" (1756) gewidmet; auch für die „Philosophen" war sie eingetreten. Vgl. S. 62.

31,16 f. Wegen des Liedchens: „Komm in meine Zelle." Über dieses Lied („La Sollicitation") vgl. S. 18.

32,17. Baracan. Bouracan, grober Woll- oder Leinwandstoff.
19 f. Sie haben Aristoteles und Plato am Finger; d. h. Ringe mit ihrem Bild in geschnittenen Steinen.
34,9 ff. Hier findet sich etc. Dafs hier in Wahrheit keinerlei Lücke vorliegt, ist schon S. 126 bemerkt.
27. Samuel Bernard. Starb 1739 und hinterliefs 33 Millionen.
35,10. Rote und blaue Kinder. Bei vornehmen Begräbnissen zogen Waisenkinder mit; die roten gehörten dem Hospice des Enfants rouges (aufgehoben 1772), die blauen dem Hospice de la Trinité an.
36,7. Locatelli. Pietro Locatelli aus Bergamo (1693—1764), Musiker.
15 f. Concert spirituel. Es fand seit 1725 in den Tuilerien statt und ersetzte an hohen Festtagen gewissermafsen das Theater.
16. Ferrari, oder Chiabran. Domenico Ferrari aus Piacenza, Violinist, trat 1754, sein Bruder Luigi, Cellist, 1758 auf. Der Piemontese Chiabran liefs sich 1751 im Concert spirituel hören.
38,7 f. Alberti oder Galuppi. Es fragt sich, ob Giuseppe Matteo Alberti, geb. 1685 zu Bologna, Komponist von Violinsonaten, oder der venetianische Liebhaber und Klavierkomponist Domenico Alberti gemeint ist. Mir scheint der Zusammenhang für den letzteren zu sprechen, auf den auch Goethes Anmerkung geht. Galuppi, genannt Il Buranello (1706—1785), war ein sehr fruchtbarer venetianischer Komponist, der aber nur wenig drucken liefs.
39,17 f. Es war eine Zeit, wo Ihr nicht so gefüttert wart wie jetzt. In jüngeren Jahren, etwa zwischen 1733 und 1743, hatte Diderot die Möglichkeit, ganz seinen Studien und Neigungen zu leben, mit Entbehrungen erkauft.
40,10. Allee der Seufzer. So hiefs eine Platanen-Allee im Garten des Luxembourg-Palais.
18. Ihr gabt Stunden in der Mathematik. Dies war in jener Zeit thatsächlich der Fall.
41,14. Ihre Mutter. Seit dem 6. November 1743 war Diderot mit Anne-Toinette Champion verheiratet.

19. Ich hatte eine Frau. Vgl. S. 14 f. und 41 f.

42,14. Acht Jahre könnt Ihr annehmen. Über Diderots Tochter und ihr Alter vgl. S. 14.

45,9. d'Alembert. Jean le Rond d'Alembert (1717—1783), unehelicher Sohn des Dichters Destouches und der Madame de Tencin, bis 1758 Mitherausgeber der Encyklopädie, für welche er die berühmte Vorrede sowie zahlreiche mathematische Artikel verfafste. Vgl. Goethes Anmerkung.

47,2. Mademoiselle Le Mierre. Marie-Jeanne Le Mierre (1733—1786), Sängerin an der Oper, seit 1762 mit ihrem Kollegen Larrivée verheiratet. Vgl. S. 19.

5 f. Mademoiselle Arnould hat ihren kleinen Grafen fahren lassen. Man sagt, sie unterhandelt mit Bertin. Madeleine-Sophie Arnould, geb. 1740, war seit 1758 Mitglied der Oper. Ihr Geliebter war Louis-Léon-Félicité comte de Lauraguais, duc de Brancas. Über Bertin d'Antilly vgl. S. 39 f., zur Sache S. 16 und 19 f.

7 f. Unterdessen hat sich der kleine Graf mit dem Porzellan des Herrn von Montamy entschädigt. Im Original (T. 52): Le petit comte a cependant trouvé le porcelaine de Mr. de Montamy, also : er hat das Porzellan des Herrn von Montamy erfunden; vgl. S. 20. Nachgetragen sei dazu, dafs das 1765 von Diderot herausgegebene Werk von Montamy sich betitelte: „Traité des couleurs pour la peinture en émail et sur la porcelaine", und dafs Lauraguais 1766 eine „Observation sur le mémoire de M. Guettard, concernant la porcelaine" veröffentlichte. Didier-François d'Arclais de Montamy (1703—1765), ein Freund Diderots, war erster Maître d'hôtel des Herzogs von Orléans.

9. Liebhaber-Konzert. Vgl. S. 20.

11. Préville. Pierre-Louis Dubus (1721—1799), seit 1753 Mitglied der Comédie française, zog sich 1786 von der Bühne zurück.

11. In dem galanten Merkur. „Le Mercure galant ou la comédie sans titre", eine Komödie von Boursault (1683), kam bei Gelegenheit von Prévilles Debut wieder in Aufnahme. Préville spielte darin fünf verschiedene Rollen.

12 f. **Die arme Dumesnil weifs nicht mehr, was sie sagt, noch was sie thut.** Marie-Françoise Marchand (1714—1803), berühmte Schauspielerin, debutierte 1737 und trat 1776 zurück. Ihre Gegner beschuldigten sie des Trunks.

24. **Es geht das Gerücht, dafs Voltaire tot ist.** Vgl. S. 14 und 19.

49,14. **Javillier.** Von den vier berühmten Tänzern dieses Namens, die zwischen 1702 und 1748 der Opernbühne angehörten, wird der letzte gemeint sein, der in der Rue Croix-des-Petits-Champs wohnte. Vgl. S. 18.

50,2. **Baron von Bagge.** Holländischer Edelmann, enragierter Musikliebhaber und Dilettant. Vgl. Goethes Anmerkung.

51,6. **Fontenelle.** Bernard de Bovier de Fontenelle (1657 bis 1757), der bekannte Vorläufer der Aufklärung.

53,11 f. **Der Grundbafs meines Onkels.** Dieser war Rameaus hauptsächlichste Entdeckung. Vgl. den Artikel „Basse fondamentale" in Rousseaus „Dictionnaire de musique".

54,1 f. **Die Deschamps sonst, wie jetzt die Guimard.** Marie-Anne Pagès, genannt Deschamps (ca. 1730—1775), Tänzerin an der Oper, wegen ihres üppig-verschwenderischen Lebens berüchtigt. 1760 mufste sie, von ihren Gläubigern bedrängt, ihr Mobiliar verkaufen, 1762 entwich sie nach Lyon. Marie-Madeleine Morelle, genannt Guimard (1743 bis 1816) war 1759—1762 Prima Ballerina der Comédie française, 1762—1789 der Oper. Vgl. S. 28.

55,23 f. **Dafs Montesquieu nur ein schöner Geist sei; d'Alembert verweisen wir in seine Mathematik.** Vgl. dazu Goethes Anmerkungen über beide Männer.

61,10 f. **Ich möchte lieber das Andenken des Calas wieder hergestellt haben.** Vgl. S. 22.

11 ff. **Einer meiner Bekannten.** Über die Erzählung der gleichen Geschichte in einem Briefe an Sophie Volland vgl. S. 14.

64,27. **Ritter de la Morlière.** Charles-Jacques-Louis-Auguste Rochette de la Morlière (1701—1785), Schriftsteller, von Haus aus Soldat, verschrieen wegen seiner Immoralität und seiner Gaunerstreiche.

67,27. Père Noël. Vielleicht ein Benediktiner aus Rheims, der sich mit Verfertigung optischer Instrumente beschäftigte. Er wurde 1750 in Compiègne dem Hof vorgestellt.

69,11 f. Madame Bouvillon. Eine Figur aus Scarrons „Roman comique" (1651—1657), die sich durch besondere Leibesfülle auszeichnet.

70,9. Poinsinet. Diderots Originalhandschrift nennt les Poinsinets, also die beiden oben zu $22_{,17}$ genannten.

9. **Baculard.** Fr. Th. Marie Baculard d'Arnaud (1718 bis 1805), mittelmäfsiger Dichter. Vgl. Goethes Anmerkung.

73,6. Bouret. Etienne-Michel Bouret (1710—1777), Generalpachter und Oberdirektor der Posten. Vgl. S. 28 f. und Goethes Anmerkung.

8 f. **Das Buch von der Glückseligkeit, die Fackeln auf dem Weg von Versailles.** Vgl. S. 28 f.

73,18. Siegelbewahrer. J. B. Machault d'Arnouville (1701 bis 1794), Bourets Gönner, erhielt dies Amt 1750.

77,3. Turenne. Henri de Latour d'Auvergne, Vicomte de Turenne (1611—1675), der bekannte Feldherr.

3. **Vauban.** Sébastien le Prêtre de Vauban (1633—1707), Marschall und berühmter Kriegsbaumeister.

3 f. **Die Marquise Tencin.** Claudine - Alexandrine Guérin de Tencin (1681—1749), d'Alemberts Mutter. Über sie und ihren berühmten Salon vgl. Goethes Anmerkung.

4. **Ihren Bruder den Kardinal.** Pierre Guérin de Tencin (1680—1758), 1724 Erzbischof von Embrun, 1739 Kardinal, 1740 Erzbischof von Lyon. Vgl. Goethes Anmerkung.

22. **Dangeville.** Marie-Anne Botot (1714—1796), die berühmteste Soubrette des 18. Jahrhunderts. Sie debutierte 1730, zog sich 1763 von der Bühne zurück und starb 1796.

79,15. Ingenii largitor venter. Persius Prol. 10,11.

81,22. Zarès. Tragödie in fünf Akten und Versen, zum erstenmal aufgeführt am 3. Juni 1751. Nach drei Aufführungen zog Palissot das Stück zurück. In veränderter Fassung und unter dem Titel „Ninus II." ward es später Palissots Werken einverleibt. Vgl. S. 60.

22. Bret. Antoine Bret (1717—1792) aus Dijon, Rameaus Schulkamerad, vgl. S. 35. Der „Faux généreux", Verskomödie in fünf Akten, wurde am 18. Januar 1758 zum erstenmal aufgeführt und nach fünf Vorstellungen zurückgezogen. Vgl. Goethes Anmerkung.

82,13. Montsauge und Vilmorien. Philippe-Charles Légendre de Vilmorien, Generalstallmeister der Posten, und Denis-Philibert Thiroux de Montsauge, Generalpachter, waren Schwiegersöhne Bourets.

21. Die Philosophen. Über Palissots Komödie vgl. S. 61 und Goethes Anmerkung.

22. Die Scene des Büchertrödlers. Akt III, Scene 5. Vgl. S. 61.

23. Rockentheologie. „La Femme docteur, ou la Théologie janséniste tombée en quenouille", fünfaktige Komödie des Jesuitenpaters Bougeant, 1731. Darin Akt IV, Scene 7 der Büchertrödler. Vgl. S. 61.

83,14. Abbé Le Blanc. Aus Dijon (1707—1781). Schriftsteller von geringer Bedeutung, eine ziemlich lächerliche Figur. Über seine fruchtlosen Bemühungen, in die Akademie zu gelangen, vgl. Rameaus Anekdote 139,7 ff. S. auch Goethes Anmerkung.

14 f. Der Heuchler Batteux. Charles Batteux (1713 bis 1780), der bekannte Ästhetiker, seit 1761 Mitglied der Akademie. Dafs er ein Heuchler gescholten wird, läfst vermuten, dafs Diderot die Sanftmut und Friedfertigkeit seines Charakters nicht für echt hielt. Vgl. Goethes Anmerkung.

21. Piron. Alexis Piron (1689—1773), der berühmte Verfasser der „Métromanie". Vgl. Goethes Anmerkung.

84,5 f. Märchen — — von konvulsionären Wundern. Robbé war entschiedener Jansenist.

7 f. Über einen Gegenstand, den er gründlich kennt. Vgl. oben zu 26,21.

15. Pinselgesicht. Die Charakteristik dieser Persönlichkeit würde vorzüglich auf Antoine-Henri Poinsinet passen; vgl. Goethes Anmerkung über diesen.

85,17. Theophrast, La Bruyère. Jean de La Bruyères (1645—1696) Hauptwerk „Les Caractères de Théophraste traduits du Grec, avec les caractères ou les mœurs de ce siècle" erschien 1687 zum erstenmal. Zur Sache vgl. S. 22 f.

88,25. Corbie und Moette. Sie leiteten die Opéra comique 1757—1762. Corbie starb 1775, Jean-Pierre Moette 1806. Vgl. S. 18.

28. **L'Avant-Coureur.** Er erschien 1758—1774 in 16 Bänden, anfangs unter dem Titel: „La Feuille nécessaire". Mitarbeiter waren Meusnier de Querlon, Boudier de Villemert, Jacques Lacombe und La Dixmerie.

28. **Les Petites Affiches.** „Annonces, affiches et avis divers", schieden sich in zwei Ausgaben, die „Affiche de Paris", 1751—1790 vom Abbé Aubert herausgegeben, und die „Affiche de province", 1752 begründet, zunächst von Meusnier de Querlon, dann vom Abbé de Fontenay herausgegeben.

28 f. **L'Année littéraire.** Frérons Organ, seit 1754, nach seinem Tode 1776 von dem jüngeren Fréron und andern bis 1790 fortgesetzt, 260 Bände.

89,1. L'Observateur littéraire. Organ des Abbé de La Porte nach dessen Bruch mit Fréron, 1758—1761, 17 Bände. Vgl. S. 16.

1 f. **Le Censeur hebdomadaire.** Herausgegeben von Abraham Chaumeix und d'Aquin, 1760—1761, 8 Bände. Vgl. S. 16.

10 f. **Der kleine geizige Priester.** Abbé de La Porte.

90,8. Dorat. Claude-Joseph Dorat (1734—1780), Dichter. Vgl. Goethes Anmerkung.

11 f. **Come un maestoso c—o fra duoi c—i.** Im französischen Text sind cazzo und coglioni ausgeschrieben.

91,3. Messer Gaster. Die Bezeichnung stammt aus Rabelais (Pantagruel IV, 57).

96,10 f. Ein Fürst mit dem Namen der Grofse. Vielleicht Ludwig XIV.; die Maitresse wäre dann Madame de Maintenon.

97,26. Le Brun. Entweder Ponce-Denis Ecouchard Le Brun, der sogenannte französische Pindar (1729—1807), Frérons Gegner, oder sein Bruder J. Et. Le Brun de Granville (1738 bis 1765), ebenfalls Parteigänger der Philosophen.

98,6. Abbé Rey. Vielleicht der Almosenier des St. Lazarus-Ordens, der 1785 „Considérations philosophiques sur le Christianisme" erscheinen liefs.

12. Helvétius. Claude-Adrien Helvétius (1715—1771), der bekannte materialistische Philosoph, war von Palissot in den „Philosophen" auf die Bühne gebracht worden. Vgl. S. 62.

19 f. **Der zum Zeitvertreib seinen Freund die Religion abschwören läfst.** Einen derartigen schlechten Scherz hatte sich Palissot mit dem leichtgläubigen Antoine-Henri Poinsinet erlaubt, der überhaupt gern als Zielscheibe des Witzes benutzt wurde. Er hatte ihm aufgebunden, er solle bei einem grofsen ausländischen Fürsten, der in Wirklichkeit gar keinen Sohn hatte (wohl Friedrich dem Grofsen), Prinzenerzieher werden, müsse aber zuvor dessen Religion annehmen. Poinsinet liefs sich in der That mystificieren und nahm ein tolles Glaubensbekenntnis an, das man ihm unterbreitete. Die Geschichte mufs sich vor 1760 ereignet haben, da des Abbé Morellet „Préface de la comédie des Philosophes" sie schon kennt. Eine Verteidigung Palissots findet sich in den seinem „Homme dangereux" (1770) angehängten „Mémoires sur la vie de l'auteur".

24 f. **Der sich selbst auf dem Theater als einen der gefährlichsten Schelmen dargestellt hat.** Im „Homme dangereux"; vgl. S. 25.

99,12. Dicke Gräfin. Wahrscheinlich Palissots Beschützerin, die Gräfin La Marck.

19. Bertinus. Monval liest: Bertinhus, wodurch die Anspielung auf Bertins Verhältnis zur Hus noch deutlicher wird.

103,17. Renegat von Avignon. Monval weist darauf hin, dafs Palissot eine Stelle an der Generaleinnahme in Avignon bekleidet hatte und des Diebstahls einer anvertrauten Kasse sowie des Bankerotts beschuldigt worden sei. Ob dies wirklich mit Rameaus Erzählung im Zusammenhang steht, scheint mir fraglich.

110,7. Duni. Egidio Romualdo Duni (1709—1775) aus Matera im Neapolitanischen, kam 1733 zum erstenmal nach Paris, Komponist des „Peintre amoureux", der „Isle des fous", der „Plaideuse", der „Moissonneurs" etc. Vgl. Goethes Anmerkung.

112,1 f. Je suis un pauvre diable. Mit den Worten „je suis un pauvre misérable" beginnt eine Arie aus Dunis „Isle des fous". Erste Aufführung 29. Dezember 1760. Vgl. S. 16.

5 f. O terre, reçois mon trésor. O terre! voici mon or ... Conserve bien mon trésor. Aus dem gleichen Werke.

14. Mon cœur s'en va. Aus dem „Maréchal ferrant", komischer Oper von Philidor, Text von Quétant und Anseaume. Erste Aufführung 22. August 1761. Vgl. S. 17.

23. Musices seminarium accentus. Über das gleiche Citat im „Salon" von 1767 vgl: S. 24.

113,14. Lulli. Giovanni Battista Lulli (1633—1687) aus Florenz, Begründer der grofsen Oper in Paris. Vgl. Goethes Anmerkung. — Campra. André Campra (1660—1744), aus Aix in der Provence, Opernkomponist. — Destouches. André-Cardinal Destouches (1672—1749), Opernkomponist. Goethes Anmerkung handelt irrtümlich von dem Dichter Philippe Néricault Destouches.

15. Mouret. Jean-Joseph Mouret (1682—1738), Komponist.

114,5. Pergolese. Giovanni Battista Pergolese (1710—1736), der bekannte grofse Musiker. Das „Stabat mater" ist wohl sein berühmtestes Werk.

7 f. Servante maîtresse. La Serva padrona. Mit diesem Werke Pergoleses (1731) eröffneten die sogenannten Bouffons 1752 ihre Thätigkeit in der Oper, vgl. S. 69. Die Comédie italienne nahm es 1754 mit französischem Text auf, im Juni 1761 dagegen für die Sängerin Piccinelli mit italienischem. Vgl. S. 16.

8. Tracollo. Tracollo medico ignorante (1734), gleichfalls von Pergolese, 1753 in der Oper aufgeführt, 1756 als „Le Charlatan", musikalisch überarbeitet von Sodi, in der Comédie italienne.

9 ff. Tancrède. Oper von Campra, Text von Danchet, 1702. — Issé. Heroisches Ballet von Destouches, Text von La Motte, 1697. — Europe galante. Opéra-ballet von Campra, Text von La Motte, 1697. — Les Indes. Les Indes, galantes, heroisches Ballet von Rameau, Text von Fuzelier

(1735). Vgl. zu 21,₇. — Castor. Castor et Pollux, lyrische Tragödie von Rameau, Text von Bernard, 1737. Wieder aufgenommen 1754, 1764, 1765, 1772 und 1773. — Les Talens lyriques ou les Fêtes d'Hébé, Opéra-ballet von Rameau, Text von Mondorge, 1739.

14. Rebel und Francoeur. François Rebel (1701—1775) und François Francoeur (1698—1787) waren 1757—1767 Leiter der Oper.

27 f. In vier oder fünf Jahren, vom Peintre amoureux de son modèle an gerechnet. Über diese Zeitbestimmung vgl. S. 17.

115,22 f. Va-t'en voir s'ils viennent, Jean. Vgl. S. 235.

116,1 f. Ragonde und Platée. Les Amours de Ragonde, lyrische Komödie von Philippe Néricault Destouches, Musik von Mouret. Erste Aufführung 1742, wieder aufgenommen 1744, 1752, 1773. Platée ou Junon jalouse, Ballet bouffe von Rameau. Erste Aufführung 1749.

117,24 f. Alle Duhamels der Welt. Henri-Louis Duhamel du Monceau (1709—1782), berühmt als Botaniker, Agronom, Mineralog, ein erstaunlich vielseitiger und fruchtbarer Gelehrter. Isambert glaubt, dafs aufserdem noch der Metallurg J.-P.-Fr. Gouillot-Duhamel (1730—1816) in Betracht komme; Monval verweist nebenher auf den Bruder des Botanikers, Duhamel de Demainvilliers; Düntzer endlich denkt an Jean-Baptiste Duhamel (1624—1706), welcher Sekretär der Akademie der Wissenschaften war und deren Geschichte geschrieben hat.

26. Ile des fous. Komödie von Anseaume, Marcouville und Bertin (dem Liebhaber der Hus), Musik von Duni. Erste Aufführung 29. Dezember 1760. Vgl. S. 16.

118,1. Maréchal ferrant. Komische Oper von Philidor, Text von Quétant und Anseaume. Erste Aufführung 22. August 1761. Vgl. S. 17.

2. Plaideuse. La Plaideuse ou le Procès. Text von Favart, Musik von Duni. Erste Aufführung 19. Mai 1762, vgl. S. 20.

12 ff. Je suis un pauvre misérable etc. Die drei ersten Citate stammen aus der „Ile des fous", desgleichen

nach Monvals Nachweis das vierte, „Le voilà, le petit ami". Die italienischen Verse gehören der „Serva padrona" an; vgl. S. 16.

119,14. Jomelli. Niccolò Jomelli (1714—1774) aus Aversa, 1748—1765 Hofkapellmeister in Stuttgart, namhafter Opern- und Kirchenkomponist.

121,27. Die Scene j'attendrai. Aus Lullis und Quinaults Oper „Roland", Akt IV, Scene 2.

122,4 f. Pâles flambeaux etc. Aus Rameaus „Castor und Pollux", Akt I, Scene 3.

15. Den Sachsen. Johann Adolf Hasse aus Bergedorf (1699—1783), weltberühmter Tenorist und Komponist, von den Italienern Il Sassone genannt. Seit 1724 in Italien, 1761—63 Kapellmeister in Dresden, seit 1770 wieder in Venedig.

16. Terradeglias, Dominique-Michel-Barnabé Terradeglias, eigentlich Terradellas (1711—1751), aus Barcelona, Opernkomponist.

16. Traetta. Tommaso Traetta (1727—1779) aus Bitonto im Neapolitanischen, Opernkomponist.

16 f. Metastasio. Pietro Metastasio, eigentlich Trapassi (1698—1782), aus Assisi, der Meister der ernsten Operndichtung.

19. Quinault. Philippe Quinault (1635—1688), Lullis vorzüglichster Textdichter. Vgl. Goethes Anmerkung über Lulli.

19. La Motte, Fontenelle. Antoine Houdard de La Motte (1672—1731) und B. Le Bouvier de Fontenelle (1657 bis 1757) hatten sich ebenfalls als Operndichter für die älteren Meister verdient gemacht. Vgl. über beide Männer Goethes Anmerkung über den Abbé Trublet.

123,16 ff. Barbare, cruel etc. Ohne Zweifel Improvisation Rameaus, vgl. S. 52.

124,9 f. Der tierische Schrei, der Schrei des leidenschaftlichen Menschen etc. Über eine ähnliche Äufserung Diderots Grétry gegenüber vgl. S. 27.

126,15 f. Le vainqueur de Renaud etc. Arie Armidens aus Lullis und Quinaults Oper (1686).

16 f. Obéissons sans balancer. Arie des Huascar aus Rameaus „Indes galantes", Entrée 2, Scene 3.

127,17. Liebt Ihr Euer Kind? Über Rameaus Knaben vgl. S. 14 f. und 42.

129,20 ff. Ich selbst etc. Über das Vorkommen der gleichen Stelle in Diderots Artikel über die „Leçons de clavecin" von Bemetzrieder vgl. S. 26.

137,26. Leo. Leonardo Leo, bedeutender Komponist, am Konservatorium zu Neapel thätig, Lehrer von Pergolese, Traetta und Hasse.

26. **Vinci.** Leonardo da Vinci (1690—1732), Opernkomponist zu Neapel.

140,23 f. Habt Ihr den kleinen Murmeltierjungen gehört? Im Original (T. 160): la petite Marmotte; eine Anspielung auf Favarts am 13. November 1758 zum erstenmal gegebene Komödie: La Soirée des boulevards; Madame Favart, die Gattin des Verfassers, zeichnete sich darin besonders aus in der Rolle der Madame Bontour, die sich in eine Marmotte, d. i. ein Murmeltiermädchen, verkleidet. Danach wäre bei Goethe zu bessern: „Habt Ihr die Darstellerin des kleinen Murmeltiermädchens gehört?"

141,4 f. Beim verlornen und wiedergefundenen Arlequin. Der Erfolg der Komödie „Le Fils d'Arlequin perdu et retrouvé" im Juli 1761 (vgl. S. 17) bestimmte Goldoni zur Übersiedelung nach Paris.

20 f. **Rameau zu heifsen, das ist unbequem.** Ähnliche Gedanken spricht die Raméide aus.

143,1. Rinaldo von Capua. Neapolitanischer Komponist, geboren 1715 zu Capua, lebte lange Jahre in Wien. Seine beiden Intermezzi „La Donna superba" und „La Zingara" erzielten 1752 und 1753 bei den Bouffons in Paris grofsen Erfolg.

2. **Tartini.** Giuseppe Tartini (1692—1770) aus Pirano in Istrien, thätig in Padua, der grofse Violinist, auch Komponist.

17 ff. **Ich war so glücklich u. s. w.** Über die Erzählung der gleichen Geschichte in der „Voyage de Hollande" vgl. S. 26 f.

147,22. Nach Art des Réaumur. R. A. F. de Réaumur (1683—1757) war Verfasser des Werkes „Mémoires pour servir à l'histoire des Insectes".

148,16. Noverre. Jean-George Noverre (1727—1810), der Reformator der Tanzkunst, 1753—1756 Ballettmeister der Opéra-Comique. Seine „Lettres sur la danse et les ballets" erschienen 1759.

149,19. Galiani. Abbé Fernando Galiani aus Chieti im Neapolitanischen (1728—1787), von 1760 bis 1769 Legationssekretär in Paris, der vielgenannte vortreffliche und geistvolle Freund Diderots und seiner Genossen, auch als Nationalökonom von Bedeutung.

151,10. Autor der Réfutations. Der Abbé Gabriel Gauchat veröffentlichte in den Jahren 1753—1763 ein Blatt „Analyse et réfutation de divers écrits modernes contre la religion" (19 Bände), das seinem Fortkommen sehr förderlich war.

10 f. Bischof von Orléans. Louis Sextus de Jarente de La Bruyère, vorher Bischof von Digne, war 1758—1788 Bischof von Orléans und lange Jahre hindurch Verwalter der „Feuille des bénéfices".

156,24. Dauvergne. Antoine Dauvergne (1713—1797), Opernkomponist, zwischen 1757 und 1790 viermal Direktor der Oper. Darüber, welches Werk von ihm hier gemeint sei, vgl. S. 17.

27 f. Quisque suos patimur manes. Vergil. Aeneid. L. VI. v. 743. Über die Wiederholung des Citates als eines Ausspruchs von Rameau im „Salon" von 1767 vgl. S. 24 f.

157,1. Vesper des Abbé de Canaye. Etienne de Canaye (1694—1782), Oratorianer, Mitglied der Académie des inscriptions, ein Freund d'Alemberts, war ein sehr eifriger Besucher der Oper, die man daher wohl scherzhaft als „Vesper des Abbé de Canaye" bezeichnete.

Zu Goethes Übersetzung aus Mercier (231 ff.) ist zu bemerken, dafs „Dardanus" und „Kastor und Pollux" ($234_{,16}$) Opern Rameaus des Onkels sind.

Anmerkungen.

I. Die Textgeschichte des Diderotschen Dialogs.

1. Über Abfassungszeit und Überarbeitungen des „Neveu de Rameau" s. das nächste Kapitel. Dafs Diderot in seiner Korrespondenz der Satire nirgends gedenkt, bezeugt die „Table générale" im XX. Bande der Oeuvres, edd. Assézat und Tourneux (Paris 1877), unter Rameau. Beispiele für Geheimhaltung anderer Werke, z. B. der „Religieuse", des „Jacques", des „Rêve de d'Alembert" in jeder Diderot-Biographie, vgl. unser Kap. IV, S. 91 ff. — **2.** Über Morellets „Préface de la Comédie des Philosophes" (1760) und ihre Folgen für den Verfasser s. Rosenkranz, Diderots Leben und Werke (Leipzig 1866), Bd. I, 192 f., Bd. II, 90 f. Ein Originalexemplar des kleinen Pamphlets besitzt die Gothaer Bibliothek, dem „Philosophen" Palissots (1760) vorgeheftet. Über Diderots handschriftlichen Nachlafs in St. Petersburg und den Verkauf seiner Bibliothek an Katharina II. s. Rosenkranz, Bd. I, XX, Bd. II, 216 ff., über die Kopie der Madame Vandeul weiter unten S. 4 ff., über Naigeons Memoiren Rosenkranz, Bd. I, X und Oeuvres, ed. Assézat, Bd. V (Paris 1875), S. 361 (Vorbemerkung zum „Rameau"); ebenda S. 362 der Brief von Naigeons Schwester an Madame Vandeul vom November 1816. — **2 f.** Die Herkunft von Goethes Vorlage wird Kap. V besprochen (S. 107 ff.), desgl. der unterbliebene Abdruck des Originals (S. 123); über Aufnahme der Übersetzung s. Kap. VII (S. 214 ff.). — **3.** Deppings Angaben über den „Rameau" S. XLIII ff. des „Supplément", vgl. Goethe, Weimar. Ausg., Bd. XLV, $222_{,3}$ ff., $240_{,23}$ ff. Zurückübersetzt hat Depping G. $4_{,11}$ bis $6_{,16}$ und $73_{,6}$ bis $74_{,22}$. Die Vornamen von Saur und Saint-Geniès gebe ich nach Isamberts Einleitung zu seiner Ausgabe des „Rameau" (1883) S. 72. Den Namen Saint-Geniès habe ich in der Weimarer Ausgabe auf Grund einer eigenhändigen Unterschrift Saint-Géniés schreiben müssen, weil die Prinzipien der Ausgabe dies erforderten. Da ich mich jedoch von der Berechtigung, diesen deutschen Grundsatz aufs Französische zu übertragen, nicht überzeugen kann, schreibe ich in der vorliegenden Arbeit mit den neueren Franzosen Saint-Geniès. Über den Kampf der Rückübersetzer mit Brière handelt am eingehendsten Monval in einer „Notice" (S. XV ff.) vor seiner Ausgabe (1891), leider mit ungerechtfertigter Parteilichkeit gegen Brière und für Saur und Saint-Geniès. Mervilles Anzeige der Rückübersetzung in der „Abeille" erwähnt Monval XIX, die Besprechung des „Miroir" ist abgedruckt vor Assézats Ausgabe (Oeuvres V, 367 f.). — **3 f.** Auf Brières Prospekt hat zuerst Monval XX f. verwiesen; ein Exemplar dieses Prospektes im Besitz des Weimarer Goethe- und Schiller-Archivs (den Handschriften zum „Rameau" beiliegend) bestätigt seine Angaben. — **4.** Ein Brief der Madame Vandeul an Brière, anscheinend der erste, vom 1. Juli 1822 in Motheaus Ausgabe des „Rameau" (1875), vgl. Monval XXI. Über Walferdin s. Monval XXII und XXXI. — **4 ff.** Die Aktenstücke des Zeitungskriegs zwischen Brière und den Rückübersetzern wieder abgedruckt durch Assézat a. a. O. 368 ff., doch fehlt daselbst Brières Erklärung aus der „Sphinx" vom 28. Juni, die ich nur aus Monvals Angaben (XXIV f.) kenne.

— **6.** Brières Brief an Goethe und die Antwort darauf: Goethe, Weimar. Ausg., Bd. XLV, 235,₁₅ ff. und 225,₁₅ ff.; die Angaben über Veröffentlichung des Goetheschen Schreibens durch Brière nach Assézat 372. — **6 f.** Saurs Gespräch mit dem Grafen Reinhard: Goethe-Jahrbuch, Bd. XI, 43 (Brief Reinhards an den Kanzler von Müller, Paris, 8. November 1825). — **7.** Über Brières Unterredung mit Motheau s. Isambert a. a. O. 73 ff. — **8.** Über Assézats Handschrift und ihre Herkunft s. Isambert a. a. O. 75 und 79 f.; Tourneux' Einleitung zu seiner Ausgabe (1884), S. XI f.; Morley, Diderot and the Encyclopaedists (London 1880), Bd. II, 5. — **8 f.** Angaben über den Druck Isamberts und das Petersburger Manuskript: Isambert 81 f. — **9 f.** Über Monvals Manuskript s. seine „Introduction", S. V ff.

II. Die Datierung des Diderotschen Dialogs.

11. Die Goethesche Briefstelle: Weimar. Ausg., IV. Abteilung (Briefe), Bd. XVII, 230,₁₄ ff. — **11 f.** Die Bemerkungen über die Entstehungszeit des „Rameau" in den „Anmerkungen", Weimar. Ausg., Bd. XLV, 209,₇ ff.; 212,₁₃ ff. — **12 f.** Die Ansichten der verschiedenen Herausgeber über die Datierung finden sich Isambert 41 ff., Tourneux XXIII ff., Monval X f., Düntzer 17 ff. — **13.** Die Stelle, an der auf Palissots „Philosophen" verwiesen wird, findet sich T. 93, G. 82,₂₀ ff. — **14.** Die beiden Stellen aus den Briefen an Sophie Volland: Oeuvres, edd. Assézat und Tourneux, Bd. XVIII (1876), 488 f., 523. Angeblicher Tod Voltaires: Isambert 250 f. Das Geburtsdatum von Diderots Tochter: Monval 46, Anm. 1, u. ö. Vgl. Rosenkranz, Bd. I, 22. — **14 f.** Thoinans Angabe über den Tod von Rameaus Frau und Kind in Monvals Ausgabe 211. Vgl. Isambert 39 f. — **15.** Die Heiratsurkunde Rameaus bei Thoinan, Monvals Ausgabe 210. Sie stammt aus dem „Dictionnaire critique de biographie" von Jal, der überhaupt zur Biographie Rameaus manches Wertvolle beigesteuert haben mufs; das Werk war mir leider nicht zugänglich. Die schnelle Aufeinanderfolge des Todes der Madame Rameau und ihres Kindes bezeugt Cazottes „Nouvelle Raméide", wieder abgedruckt in Cazottes „Oeuvres badines et morales", Bd. VII, London 1788; S. 99 heifst es daselbst: „un instant ouvre la sépulture à ma femme, à mon fils." Ebenda der Vers: „Et je fis, dans un an, un enfant et un livre." Diderots Brief über das Abenteuer der Mlle Hus: Oeuvres, Bd. XIX, 43 ff. — **16.** Diderot über das Verhältnis der Arnould zu Lauraguais und Bertin: an Sophie Volland, 7. Oktober 1761, Oeuvres, Bd. XIX, ebenda den Brief vom 25. Oktober, S. 75. Die Erscheinungszeit der Journale nach Tourneux 197 f. und Monval 99, Anm. 3—7; Isambert 259 läfst den „Observateur" erst im Februar 1762 eingehen, was indes kaum einen Unterschied macht. — **16 f.** Die Angaben über theatralische Vorgänge nach den Anmerkungen Monvals, die vielfach auf Isambert und Tourneux fufsen, oft aber auch Genaueres bieten als diese; s. Monval 133, Anm. 3; 134, Anm. 2—4; 128, Anm. 5; 135, Anm. 1; 22, Anm. 5; 129, Anm. 5 (an dieser Stelle lies 1761 statt 1791); 158, Anm. 1; 133, Anm. 4; 175, Anm. 2 (vgl. zu dieser Stelle Isambert 271). Meine Angaben über „Serva Padrona", S. 16, bedürfen insofern der Verbesserung, als das Stück zwar seit 1746 in Paris bekannt war, aber erst seit 1754 in französischer Sprache gegeben wurde; an der Sache ändert dies jedoch nichts. — **17.** Über die ersten Aufführungen von „Peintre amoureux" s. Tourneux 201, Monval 130, Anm. 1. — **18.** Die Angabe über das Lied „La Sollicitation" im „Chansonnier français" bei Monval 34, Anm. 2, noch genauer Tourneux 187. Über die Familie Javillier handelt am eingehendsten Isambert 251, vgl. Tourneux 190, Monval 54, Anm. 1. Über Corbie und Moette s. Isambert 258 f.; Tourneux 197; Monval 98, Anm. 3; 99, Anm. 1. Über die Dangeville und ihren Abgang von der Bühne Monval 86, Anm. 1; 105, Anm. 1. Marivaux' und Rameaus Todesdatum bei allen Erklärern und in jedem Nachschlagewerk. — **19.** Die

— 277 —

Angaben über Mlle Le Mierre nach Tourneux 189; dort findet sich allerdings auch die Angabe, dafs sie vor ihrer Ehe Maitresse des Prinzen Conti gewesen sei. — **20.** Über Lauraguais und Montamy und ihre Bestrebungen auf dem Gebiete der Porzellanmalerei s. Tourneux 189 f.; Monval 51, Anm. 2 und 5. Über die „Concerts des amateurs" und ihren Beginn Tourneux XXV, Monval 51, Anm. 6. Die Angaben über die „Ile des fous" und den „Maréchal ferrant" nach Monval 133, Anm. 3 und 4; über die „Plaideuse" am eingehendsten auf Grund von Favarts Korrespondenz Isambert 265 f. Doch ist Isamberts (266) und Tourneux' (201) Vermutung, der Vers „le voilà le petit ami" (T. 134, G. 118,$_{15}$ f.) stamme aus der „Plaideuse", unzutreffend; Monval (134, Anm. 4) hat nachgewiesen, dafs er ebensowohl wie die voraufgehenden aus der „Ile des fous" stammt. — **20 f.** Die Briefstelle über Racine: Oeuvres, Bd. XIX, 87. — **22.** Der Fall Calas ist allbekannt; Daten Monval 67, Anm. 2 und in jeder Voltaire-Biographie. — **22 f.** Grimms Anzeige der „Nouvelle Raméide" in Tourneux' Ausgabe der „Correspondance littéraire", Bd. VII (Paris 1879), 123 f. — **24.** Die Stelle aus Diderots Brief an Falconet Oeuvres, Bd. XVIII, 238. Die beiden Stellen aus dem „Salon" Oeuvres, Bd. XI, 136 und 169. Die letztere sehr wichtige Stelle ist mit Ausnahme von Rosenkranz (Bd. II, 108) allen Erklärern des „Rameau" entgangen. — **25.** Palissots „Homme dangereux" sollte zunächst 1770 unter dem Titel „Le Satirique" und ohne Angabe des Verfassers zur Aufführung gelangen, s. Grimms Bericht darüber in der „Correspondance littéraire" vom 15. Juni dieses Jahres, Bd. IX, 50 ff. Ebenda 52 ff. (und Oeuvres, Bd. XX, 10 ff.) ein Brief Diderots über das Stück an Sartine, in dem es von Palissot heifst: „Je ne crois pas que la pièce soit de ce dernier; on n'est pas un infâme assez intrépide pour se jouer soi-même, et pour faire trophée de sa scélératesse." Diderot wurde jedoch bald eines besseren belehrt; das Stück erschien noch im gleichen Jahre in Amsterdam unter dem Titel: „L'homme dangereux, comédie par l'auteur de la comédie des Philosophes." Über Voltaires Eintreten für Maupeou s. Isambert 243; ähnlich Tourneux 185 und Monval 22, Anm. 4. Sabatiers „Trois Siècles": über die Verfasserfrage s. Tourneux 185; nach Monval 24, Anm. 1, hätte neben dem von Tourneux genannten Abbé Martin auch Palissot Anteil an dem Werke. Es soll von den „Trois Siècles" eine Ausgabe mit dem Datum „Amsterdam 1763" existieren, in der jedoch 1763 nur Druckfehler für 1773 ist, da das Werk mehrere Todesfälle aus dem Jahre 1772 verzeichnet. Die Angabe über das Taufdatum des jüngeren Fréron, Stanislas-Louis-Marie, 17. August 1754, nach Monval 23, Anm. 3; danach wird Düntzers Angabe (42), dieser Fréron sei erst 1765 geboren, zu berichtigen sein. — **26.** Die Stelle in Diderots Aufsatz über Bemetzrieders „Leçons" Oeuvres, Bd. XII, 525 f. Die Stelle aus der „Voyage de Hollande" Oeuvres, Bd. XVII, 404; der Jude ist daselbst ein holländischer Privatmann namens Vanderveld, die Courtisane, Sleenhausen, wird als Tochter eines kölnischen Arztes bezeichnet, die Handlung spielt im Haag, auch sonst im einzelnen manche Abweichungen. — **27.** Die Stelle aus Grétrys „Essais" bei Isambert 267. — **28.** Über die Deschamps und die Guimard handelt Isambert 252, Tourneux 191 ff. (besonders eingehend), Monval 59, Anm. 1 und 2. — **28 f.** Über Bouret Isambert 255 f., Tourneux 194 ff. (besonders eingehend), Monval 81, Anm. 2—4; 83, Anm. 2.

III. Die Bedeutung des Diderotschen Dialogs.

30 f. Die hier wiedergegebenen verschiedenen Ansichten über den Dialog sind die von Rosenkranz (Bd. II, 106 ff.), Tourneux (XXVI f.), Ducros (Diderot, l'homme et l'écrivain, Paris 1894, 325 ff.), Morley (Bd. II, 5 ff.) und Reinach (Diderot, Paris 1894, 97 ff.). — **31 f.** Die Stelle aus Merciers „Tableau de Paris" in der Amsterdamer Ausgabe von 1788, Bd. VIII, 181 ff. Goethes Übersetzung Weimar. Ausg., Bd. XLV, 231,$_1$ ff. fufst auf dem von

Saur und Saint-Geniès wiedergegebenen Texte, ist daher nicht ganz genau und läfst vor allem die Nachrichten über Rameaus Tod vermissen. Von der Raméide existieren zwei verschiedene Drucke, beide von 1766, die sich hauptsächlich dadurch unterscheiden, dafs der erste einige Verse zum Preise des Ministers Sartines auf einem Zusatzblatte, der zweite dagegen eben diese Verse im Text bringt. Mir hat eine Abschrift des zweiten Druckes, nach dem einzigen erhaltenen Exemplar, dem der Bibliothèque nationale, vorgelegen; von der ersten Fassung existieren noch drei Abdrucke (s. Isambert 58 ff., dessen Angabe, der Druck auf der Bibliothèque nationale sei der ältere, der Berichtigung bedarf). Von Cazottes „Nouvelle Raméide" scheint sich kein Originaldruck erhalten zu haben (Isambert 67 f.); ich habe den Neudruck in Cazottes „Oeuvres badines et morales", Bd. VII (London 1788), S. 75 ff., benutzt. Über Urkunden, Briefe etc. s. weiter unten an den betr. Stellen. — **32.** Die Angaben über Jean oder Maurice Rameau nach Isambert 12 und Thoinan 184, die sich in familiengeschichtlichen Dingen hauptsächlich auf Marets „Eloge historique de M. Rameau" (Dijon 1766) zu stützen scheinen. Zur Frage nach dem Vornamen vgl. Frérons „Année littéraire" 1764, Bd. VIII, S. 292 f.; die Angaben der Anmerkung daselbst rühren ohne Frage von unserem Jean-François Rameau her, vgl. Raméide, Ges. III. Drei Töchter ergeben sich aus Vergleichung von Isambert 13 mit Thoinan 184. Claudes Geburtsdatum nach Thoinans Angabe (192), dafs er 1761 etwa zweiundsiebzigjährig gestorben sei. — **33.** Von dem Wettbewerb der Brüder um die Hand von Jean-François' Mutter berichtet die Raméide, Ges. III. Das Datum von Claudes Eheschliefsung giebt Thoinan 188, wohl nach Jal. Jean-François' Taufzeugnis abgedruckt bei Thoinan 193, nach Jal. Von der Schwester unseres Helden spricht der erste Ges. der Raméide. Der Protektion des Prinzen Condé für Claude gedenkt auch die Raméide, Ges. III. Das Todesdatum der Mutter ergiebt sich daraus, dafs Jean-François in der Raméide (Ges. III) berichtet, er habe die Mutter mit 20 Jahren verloren. Zur Charakteristik Claude Rameaus vgl. das Citat aus Maret, das Isambert 14 mitteilt. — **33 ff.** Die beiden „Mémoires" Claude Rameaus in seinem Rechtshandel mit dem Magistrat von Dijon finden sich in den „Causes amusantes et connues", Bd. II (Berlin 1770), 50 ff.; das Wichtigste daraus wieder abgedruckt bei Isambert 18 ff. Das Datum 1754 ergiebt sich daraus, dafs eine Anmerkung zu dem ersten Mémoire (Causes amusantes, Bd. II, 51) besagt, Claude beziehe die seit 1727 vom Magistrat für ihn ausgeworfene Rente nunmehr 27 Jahre; Isambert 17 irrt also, wenn er 1751 angiebt. Den günstigen Ausgang des Rechtshandels bezeugt eine kurze Bemerkung am Schlufs des zweiten Mémoires, Causes amusantes, Bd. II, 72. — **35.** Die Geschichte vom Bafsgeigen-Futteral bei Cazotte a. a. O. 90. Über die jugendlichen Kunstübungen Jean-François Rameaus Cazotte 87. Über die Jugendkompositionen die Raméide, Ges. I. Über die entstellende Pockenerkrankung Cazotte 91. Schulbesuch: Cazotte 92. Dafs Rameau Cazottes Schulgenofs war, berichtet dieser selbst 1788 in der Einleitung zum Neudruck der „Nouvelle Raméide", 78 f. Bret und Bonhomme nennt als Mitschüler Isambert 25, wohl auf Grund von Raméide, Ges. IV, wo beide Landsleute und Altersgenossen Rameaus mit Auszeichnung genannt werden. — **35 f.** Die Angaben über Rameaus Soldatenleben Raméide, Ges. IV, Cazotte 92 f. — **36 f.** Von dem Duell spricht die Raméide, Ges. V, ebenda wird das Jahr im Seminar und die erhaltene Tonsur erwähnt. Cazotte über die Seminarzeit und ihre Folgen 93 f., über Rameaus Eintritt in Paris *und seine ersten Berührungen mit dem Onkel* 95 ff. — **37.** Den Brief eines Ungenannten an den Onkel erwähnt Monval 128, Anm. 2. Über die Willesche Zeichnung Isambert 26 ff. — **37 f.** Über Rameaus Vergehen vom 5. November 1748 und seine Strafe s. Tourneux XVI, Thoinan 197 f. Das dort citierte Aktenstück bezeichnet Rameau als einen Mann „d'un caractère peu sociable et difficile à dompter". — **38.** Rameaus Reisen sind bisher wesentlich früher angesetzt worden, gewifs mit Unrecht, wie sich aus den Daten ergiebt, die es mit dem Marschall von Sachsen zu thun haben. Cazottes Aufenthalt in Martinique nach „Biographie universelle" (Paris und Leipzig o. J.), Bd. VII, 287 ff., Moritz von Sachsens Aufenthalt in Chambord und Todesdatum nach „Nouvelle Biographie universelle" (Paris 1854) Bd. IX, 323 f. (bestätigt durch Vitzthum von Eckstädt, Maurice Comte de Saxe [Leipzig 1867] 517, 523); der Vers der Raméide aus Ges. IV. — **39.** Die Reisen nach Raméide, Ges. I; den Aufenthalt in Ortenstein bei den Travers erwähnt Ges. IV. Der Terminus ad quem für die Rückkehr nach Paris ergiebt sich aus der Veröffentlichung von Rameaus Klavierstücken. Die Namen der Schülerinnen nach Raméide, Ges. IV. Dafs Bertin die Druckkosten für Rameaus Klavierstücke trug, berichtet die Raméide, Ges. IV. — **39 f.** Die wertvollen Angaben über Bertin und seinen Anteil an Theaterskandalen verdanke ich Isambert, 30 ff.; die Quellen, aus denen sie geschöpft sind, s. daselbst. — **40.** Die Angaben der Raméide über die Klavierkompositionen Ges. I. — **40 f.** Frérons Besprechung in der „Année littéraire", 1757, Bd. VII, 40 ff., 27. Oktober, vollständig wiederholt Isambert 34 ff., Thoinan 201 ff. — **41.** Die „Voltaire" und die „Toujours Nouvelle" nennt die Raméide, Ges. I. — **41 f.** Rameaus Heiratsurkunde giebt Thoinan 210 nach Jal, dem wohl auch das Datum von des Vaters Einwilligung entlehnt sein wird. Über den Cafetier Viseux s. Tourneux XVII. — **42.** Cazotte über Rameaus Ehe 98 f. Über den Tod von Frau und Kind s. das oben zu S. 15 Bemerkte. Der Verzicht auf die Erbschaft Raméide, Ges. I und Cazottes Vorbericht von 1788, 81. — **42 f.** Die Stelle aus dem „Etat ou Tableau de Paris" bei Isambert 40. — **43.** Die Angaben über Rameaus Verhältnis zu seinem Onkel nach verschiedenen Stellen im I. und III. Ges. der Raméide. Rameaus Aufenthalt in Pierry 1764 bezeugt der S. 44 genannte Brief Pirons an Cazotte vom 22. Oktober, den zuerst Isambert 54 ff., auch ihm Thoinan 228 f. mitgeteilt hat. — **43 f.** Von den „Sabots" handelt eine Notiz über Cazotte in der Ausgabe seiner Werke von 1816 und eine Vorbemerkung Sedaines zu dem Textbuch der Oper 1768, beide mitgeteilt bei Thoinan 222 ff. — **44.** Die Stellen aus Fréron und Palissot abgedruckt bei Isambert 57. — **44 f.** Die Angaben über die Druckerlaubnis nach Isambert 58, Grimms Bemerkung über den Titel: Correspondance littéraire, Bd. VII, 124 (15. September 1766). — **45.** Über den rätselhaften Denuis handelt Thoinan 216 f. — **46.** Dafs im ersten Druck Sartines im Text übergangen war, meldet Isambert 60, Thoinan 218. Statt Pergolese schreibt Rameau: Pere Golèse. — **47.** Die Nachricht über die Art und Weise, wie Rameau sein Gedicht vertrieb, nach Cazottes Vorbericht von 1788, 83. Die Stelle der Correspondance littéraire: Bd. VII, 61. Die Stellen aus dem „Mercure de France" Isambert 66 f. — **47 f.** Über die Nouvelle Raméide s. Cazottes Vorbericht von 1788. — **48.** Mercier über Rameaus Tod a. a. O. 186, Cazottes Nachricht im Vorbericht 82 f. — **49 f.** Für diese Partie kommen folgende Stellen des Dialogs in Betracht: Bekanntschaft Diderots mit Rameau T. 4, G. 6,$_{111}$ f.; T. 8, G. 9,$_9$ f. Rameaus Vater T. 30, G. 28,$_{21}$. Reisen T. 163, G. 143,$_{19}$ ff. Rameau als Klavierlehrer und in besseren Häusern T. 5, G. 6,$_{24}$ ff., 7,$_{14}$ ff.; T. 51 ff., G. 46,$_{10}$ ff. Rameau als Komponist T. 30, G. 29,$_1$ ff. u. ö. Fühlung mit dem Theater T. 106 ff., G. 93,$_{26}$ ff., ebenda Rameau als Claqueur; Gönnerschaft Bertins im ganzen zweiten Drittel des Dialogs. Bret, Palissot, Fréron T. 23, G. 22,$_{16}$ f.; T. 78, G. 70,$_7$ ff.; T. 92, G. 81,$_{22}$ f. u. ö. Verhältnis zum Onkel T. 10, G. 10,$_{23}$ ff.; T. 166, G. 145,$_{27}$ ff. u. ö. Tod der Frau T. 176 ff., G. 154,$_{20}$ ff. Das Kind T. 145 ff., G. 127,$_{17}$ ff. Sein Alter T. 149, G. 180,$_{27}$ ff. Rameaus geistliche Tracht T. 178, G. 156,$_{13}$ f. „Rameau le fou" T. 26, G. 25,$_{12}$. Kümmerliche Lage T. 27 f., G. 26,$_{14}$ ff. und vielfach sonst. Neid auf Diderots Talent T. 153 f., G. 135,$_5$ ff. — **50.** Von Rameaus Appetit ist im Dialog öfters die Rede; Mercier am nächsten stehen die Stellen T. 89, G. 79,$_{15}$ „Ingenii largitor venter" und T. 168, G. 147,$_{27}$ ff.: „c'est toujours à l'appétit que j'en reviens, à la sensation qui m'est toujours présente". — Der Renegat von Avignon T. 118 ff., G. 103,$_{17}$ ff., Merciers Erzählung a. a. O. 182 ff., Goethes Übersetzung Weimar. Ausg., Bd. XLV, 232,$_9$ ff. Rameau und die Eltern seiner Klavierschülerin T. 5, G. 6.$_{26}$ ff. — **50** f. Cazottes Schilderung 79 ff. — **51** f. Rameaus Äufseres T. 8 f., G. 9,$_{25}$ ff. Rameau als Narr Bertins im ganzen zweiten Drittel des Dialogs. Den Anteil der Überlegung an seinen Reden bestreitet er hauptsächlich T. 91, G. 81,$_3$ ff.; T. 133 f., G. 117,$_{19}$ f. Gesang und Spiel im Café T. 134 ff., G. 118,$_6$ ff. Ruhmsucht T. 21, G. 21,$_7$ ff.; T. 159, G. 140,$_{12}$ ff.; T. 161 ff., G. 142,$_{11}$ ff. Wiedergabe fremder Kompositionen verschiedentlich im ersten und besonders im letzten Drittel des Dialogs. Improvisierter Text T. 140, G. 123,$_{16}$ ff. — **52** f. Pirons Brief Isambert 54 ff., Thoinan 228 f. — **53.** Wechsel der Stimme T. 120, G. 105,$_{16}$ f. Mitleid mit sich selbst besonders T. 25, G. 24,$_7$ ff.; T. 163, G. 143,$_9$ ff.; T. 167, G. 147,$_2$ ff. Verhältnis zum Onkel aufser den oben angeführten Stellen T. 21, G. 21,$_7$ ff.; T. 30, G. 28,$_{23}$ ff.; T. 59, G. 53,$_{11}$ f.; T. 157, G. 137,$_{27}$ ff.; T. 162, G. 143,$_1$ ff. u. a. Ruhmsucht s. oben. — **54.** Über das „quisque suos patimur manes" s. oben S. 24 f. — **54** f. Zu diesem Abschnitt sind hauptsächlich zu vergleichen der zweite Gesang der Raméide und das letzte Drittel des Dialogs. — **55.** Rameau verhehlt seine Meinung über den Onkel und dessen Genossen T. 129, G. 113,$_{19}$ ff.; T. 138 f., G. 121,$_{26}$ ff.; an letzterer Stelle hätte Goethe hinter „Indessen" die Anrede „Messieurs" nicht unbeachtet lassen sollen. Pietät Rameaus gegen die Seinen besonders Raméide, Ges. I. — **56.** Rameau im klaren über seine Verworfenheit T. 25, G. 24.$_7$ ff.; T. 116, G. 101,$_{26}$ f. Seine „zarte Seele" T. 91, G. 80,$_{22}$ ff. Seine „Würde" T. 30, G. 28,$_{17}$ ff.; T. 75, G. 67,$_4$ ff. Seine Neigung zur Frau T. 176 ff., G. 154,$_{20}$ ff. Seine Unfähigkeit zu grofsartiger Bosheit T. 32 ff., G. 30,$_9$ ff.; T. 116 f., G. 102,$_{21}$ ff. u. ö. — **57.** Vernunft erkennt Diderot Rameau zu T. 133, G. 117,$_{17}$; vgl. T. 96, G. 85,$_3$ ff. und andere Stellen. Die Verse der Raméide aus Ges. II. Nichts gelernt zu haben versichert Rameau T. 11, G. 12,$_4$ ff., die Dinge nur so hin zu reden T. 91, G. 81.$_3$ ff. — **58.** Garats hübsche Erzählung ist wieder abgedruckt bei Collignon, Diderot (Paris 1895), 83 ff. — **59.** Diderots Neigung zum Moralpredigen hat namentlich Rosenkranz in seiner Biographie mit Nachdruck hervorgehoben. Die erste Aufführung des „Père de famille" in Paris fand am 18. Februar 1761 statt, Oeuvres, Bd. VII, 171. Reinachs übergeistreiche Annahme, das Porträt sei von selbst zur Satire geworden, ist S. 31 angeführt worden; die Meinung Jals, es handle sich um eine Satire auf Rameau, nimmt wenigstens zur Hälfte wieder auf Düntzer, wenn er 21 von einem „satirischen Charakterbild" spricht. — **59 ff.** Das Gründlichste über Palissot und die „Philosophen" bietet wohl noch immer Rosenkranz, s. namentlich Bd. I, 188 ff.; Bd. II, 85 ff. Die einschlägigen Werke Palissots („Cercle", „Petites lettres", „Philosophes", die beiden Komödien mit beigegebenen wertvollen Aktenstücken) in „Théâtre et Oeuvres diverses de M. Palissot de Montenoy", Bd. II, London 1763. — **60.** Die Anspielung auf die „Zarès" T. 92, G. 81,$_{22}$. Das Citat über den „Cercle" aus Goethes Anmerkungen zum Rameau 188,$_{21}$ ff. D'Alemberts „Mémoire" gegen den „Cercle", von Rosenkranz nicht erwähnt, in Palissots Théâtre a. a. O. 63 ff.; d'Alemberts Verfasserschaft erhellt aus einem ebenda abgedruckten Briefe Rameaus 87. — **61.** Der Inhalt der „Philosophen" nach der ersten Ausgabe 1760 (Exemplar in Gotha), mit der des Théâtre, Bd. II übereinstimmt. Über die Änderung von „Dortidius" in „Marphutius" und den späteren Fortfall der Kolporteur-Scene, Rosenkranz, Bd. II, 86 f. — **61 f.** Die Namen der von Palissot mifshandelten Personen nennt ein gleichzeitiger Brief d'Alemberts an Voltaire, Rosenkranz, Bd. I, 197; sie in den Figuren der „Philosophen" wiederzufinden hält nicht schwer. — **62.** Helvétius als Wohlthäter Palissots: Rosenkranz, Bd. I, 188; Rameau verwendet sich für Palissots Verbleiben in der Nanziger Akademie: Rosenkranz, Bd. II, 85. Die Stelle aus Palissots Brief an Voltaire (28. Mai 1760): Théâtre, Bd. II, 309. Über die Beleidigung der Fürstin Robecq und der Frau von La Marck, die durch zwei höhnische Widmungsepisteln an diese Damen vor einer Übersetzung des

„Padre di famiglia" und des „Vero amico" von Goldoni (1758) erfolgt war, s. Voltaire, Oeuvres, ed. Moland, Bd. XL (1880), 406, Anm. 1; Rosenkranz, Bd. I, 191 f. Voltaires züchtigende Briefe an Palissot in Palissots Théâtre, Bd. II, 311 ff.; 339 ff.; 352 ff.; vollständiger und korrekter in den Oeuvres de Voltaire, ed. Moland, Bd. XL, S. 407 ff.; 433 ff.; 456 ff.; Teilübersetzung: Goethe, Bd. XLV, 193,₇ ff. Rameau über Palissot in einem Briefe an den Buchhändler Duchesne, in welchem allerdings auch Diderot ziemlich übel fährt, Rosenkranz, Bd. I. 365 f. Über Morellet s. das oben zu S. 2 Bemerkte. — **62 f.** Die Schicksale der Encyklopädie nach Rosenkranz, Bd. I, 168 ff., vgl. Isambert, 42 ff. — **63.** Der „Père de famille" brachte es 1761 nur auf wenige Wiederholungen. s. Rosenkranz, Bd. I, 294, Monval X. — **63 ff.** Die Darstellung nach Diderots Dialog, namentlich dessen zweitem Drittel; der Nachweis der einzelnen Stellen ist wohl kaum erforderlich. Über die Banc d'Argenson vgl. S. 259. — **65.** Monvals Bemerkung in seiner Introduction X. Über den künstlichen Erfolg der „Philosophen" Rosenkranz, Bd. I, 188, nach einem Briefe d'Alemberts an Voltaire. Die Weigerung der Clairon, in den „Philosophen" aufzutreten, Rosenkranz, Bd. I, 188; Monval 8, Anm. 1. Dafs Mlle Hus die Rosalie spielte, ist bisher nicht beachtet worden, geht aber aus dem Personenverzeichnis des ersten Druckes hervor. — **66 ff.** Die hier verwerteten, über den ganzen Dialog verstreuten Stellen werden dem aufmerksamen Leser kaum entgehen, weshalb ich auf ihren Nachweis verzichte. — **68.** Diderots Ausruf T. 171, G. 150,₂₄ ff. — **69.** Die musikalische Partie füllt im Dialog die erste Hälfte des letzten Drittels. Über die „Guerre des Bouffons" und ihre Folgen Morley, Bd. II, 16 ff., Isambert 45 ff. — **70.** Goethe über Diderots Stellung zur Opernmusik Bd. XLV, 185,₁₄ ff. Rousseau über französische und italienische Opernmusik Oeuvres, Bd. I (Neuchâtel 1775), 282 ff. Rameaus des Neffen Urteil: Raméide, Ges. II. Die wichtigste musiktheoretische Stelle des Dialogs T. 127, G. 111,₁₀ ff. — **71.** Der Violonist als Affe des Sängers T. 131, G. 115,₁₁ f. Diderots Rat an die Malschüler im „Essai sur la peinture", Kap. 1, Goethes Übersetzung Bd. XLV, 275,₂₂ ff. — **72.** Die Verse der Raméide aus Ges. I. — **73.** Herders Äufserung: Werke, ed. Suphan, Bd. I (Berlin 1877), 182, diejenige Hirzels in dem Werke „Der Dialog", Bd. II (Leipzig 1895), 414 f. Rameaus erster Hinweis auf sein Schicksal bei Bertin T. 26 ff., G. 25,₂₁ ff. — **74.** Die Erzählung vom tugendhaften Sohn T. 68 f., G. 61,₁₁ ff., die vom Renegaten T. 118 ff., G. 103,₁₇ ff. Erziehung von Diderots Tochter T. 46 ff., G. 41,₂₅ ff., von Rameaus Sohn T. 145 ff., G. 127,₁₇ ff.

IV. Goethe und Diderot bis 1804.

75. Über die französische Komödie in Frankfurt: E. Mentzel, Geschichte der Schauspielkunst in Frankfurt a. M. (Frankfurt 1882), 247 ff.; der Zettel, der die Aufführung der „Philosophen" ankündigt, ebenda 499. — **75 ff.** Goethe über das französische Theater: Dichtung und Wahrheit, Buch III, Werke XXVI, 141 ff.; Palissots „Philosophen": ebenda 148,₂₃ ff., an gleicher Stelle Diderots „Hausvater". Über den Plan, in „Dichtung und Wahrheit" französische Zustände um 1760 zu würdigen, s. Werke, Bd. XXVI, 352. — **77.** Der Knabe Goethe als Lobredner der „Sara" und des „Kaufmanns": Dichtung und Wahrheit, Buch III, Werke, Bd. XXVI, 166,₃ ff.; die Grenadiere auf der Bühne: ebenda 148,₈ ff. Französische Briefe und Verse häufig im 1. Bd. der Briefe (Weimar. Ausg. Abteil. IV); Corneilles Lügner: Werke, Bd. XXXVII, 50 ff.; Zaïre: an Cornelie, 13. Oktober 1765, Briefe, Bd. I, 9,₂₅ ff.; an dieselbe, 6. Dezember 1765, ebenda 26,₁₁. Mahomet: an Cornelie, 23. Dezember 1765, ebenda 32,₇ ff. Voltaire als Historiker: an Cornelie, 12. Oktober 1766, ebenda 66,₁ f. Aufführung des „Hausvaters" bei Koch: v. Loeper, Goethes Werke (Hempel) Bd. XXI,317. — **77 f.** Goethe über Rousseau an Cornelie, 12. Oktober 1767, Bd. I, 110,₁₈ ff. — **78.** Über den „Emile" an Oeser, 14. Februar 1769:

Bd. I, 205,21 ff. „Eugenie" und „Galeerensklave" (französisch: L'honnête criminel): an Oeser, 24. November 1768, Bd. I, 182,7 ff. Dafs beide Stücke sowie der verwandte „Weise in der That" (Le philosophe sans le savoir) von Sedaine im Sommer 1768 auch in Leipzig im Schwange waren, lehrt das von W. von Biedermann, Goetheforschungen, Bd. III (Leipzig 1899), 79 f. gegebene Repertoire. — 78 ff. Zur Darstellung der Strafsburger Verhältnisse vgl. Dichtung und Wahrheit, Buch XI, Werke, Bd. XXVIII, 50 ff. — 79. Das Citat über die Encyklopädie ebenda 64,9 ff. — 80 f. Herder über Diderot: die drei Stellen in der ersten Sammlung der „Fragmente" s. Werke, herausg. von Suphan, Bd. I, 182; 194; 210; die Stelle aus dem zweiten Stück des „Torso" ebenda Bd. II, 315 ff.; die Anzeige der „Eloge" ebenda Bd. IV, 225 f. — 81. Herders Lektüre der Encyklopädie und seine Begegnung mit Diderot s. Haym, Herder, Bd. I (Berlin 1877), 347 f., wo auch ein vorzüglicher Vergleich zwischen Diderot und Herder. Die „Promenade", 1747 verfafst, erschien erst 1830, die „Religieuse", 1760 verfafst, 1796, der „Rêve", 1769 verfafst, 1830; die „Salons" von 1761—1769 wurden 1819 zum erstenmal gedruckt. — 81 f. Über Grimms „Correspondance" s. weiter unten, ebenso über den Vorwurf, dafs Diderot kein ganzes Werk verfafst habe. — 82. Die „Pensées" waren 1754 erschienen, die „Encyklopädie" erschien 1751—1772. Die „Bijoux" fallen ins Jahr 1748, der „Fils naturel" wurde 1757, der „Père de famille" 1758 gedruckt, Lessings Übersetzung beider Werke lag seit 1760 vor; die „Lettre sur les sourds" erschien 1751. — 83. Über Goethes Plan einer Reise nach Paris s. die Briefe an Käthchen Schönkopf und Chr. G. Hermann vom 23. Januar und 6. Februar 1770, Bd. I, 225,7; 227,10 f. Goethe über Diderots „Moralische Erzählungen": Dichtung und Wahrheit, Buch XI, Werke, Bd. XXVIII, 64,24 ff. Über die Schenkung der Erzählungen an Gefsner Rosenkranz, Bd. II, 302 f. — 83 ff. Die „Deux amis" und der „Entretien" jetzt Oeuvres, Bd. V, 261 ff.; 279 ff. — 86. Goethes Anzeige der „Idyllen": Werke, Bd. XXXVII, 284 ff. v. Loeper über die Stelle im „Satyros": Goethes Werke (Hempel), Bd. XX, 307. Goethes Fragment über Rameau den Onkel: Werke, Bd. XXXVII, 340 f. — 87. „Nach Falconet und über Falconet" ebenda 315 ff. Über Diderot und Falconet Rosenkranz, Bd. II, 191 ff., vgl. Diderots Briefe an Falconet, Oeuvres, Bd. XVIII, 79 ff. Die „Frankfurter gelehrten Anzeigen" über die Encyklopädie: 9. und 20. Oktober 1772, Seufferts Neudruck (Heilbronn 1883) 534,21 ff.; 556,4 f. Goethe benutzt Bayles Artikel „Spinoza": Dichtung und Wahrheit, Buch XVI, Werke, Bd. XXIX, 8,12 ff. — 87 f. Diderot in Pempelfort: Goethe, Werke, Bd. XXXIII, 194,22 ff.; F. Jacobi an Sophie Laroche 30. August, an Wieland 5. Oktober 1773: Auserlesener Briefwechsel, Bd. I (Leipzig 1825), 142; 145. — 88. Björnsthål: Goethe, Briefe, Bd. VII, 353,1 ff.; Rosenkranz, Bd. II, 331 f.; Björnsthål traf im Haag mit Diderot bei der Gräfin Galizyn zusammen. — 88 f. Über die gothaischen Verhältnisse s. meine Monographie über Gotter (Hamburg 1894) 10 ff., 70 f.; über Grimms „Correspondance" Rosenkranz, Bd. II, 283 ff. — 89. Goethes erster Besuch in Gotha: s. meinen Gotter 109; Prinz Augusts Epistel: ebenda 110. — 89 f. Die Stelle über Grimm: Goethes Tagebücher (Weimar. Ausg., Abteilung III), Bd. I, 50,13 ff. — 90. An Frau von Stein über Grimm: Briefe, Bd. V, 198,14 ff.; 201,14 ff. Geschenke der Frau von Buchwald: an Frau von Stein, 8. Dezember 1781 und 9. Mai 1782, a. a. O. 232,20 ff.; 323,11 ff. Voltaires „Mémoires" Goethe anvertraut: Goethe an Frau von Stein, 5. Juni 1784, Briefe, Bd. VI, 285,17 ff.; es handelte sich um die kurz darauf erschienenen „Mémoires pour servir à la vie de M. de Voltaire écrits par lui-même"; vgl. a. a. O. 289,4; 301,23; 303,9; 324,21. Abbé Raynal mit Prinz August in Weimar: Goethe an Frau von Stein, 24. April, an Knebel, 7. Mai 1782, Briefe, Bd. V, 316,1 f.; 319,6 ff. Prinz August über Rousseau: Goethe an Frau von Stein, 27. August 1782, Briefe, Bd. VI, 47,4 ff. Liest den Wilhelm Meister: Goethe an Knebel, 8. Dezember 1783, ebenda 224,9 ff. Günstige Urteile Goethes über den Prinzen: Briefe, Bd. V, 291,21 f.; 323,17 f.; Bd. VI, 45,21; 60,21 ff.; Bd. VII,

$81_{,23}$; $87_{,27}$; $172_{,3}$ ff. u. s. w. — **91.** Herder als Übermittler der „Correspondance" nennt Hans Morsch, Goethe-Jahrbuch, Bd. XIV, 221. Das Citat von 1820 aus Goethes Aufsatz „Urteilsworte französischer Kritiker": Kunst und Altertum, Bd. II, Heft 2; Werke (Hempel), Bd. XXIX, 741. Goethes Lektüre und die „Correspondance": Morsch a. a. O. 222 ff. Die Nachrichten über die Werke Diderots, die lieferungsweise der „Correspondance" beigegeben wurden, verdanke ich der Güte des Herrn Prof. Heinrich Georges in Gotha, der die Handschriften für mich eingesehen hat. — **91 f.** Goethes Gespräch mit Leisewitz vom 14. August 1780: Biedermann, Goethes Gespräche, Bd. I (Frankfurt 1889), S. 65 (Quelle: Kutschera, Leisewitz, Wien 1876). — **92.** Goethe über Voltaires „Saul": Dichtung und Wahrheit, Buch XII, Werke, Bd. XXVIII, $103_{,6}$ ff. Goethe über den Eindruck der „Religieuse" und des „Jacques": „Nachträgliches zu Rameaus Neffe", Werke, Bd. XLV, $226_{,23}$ ff. — **93.** Die Tagebuchstelle über den „Jacques": Tagebücher, Bd. I, $115_{,11}$ ff.; der Brief an Merck: Briefe, Bd. IV, $203_{,1}$ ff. — **94.** Lektüre des „Jacques" 1805 bezeugen die Ausleihbücher der weimarischen Bibliothek, s. Kap. VII. Die Stelle in den „Anmerkungen": Werke, Bd. XLV, $207_{,14}$ ff. Die Briefe an Bertuch und Frau von Stein: Briefe, Bd. V, $69_{,3}$ ff.; $_{18}$ ff. — **94.** Über Diderots „Paradoxe" und den „Wilhelm Meister": Eggert, Euphorion, Bd. IV, 301 ff. — **95.** Die Angabe, dafs die „Correspondance" mit dem Jahr 1790 schliefse, ist nicht ganz genau; Grimms Helfer und Nachfolger Meister suchte sie noch einige Jahre zu halten; s. Tourneux' Ausgabe der „Correspondance", Bd. XVI. Grimm als Emigrant in Düsseldorf: Goethe, Werke, Bd. XXXIII, $202_{,7}$ f. Grimm in Gotha: Goethe an Franckenberg, 4. November 1801, Briefe, Bd. XV, $271_{,23}$ ff. — **96.** Über Schillers Übersetzung „Merkwürdiges Beispiel einer weiblichen Rache" s. Minor, Schiller, Bd. II (Berlin 1890), 270 ff. Schiller fordert von Wieland ein Werk Diderots: an Körner, 8. August 1787, Schillers Briefe, ed. Jonas, Bd. I, 374. Schiller über die Diderot-Biographie der Frau Vandeul: an Körner, 12. Februar 1788, Briefe, Bd. II, 15 f.; über die „Moralischen Erzählungen": an Karoline von Beulwitz, 5. Februar 1789, Briefe, Bd. II, 223. Karoline an Becker über den „Rêve": Jonas, Schillers Briefe, Bd. II, 475. Über „Jacques": Schiller an Körner, 28. Februar 1793, Briefe, Bd. III, 289. — **96 f.** Goethe sendet die „Religieuse" an Schiller: Briefe, Bd. X, $175_{,15}$; Schiller äufsert sich darüber: Briefe, Bd. III, 475; die Herausgeber — von der Hellen und Jonas — beziehen die Stellen mit Düntzer auf die „Bijoux", ohne Frage mit Unrecht. — **97.** Schiller an Goethe wegen Übersetzung der „Religieuse": Briefe, Bd. IV, 331; Goethes Antwort: Briefe, Bd. X, $348_{,28}$ ff.; wegen des Clairon-Manuskriptes vgl. Werke (Hempel), Bd. XVI, 9 f.; Schiller will Herder zum Übersetzer gewinnen: Briefe, Bd. IV, 353; Herder verweist ihn an Goethe zurück: Schiller an Goethe, 23. Dezember 1795, Briefe, Bd. IV, 361. Diderots „Essai" jetzt Oeuvres, Bd. X, 454 ff. — **98.** Goethe an Meyer über den „Essai": Briefe, Bd. XI, $149_{,14}$ ff. — **99.** Arbeit an „Hermann und Dorothea": s. die Briefe aus dieser Zeit, Bd. XI passim, sowie Tagebücher, Bd. II, $47_{,22}$ ff. Goethe sendet den „Essai" an Schiller: Briefe, Bd. XI, $288_{,19}$ f.; Schillers Antwort: Briefe, Bd. V, 131; Schiller an Körner über den „Essai": ebenda 137. — **99 f.** Goethe an Schiller über den „Essai": Briefe, Bd. XI, 291, 2 ff. — **100.** Schiller an Cotta wegen „Religieuse" und „Essai": Briefe, Bd. V, 139; 199. Schiller an Goethe (7. August) über den „Essai": Briefe, Bd. V, 237 f.; Goethes Antwort: Briefe, Bd. XII, $230_{,5}$ ff. — **101.** Die Angaben über die Entstehung des „Versuchs" nach Tagebücher, Bd. II, $217_{,21}$ ff. — **101 ff.** Die Übersetzung und Kommentierung des „Versuchs": Werke, Bd. XLV, 245 ff.; der Nachweis der im folgenden benutzten Stellen schien unentbehrlich. — **102.** Natur und Idee: Sprüche in Prosa, Nr. 270, Werke (Hempel), Bd. XIX, 153. — **102 f.** Die Stelle aus „Dichtung und Wahrheit" in Buch XI, Werke, Bd. XXVIII, $65_{,10}$ ff. Zur Sache vgl. die lichtvollen Erörterungen O. Harnacks, „Goethe in der Epoche seiner Vollendung" (Leipzig 1887), S. 105 ff., besonders 108 f.

— **106.** Fehler und Eigenheiten der Goetheschen Übersetzung: L. Geiger, Goethe-Jahrbuch, Bd. X, 250 ff. Goethe an Knebel über den „Essai": Briefe, Bd. XIII, 42,₇ ff. Die Anzeigen in der „Allg. Zeitung": Werke (Hempel), Bd. XXIX, 277 f. Die Übersetzung des „Essai" der Frau von Staël: Horen, Februar 1796, Neudruck von Imelmann Berlin 1896.

V. Die Entstehung der Goetheschen Übersetzung.

107. Über Diderots Bibliothek und handschriftlichen Nachlafs s. das oben zu S. 2 Bemerkte. — **107** f. Klinger und Hartknoch: M. Rieger, „Klinger in seiner Reife" (Darmstadt 1896), 526, und das „Briefbuch" zu diesem Werke, 37 und 46. — **108.** Klinger an Wolzogen über Diderot-Manuskripte in Petersburg: Briefbuch 77. Wolzogen und Klinger: Rieger, 521 ff. Goethes Empfehlungsschreiben für Voigt vom 23. April 1801: Briefe, Bd. XV, 217,₁ ff.; Klingers Antwort Briefbuch 52. — **109.** Die Briefe Klingers an Wolzogen, Briefbuch 56 und 62. Wolzogen an Schiller: Rieger, 526 f. Klinger läfst bei Wolzogen die Manuskripte holen: Briefbuch 72. — **109** f. Göschen an Schiller: Geschäftsbriefe Schillers, ed. K. Goedeke (Leipzig 1875), 319 f. — **110.** Schillers Reise: Geschäftsbriefe, 321 f. Göschens Brief vom 26. Mai ebenda 321. Goethes Empfehlung für Heun: Briefe, Bd. XVI, 380,₇ ff.; Klinger bestätigt den Empfang dieses Schreibens 26. Juni 1804, Briefbuch 72 f. — **110** f. Schiller an Wolzogen: Briefe, Bd. VII, 158, hier und allerwärts mit der falschen Ergänzung: „Buchhändler [Klinger]" statt „Buchhändler [Göschen]". — **111.** Einzug Maria Paulownas: Schillers Kalender, ed. E. Müller (Stuttgart 1893), 177. Göschens Besuch in Weimar: ebenda. Über Göschens Verabredungen mit Schiller s. die weiter unten angeführten zwischen beiden gewechselten Briefe; über Klingers Bedingungen s. Rieger 527 und die von uns citierten Briefe. Göschen an Schiller, 22. November und 3. Dezember: Geschäftsbriefe, 325; 326. — **111** f. Der „Sonini" erst 1805 bei Wolzogen: Klinger an Wolzogen, 5. September 1805, Briefbuch 83 f. — **112.** Göschen an Schiller, 10. und 27. März: Geschäftsbriefe, 334; 337. Wolzogen nimmt den „Sonini" wieder mit nach Leipzig: an Klinger, 17. September / 5. Oktober 1805, Briefbuch 83. Klinger an Wolzogen, 13. April 1805: Briefbuch 77 f. — **113.** Klinger an Wolzogen, 6. Mai 1805: Briefbuch 80; 5. September: 82 f.; Wolzogens Antwort: 83 f.; sein Versprechen, das Manuskript zurückzusenden: Rieger, 527. Göschen an Schiller, 22. November 1804: Geschäftsbriefe, 325. Goethes Tagebuch über den Rameau: Tagebücher, Bd. III, 109,₁₄ f. — **114.** Der Aufsatz Goethes von 1823, „Rameaus Neffe", Werke, Bd. XLV, 221 ff.; über die in „Kunst und Altertum" unterdrückte Stelle 224,₂₆ bis 225,₂ vgl. den Apparat, 339, unter J². Schiller an Göschen, 10. Dezember 1804: Briefe, Bd. VII, 192 f. Goethes Erkrankung: an Frau von Stein, 19. Dezember 1804, Briefe, Bd. XVII, 228,₂₂ ff. — **114** f. Goethe an Schiller, 20. Dezember 1804: ebenda 229,₁₁ ff.; 21. Dezember: 229,₂₀ ff. Über die weimarischen Ausleihbücher s. Kap. VII. — **115** f. Goethe an Schiller, 23. Dezember 1804: Briefe, Bd. XVII, 231,₉ ff.; die Unrichtigkeit des dort ergänzten Datums: 24. Dezember, ergiebt sich aus **116.** Schillers Brief an Göschen vom 23. Dezember, Briefe, Bd. VII, 198. Göschen an Schiller, 2. Januar 1805: Geschäftsbriefe, 327. Texiers Vorlesungen: Goethes Tagebücher, Bd. III. 110,₇ ff.; ebenda die folgenden Notizen über Lektüre und Arbeiten am Rameau. Das Tagebuch nennt in Wahrheit am 6. Januar Marivaux', am 7. erst Marmontels Memoiren, doch ist das offenbar Lapsus; von Marivaux giebt es gar keine Memoiren. Über die Herkunft der Memoiren vom Herzog und den Nutzen für die Anmerkungen: Schiller an Goethe, 14. Januar 1805, Briefe, Bd. VII, 203, Goethe an Schiller am gleichen Tage: Briefe, Bd. XVII, 236,₁₄ ff. — **117.** Goethe an Schiller, 24. Januar: Briefe, Bd. XVII, 246.₁₉ ff., Schillers Antwort vom gleichen Tage: Briefe, Bd. VII,

209; ebenda über die Krankheit von Schillers Kindern. Goethes Nierenkolik: H. G. Gräf, Goethe und Schiller in Briefen von Heinrich Vofs d. J. (Leipzig, Reclam), 70 f.; Schillers Erkrankung: Kalender 187. Goethe an Schiller, 22. Februar: Briefe, Bd. XVII, 257,$_{18}$ ff. — **117** f. Schillers Antwort vom gleichen Tage: Briefe, Bd. VII, 212. — **118.** Goethe an Schiller, 24. Februar: Briefe, Bd. XVII, 258,$_{11}$ ff. Schiller an Göschen, 25. Februar: Briefe, Bd. VII, 214 f. Goethe an Schiller, 26. Februar: Briefe, Bd. XVII, 262,$_{11}$ ff.; 28. Februar: 263,$_1$ ff. — **119.** Wiedersehen Schillers und Goethes: Gräf a. a. O. 78; Goethes zweiter Kolikanfall: ebenda 79, vgl. Vulpius an Nik. Meyer, 8. März 1805, Goethe-Jahrbuch, Bd. II, 420. — **119** f. Göschen an Schiller, 10. März: Geschäftsbriefe, 334 f. — **120.** Schiller an Goethe, 25. März: Briefe, Bd. VII, 222; dafs das dort gegebene Datum 27. März unrichtig ist, ergiebt sich aus dem im Kalender 187 unterm 25. erwähnten Briefe an Göschen und dessen Antwort vom 27., Geschäftsbriefe, 336 f. Dritter Kolikanfall: Vulpius an Nik. Meyer, 19. April 1805, Goethe-Jahrbuch, Bd. II, 420. — **120** f. Goethe an Schiller, 20. April: Briefe, Bd. XVII, 273,$_9$ ff. — **121.** Desgl. 23. April: 273,$_{19}$ ff.; Schillers Antwort vom 24.: Briefe, Bd. VII, 238 (dieser Brief, Nr. 2050, ist dem vorangehenden an Göschen, Nr. 2049, voraufzustellen). — **121** f. Goethes Billet vom 24. April: Briefe, Bd. XVII, 274,$_{16}$ ff. — **122.** Das Blatt „Le Mierre": Werke, Bd. XLV, 337 f. Göschen an Schiller, 25. April: Briefe, Bd. VII, 236 f.; das dort gegebene Datum: 24. April, wird sowohl durch Schillers Kalender 190 wie durch Goethes Tagebuch, Bd. III, 111,$_{17}$ f. widerlegt. Goethe an Schiller, 25. April: Briefe, Bd. XVII, 275,$_1$ ff.; Schillers Antwort: Briefe, Bd. VII, 239 f. — **123.** Goethe an Schiller, 26. oder 27. April: Briefe, Bd. XVII, 278,$_{17}$ f. Göschen an Schiller, 28. April: Geschäftsbriefe, 341. Erscheinungszeit der Übersetzung: der „Freimütige" zeigte den „Rameau" schon am 25. Mai 1805 an, s. Kap. VIII. Goethe an Knebel, 20. März: Briefe, Bd. XVII, 266,$_{14}$ ff. Schiller an Humboldt, 2. April: Briefe, Bd. VII, 228. Goethe an Marianne von Eybenberg, 26. April: Briefe, Bd. XVII, 277,$_1$ ff.; an Knebel, 1. Mai: 279,$_{20}$ ff., an F. A. Wolf, 2. Mai: 280,$_{23}$ ff. Schiller an Körner, 25. April: Briefe, Bd. VII, 241. — **123** f. Goethes Aufsatz-Entwurf: Werke, Bd. XLV, 348. — **124.** Goethe an Eichstädt, 21. Mai: Briefe, Bd. XIX, 3,$_7$ ff. Die Tagebuchnotiz Tagebücher, Bd. III, 112,$_2$.

VI. Goethes Übersetzung.

125. Goethes Verhältnis zur französischen Sprache: Dichtung und Wahrheit, Buch III (Werke, Bd. XXVI, 141 ff.) über die Frankfurter, Buch XI (Werke, Bd. XXVIII, 50 ff.) über die Strafsburger Zeit. Unsicherheit im schriftlichen Ausdruck: A. Caumont, Goethe et la littérature française (Programm Frankfurt a. M. 1885), 16 f. — **126.** Über den widersinnigen Zusatz der Petersburger Handschrift auf Grund eigener Anschauung Tourneux, X f. — **127.** Tourneux Besitzer der Asséezatschen Abschrift: Isambert 80. — **128** ff. Von den Verlesungen sind folgende bereits von Geiger, Goethe-Jahrbuch, Bd. III, 334 festgestellt worden: trône für tronc; suis für sais; sait für fait; honneur für bonheur; menton für manteau. Erwähnt, aber nicht erklärt bei Geiger (336) „Erfahrung" für miroir, sowie (334) die Stelle: „Vous ferait un honneur singulier." — **132** f. Auf die Stelle T. 147, G. 129,$_{11}$ f. hat ebenfalls schon Geiger (337) hingewiesen. — **136.** Unzutreffende Wiedergabe eines einzelnen Wortes auch in Goethes Übersetzung aus Mercier, Werke, Bd. XLV, 232,$_8$, wo savetier (Schuhflicker) durch Seifensieder wiedergegeben wird — der alte Fehler Hagedorns, dem die Deutschen „Johann den muntern Seifensieder" verdanken. — **138.** Auf die Übersetzung admiration = Verwunderung verweist Geiger 337; ebenda wird das „entre tant de ressources" etc. erwähnt, aber nicht erklärt. — **139.** Die richtige Übersetzung von „en donner à quelqu'un" giebt schon Düntzer in seiner Ausgabe, Kürschners

Nationallitteratur, Bd. CX, 69. Die in der Anmerkung erwähnten Stellen Düntzer 146, Geiger 338. — **140.** Auf die unrichtige Wiedergabe von „vous avait-on pris pour cela" verweist Geiger 336. — **141** ff. Von den hier aufgezählten Fällen erwähnt Geiger 336 f. folgende: T. 53, G. 47,24 ff.; T. 144, G. 126,23 ff.; T. 30, G. 28,20 ff.; T. 155, G. 136,10 ff.; diese letzte Stelle wird freilich nicht zutreffend erklärt. Ebenda die S. 142 in den Anmerkungen erwähnten Stellen. — **145** ff. Die Lücken sind gröfstenteils schon von Geiger 334 f., vollzählig von Düntzer in seinen Anmerkungen festgestellt. — **164.** Schillers Urteil über die Form der Anrede s. S. 117. — **168** f. Auf das hinzugefügte „im" hat Geiger 336 verwiesen, ohne es jedoch richtig zu erklären.

VII. Goethes Anmerkungen.

Da die Anmerkungen dank ihrer alphabetischen Anordnung eine leichte Übersicht gestatten, werden Seiten- und Zeilenzahlen im Folgenden nur ausnahmsweise gegeben. — **184** f. Zur Entstehung der Anmerkungen vgl. Kapitel V, besonders S. 115; 118 f.; 120 ff. — **186.** Über Marmontels Memoiren s. zu S. 116. Die Stelle über den „Jacques" 207,14 ff., über Bartas 173,1 ff. — **187.** La Bruyères Stelle über Marot, Rabelais, Montaigne in der von Goethe benutzten Ausgabe (Amsterdam 1701) 107, vgl. Goethe 172,14 ff. — **187** f. Rousseaus „Extrait d'une Lettre": Oeuvres, Bd. I (Neuchâtel 1775), 304 ff. — **188.** Goethe an Schiller über Marmontel: Briefe, Bd. XVII, 236,16 ff. Mir haben Marmontels Memoiren vorgelegen in der Ausgabe von Barrière (Paris 1846); darin die von Goethe benutzten Stellen über Bouret 292; 383 f.; weiteres über Bouret 185; 186 f.; 267; 337 f.; über die Damen Tencin, Geoffrin, du Deffand, de l'Espinasse 144; 155; 164; 199; 223 f.; 230; 239; 306 ff. Marmontel über Diderot als Schriftsteller 315, vgl. Goethe 206,26 ff. — **188** f. Nach gütiger Mitteilung von Herrn Geh. Hofrat Ruland in Weimar findet sich in Goethes Privatbibliothek nichts von Palissot. Über eine kleine Differenz zwischen der von mir benutzten Ausgabe (Théâtre et Oeuvres diverses, Bd. II, London 1763) und derjenigen, die Goethe vorgelegen haben mufs, s. S. 190; auffällig ist auch, dafs Goethe die in meiner Ausgabe zwischen dem „Cercle" und den „Philosophen" abgedruckten „Petites lettres sur de grands philosophes" nicht berücksichtigt hat. — **189.** Der „Cercle" Théâtre, Bd. II, 16 ff.; das Vorspiel dazu 12 ff.; die Vorrede 7 ff.; die Aktenstücke 60 ff.; Rousseaus Name in einem Rechtfertigungsschreiben Palissots an den Lieutenant Général de Police von Nancy ebenda 79; Berufung Palissots auf Molière, besonders die „Femmes savantes" im gleichen Briefe, 72 ff., d'Alemberts Beschwerdeschrift 63 ff., der Name des Verfassers zu erschliefsen aus einem Briefe, den Rousseau zu gunsten Palissots schrieb, 87. Dafs d'Alemberts Beschwerde in Nancy einen ziemlich starken Eindruck machte, sucht Palissot offenbar zu verschleiern; er verweist nach Abdruck seines Rechtfertigungsschreibens 83 auf einen Brief von Stanislaus Leszczynskis Sekretär vom 26. Januar 1756, nach welchem der König von der übeln Meinung, die man ihm von dem „Cercle" beigebracht, gänzlich zurückgekommen wäre, druckt aber verdächtigerweise gerade dieses entscheidende und wichtige Aktenstück im Gegensatz zu den übrigen nicht vollständig ab; noch auffallender ist, dafs selbst noch nach diesem Schreiben des Sekretärs der beleidigte Rousseau veranlafst wurde (doch wohl durch Palissot selbst oder durch seine Freunde!), einen Brief zu gunsten seines Beleidigers zu schreiben, s. 85; 86 ff. — **190.** Über die zwei Fassungen der „Philosophen" Rosenkranz, Bd. II, 86 f. Das Stück selbst Théâtre, Bd. II, 169 ff., des Verfassers Korrespondenz mit Voltaire 303 ff., die von Goethe benutzten Stellen 316 ff. und 322 ff.; vollständigerer Abdruck der Briefe Voltaires in dessen Oeuvres, ed. Moland, Bd. XL, 407 ff., 433 ff. (und 456 ff.). — **191.** Die Stelle über

Chaumeix' Mémoire: Palissot 340; Voltaire, Oeuvres, Bd. XL, 434; Goethe 194$_{25}$ ff. Auf die Möglichkeit, dafs Goethe Palissots „Mémoires pour servir à l'Histoire de notre Littérature" benutzt habe, hat schon A. Caumont in dem vorhin genannten Frankfurter Programm 1885 hingewiesen, ohne jedoch der Frage weiter nachzugehen. Auch die „Mémoires" besafs Goethe nicht. — **191** f. d'Alembert: Mémoires, Bd. I, 9. — **192.** Baculard: ebenda 38 f. Bret: 116 f. Dorat: 264 f. Fréron: 347 ff. — **193.** Montesquieu: Mémoires, Bd. II, 193. Piron: ebenda 269. — **193** f. Trublet: ebenda 436; 438; 442. — **194.** Brets „Faux généreux": Goethe 166,$_{117}$ f. — Sabatiers „Trois Siècles" sind Zeile 13 f. zu streichen, da sie in den Anmerkungen nicht erwähnt werden; über Goethes Kenntnis des Werkes vgl. S. 11. Dorat: Palissots Mémoires a. a. O. — **195.** Marmontel über Diderots Konversationstalent: Marmontels Mémoires 315. — **196.** Goethes Datierungsversuche s. S. 11 f. Goethe an Schiller über die Anmerkungen s. S. 121. — **197.** Die unterdrückte Anmerkung über Le Mierre: Werke, Bd. XLV, 338. — **198.** Rücksicht auf den noch lebenden Palissot s. S. 115. Goethes Absicht, sich unparteiisch über französische Litteratur auszusprechen s. S. 118 f. Diderots Spott wegen der Geschmackswut seiner Landsleute T. 94, G. 83,$_{21}$ ff. — **198** ff. Die Goethesche Anmerkung „Geschmack" wird hier in teilweise veränderter Folge und mit einigen Modifikationen wiedergegeben, um den nicht überall klaren Gedankengang deutlicher hervortreten zu lassen. — **199.** Über Balthasar Gracian s. K. Borinskis vortreffliche Schrift, Halle 1894. — **201.** Die Angaben über die Aufführungen des „Tancred" und der „Phädra" nach C. A. H. Burkhardt, Das Repertoire des weimarischen Hoftheaters unter Goethes Leitung (Hamburg 1891), 54. — **202.** Über Goethe und A. W. Schlegel s. C. Schüddekopf und O. Walzel, Goethe und die Romantik, Bd. I (Weimar 1898), und zwar Julius Cäsar 153; 156; 350; Andacht zum Kreuze 137 ff.; 346 f.; Standhafter Prinz 172; 352; aufserdem über Calderon 139 f.; 142; 155; 163; 233 f.; 347; 370. — **203.** A. W. Schlegel über die Anmerkung „Rameaus Neffe" s. Kap. VIII. Goethes Ausspruch über Voltaire zu Eckermann 21. März 1831; W. von Biedermann, Goethes Gespräche, Bd. VIII, 57. — **206.** Goethe über moderne Anspielungen in den Anmerkungen s. S. 118 f. — **207.** Über Goethe als Schützer des „Ion" und „Alarcos" s. unten zu S. 209; die Angaben über den Umschwung seines Urteils nach einem ungedruckten Briefe W. von Humboldts an Brinckmann, Augsburg, 2. Oktober 1802, dessen Kenntnis ich der Liebenswürdigkeit A. Leitzmanns verdanke; ebenda Goethes Ausspruch über den „Alarcos". — **208.** Dafs Kotzebue und sein „Freimütiger" in den Anmerkungen zum „Rameau" eine Rolle spielen, hat schon A. Kobersteins Geschichte der deutschen Nationallitteratur richtig erkannt (Bd. IV, 5. Aufl. von K. Bartsch, Leipzig 1873, 880, Anm. 137), ohne dafs jedoch diese treffende Bemerkung beachtet worden wäre. Kotzebues Ankunft in Weimar: Ch. Rabany, Kotzebue (Paris 1893), 65. Kotzebues Versuch, in die Cour d'amour einzudringen, und das verunglückte Schillerfest: W. von Biedermann, Goethe-Forschungen, Bd. II (Leipzig 1886), in dem Aufsatze „Goethe und Kotzebue" 274 ff., über den Konflikt wegen der „Kleinstädter" ebenda 257 ff. — **209.** Erste Aufführung des „Ion": 2. Januar 1802, Burkhardt, Das Repertoire des weimarischen Hoftheaters 42. Goethes Konflikt mit Böttiger: „Der Freimütige", Berlin, 1803, 4. Januar; Neue allgemeine deutsche Bibliothek, Berlin und Stettin, 1802, LXXIV, Bd., 2. Stück, 356 ff. (Anzeige des Alarcos), beides wiederholt bei J. W. Braun, Goethe im Urteile seiner Zeitgenossen 1802—1812 (Berlin 1885), 12 ff.; 8 ff.; vgl. Goethes „Tag- und Jahreshefte", 1802, Werke, Bd. XXXV, 121. Erste Aufführung des „Alarcos": 29. Mai 1802, Burkhardt a. a. O. Über Goethes Verhalten in der Vorstellung s. den eben genannten Artikel der Allgemeinen Bibliothek, den „Freimütigen" vom 10. Januar 1803 (Braun 16 f.) und Henriettens von Egloffstein aus etwas getrübter Erinnerung geschriebenen Bericht, Goethe-Jahrbuch, Bd. VI, 72 f. — Kotzebues Übersiedelung nach Berlin: Rabany 86. Merkels „Briefe an ein

Frauenzimmer": Koberstein, Bd. IV, 870 f. Die Artikel des „Freimütigen" gegen Goethe abgedruckt bei Braun a. a. O. 12 ff.; Böttigers Mitarbeiterschaft ist besonders wahrscheinlich bei den eben erwähnten Aufsätzen über „Ion" und „Alarcos". Von den „Expektorationen" besitzt allein die jenaische Bibliothek 3 Exemplare — sie blieben also nicht ungelesen! Wieder abgedruckt ist das Pamphlet Braun 52 ff. — **209 f.** Kotzebues Fehde mit Spazier wegen der Autorschaft der „Expektorationen": Zeitung für die elegante Welt 1803, Nr. 125; Freimütiger 1803, Nr. 181; Ztg. f. d. el. W. 143; Freimütiger 189; Ztg. f. d. el. W. 148, Freimütiger 204. — **210.** Goethe an Karoline Kotzebue: Briefe, Bd. XVI, 47,₁ ff. Goethes Schmerz über die Auflösung der Cour d'amour spricht aus seinem Brief an Henriette von Egloffstein vom 25. März 1802, Briefe, Bd. XVI, 60,₄ ff., und dem Bericht der „Tag- und Jahreshefte", Werke Bd. XXXV, 126 f. Böttigers Behauptung, Goethe habe den „Freimütigen" nicht gelesen, ist unhaltbar (v. Biedermann, Goethe-Forschungen, Bd. II, 282), s. C. A. Vulpius an Nik. Meyer, 12. März 1803 (Goethe-Jahrbuch, Bd. II, 418): „Das Kotzebuesche Wesen hat ihn sehr getroffen." Vgl. auch Christianens Brief an den gleichen Adressaten vom 7. Februar 1803, Biedermann a. a. O. 282. Goethes Invektiven: Werke, Bd. V, 1. Abteil., 171 ff. — **211.** Differenzen in Weimar: C. A. Vulpius an Nik. Meyer (Goethe-Jahrbuch, Bd. II, 417) am 26. Februar 1803: „Der verwitwete Hof hat gleichsam offene Fehde gegen Goethe, und dort hängt alles auf des Kotzen Buben Seite. — — Der Schuft hat sogar Partie hier — —. Nur der Herzog steht fest bei Goethe." Von vornherein Gönnerin Kotzebues war Frl. von Göchhausen, s. Henriettens von Egloffstein Bericht, Goethe-Jahrbuch, Bd. VI, 71; J. Falk, Goethe aus nähern persönlichen Umgange (Leipzig 1832), 181. Austritt dieser beiden Damen, der Frau Hofmarschall von Egloffstein und des Frl. von Wolfskehl aus der Cour d'amour wegen Goethes Verhalten bei der geplanten Schillerfeier: Goethe-Jahrbuch, Bd. VI, 78 ff. Merkel über Goethe, Collin, Kotzebue: Koberstein, Bd. IV, 871, nach den „Briefen an ein Frauenzimmer". Goethe über Kotzebue: Falk, Goethe, 175 f.; Biographische Einzelheiten, Werke, Bd. XXXVI, 283,₁₂ff. Goethes Gedicht: Werke, Bd. V, 1. Abteil., 181. — **212.** Der „Hyperboreische Esel": Kotzebues „Theater" (Leipzig und Wien 1841), Bd. X, 165 ff., der „Besuch": Bd. XIV, 3 ff. — **213.** Litterarische Satire findet sich, abgesehen von den genannten, noch in folgenden Stücken Kotzebues aus jener Zeit: Die silberne Hochzeit (1799, Hexameterdichtung); Üble Laune (1799, Xeniendichtung); Kleopatra (1803, Brüder Schlegel, Goethe, Schiller, Vulpius); Die schlaue Witwe (1803, Athenäum, Musenalmanach von Schlegel und Tieck); Ariadne auf Naxos (1803, Brüder Schlegel, Zschokkes Aballino) u. a. m. Über Becks „Chamäleon" s. Koberstein, Bd. IV, 867. — **214.** Die Stelle Diderots über Racine T. 15 ff., G. 15,₁₄ ff.

VIII. Die Aufnahme der Goetheschen Übersetzung.

215. Schillers Brief an Göschen: Briefe, Bd. VII, 192 f.; Göschen an Schiller: Geschäftsbriefe, 341. — **215 f.** Goethe über die Aufnahme des „Rameau" in dem Aufsatze „Rameaus Neffe", Werke, Bd. XLV, 221,₁₂ ff.; 228,₁₁ ff. und in der Anzeige der „Hommes célèbres" von Saur und Saint-Geniès, ebenda 240,₁₅ ff. — **216.** Goethe über sein Publikum 1805: a. a. O. 227,₂₅ ff.; vgl. 239,₁₈ ff. Wenn im Gegensatz zu Goethes Äußerungen über die ungünstige Aufnahme des „Rameau", die mit den Thatsachen durchaus im Einklang steht, Zelter am 11. Februar 1823 (Briefwechsel, Bd. III, 297 f.) behauptet: „Die deutsche Übersetzung hat ohne laute Sensation so entschieden gewirkt, daſs ich es sogar gemerkt habe", so will das wenig besagen. — **217.** Goethe an Eichstädt über Schillers Urteil: Briefe, Bd. XIX, 88,₄ ff. — **217 f.** Schiller an Körner über den „Rameau": Briefe, Bd. VII,

241. — **219** ff. Schiller an Goethe über die Anmerkungen: Briefe, Bd. VII, 238; 239 f. — **222.** Zelter über den „Rameau": Briefwechsel zwischen Goethe und Zelter, Bd. I (Berlin 1833), 169; Goethes Antwort: Briefe Bd. XIX, $19_{,13}$ ff. Am 2. Juli (Briefwechsel, Bd. I, 179) kam Zelter noch einmal auf den Helden des Dialogs zu sprechen: „Dieser Mensch hat mich durch seine allgemeine Einsicht in alles Weltwesen bis zum Erstaunen entzückt; ich kann ihn mir denken, wie er leibt und lebt." Auch später blieb er seinem Urteil treu: 1815 (an Goethe, 27. November, Briefwechsel, Bd. II, 210) las er das Buch von neuem „mit Bewunderung", am 23. Mai 1816 berichtet er Goethe (ebenda 275), dafs ein Werk von Caravaggio ihn an Rameaus Neffen erinnert habe. Die Unterredung mit Soret 1823: Gespräche, Bd. IV, 224; vgl. auch Zelter an Goethe, 11. Februar 1823 (Briefwechsel, Bd. III, 297): „Bekannt wird Dir sein, dafs man Dich selbst für den wahren Diderot gehalten hat." — **223.** Humboldts Urteil: Goethe-Jahrbuch, Bd. VIII, S. 71; statt „Noten" steht dort irrtümlich „Natide". Die Kritik des „Freimütigen": 1805, Bd. I, Nr. 104. — **224.** Das Schreiben an den Redakteur des „Freimütigen": 1805, Bd. II, Nr. 147; ebenda Merkels Antwort. — **226.** Die Kritik der Halleschen Litteraturzeitung: 1805, Bd. IV, Nr. 326. — **226** f. Über die Verlegung der Litteraturzeitung nach Halle und die Gründung einer neuen Jenaischen s. Koberstein, Bd. IV, 402, Anm. 125 und die daselbst angegebenen Quellen. — **227.** Worauf sich Düntzers Angabe (S. 11 seiner Ausgabe) von Rehbergs Verfasserschaft stützt, weifs ich nicht; an innerer Wahrscheinlichkeit hat sie jedenfalls keinen Mangel. — **231.** Goethe an Eichstädt über Rehbergs Recension u. s. w.: Briefe, Bd. XIX, $87_{,18}$ ff. Rochlitz an Eichstädt (Ablehnung einer Recension): W. v. Biedermann, Goetheforschungen, Bd. III (Leipzig 1899), 208. Goethe an Eichstädt wegen eines Exemplars des „Rameau": Briefe, Bd. XIX, $103_{,21}$ ff. — **231** f. Zu Schlegels Urteil über Diderot vgl. die Berliner Vorlesungen, hg. von Minor (Heilbronn 1884), Bd. I—III, und die Wiener Vorlesungen, Sämtliche Werke, hg. von Böcking (Leipzig 1846), Bd. V und VI, an der Hand der Register. Die Stelle über Diderot (Rousseau, Lessing) und die französischen Tragiker: Berliner Vorlesungen, Bd. II, $390_{,23}$ ff. — **232.** Schlegel an Fouqué über den „Rameau": Sämtliche Werke, Bd. VIII, 153; auch die kurz voraufgehende Stelle, dafs Goethe sich nicht vor der Sünde wider den heiligen Geist hüte (!), geht wohl nicht nur auf den „Winckelmann", sondern auch auf den „Rameau". — **233.** Adam Müllers Konversion: Tagebücher von Friedrich von Gentz, Bd. I (Leipzig 1873), 39. Gentz an Müller über den „Rameau": Briefwechsel zwischen Fr. Gentz und A. H. Müller (Stuttgart 1857), 48 f. Gervinus' Urteil: Geschichte der deutschen Dichtung, 5. Aufl., Bd. V (Leipzig 1874), 782 f. Sainte-Beuve über den „Rameau": Causeries du Lundi, seconde édition, B¹. III (Paris 1852), 242.

IX. „Nachträgliches zu Rameaus Neffe."

235. Lektüre von Voltaires Korrespondenz, Karlsbad 1810: Tagebücher, Bd. IV, $141_{,15}$ ff. Lektüre von Mad. du Deffands Briefen 1812: ebenda $258_{,6}$ ff. Lektüre von Mad. Vandeuls Biographie Diderots: Tagebücher, Bd. V, $71_{,18}$. Entstehung des Gedichts „Offne Tafel": ebenda $78_{,15}$ f.; der Refrain des französischen Originals im „Rameau" $115_{,22}$ f. — **236.** Das Tagebuch (Bd. IV, $330_{,9}$ f.) nennt „Grimms Litteratur-Korrespondenz" am 10. Oktober zum erstenmal, die Ausleihbücher der Weimarer Bibliothek (Goethe-Jahrbuch, Bd. XIV, 225, Anm. 2) geben dagegen — wohl nur infolge ungenauer Buchführung — den 12. als Ausleihetag an. Über Goethes Beschäftigung mit dem Werk s. das Tagebuch weiterhin. An Knebel über die „Correspondance": Briefwechsel mit Knebel, Bd. II (Leipzig 1851), 60 f. Lektüre der Anmerkungen zum „Rameau": Tagebücher, Bd. IV, $333_{,28}$ f.; $334_{,18}$ f.;

337,1 f.; 343,10. Arbeit an dem Aufsatz „Urteilsworte französischer Kritiker": Tagebücher, Bd. VI, 125,10; der Aufsatz selbst Werke (Hempel), Bd. XXIX, 736 ff.; die Erwiderung auf die französische Kritik erwähnt Tagebücher, Bd. VII, 109,6; 17 f., abgedruckt Werke a. a. O., 740 f. Hier könnte vielleicht auch erwähnt werden, dafs Abrah. Noroff Goethe einmal ein Blatt aus einer in Petersburg bewahrten Denkschrift Diderots schenkte, und zwar den Abschnitt „Moyen de rendre la religion utile"; der Zeitpunkt der Schenkung ist jedoch nicht bekannt. Die Thatsache verzeichnet Tourneux, Diderot et Catherine II (Paris 1899), 84; nach Goethe-Jahrbuch, Bd. XX, 296 ist dies Manuskript in Weimar nicht mehr vorhanden. — **237.** Oelsner an Varnhagen über den „Rameau": Briefwechsel zwischen Varnhagen und Oelsner, Bd. II (Stuttgart 1865), 305. Varnhagens Brief an Goethe: Goethe-Jahrbuch, Bd. XIV, 61 f. Eintreffen und Durchsicht des Saurschen „Rameau" in Weimar: Tagebücher, Bd. VIII, 142,25 f.; 143,4 f. — **237 f.** Die drei Varnhagenschen Briefstellen über Goethe und den „Rameau": Briefwechsel mit Oelsner, Bd. II, 309; 329; 335 f. — **238.** Die Goethesche Anzeige des „Rameau" in „Kunst und Altertum" rekonstruiere man aus dem Aufsatze „Nachträgliches zu Rameaus Neffe I" im XLV. Bande der Werke mit Hilfe des Apparats und der 339 (unter J¹) gegebenen Winke; über Entstehungszeit der Anzeige ebenda, 341 f. Auf die Bemerkung, dafs Pariser Freunde die Übersetzung zu frei fänden, nimmt Zelter Bezug am 11. Februar 1823 (Briefwechsel, Bd. III, 267): „Eben stöbere ich den Neveu de Rameau durch. — — Bei Vergleichungen des Einzelnen dürfte ich der Meinung der Pariser Freunde beitreten, dafs der Zurückübersetzer sich ohne Schaden mehr ans Deutsche hätte halten können." — **239.** Das Citat „Nach Tische" etc., G. 5,17 ff., Saur 5; die Stelle über Bissy, G. 8,23 ff., Saur 11. — **240.** „Uns hatte die Vorsehung" etc., G. 100,3 ff., Saur 159 f. „Er sah Palissot" etc., G. 22,16 ff., Saur 34. „der kleinen Hus", G. 29,13 f., Saur 46. „die gefährlich krank scheint", G. 66,11, Saur 103. „um sich kurieren zu lassen", G. 98,15, Saur 157. Verwandelte Namen: G. 49,14, Saur 77 f.; G. 82,13, Saur 131; G. 88,25, Saur 141. Verwandelte Citate: G. 118,16, Saur 180 f.; G. 121,27, Saur 196. — **240 f.** „ich will nicht euern Onkel" etc., G. 15,7, Saur 22. — **241.** „Ihr habt an mir" etc., G. 24,2, Saur 37. „Hole der Henker" etc., G. 20,1 f., Saur 30. „Du warst genährt" etc., G. 26,15 ff., Saur 41. „den H—n küssen", G. 29,21, Saur 46. „Da fing er an" etc., G. 34,12 ff., Saur 54. „Frisch wie eine Weide", G. 81,11 Saur 129. „Rockentheologie", G. 82,23, Saur 132. „Pinselgesicht", G. 84,15, Saur 135. „Gezücht der Blättler", G. 89,2, Saur 142. „sie wissen noch nicht" etc., G. 122,11 ff., Saur 197. — **242 f.** Reinhard über die „Hommes célèbres": Briefwechsel zwischen Goethe und Reinhard (Stuttg. 1850), S. 226 f.; der beigelegte Auszug aus Oelsners Schreiben an Reinhard scheint verloren. — **243.** Der Brief von Saur und Saint-Geniès an Goethe handschriftlich im Weimarer Goethe- und Schiller-Archiv. Goethes Notiz über Betrachtung der „Hommes célèbres": Tagebücher, Bd. IX, 38,11 ff. An Reinhard über das Buch: Briefwechsel, 228 f. Die Notiz über die Besprechung des Buchs mit Riemer: Tagebücher, Bd. IX, 42,16 ff. — **244.** Über die Recension der Frau von Voigt und Peucers Bericht darüber s. Tagebücher, Bd. IX, 354 f. Die Tagebuchstellen über das „Promemoria": Bd. IX, 43,14 f.; 44,3. Riemers Brief über Peucers Entschlufs handschriftlich im Goethe- und Schiller-Archiv. — **244 f.** Die Tagebuchstellen über Goethes Recension der „Hommes célèbres": Bd. IX, 45,3 f.; 17 f.; 23 ff.; 46,5 f., 22 ff.; 47,8 f. — **245.** Goethe an Reinhard über seine Recension: Briefwechsel, 229 f., Reinhards Antwort: ebenda 231. Druck der Recension im „Modejournal": 1823, Nr. 45, S. 377 ff.; wiederholt von Geiger, Goethe-Jahrbuch, Bd. III, 313 ff.; jetzt Werke, Bd. XLV, 239 ff. — **245 f.** Die Briefe Peucers an Froriep und Böttiger, die über seine Übersetzung von Goethes Recension Auskunft geben, Goethe-Jahrbuch, Bd. III, 311 ff. — **246.** Goethe sendet diese Übersetzung an Reinhard: Briefwechsel, 232. — **249.** Goethes angebliche französische Reise: Hommes célèbres, 7.

Angebliche Bekanntschaft mit d'Arnaud: 282. Entschuldigung Goethes wegen seiner Emanzipation vom Franzosentum: 9 ff. Goethe Korrespondent des „Institut de France" und Ritter der Ehrenlegion: 16. Werther: 6 ff. Faust und Götz: 11 f., vgl. 18. Etwas richtiger über den Götz: 25. Triumph der Empfindsamkeit: 17. Iphigenie: 18. — 249 f. Wilhelm Meister: 18 ff. — 250. Egmont: 22 f. Tasso: 23 f. Faust: 26 f. Gott und Bajadere: 28 f. Pausias: 29 f. Zauberlehrling: 30. Grofskophta: 24. Künstlers Erdenwallen und Apotheose: 25. Aufserdem zählen Saur und Saint-Geniès noch zu den Dramen: Beaumarchais' „Eugenie", „plutôt imitée que traduite, et corrigée très heureusement." Gemeint sein kann damit nur die „Natürliche Tochter"! Le sonneur des cloches: 25. Hermann und Dorothea. Renard de Reineck, La mission de Jean de Saxe: 27 f. Wilhelm Meister: 31. Cellini: 32. Memoiren: 32. „Goethe est notre Voltaire": 32. — 252. Über Piron: G. 197,15 ff., H. c. 91. Die Stelle aus der Note „Marivaux": G. 179,10 f., H. c. 164 f. Bewunderung Voltaires und d'Alemberts: H. c. 45, 88. — 253. Über Bartas: G. 173,1 ff., H. c. 102 ff. Litterarische Angriffe in Deutschland: G. 209,16 ff.; H. c. 64 ff. Der „Rameau" als nützlich und lehrreich gepriesen: H. c. 56. Seine moralische Wirkung: H. c. 59 f. Die eingeschobene Stelle über Geschmack: H. c. 102. Über Palissots „Philosophen" und den Zweck der Charakterkomödie: H. c. 180. Der pseudogoethesche Satz „Les arts sont la nature embellie": H. c. 203; Saur und Saint-Geniès glauben damit Goethe etwas sagen zu lassen, was den Lehren Batteux' widerstreitet! — 254. Der Abschnitt „Des traductions": H. c. 37 ff. Goethes angebliche Aufforderung, das Original des „Rameau" zu drucken: H. c. 63 f. Gozzi: H. c. 93, G. 198,14. Païsiello und Mozart: H. c. 140, G. 183,24 ff. Propyläen: H. c. 144. Noten über Faust, Braut von Korinth, Cellini: H. c. 232 ff.; 253 ff.; 264 ff. Mercier über Rameau (verstümmelt!): H. c. 79 ff. — 255. Goethe an Zelter über die „Hommes célèbres": Briefwechsel, Bd. IV, 24. — 255 f. Über Brière und Goethe vgl. S. 6 f., überhaupt Kapitel I. — 256. Goethe an Brière: Werke, Bd. XLV, 225,5 ff. Über Benutzung von Brières Druck bei Goethes Ausgabe letzter Hand: ebenda 330, unter 4. Goethes Aufsatz über den „Rameau": ebenda 221 ff., über die Entstehungszeit vgl. daselbst 341 f. — 256 f. Die Stelle aus Goethes Entwurf: ebenda 349. — 257. Goethe an Boisserée über Brières Ausgabe: Sulpiz Boisserée, Bd. II, 365. Über die von Brière aus den „Hommes célèbres" entlehnte Vorrede s. S. 5. Die Übersetzung aus Mercier: Werke, Bd. XLV, 230,20 ff. Das Tagebuch über diese Übersetzung: Bd. IX, 134,22. Dasselbe über die Notiz für „Kunst und Altertum": ebenda 141,8 f. Über Publikation dieser Notiz s. Werke, Bd. XLV, 339, unter J². und 342. Über den Druck des Aufsatzes „Nachträgliches zu Rameaus Neffe" in der Ausgabe letzter Hand, Riemers Korrekturen darin und Eckermanns untergeschobene Übersetzung aus Mercier: ebenda 339 ff. — 257 f. Goethes Aufsatz ist von uns verwertet Kapitel 1, V, VIII, IX. — 258. Die Stelle über Diderot aus dem Gespräch mit Müller: Gespräche, Bd. VII, 300; aus dem Briefwechsel mit Zelter: Bd. VI, 161.

X. Anhang: Fortlaufende Erläuterungen zu Goethes Übersetzung.

Der Anhang erhebt auf Selbständigkeit keinen Anspruch. Er fufst im wesentlichen auf den Anmerkungen von Isambert, Tourneux und Monval, die unter einander verglichen und nur selten erweitert worden sind. Ein Nachweis der einzelnen Stellen kann daher wohl unterbleiben.

Nachtrag zu S. 6 und 255. Das von Brière an Goethe übersandte, mit Randnoten versehene Exemplar des Saur- und Saint-Genièsschen „Neveu de Rameau" befindet sich jetzt im Besitz der Grofsherzoglichen Bibliothek zu

Weimar. Von den zahlreichen Fehlern und Willkürlichkeiten hat Brière verhältnismäfsig nur wenige und längst nicht immer die schlimmsten angemerkt. Einen besonders hübschen Schnitzer sticht er auf S. 78 auf, wo Goethes Worte (49,17 f.): „und das hiefs man damals eine Lektion in der Begleitung" wiedergegeben werden durch: „Et voilà ce qu'on appelait alors, en me reconduisant, une leçon." Auf S. 163 findet sich eine vereinzelte Randbemerkung mit Bleistift von Goethes Hand: „genre Art"; an der betreffenden Stelle hatte nämlich Goethes Übersetzung (102,14) das Wort „genre" durch „Art" wiedergegeben, welch letzteres die Rückübersetzer für identisch mit dem französischen „art" gehalten hatten. Unten auf der vorletzten Seite (261) folgende Schlufsbemerkung Brières: „Voilà en gros les bévues de celui qui accuse Diderot de ne savoir pas écrire en français, et qui a la vanité de mettre sa traduction fort au dessus de l'ouvrage original. Les préjugés s'enracinent si facilement dans notre pays que sans une attestation de votre part pour constater l'authenticité du texte de Diderot, c'en est fait, elle sera à jamais contestée." Dazu noch am Rande der letzten Zeile: „on ne le lira même pas."

Ebenfalls im SEVERUS Verlag erhältlich:

Adolf Langguth
Goethe als Pädagoge
SEVERUS 2010 / 224 S. / 24,50 Euro
ISBN 978-3-942382-75-5

Adolf Langguth erhellt in dieser Studie das Leben und Wirken Goethes aus pädagogischer Perspektive. Dabei entwirft er ein lebensnahes und persönliches Portrait, das den großen deutschen Dichter als einfühlsamen Menschen und verantwortungsbewußten Erzieher zeigt.

Die Untersuchung lädt sowohl Bewunderer des empfindsamen Genies wie auch Interessierte der Pädagogik ein, Goethe mit dem Autor als „das Ideal freier, schöner Menschlichkeit" und seine fortschrittliche pädagogische Haltung als „nachahmenswert für alle Zeiten" zu entdecken.

www.severus-verlag.de

Ebenfalls im SEVERUS Verlag erhältlich:

Arno Bliedner
Schiller. Eine pädagogische Studie
SEVERUS 2010 / 104 S. / 19,50 Euro
ISBN 978-3-942382-73-1

„Was ist Schiller der deutschen Pädagogik?"

Dieser Frage stellt sich Arno Bliedner in vorliegender Abhandlung, die sich mit der pädagogischen Relevanz von Schiller im Unterricht befaßt.
Anhand nützlicher Anleitungen und Beispiele wird die Schnittstelle von literarischem Wert und moralisch-erzieherischem Nutzen in Schillers Werk beleuchtet.

Bliedner untersucht, inwiefern das Leben und Wirken des großen deutschen Dichters für die Pädagogik nutzbar gemacht, und in verschiedenen Schularten verwertet werden kann.

www.severus-verlag.de

Bisher im SEVERUS Verlag erschienen:

Achelis, Th. Die Entwicklung der Ehe * **Andreas-Salomé, Lou** Rainer Maria Rilke * **Arenz, Karl** Die Entdeckungsreisen in Nord- und Mittelafrika von Richardson, Overweg, Barth und Vogel * **Aretz, Gertrude (Hrsg)** Napoleon I - Briefe an Frauen * **Ashburn, P.M** The ranks of death. A Medical History of the Conquest of America * **Avenarius, Richard** Kritik der reinen Erfahrung * Kritik der reinen Erfahrung, Zweiter Teil * **Bernstorff, Graf Johann Heinrich** Erinnerungen und Briefe * **Binder, Julius** Grundlegung zur Rechtsphilosophie. Mit einem Extratext zur Rechtsphilosophie Hegels * **Bliedner, Arno** Schiller. Eine pädagogische Studie * **Blümner, Hugo** Fahrendes Volk im Altertum * **Brahm, Otto** Das deutsche Ritterdrama des achtzehnten Jahrhunderts: Studien über Joseph August von Törring, seine Vorgänger und Nachfolger * **Braun, Lily** Lebenssucher * **Braun, Ferdinand** Drahtlose Telegraphie durch Wasser und Luft * **Brunnemann, Karl** Maximilian Robespierre - Ein Lebensbild nach zum Teil noch unbenutzten Quellen * **Büdinger, Max** Don Carlos Haft und Tod insbesondere nach den Auffassungen seiner Familie * **Burkamp, Wilhelm** Wirklichkeit und Sinn. Die objektive Gewordenheit des Sinns in der sinnfreien Wirklichkeit * **Caemmerer, Rudolf Karl Fritz** Die Entwicklung der strategischen Wissenschaft im 19. Jahrhundert * **Cronau, Rudolf** Drei Jahrhunderte deutschen Lebens in Amerika. Eine Geschichte der Deutschen in den Vereinigten Staaten * **Cushing, Harvey** The life of Sir William Osler, Volume 1 * The life of Sir William Osler, Volume 2 * **Dahlke, Paul** Buddhismus als Religion und Moral, Reihe ReligioSus Band IV * **Eckstein, Friedrich** Alte, unnennbare Tage. Erinnerungen aus siebzig Lehr- und Wanderjahren * Erinnerungen an Anton Bruckner * **Eiselsberg, Anton Freiherr von** Lebensweg eines Chirurgen * **Eloesser, Arthur** Thomas Mann - sein Leben und Werk * **Elsenhans, Theodor** Fries und Kant. Ein Beitrag zur Geschichte und zur systematischen Grundlegung der Erkenntnistheorie. * **Engel, Eduard** Shakespeare * Lord Byron. Eine Autobiographie nach Tagebüchern und Briefen. * **Ferenczi, Sandor** Hysterie und Pathoneurosen * **Fichte, Immanuel Hermann** Die Idee der Persönlichkeit und der individuellen Fortdauer * **Fourier, Jean Baptiste Joseph Baron** Die Auflösung der bestimmten Gleichungen * **Frimmel, Theodor von** Beethoven Studien I. Beethovens äußere Erscheinung * Beethoven Studien II. Bausteine zu einer Lebensgeschichte des Meisters * **Fülleborn, Friedrich** Über eine medizinische Studienreise nach Panama, Westindien und den Vereinigten Staaten * **Goette, Alexander** Holbeins Totentanz und seine Vorbilder * **Goldstein, Eugen** Canalstrahlen * **Griesser, Luitpold** Nietzsche und Wagner - neue Beiträge zur Geschichte und Psychologie ihrer Freundschaft * **Hartmann, Franz** Die Medizin des Theophrastus Paracelsus von Hohenheim * **Heller, August** Geschichte der Physik von Aristoteles bis auf die neueste Zeit. Bd. 1: Von Aristoteles bis Galilei * **Helmholtz, Hermann von** Reden und Vorträge, Bd. 1 * Reden und Vorträge, Bd. 2 * **Kalkoff, Paul** Ulrich von Hutten und die Reformation. Eine kritische Geschichte seiner wichtigsten Lebenszeit und der Entscheidungsjahre der Reformation (1517 - 1523), Reihe ReligioSus Band I * **Kautsky, Karl** Terrorismus und Kommunismus: Ein Beitrag zur Naturgeschichte der Revolution * **Kerschensteiner, Georg** Theorie der Bildung * **Krömeke, Franz** Friedrich Wilhelm Sertürner - Entdecker des Morphiums * **Külz, Ludwig** Tropenarzt im afrikanischen Busch * **Leimbach, Karl Alexander** Untersuchungen über die verschiedenen Moralsysteme * **Liliencron, Rochus von / Müllenhoff, Karl** Zur Runenlehre. Zwei Abhandlungen * **Mach, Ernst** Die Principien der Wärmelehre * **Mausbach, Joseph** Die Ethik des heiligen Augustinus. Erster Band: Die sittliche Ordnung und ihre Grundlagen * **Mauthner, Fritz** Die drei Bilder der Welt - ein sprachkritischer Versuch * **Müller, Conrad** Alexander von Humboldt und das Preußische Königshaus. Briefe aus den Jahren 1835-1857 * **Oettingen, Arthur von** Die Schule der Physik * **Ostwald, Wilhelm** Erfinder und Entdecker * **Peters, Carl** Die deutsche Emin-Pascha-Expedition * **Poetter, Friedrich Christoph** Logik * **Popken, Minna** Im Kampf um die Welt des Lichts. Lebenserinnerungen und Bekenntnisse einer Ärztin * **Prutz, Hans** Neue Studien zur Geschichte der Jungfrau von Orléans * **Rank, Otto** Psychoanalytische Beiträge zur Mythenforschung. Gesammelte Studien aus den Jahren 1912 bis

www.severus-verlag.de

1914. * **Rohr, Moritz von** Joseph Fraunhofers Leben, Leistungen und Wirksamkeit * **Rubinstein, Susanna** Ein individualistischer Pessimist: Beitrag zur Würdigung Philipp Mainländers * Eine Trias von Willensmetaphysikern: Populär-philosophische Essays * **Sachs, Eva** Die fünf platonischen Körper: Zur Geschichte der Mathematik und der Elementenlehre Platons und der Pythagoreer * **Scheidemann, Philipp** Memoiren eines Sozialdemokraten, Erster Band * Memoiren eines Sozialdemokraten, Zweiter Band * **Schweitzer, Christoph** Reise nach Java und Ceylon (1675-1682). Reisebeschreibungen von deutschen Beamten und Kriegsleuten im Dienst der niederländischen West- und Ostindischen Kompagnien 1602 - 1797. * **Stein, Heinrich von** Giordano Bruno. Gedanken über seine Lehre und sein Leben * **Strache, Hans** Der Eklektizismus des Antiochus von Askalon * **Thiersch, Hermann** Ludwig I von Bayern und die Georgia Augusta * **Tyndall, John** Die Wärme betrachtet als eine Art der Bewegung, Bd. 1 * Die Wärme betrachtet als eine Art der Bewegung, Bd. 2 * **Virchow, Rudolf** Vier Reden über Leben und Kranksein * **Wecklein, Nikolaus** Textkritische Studien zu den griechischen Tragikern * **Weinhold, Karl** Die heidnische Totenbestattung in Deutschland * **Wernher, Adolf** Die Bestattung der Toten in Bezug auf Hygiene, geschichtliche Entwicklung und gesetzliche Bestimmungen * **Weygandt, Wilhelm** Abnorme Charaktere in der dramatischen Literatur. Shakespeare - Goethe - Ibsen - Gerhart Hauptmann * **Wlassak, Moriz** Zum römischen Provinzialprozeß * **Wulffen, Erich** Kriminalpädagogik: Ein Erziehungsbuch * **Wundt, Wilhelm** Reden und Aufsätze * **Zoozmann, Richard** Hans Sachs und die Reformation - In Gedichten und Prosastücken, Reihe ReligioSus Band III

www.ingramcontent.com/pod-product-compliance
Lightning Source LLC
Chambersburg PA
CBHW070809300426
44111CB00014B/2463